国家统一法律职业资格考试
培训教程

三国法

黄文旭　编著

图书在版编目(CIP)数据

国家统一法律职业资格考试培训教程．三国法/黄文旭编著．
—北京：中国石化出版社，2019.1
ISBN 978-7-5114-5184-2

Ⅰ.①国… Ⅱ.①黄… Ⅲ.①国际法—资格考试—自学参考资料 ②国际私法—资格考试—自学参考资料 ③国际经济法—资格考试—自学参考资料 Ⅳ.①D92

中国版本图书馆 CIP 数据核字(2019)第 003596 号

中国石化出版社出版发行
地址：北京市朝阳区吉市口路 9 号
邮编：100020　电话：(010)59964500
发行部电话：(010)59964526
http：//www.sinopec-press.com
E-mail：press@sinopec.com
北京富泰印刷有限责任公司印刷
全国各地新华书店经销

*

787×1092 毫米 16 开本 20 印张 418 千字
2019 年 2 月第 1 版　2019 年 2 月第 1 次印刷
定价：52.00 元

PREFACE 前　言

国家统一法律职业资格考试(简称为“法考”)是司法部主办的法律职业资格考试，是在原来的司法考试基础上改革而成的职业资格考试。这一变革意味着法律职业资格证书将成为更广泛的一块敲门砖，需要这一资格证书的人员从原来的法官、检察官、律师、公证员扩大到包括从事行政处罚决定审核、行政复议、行政裁决的公务员、法律顾问，以及法律类的仲裁员。

2018 年，中国首次举行国家统一法律职业资格考试，考试报名总人数 60.4 万余人，47 万余人参加考试。对于法律人而言，法考是最重要的一场考试。法考实际上是法科学生打开法律职业大门的钥匙，是我们进入法律职业的通道，其地位不言而喻。法考是名副其实的法律第一考，因其难度之大、通过率之低，又被称为“中国第一考”。

为了帮助广大考生顺利通过考试，希律法考研究中心组织相关专家编写了《国家统一法律职业资格考试培训教程》丛书，作为法考培训的参考用书。本丛书在参考和分析历年考试真题的基础上，对最新考试大纲的内容进行认真细致地筛选，删除非考点和极为偏僻的考点，对重点内容进行充分解释和深化，内容涵盖了考试大纲的绝大部分重要知识点。

法考涉及的法律和学科十分广泛，归类起来大致可以分为理论法、行政法、民法、民诉、三国法、刑法、刑诉、商经知产等八大类。本书属于三国法，以国家统一法律职业资格考试大纲中的三国法部分的内容为依据，对核心知识点进行了条理化梳理和应试化归纳总结。准备参加考试的人员通过阅读本书，可以快速了解法考中的考点，掌握考试重点和难点。

在国家统一法律职业资格考试中，三国法是广大考生颇为头疼的部分，其原因是三国法包括国际公法、国际私法、国际经济法三门课的内容，内容多而且枯燥，复习量大，分值又不高，2015 年以来每年只有 29 分，占总分值的 4.83%。2018 年改革后三国法分值降到 20 分左右，但实际上占客观题总分值的比例增加到了 6.6%，因为客观题总分降到了 300 分。即使这样，三国法在法考中的分值仍然不是很多，若认真复习则费时颇多，全面放弃又心有不甘，毕竟这 20 分还是很有分量的，很多没通过考试的考生可能也就是差二三十分。因此，三国法不能放弃。

有没有办法花相对较少的时间拿下三国法 20 分？三国法的备考是有章可循的，看起来难但考试的内容都不会太难，不像民法、刑法等科目那样有观点的冲突，一般不会出现有争议性的题目，也不像行政法那么杂乱。只要精准把握三国法的考试规律，三国法就完全可以拿满分。国际公法、国际私法、国际经济法三门课具有共同的特点，就是重者恒重、没有难题、可以预测、可拿满分。但这三门课又有各自独有的特点。

国际公法以司法部官方教材为依据，每一章都可能出现考题，但重点分布不一样。比如，海洋法、联合国、中国国籍法和出境入境管理法、外交(领事)特权与豁免、国际法院等是高频考点。

国际私法以法条为依据且重点突出，分值主要集中在国际民商事关系的法律适用和国际民商事争议解决、区际法律问题这三章，国际私法概述和冲突规范的理论问题基本不考。由于我国现行国际私法条文总数量不大，且可考部分非常集中，考点比较容易掌握，难度不大，能花较少的时间得到大部分分数。具体来说，掌握中国的有关立法、司法解释即可，高频考点包括权利能力和行为能力、物权、合同、侵权、商事、家庭及继承等法律关系的法律适用，国际商事仲裁，国际民事诉讼和区际司法协助等问题。同时，每年国际私法领域新增的法规是必考的内容。

国际经济法重点也比较集中。最重要的当属国际贸易法部分，一般来讲，这部分所涵盖的国际货物买卖、国际货物运输与保险、国际贸易支付的分值加起来占了国际经济法部分的一半以上。对于国际货物买卖部分，要注意《联合国国际货物销售合同公约》和《2010 年贸易术语解释通则》两个文件，特别要把握买卖双方的责任。对于国际货物运输与保险部分，考点主要集中在提单、承运人最低限度义务、承运人的免责事项、保函效力和中国人民保险公司三种基本险别的承保范围和除外责任几个方面。国际贸易支付中信用证是重点，应加大复习投入。对外贸易管理制度也是历年考试的重点。这一部分的考点集中在“两反一保”(反倾销、反补贴和保障措施)上。WTO 争端解决机制、多边投资担保机构、ICSID 也是高频考点。

总而言之，三国法重者恒重、没有难题、可以预测、可拿满分，是法考中性价比很高的科目。

本书以司法部官方教材为依据，根据历年真题和考试规律，去除考点以外的内容，只对可能会考试的内容进行精心解读。同时，教材对新增法条中的可考内容进行了解读，比如，增加了 2017 年 6 月 20 日签署的《关于内地与香港特别行政区法院相互认可和执行婚姻家庭民事案件判决的安排》、2017 年 12 月 7 日发布的《关于明确第一审涉外民商事案件级别管辖标准以及归口办理有关问题的通知》、2017 年 12 月 26 日发布的《最高人民法院关于审理仲裁司法审查案件若干问题的规定》和《最高人民法院关于仲裁司法审查案件报核问题的有关规定》。考生在备考时不需要看很多书，只需要看本书及配套真题解析就足够。

从 2018 年起，法考分为客观题考试和主观题考试，只有通过客观题考试之后才能有资格参加主观题考试，客观题考试成绩两年内有效。客观题考试在全国实行计算机化考试，为了帮助考生熟悉计算机化考试系统，希律网的题库中心为考生准备了全真的模拟测试系统，其中有历年法考的真题和希律法考专家命题的全真模拟试题，考生可选择任何一套进行测试。测试完毕系统自动判卷，立即给出分数。考生还可以进行章节练习、知识点练习，对于考生做错的地方，系统会自动记忆，第二次参加测试时可选择“错题库”。这样，系统就会自动把考生原来做错的试题显示出来，供考生重新测试，以加强记忆。如此，读者可利用希律网题库中心检查自己的实际水平，加强考前训练，做到心中有数，考试不慌。

俗话说，熟能生巧。但在法考中，如果仅仅是“死记硬背”，恐怕不仅“压力山大”，而且“熟未必能生巧”。命题人习惯于“挖空心思”设计各种“圈套”，因此，考生必须学会精准记忆，细致读题，灵活应对，方能立于不败之地。我们在希律网(www. xilvlaw. com)的视频课程和直播课程中，也会通过精讲、分析和总结等方式，帮助考生重点掌握那些历年经常考查的知识点，顺利攻克三国法的热点和难点问题，如愿拿到三国法中的高分，圆梦法考。

在本书出版之际，要特别感谢司法部法考办公室的命题专家们，感谢希律法考的学员们，正是他们的想法汇成了本书的源动力，他们的意见使本书更加贴近读者。

有关本书的反馈意见，读者可在希律网的微信公众号中与我们交流，我们会及时在线解答读者的疑问。

扫码关注希律网微信公众号

CONTENTS 目 录

第一编

国际法

第一章 导 论

考情分析

本章内容包括国际法的概念、渊源和基本原则，以及国际法与国内法的关系。本章内容考得很少，一般两到三年考1道题，常考点主要有三个，一是国际法的渊源，二是国际法的基本原则，三是国际法与国内法的关系。

考试要点

国际法的渊源、国际法的基本原则、国际法与国内法的关系。

专题一 国际法的渊源

国际法的渊源即有效力的国际法规则。《国际法院规约》第三十八条规定了国际法院审理案件时所适用的法律，被普遍认为是对国际法渊源的最权威的说明。该条规定如下：(1)法院对于陈述各项争端，应依国际法裁判之，裁判时应适用：①不论普通或特别国际协约，确立诉讼当事国明白承认之规条者；②国际习惯，作为通例之证明而经接受为法律者；③一般法律原则为文明各国所承认者；④在第五十九条规定之下，司法判例及各国权威最高之公法学家学说，作为确定法律原则之补助资料者。(2)前项规定不妨碍法院经当事国同意本“公允及善良”原则裁判案件之权。根据该条规定，国际法的渊源有且只有三项：国际条约、国际习惯和一般法律原则，其他各项只是确立国际法律原则时的辅助资料。

一、国际条约

关于条约，需要掌握的是：条约具有相对性，只约束缔约国。

二、国际习惯

国际习惯是指在国际交往中由各国前后一致地不断重复所形成，并被广泛接受为有法律拘束力的行为规则或制度。国际习惯是不成文的，它是国际法最古老、最原始的渊源。国际习惯的构成要素有两个：一是客观要素，即存在各国反复一致地从事某种行为的实践；二是主观要素，它要求上述重复一致的行为模式被各国认为具有法律拘束力。

如何证明一项国际习惯是否存在？可以从以下方面寻找证据：第一，国家间的各种文书和外交实践；第二，国际组织和机构的各种文件，包括决议、判决等；第三，国家的国内立法、司法、行政实践和有关文件。国际习惯约束所有国际法主体。

三、一般法律原则

一般法律原则是指各国法律体系中共有的一些原则，如善意、禁止反言等。一般法律原则在国际司法实践中处于补充和辅助地位，作用是填补条约和习惯之外的法律空白，很少被单独适用。然而，一般法律原则是明确的国际法渊源，并且约束所有国际法主体。

四、确立一般法律原则的辅助资料

司法判例、国际法权威学者的学说和国际组织的决议都是确立一般法律原则的辅助资料和证据，但不是国际法的渊源。

【举例】国际法院的判例不是国际法的渊源，只是确立一般法律原则的辅助资料；联合国大会的决议也不是国际法的渊源，只是确立一般法律原则的辅助资料。

专题二 国际法的基本原则

一、国际法基本原则的概念和特征

国际法基本原则是指各国公认的，适用于国际法所有领域的国际法原则。国际法基本原则具有三个特征：(1)各国公认；(2)适用于国际法所有领域；(3)构成国际法体系的基础。

国际法基本原则具有强行法性质。强行法在《维也纳条约法公约》中被称为“一般国际法强制规律”。它是指“国家之国际社会全体接受，并公认为不许损抑，且仅有以后具有同等性质之一般国际法规律始得更改之规律”。

【注意】国际法基本原则都具有强行法性质，但是并不是所有的强行法规则都是国际法基本原则，因为有些强行法规则只适用于国际法的某个领域。

二、国际法基本原则的主要内容

国际法基本原则包括国家主权平等原则、不干涉内政原则、不使用武力威胁或武力原则、和平解决国际争端原则、民族自决原则、善意地履行国际义务原则。

（一）国家主权平等原则

主权是国家的根本属性，是指国家独立自主地处理其内外事务的统治权力。主权体现在三个方面：(1)对内最高权，指国家在国内行使最高统治权，包括立法、行政、司法各个方面，也包括国家的属地优越权和属人优越权。(2)对外独立权，指国家在对他国的交往和国际关系中，不受任何外国意志的左右，独立自主地处理自己的内外事务，包括选择社会制度、确定国家形式和法律、制定对外政策等。(3)自保权，指国家在遭受外来侵略和武力攻击时进行单独或集体反击的自卫权，以及为防止侵略和武装攻击而建设国防的权利。

国家主权平等原则指的是在国际社会和国际关系中，各国都有平等的国际人格，在国际法面前地位平等。

（二）不干涉内政原则

不干涉内政原则要求：(1)任何国家或国际组织，在国际关系中，不得以任何借口或任何方式直接或间接地干涉他国内政；也不得以任何手段强迫他国接受自己的意志，维持或改变被干涉国的社会制度和意识形态。例如，一个国家实施何种政治制度，推行何种经济、外交政策，都是该国内政，他国不得干涉。如果一个国家支持另一个国家的反政府运动或反政府武装，则违反了不干涉内政原则。(2)各国对他国违背国际法义务的行为有权采取单独或集体的行动，但这些行动必须有国际法依据。

（三）不使用武力威胁或武力原则

不使用武力威胁或武力原则包括两个方面：一是禁止侵略行为，二是禁止武力威胁和侵略战争的宣传。需要注意的是，不使用武力威胁或武力原则并没有禁止一切武力的使用，只是不得以任何与联合国宪章或其他国际法原则所不符的方式使用武力。在下列情形下国家可以使用武力：一是自卫，二是联合国集体安全机制下的武力使用。

（四）和平解决国际争端原则

和平解决国际争端原则是指国家间在发生争端时，各国都必须采取和平方式予以解决。

（五）民族自决原则

民族自决原则是指在帝国主义殖民统治和奴役下的被压迫民族具有自主决定自己的命运，摆脱殖民统治，建立民族独立国家的权利。需要注意的是，民族自决原则中独立权只严格适用于殖民地民族的独立。对于一国国内民族的分离活动，民族自决原则没有为其提供任何国际法根据。

（六）善意履行国际义务原则

善意履行国际义务中的“国际义务”是指国家对于公认的国际法原则和规则产生的义务，既包括对于其作为缔约国参加的条约而产生的义务，也包括对于习惯国际法产生的义务。这种履行应真诚、善意、全面，即所谓“约定必守”。对于联合国的成员国，《联合国宪章》特别规定了宪章中的义务优先于其参加的其他国际条约中的义务。

专题三　国际法与国内法的关系

一、概述

目前，国际法中并没有关于国际法与国内法关系的统一、完整的规则。从国际法的实践来看，在国际层面，国家不得以其国内法规定来对抗其承担的国际义务，或以国内法规定作为违背国际义务的理由来逃避其国际责任。

在国内层面，对于国际法在国内的地位问题，不同的国家有不同的实践。学者们根据不同国家的实践，归纳出了条约在国内适用的两种方式。一是“转化”，即条约必须经过相应的国内立法程序转化成国内法，才能在国内适用；二是“并入”（又称“采纳”），是指国家在原则上认为，该国缔结的所有条约都在国内具有国内法的地位，可以直接适用。采用“并入”方式的国家，一般是在其宪法中作出这种“一揽子”规定。

总之，国际法在国内的地位是由国内法决定的，但如果一国在国内没有优先适用国际法造成其对国际法的违背，则该国应承担相应的国家责任。

【法条】《维也纳条约法公约》第二十七条“国内法与条约之遵守”规定，“一当事国不得援引其国内法规定为理由而不履行条约。”

【举例】《中国加入世界贸易组织议定书》第十五条 d 款规定，无论如何，中国加入之日 15 年后（即 2016 年 12 月 12 日以后），WTO 进口成员在对中国出口产品的反倾销调查中使用“替代国”确定正常价值的做法必须终止。然而，美国以其国内法规定为依据，认为中国不是市场经济国家，从而继续在对中国出口产品的反倾销调查中使用“替代国”的做法，违反了国际法上的条约必须遵守原则，应承担相应的国家责任。

二、国际法在中国国内的适用

（一）条约在中国的适用

我国宪法没有对条约在国内的适用作出统一明确的规定。从一些涉及条约适用的国内立法看，条约直接适用、条约与相关国内法并行适用、条约须经国内立法转化才能适用几种情况都存在，具体可归纳如下。

1. 民商事领域条约直接适用并优先适用

《民法通则》第一百四十二条第二款规定，“中华人民共和国缔结或参加的国际条约同中华人民共和国民事法律有不同规定的，适用国际条约的规定，但中华人民共和国声明保留的条款除外。"《最高人民法院关于适用〈中华人民共和国涉外民事关系法律适用法〉若干问题的解释(一)》第四条规定，"涉外民事关系的法律适用涉及适用国际条约的，人民法院应当根据《中华人民共和国民法通则》第一百四十二条第二款以及《中华人民共和国票据法》第九十五条第一款、《中华人民共和国海商法》第二百六十八条第一款、《中华人民共和国民用航空法》第一百八十四条第一款等法律规定予以适用，但知识产权领域的国际条约已经转化或者需要转化为国内法律的除外。"可见，在民商事领域，除了部分知识产权条约需要转化适用外，其他民商事领域的条约直接适用并优先适用。

2. 民商事领域以外条约如何适用没有统一规定

在民商事领域以外，条约如何适用我国没有统一规定，一般需"转化"成国内法才能适用，比如 WTO 协议需要转化成国内法才能在我国适用。但也存在条约和相关法律同时适用的情况，如《维也纳外交关系公约》《维也纳领事关系公约》与《外交特权与豁免条例》《领事特权与豁免条例》。

【判断】中国参加的国际条约与中国国内法有冲突的，均优先适用国际条约，这一说法是否正确?

【答案】这一说法是错误的，我国宪法性法律对国际条约在我国的地位并未作出统一、明确的规定，能够明确的是，民商事领域的国际条约直接且优先适用。

（二）国际习惯在中国的适用

关于国际习惯在国内法中的地位，我国宪法性法律也没有规定。《民法通则》第一百四十二条第三款规定，"中华人民共和国法律和中华人民共和国缔结或者参加的国际条约没有规定的可以适用国际惯例。"第一百五十条规定，"依照本章规定适用外国法律或者国际惯例的，不得违背中华人民共和国的社会公共利益。"这里使用这里的"惯例"一词包括有拘束力的国际习惯和本身没有法律拘束力的惯例。可见，国际习惯在我国民商事领域是补充适用的地位，排在条约和国内法之后，在我国国内法和我国参加的条约都没有规定的情况下，可以适用国际习惯。民商事领域以外的国际习惯在中国如何适用没有明确规定。

第二章　国际法的主体与国际法律责任

考情分析

本章内容包括国际法主体、国际法律责任的构成和形式，以及国际责任制度的新发展。本章每年考1~2题，考点主要有四个：一是国家主权豁免，二是国际法上的承认和继承，三是联合国，四是国际法律责任。

考试要点

国家主权豁免、国际法上的承认、国际法上的继承、联合国大会、联合国安理会、加入联合国的程序、国际法律责任等。

专题四　国际法主体

国际法主体是指能够享受国际法上权利和承担国际法上义务的国际法律关系参加者。主权国家、政府间国际组织和某些特定的民族解放组织是目前公认的国际法主体。个人不是国际法主体。

【判断】由于有些国际人权公约直接规定了个人权利，国际法也可以直接追究从事国际罪行的个人，因此在现代国际法中，个人是国际法的主体之一。

【答案】这一说法是错误的，个人成为国际法主体的观点不能成立。虽然国际法在某些领域规定了个人的权利和义务，但这些权利和义务的落实需要通过国家或国际组织来完成。从这个意义上讲，这些权利和义务的主体仍然是国家而不是个人。

一、国家

（一）国家的基本权利

国家的基本权利包括独立权、平等权、自保权和管辖权。

1. 独立权

独立权指国家依照自己的意志处理内外事务并不受他国控制和干涉的权利。

2. 平等权

平等权指国家在参与国际法律关系时，具有平等的地位和法律人格。

3. 自保权

自保权包括国防权和自卫权。国防权是国家有制定国防政策，建设国防力量，防止外来侵略的权利。自卫权是当国家遭受外国武力攻击时，有权采取单独和集体的武力反击措施。根据《联合国宪章》的规定，自卫的前提必须是遭到了武装攻击，同时武力自卫还应符合必要性和相称性的要求。

4. 管辖权

管辖权指国家基于主权的行使而采取立法、行政、司法等方式，对于特定的人、物和事件进行管理和处置的权利。在国际法研究中，一般将国家实践中的管辖权分为属地管辖权、属人管辖权、保护性管辖权和普遍管辖权四种类型。

(1)属地管辖权。属地管辖权是指国家对于其领土及其领土内的一切人、物和事件，都有进行管辖的权利。属地管辖权优先于其他管辖权。

(2)属人管辖权。属人管辖权是指国家对于具有其国籍的人，具有管辖的权利，无论他们是在其领土范围内还是领土范围外。属人管辖权又包括加害人国籍国管辖和受害人国籍国管辖。

(3)保护性管辖权。保护性管辖权是指国家对于在其领土范围以外从事严重侵害该国或其公民重大利益行为的外国人进行管辖的权利。

(4)普遍管辖权。普遍性管辖权是指根据国际法的规定，对于危害国际安全与和平及全人类利益的某些国际犯罪行为，不论行为人国籍及行为发生地，各国都有进行管辖的权利。普遍管辖权的对象包括：战争罪、破坏和平罪、违反人道罪、海盗罪，灭绝种族、贩卖毒品、贩卖奴隶、种族隔离、实施酷刑、劫机等行为。

（二）国家主权豁免

国家主权豁免是指国家的行为及其财产不受或免受他国管辖。国家主权豁免的基础是国家主权的独立性和平等性。

对于国家主权豁免，要掌握以下几点：

(1)国家豁免的主体包括政府机关、行使主权权力的实体、国家代表。例如，地方政府享有主权豁免，但国有企业不享有主权豁免。

(2)国家豁免的放弃包括明示放弃和默示放弃。明示放弃指的是一国通过条约、合同、声明或书面函件等明示同意另一国法院对某一事项或案件行使管辖权。默示放弃指的是一国通过行为表示其放弃豁免，包括起诉、应诉、反诉和介入诉讼等。需要注意的是，下列行为不得解释为默示放弃：①同意适用法院国法；②主张豁免或对诉讼中的财产主张权利；③出庭作证；④未出庭。

(3)一案一放弃。曾经在某一案件中放弃了管辖豁免不代表永远放弃豁免。

(4)对管辖豁免的放弃不等于对执行豁免的放弃，执行豁免的放弃必须另行明示作出。

(5)2004年《联合国国家及其财产管辖豁免公约》(未生效)纳入了限制豁免理论，明确一国对下列事项不得援引管辖豁免：①商业交易；②雇佣合同；③人身伤害和财产损害；④财产的所有、占有和使用；⑤知识产权和工业产权；⑥参加公司或其他集体机构；⑦国家拥有和经营的船舶；⑧仲裁引起的诉讼。

(6)虽然限制豁免理论已得到越来越多国家和学者的接受，但《联合国国家及其财产管辖豁免公约》尚未生效，国家主权绝对豁免还是有效的国际习惯法规则。在司法考试中，如果考题中要求按《联合国国家及其财产管辖豁免公约》，则依限制豁免来做题，如没有提到《联合国国家及其财产管辖豁免公约》，则依绝对豁免来做题。

（三）国际法上的承认

国际法上的承认一般是指既存国家对于新国家、新政府或其他事态的出现，以一定的方式表示接受或同时表明愿意与其发展正常关系的单方面行为。

1. 承认的特征

(1)承认的主体包括国家和政府间国际组织。

(2)承认的对象包括新国家、新政府、交战团体和叛乱团体。

(3)承认是一种单方行为，表明对被承认者出现这一事实的接受，而不改变被承认者的性质。

(4)承认的效果是在承认者与被承认者之间产生法律关系。

2. 承认的方式

(1)明示承认。明示承认是指承认者以明白的语言文字直接表达承认的意思。包括通过正式通知、函电、照会、声明等单方面表述，也包括在缔结的条约或其他正式国际文件中进行明确表述。

(2)默示承认。默示承认是指承认者不是通过明白的语言文字，而是通过与承认对象有关的行为表现出承认的意思。默示承认的形式包括：①与承认对象建立正式外交关系；②与承认对象缔结正式的政治性条约；③正式接受领事；④正式投票支持参加政府间国际组织。

【问题】与承认对象签订经济性条约是否构成默示承认？在联合国大会投票赞成某国加入联合国是否构成对该国的承认？

【注意】下列行为不构成默示承认：①共同参加多边国际会议或国际条约；②建立非官方或非完全外交性质的某种机构；③某些级别和范围的官员接触；④对于外国的某个地区或实体给予某类司法豁免权的安排等。

3. 法律承认与事实承认

(1)法律承认。法律承认是认定被承认者作为法律的正式人格的存在，表明承认者愿意与被承认者发展全面正常的关系。法律承认是正式和不可撤销的。

(2)事实承认。事实承认主要存在于英美的外交实践中，它是为了处理既需要与某个对象进行某种交往又不愿或不宜与其进行全面正式交往的情况，产生的一种权宜做法。事实承认被认为是不完全、非正式和暂时性的。它比较模糊并可以随时撤销。

▶ 典型真题

甲、乙二国建立正式外交关系数年后，因两国多次发生边境冲突，甲国宣布终止与乙国的外交关系。根据国际法相关规则，下列哪一选项是正确的？(2010-01-29)①

A. 甲国终止与乙国的外交关系，并不影响乙国对甲国的承认

B. 甲国终止与乙国的外交关系，表明甲国不再承认乙国作为一个国家

C. 甲国主动与乙国断交，则乙国可以撤回其对甲国作为国家的承认

D. 乙国从未正式承认甲国为国家，建立外交关系属于事实上的承认

4. 新国家的承认与新政府的承认

(1)新国家的承认。对新国家的承认是既存国家对新国家出现这一事实的单方面宣告和认定。承认本身并不是新国家成为国际法主体的条件。正式的承认一经作出，将带来一定的法律效果，包括：①为建交奠定基础；②双方可以缔结各方面的条约；③承认国尊重新国家的主权。

(2)新政府的承认。对新政府的承认是承认者对他国新政府出现所做出的一种单方面的行为，表示愿意把该新政府作为其国家的代表，从而与其建立或保持正常关系。承认新政府的效果包括：①对旧政府承认的撤销。②承认者必须尊重新政府拥有的作为国家合法代表的一切资格和权利，包括在国内外的其国家财产上的权利，在国际组织或国际会议中的代表权等。

【举例】1949年，国民党政府在中国的内战中被推翻，共产党领导的新政府宣告成立，并将中国的国名由中华民国改为中华人民共和国。这涉及国际法中政府承认的问题而不是国家承认问题。

---

①答案：A。解析：本题考查以下知识点。第一，以承认的表现形式为标准，承认分为明示承认与默示承认。明示承认是指以明白的语言文字直接表达承认的意思，包括正式通知、函电、照会、声明等单方面表述，也包括在条约或其他正式国际文件中进行明确表述。默示承认是指通过与承认对象有关的行为表现出承认的意思，包括与承认对象建立正式外交关系、与承认对象缔结正式的政治性条约、正式接受领事或正式投票支持参加政府间国际组织。第二，承认分为法律承认与事实承认，法律承认是认定被承认者作为法律的正式人格的存在。我们通常所说的承认(包括明示承认和默示承认)都是指法律承认，法律承认是正式和不可撤销的。事实承认是在既需要与某个对象进行某种交往又不愿或不宜与其进行全面正式交往的情况下，产生的一种权宜做法。事实承认是不完全、非正式和暂时性的，可以随时撤销，比如，对叛乱团体的承认是一种权宜做法，是事实承认而不是法律承认。在本题中，A项正确，因为甲乙二国建立正式外交关系是一种默示承认，同时也是法律承认，是不可撤销的，所以甲国终止与乙国的外交关系，并不影响乙国对甲国的承认。B项错误，因为法律承认是不可撤销的。C项错误，因为法律承认是不可撤销的，也是不可撤回的。D项错误，法律承认也称为正式承认，因此甲乙二国建立正式外交关系表明乙国已正式承认甲国为国家，所以D项前半句错误；建立外交关系是默示承认、法律承认(正式承认)，而不是事实上的承认，只有对叛乱团体的承认等权宜做法才是事实上的承认，因此D项后半句也错误。

5. 对交战团体和叛乱团体的承认

(1)对交战团体的承认。对交战团体的承认是在一国发生内战时，其他国家为了保护自己的利益，承认反政府一方为交战团体的单方面行为。实践中，被承认为交战团体的反政府一方应满足下列条件：①与政府已发生全面武力敌对行动，内战状态已经形成；②已经控制了领土的相当大的部分；③对控制的领土实施有效管理；④遵守战争法相关规则。对反政府一方承认为交战团体的效果：①承认国有中立义务；②交战团体在其控制区有义务保证承认国国家和侨民利益。

(2)对叛乱团体的承认。对叛乱团体的承认，是指某一反政府的武力行动，还没有发展到内战的规模和程度，其他国家为了自身侨民、商务往来得到保护，有必要维护与该反政府团体保持一种联系而作出的一种权宜行为。它是一种事实上的承认。

(3)国际法上的继承。

①条约的继承。与领土有关的"非人身性条约"属于继承的范围，如有关领土边界、河流交通、水利灌溉等条约。"人身性条约"和"政治性条约"不继承，如和平友好、同盟互助、共同防御等条约。

②财产的继承。所涉领土内的财产特别是不动产，随领土一并转移。所涉领土外的财产特别是动产，按实际生存原则，与所涉领土生存或活动有关的国家动产，转属继承国。

③档案的继承。国家档案需要保持完整性，一般不可分割。但国家档案可以复制以供使用。在没有协议的情况下，一般将所涉领土有关的档案转属继承国。

④债务的继承。国家债务是指一国对他国、国际组织或其他国际法主体所负担的任何财政义务。国家继承的债务包括国家整体所负的债务，也包括以国家的名义承担而事实上仅用于国内某个地方的债务或称地方化债务。

不继承的债务包括：a. 对私人之债，即国家对外国法人或自然人所负之债；b. 地方债务，即地方当局自己承担的对他国所负之债；c. 恶债，即违反国际法基本原则或违背继承国根本利益所负之债，如征服债务或战争债务等。

【问题】一国元首以个人名义向外国商业银行借款1000万美元，用于该国救灾，该债务是否为应当继承的国家债务？答案是否定的，因为该债务是对外国私人之债，不在国家继承的债务范围之内。

二、国际组织

（一）政府间国际组织与非政府间国际组织

国际组织分为政府间国际组织与非政府间国际组织，只有政府间国际组织是国际法的主体。

【问题】根据《联合国宪章》及有关决议，联合国经社理事会给予了一些非政府组织"咨商地位"或观察员身份。取得"咨商地位"或观察员身份的非政府组织，拥有向联合国相关机构提供咨询意见的权利。它们可以参与各个联合国专门机构活动、出席会议、提交书面报告、就相关问题发表建议，举行非政府组织论坛，接受委托参与联合国某些专业项目的决策或执行等。这些非政府组织是否取得国际法主体的地位？答案是否定的，只有政府间国际组织才是国际法的主体。

（二）联合国体系

1. 会员国

被接纳为新会员国的条件是：(1)被接纳的是一个爱好和平的国家。(2)其接受宪章规定的义务，愿意并能够履行宪章的义务。(3)经安理会推荐。申请国首先向秘书长提出申请，秘书长将其申请交由安理会，安理会审议并通过后向大会推荐。(4)获得大会准许。经大会审议并2/3多数通过。

2. 联合国主要机关

(1)联合国大会。

一是职权。联合国大会不是一个立法机关，而主要是一个审议和建议机关。联合国大会具有广泛的职权，可以讨论宪章范围内或联合国任何机关的任何问题，但安理会正在审议的除外。

二是表决制度。联合国大会表决实行一国一票制。对于一般问题采简单多数制，对于重要问题采2/3多数通过，重要问题包括：与维持国际和平与安全相关的建议；安全理事会、经社理事会和托管理事会中需经选举的理事国的选举；新会员国接纳；会员国权利中止或开除会籍；实施托管的问题；联合国预算及会员国应缴费用的分摊等。

三是决议效力。联合国大会对于联合国组织内部事务通过的决议对于会员国具有拘束力；对于其他一般事项作出的决议属于建议性质，不具有法律拘束力。

(2)安全理事会。安理会由15个理事国组成，包括5个常任理事国(中、法、俄、英、美)和10个非常任理事国。非常任理事国按照地域分配名额由联合国大会选出，任期2年，不得连任。

安理会的表决事项分为程序性事项和非程序性事项。程序性事项9票通过，非程序性事项要求包括全体常任理事国在内的9个同意票，即任何一个常任理事国都享有否决权。确定一个事项是否为程序性事项时，常任理事国有否决权。因此，常任理事国享有双重否决权。实践中，常任理事国的弃权或缺席不被视为否决，不影响决议的通过。

安理会在向大会推荐接纳新会员国或秘书长人选、建议中止会员国权利和开除会员国等问题上，适用非程序性事项表决程序。

安理会的决定对当事国和联合国所有成员国都有拘束力。

▶ 典型真题

联合国会员国甲国出兵侵略另一会员国。联合国安理会召开紧急会议，讨论制止甲国侵略的决议案，并进行表决。表决结果为：常任理事国4票赞成、1票弃权；非常

任理事国8票赞成、2票否决。据此，下列哪一选项是正确的？(2016-01-32)①

A. 决议因有常任理事国投弃权票而不能通过

B. 决议因非常任理事国两票否决而不能通过

C. 投票结果达到了安理会对实质性问题表决通过的要求

D. 安理会为制止侵略行为的决议获简单多数赞成票即可通过

(3)经济及社会理事会。经社理事会是在大会权力下，负责协调联合国及各专门机构间经济社会工作的机关。经社理事会由联合国大会选出的54个理事国组成，理事国每届任期3年，可以连任。经社理事会的每个理事国有一个投票权，理事会决议采用简单多数表决制。

(4)托管理事会。托管理事会是在大会权力下负责监督托管领土行政管理的机关。联合国成立以来置于其托管下的11块托管领土先后都已独立或自治而结束了托管，所有的托管协定都宣告终止。托管理事会在联合国的地位和任务还有待解决。

(5)国际法院。国际法院是联合国的司法机关。国际法院由15名法官组成，不得有2人为同一国家的国民。国际法院法官由联合国秘书长提名，经联合国大会(2/3以上)和安理会(9票以上)绝对多数票通过才能当选。需要注意的是，在国际法院法官的选举问题上，安理会常任理事国不得行使否决权。国际法院法官任期9年，可连选连任。

(6)秘书处。秘书处是联合国的常设行政管理机关。秘书长是联合国的行政首长，由安理会按非程序性事项表决程序推荐，并经联合国大会简单多数票通过后委任。秘书长任期5年，可以连任。

3. 联合国专门机构

联合国专门机构。联合国专门机构是指根据特别协定同联合国建立固定关系，或根据联合国决定成立的负责特定领域事务的政府间国际组织。专门机构与联合国具有法律联系，它们通过与经社理事会签订，并经大会核准的关系协定成为专门机构。专门机构不是联合国的附属机构，而是有其独立的法律地位。

专题五 国际法律责任

一、国家不法行为的要件

国家不法行为是指国家违背国际法义务的行为。根据联合国国际法委员会编纂，并于2001年二读通过的《国家对国际不法行为的责任条款草案》，国家不法行为必须具备两个条件：一是行为归因于国家，二是违背国际义务。

①答案：C。编者注：2012年以来的三国法真题解析收录在《希律法考历年真题解析与试题解答方法(客观题)》中，本培训教程不再重复收录。

（一）行为归因于国家

下列行为，包括作为和不作为，被国际法认为是可以归因于国家的行为：

1. 国家机关的行为

不论该机关是立法、行政、司法或其他机关，或行使的职务是对内或是对外，也不论其在国家结构中处于上级或下级地位。

2. 经授权行使政府权力的其他实体的行为

国家地方政治实体机关的行为，或经国内法授权行使政府权力的其他实体机关的行为，在该机关职权或授权范围内，是该国的国家行为。

3. 实际上代表国家行事的人的行为

如果一个或一群人的行为经确定实际上是代表其国家行事的，这些人的行为被认为是国家行为；另外在正式当局不存在时，有理由并实际上行使政府权力的人的行为，被认为是国家行为。

4. 别国或国际组织交与一国支配的机关的行为

【注意】上述可归因于国家行为的国家机关和国家授权人员的行为，一般地也包括他们以此种资格执行职务内事项时的越权或不法行为。

特殊情况下行为是否可归因于国家的规则如下：

(1)叛乱运动机关的行为。在一国领土上的被承认为叛乱运动的机关自身的行为，根据国际法不视为该国的国家行为。已经和正在组成新国家叛乱运动的行为，被视为已经或正在形成的新国家的行为。

(2)一个行为可以归因于几个国家时，相关国家对于其各自相关的行为承担单独或共同的责任。

(3)非代表国家行事的人的行为不是国家行为，国家不承担责任。但是，国家元首、政府首脑、外交部长及外交使节，对于他们在国外私人身份的不法行为，国家一般也承担相关的责任。

(4)一般私人或私人团体本身对外国或外国人的不法侵害不引起国家责任，但是该行为如果由于国家的失职造成，或国家对该行为进行纵容，则可能引起国家对本身失职或放纵行为的责任。在这种情况下，国家责任的产生不是由于私人侵害行为本身，而是由于对该私人行为，国家事先或事后的态度和行为。这也称为间接责任。

（二）违背国际义务

一国违背国际义务是指一国行为不符合对其有效的国际义务的要求，不论其所承担的该国际义务来源于条约、国际习惯或国际法的其他渊源。一国对国际义务的违背既包括主动违背有关国际法规则的积极作为，也包括对应履行的国际义务的消极不作为。

对国际义务的违背按照义务的性质又被分为对一般国际义务的违背和对于保护国际社会根本利益至关紧要的义务的违背，前者称为国际不法行为，后者称为国际罪行。因此，广义的国家不法行为包括了一般的国际不法行为和国际罪行两类。

二、不法性的排除

国家违背国际义务的行为构成国家不法行为。但在有些情况下，某些国家行为表面上是违背国际义务的行为，但根据国际法，其不法性可以被排除，从而不构成国家不法行为。不法性被排除一般有以下情况：

1. 同意

一国不符合该国国际义务的行为，如经与该义务直接有关的权利方以正式有效的方式表示同意，然后实施，则在对该同意方的关系上和在被同意的范围内，排除了该行为的不法性。同意应是正式机关以明确的方式事先自愿表示同意，且该义务不属于国际强行法规则范畴。

2. 对抗与自卫

国家不符合国际义务的行为，如果是针对他国的不当行为而采取，则在符合国际法其他规则的条件下，其行为的不法性被排除。对抗的对方必须是首先有对对抗国违背义务的行为；对抗措施必须必要和适度，其结果要与对方造成的侵害成比例。除自卫外，对抗不能使用武力。自卫权的行使必须严格符合《联合国宪章》和其他自卫条件。

3. 不可抗力和偶然事故

对义务的违背，如果是由于不可抗拒的力量、不能预料或无法控制的外界事件，致使国家不可能履行义务或不知道其违反义务，则其不法性可以被排除。但如果这种实际上的不可能履行是由于行为者本身引起的，则不能排除其不法性。

4. 危难或紧急状态

国家违背义务的行为，如果是构成国家行为的行为人在极端危急、别无他法的情况下，为挽救其或被其监护的人生命而作出，其不法性可以被排除。紧急状态是国家遭到严重危及其生存或根本利益的紧急情况，作为消除或应付这种紧急状态的唯一办法而从事的违背国际义务的行为，其行为的不法性可以排除。

对危难和紧急状态下违背义务行为的不法性的排除，除要求情况紧急别无他法之外，还要求危难或紧急状态不是该国本身或协助造成，并且所违背义务的行为不得造成比危难同样或更大的灾难或危及他国的根本利益，不得违背国际法强行性规则。

三、国际责任的主要形式

国家不法行为一经确定，就会引起法律后果即国家的国际责任。行为国承担的国家责任一般有终止不当行为、恢复原状、赔偿、道歉、保证不再重犯、限制主权六种方式。这些方式既可以单独采用，也可以同时采用。

四、国际刑事责任

国际刑事责任问题是与国际法中的国际罪行相联系的。“二战”以后进行的纽伦堡审判和东京审判，对于从事严重违反国际法的国际罪行的国家，在国家承担国家责任的同时，也追究了负有责任国家的领导人的个人刑事责任，即创立了“双罚原则”。

1998 年通过的《国际刑事法院罗马规约》，旨在建立一个全球性的刑事法院，对于犯有灭绝种族罪、反人类罪、战争罪和侵略罪四种国际社会认为最严重的国际罪行的个人行使管辖权。我国尚不是该规约的缔约国。

五、国际赔偿责任

国际赔偿责任是指国际法主体对其所从事的国际法不加禁止行为造成的损害后果所应承担的国际责任。国际赔偿责任主要存在于国际环保和外空行为等领域。从国际赔偿责任的主体看，现行的国际赔偿制度有三类：

(1)国家责任制度，即由国家承担对外国损害的责任。如空间物体造成损害，发射国对本国或在本国境内发射的空间物体对他国的损害承担责任。

(2)双重责任制度，即国家与营运人共同承担对外国损害的赔偿责任。如核污染致损，国家保证营运人的赔偿责任，并在营运人不足赔偿的情况下，对规定的限额进行赔偿。

(3)营运人赔偿。无论营运人是国家还是私人企业，都由营运人直接承担有限赔偿责任。如国际油污损害。

▶ 典型真题

甲国某核电站因极强地震引发爆炸后，甲国政府依国内法批准将核电站含低浓度放射性物质的大量污水排入大海。乙国海域与甲国毗邻，均为《关于核损害的民事责任的维也纳公约》缔约国。下列哪一说法是正确的？(2011-01-32)①

A. 甲国领土范围发生的事情属于甲国内政

B. 甲国排污应当得到国际海事组织同意

C. 甲国对排污的行为负有国际法律责任，乙国可通过协商与甲国共同解决排污问题

D. 根据“污染者付费”原则，只能由致害方，即该核电站所属电力公司承担全部责任

---

①答案：C。解析：本题考查核污染致损适用双重责任制度。《关于核损害的民事责任的维也纳公约》规定，国家保证营运人的赔偿责任，并在营运人不足赔偿的情况下，对规定的限额进行赔偿。本题中，甲国核电站核污染造成跨国损害，应由甲国和营运人共同承担赔偿责任。故 C 项正确，D 项错误。甲国领土范围内发生的事情造成跨国损失，引起了甲国的国家责任即国际法上的赔偿义务，已经不再属于甲国内政，A 项错误。国际海事组织关注的是船舶和航运的问题，本题核电站将污水排入大海，与船舶、航运无关，不需要国际海事组织同意，B 项错误。

第三章　国际法上的空间划分

考情分析

本章内容包括领土、海洋法、国际航空法与外层空间法、国际环境保护法。本章每年分值2~5分。

考试要点

领土的取得方式、边境制度、领海及毗连区、专属经济区和大陆架、群岛水域、国际航空法、外层空间法、国际环境保护法等。

专题六　领　土

一、领土的构成

国家领土是指国家主权支配和管辖下的地球的特定部分及附属的特定上空。领土由领陆、领水、领空和底土四部分组成。

领陆指国家主权管辖下的地球表面的陆地部分。领陆是国家领土最基本的部分，是领土其他部分的依附。世界上不存在没有领陆的国家。

领水是国家主权管辖下的全部水域，包括内水和领海。内水包括国家领陆内的水域和沿海岸的内海。内水与领海的区别在于：外国船舶未经允许不得进入内水，但可以在领海中享有无害通过权。

领空是领陆和领水上方一定高度的空间。领空完全受国家主权的支配。它的高度界限国际法中尚没有确定。

底土是领陆和领水下面的部分，理论上一直延伸到地心。国家对于底土及其中的资源拥有完全主权。

二、河流制度

在国际法上，河流分为内河、界河、多国河流、国际河流和国际运河五种类型。

1. 内河

内河是从源头到入海口或终结地全部流经一国的河流，比如长江、黄河、湘江等。国家对其内河拥有完全的主权。外国船舶未经许可不得在内河航行。

2. 界河

界河是流经两国之间并作为两国领土分界线的河流，比如鸭绿江就是中国和朝鲜之间的界河。界河由沿岸国进行划分，一般以主航道或河道中心线为界。界河分属沿岸国家的部分为该国的领土，处于该国的主权之下，各国在所属水域行使管辖权。有关界河的利用不得损害邻国利益，一般应由相关国家协议处理。

3. 多国河流

多国河流是流经两个或两个以上国家领土的河流。多国河流流经各国的河段分别属于各国领土，各国分别对位于其领土的一段拥有主权。每一沿岸国在对该河流行使权利时，都应顾及其他沿岸国的利益。各国不得有害地利用该河流，不得使河流改道或堵塞河流。多国河流一般对所有沿岸国开放，而非沿岸国船舶未经许可不得航行。

4. 国际河流

通过条约规定对所有国家开放航行的多国河流被称为国际河流。国际河流流经各国领土的河段仍然是该国的领土。国际河流一般允许所有国家的船舶特别是商船无害航行。国际河流的管理一般由条约成立的专门机构进行。

5. 国际运河

有几条运河虽然位于一国领土内，但由于其两端连通海洋，构成海上交通要道，在国际航海中地位极其重要，因此被开放为国际运河，比如巴拿马运河、苏伊士运河。国际运河的地位和航行制度由有关的条约确立，一般对所有国家开放。

▶ 典型真题

甲河是多国河流，乙河是国际河流。根据国际法相关规则，下列哪些选项是正确的？(2011-01-74)①

A. 甲河沿岸国对甲河流经本国的河段拥有主权

B. 甲河上游国家可对自己享有主权的河段进行改道工程，以解决自身缺水问题

①答案：AC。解析：本题考查多国河流和国际河流。多国河流流经各国的河段分别属于各国领土，各国分别对位于其领土的一段拥有主权，A 项正确。多国河流的沿岸国在对该河流行使权利时，应顾及其他沿岸国的利益。各国不得有害地利用该河流，不得使河流改道或堵塞河流，B 项错误。国际河流是通过条约规定对所有国家开放航行的多国河流，国际河流一般允许所有国家的船舶特别是商船无害航行，C 项正确。国际河流虽然对所有国家开放航行，但流经各国领土的河段仍然是该国主权下的领土，而不是人类共同的财产，D 项错误。

C. 乙河对非沿岸国商船也开放

D. 乙河的国际河流性质决定了其属于人类共同的财产

三、领土的取得方式

（一）传统国际法获取领土的方式

1. 先占

先占是国家有意识地取得不在其他任何国家主权下土地的主权的行为。通过先占取得领土必须具备两个条件：

(1)先占的对象必须为无主地，即不属于任何国家的土地，或被原属国家明确抛弃。现在世界上已不存在先占的对象，因而，先占原则的最大作用是澄清和解决某些历史遗留问题。

(2)先占应为"有效占领"。"有效占领"需满足主客观两个方面的要求。一是主观方面的要求，即国家应具有取得该无主地主权的意思，并要公开地表现出来；二是客观方面的要求，即国家须对该地采取实际的控制，包括采取立法、司法、行政措施，建立机构，标示主权等适当的行动。

【问题】一国是否可以通过先占取得南极部分土地的主权？答案是否定的，因为先占的对象必须是无主地且不为人类共同利益原则所对应的区域，比如，南极、北级和外层空间都不属于可先占的对象。

2. 时效

时效是指取得时效，即由于国家公开地、不受干扰地、长期持续地占有他国领土，从而获得该领土的主权。由于时效不问该占领本身是否合法，加上取得时效的期限未能确定，时效的适用历来争议很大，现在基本没有普遍适用意义。

3. 添附

添附是指由于自然形成或人造的新土地出现而使得国家领土增加，既包括河口三角洲、涨滩等自然添附，也包括围海造田等人工添附。添附历来被认为是国际法中一项合法获取领土的方式，但合法的添附要具备一些条件。一是必须在本国领土上添附，二是人工添附不能损害他国的利益。

【注意】专属经济区不是领土，一国在专属经济区修建人工岛屿不构成添附，该国对人工岛屿享有管辖权和使用权，但该人工岛屿不构成该国的领土。

4. 征服

征服是指一国以武力占有他国领土，从而取得该土地的主权。征服是以战争的合法性为基础的，已被现代国际法所废弃。

5. 割让

割让是指一国根据条约将自己的领土转让给他国，从而使他国取得该领土的主权。割让分强制割让和非强制割让两种。强制割让是一国通过武力以签订条约的方式迫使他国进行领土割让。非强制割让是国家自愿地通过条约将部分领土转移给他国，包括买卖、赠与及互换等。在现代国际法上，强制割让已失去合法性，非强制割让仍然是合法有效的。

【总结】根据现代国际法，取得领土的传统方式中只有添附和非强制割让是有效的，先占、时效、征服和强制割让都是无效的。

（二）现代国际实践中的新发展

1. 殖民地独立

殖民地独立是指殖民地人民根据民族自决原则从前殖民国或宗主国独立出来成立新国家或加入其他国家而带来的领土变更。

2. 公民投票

公民投票是指有关国家在符合国际法原则的前提下，采取公民直接投票的方式决定领土的变更。公民投票的效力取决于相关国家国内法或有关国家间的具体协议。

▶ 典型真题

关于领土的合法取得，依当代国际法，下列哪些选项是正确的？（2016-01-75）①

A. 甲国围海造田，未对他国造成影响

B. 乙国囤兵邻国边境，邻国被迫与其签订条约割让部分领土

C. 丙国与其邻国经平等协商，将各自边界的部分领土相互交换

D. 丁国最近二十年派兵持续控制其邻国部分领土，并对外宣称拥有主权

四、边界和边境制度

（一）边界

边界也称国界，是确定一国领土范围的界限。边界分为传统习惯边界和条约确定边界。在协议划定地形边界时，如尚未形成更具体的传统习惯线，国际实践一般采取如下处理：以山脉为界时依主分水岭；以可航行河流为界的依主航道中心线，不可航行河流依河流中心线。

（二）边境制度

边境或边境地区是指边界线相邻的一定区域。由于边境地区的特殊性，各国一般通过国内法和双边协议建立特殊的管理制度，即边境制度。边境制度包括界标的维护、边境土地的使用、界水的利用、边民的往来和边境事件的处理等。

1. 界标的维护

相邻国家对界标的维护负有共同责任。双方都应采取必要措施防止界标被移动、损坏或灭失。若一方发现界标出现上述情况，应尽速通知另一方，在双方代表在场的

①答案：AC。

情况下修复或重建。国家有责任对移动、损坏或毁灭界标的行为给予严厉惩罚。

2. 边界土地的使用

一国对本国边境地区土地的利用，不得损害对方国家的利益。具体规则包括：

(1)一国不得在边境地区建立可能对另一国境内动植物、空气或水源造成污染的工厂或从事任何可能造成此类污染的活动。

(2)不得在靠近边界的地区设立靶场或进行任何可能危及对方居民及财产安全的武器试验或演习。

(3)如遇边境地区森林火灾，国家应尽力扑救并控制火势，不使火灾蔓延到对方境内。

3. 界水的利用

沿岸国对界水有共同的使用权，一国在使用界水时，不得损害邻国的利益。具体规则包括：

(1)不得采取可能使河流枯竭或泛滥的措施，更不得单方故意使河水改道。

(2)渔民一般只能在界水的本国一侧捕鱼。

(3)相邻国家在界水上享有平等的航行权，船舶在航行时应该具有明显的国籍标志。除遇难或有其他特殊情况外，一方船舶未经允许不得在对方靠岸停泊。

(4)一方如欲在界水上建造工程设施，如桥梁、堤坝等，应取得另一方的同意。

(5)国家还应注意保护界水水质，对本国一侧的各种污染源进行有效的控制和治理，以免污染界水。

4. 边民的往来

相邻国家一般都在探亲访友、朝圣、就医或小额贸易等方面给予双方边民一些特殊的方便。

5. 边境事件的处理

相邻国家通常通过协议，由双方代表成立处理边境地区事项的机构，专门处理上述边境和边民有关的问题，如偷渡、违章越界、损害界标等事项。

【总结】边界制度和边境制度的核心是不得损害邻国的利益。

典型真题

甲、乙两国边界附近爆发部落武装冲突，致两国界标被毁，甲国一些边民趁乱偷渡至乙国境内。依相关国际法规则，下列哪一选项是正确的？(2016-01-33)①

A. 甲国发现界标被毁后应尽速修复或重建，无需通知乙国

B. 只有甲国边境管理部门才能处理偷渡到乙国的甲国公民

C. 偷渡到乙国的甲国公民，仅能由乙国边境管理部门处理

D. 甲乙两国对界标的维护负有共同责任

①答案：D。

五、两极地区的法律地位

（一）南级

南极地区是指南纬60度以南的陆地、冰架和海洋的总体，包括南极洲大陆及其相关岛屿和海域，总面积约为5200万平方千米。为协调各国利益，1959年，当时进行南极活动的12个主要国家签署了《南极条约》，该条约于1961年生效。此后各国就保护南极动植物、保护海豹、保护生物资源及保护环境等问题相继缔结了一系列条约，构成南极条约体系。目前，《南极条约》共有53个缔约国。我国于1983年加入《南极条约》，1985年成为《南极条约》协商会议的协商国。根据上述条约，目前南极地区法律制度的主要内容包括以下几点：

(1)南极只用于和平目的：禁止建立军事设施、进行军事演习和武器试验，禁止核爆炸和放置核废料。但是为科学研究或其他和平目的使用军事人员或设施不被禁止。

(2)科学考察自由和科学合作：任何国家都有在南极进行科学考察的自由。同时各国应促进考察计划、人员和成果的交换和交流。

(3)冻结对南极的领土要求：包括对南极领土不得提出新的或扩大现有要求；《南极条约》不构成对任何现有的对南极领土主张的支持或否定；条约有效期间进行的任何活动也不构成主张支持或否定对南极领土要求的基础。

(4)维持南极地区水域的公海制度：任何国家在南极地区根据国际法享有的对公海的权利不受损害或影响。

(5)保护南极环境与资源：在南极进行的任何活动不得破坏南极的环境或生态。

(6)建立南极协商会议：南极协商会议由《南极条约》原始缔约国和其他符合条件的加入国组成，一般要求该国在南极建立了常年考察站。南极协商会议每两年召开一次，交换有关情报，专门讨论有关南极的共同利益的问题，以及向各国政府提出促进南极条约原则和宗旨的相关措施。

▶ 典型真题

甲、乙、丙三国均为南极地区相关条约缔约国。甲国在加入条约前，曾对南极地区的某区域提出过领土要求。乙国在成为条约缔约国后，在南极建立了常年考察站。丙国利用自己靠近南极的地理优势，准备在南极大规模开发旅游。根据《南极条约》和相关制度，下列哪些判断是正确的？(2010-01-78)①

A. 甲国加入条约意味着其放弃或否定了对南极的领土要求

B. 甲国成为条约缔约国，表明其他缔约国对甲国主张南极领土权利的确认

---

①答案：CD。解析：A项错误，《南极条约》不构成对任何现有的对南极领土主张的支持或否定。有同学记住了《南极条约》冻结了对南极的领土要求，但以为冻结就意味着否定，这就大错特错了，冻结的意思是维持现状不变，即不否定、不支持、不扩大。B项错误，理由同上。C项正确，《南极条约》有效期间的南极进行的任何活动不构成主张支持或否定对南极领土要求的基础。D项正确，在南极进行的任何活动不得破坏南极的环境或生态。

C. 乙国上述在南极地区的活动，并不构成对南极地区提出领土主张的支持和证据

D. 丙国旅游开发不得对南极环境系统造成破坏

（二）北极

北极地区是指北极圈以内的区域，除环北极海域的少数国家领土外，主要部分是北冰洋，其70%洋面常年冰冻。北冰洋应适用海洋法的有关原则和制度，其中大部分为公海。某些北极海沿岸国曾按照“扇形原则”对北极地区有关部分提出领土主张，但遭到大多数国家的反对。目前环北极国家签订了一些关于北极环境保护的条约，这不改变北极地区本身的法律地位。

北极地区包括了具有不同法律地位的组成部分：首先，北极大陆和岛屿的领土主权归属北极国家，北极国家在北极海域拥有领海、专属经济区和大陆架。其次，北极海域有公海和国际海底区域。北极域外国家依据国际法有权在北极地区开展科研、航行和开发等活动。

【**注意**】“扇形原则”不是有关北极地区领土主张的国际习惯法规则。

专题七 海 洋 法

1982年《联合国海洋法公约》被认为是最全面完整的海洋法法典。我国1995年批准该公约，成为缔约国。除《联合国海洋法公约》以外，海洋法规则中还有许多古老的习惯法规则。《联合国海洋法公约》将海洋划分为内海、领海、毗连区、专属经济区、大陆架、国际航行海峡、群岛水域、公海、国际海底区域等。

一、内海及有关制度

（一）领海基线

领海基线是一国领陆或内水与领海的分隔线，也是海洋法中划分其他海域的起算线。领海基线的划定有正常基线和直线基线两种：(1)正常基线，也称自然基线，是以落潮时海水退到离海岸最远的潮位线(低潮线)作为基线。(2)直线基线是选取海岸或近海岛屿最外缘的若干适当基点，用直线连接而成的折线作为基线。

我国《领海和毗连区法》第三条第二款规定，“中华人民共和国领海基线采用直线基线法划定，由各相邻基点之间的直线连线组成。”

（二）内海

内海是一国领海基线以内的海域，包括内陆海、内海湾、内海峡和其他位于海岸与领海基线之间的海域。内海的法律性质包括：(1)内海是一国的内水的一部分，沿海国对其具有同领陆一样的完全的排他的主权。(2)国家对于内海及其资源拥有完全的支配管辖权利，一切外国船舶非经沿海国同意，不得进入其内海。(3)外国船舶如获准进

入内海从事运输或贸易，须驶入指定的开放港口，并遵守该国的有关法律和规章。

（三）港口

1. 航行停泊

外籍船进港及在港内的航行、移泊，需接受港监指派引航员的强制引航；船上武器弹药抵港后交由港监封存；不准在港口内从事射击、游泳、钓鱼、鸣放鞭炮烟火或其他危及港口安全秩序的行为；白天应悬挂船旗国的旗帜；遵守有关挂旗及港口信号的规定；遵守港口有关无线电使用限制的规定；除为安全外不得鸣放声号；发生海损海难等情况应及时报告港监；禁止在港内排放油污、废弃物或有害物。

2. 管辖权

国家对于位于其港口的外籍船舶具有管辖权，依国际法享有豁免权的军舰和政府公务船等除外。实践中，国家一般是在不介入船舶内部事件的基础上，采取沿岸国与船旗国管辖相结合的方法。

（1）刑事管辖。沿岸国通常只对扰乱港口安宁、受害者为沿岸国或其国民、案情重大或船旗国领事或船长提出请求的案件予以管辖。

（2）民事管辖。对完全属于船舶内部管理、工资、劳动条件、个人财产权利等事项，各国通常不行使管辖权。当案件涉及港口国公民的利益或其他船舶以外的因素，或涉及船舶本身在港口内航行、停留期间的权利义务时，港口国才予以管辖。

▶ 典型真题

甲国船东的货轮“欢乐号”（在乙国注册）在丙国港口停泊期间，非丙国籍船员詹某和卡某在船舱内因口角引发斗殴。根据国际法相关规则和实践，下列判断哪些是正确的？（2004-01-69）①

A. 丙国通常根据詹某或卡某的请求，对该事件进行管辖

B. 丙国通常根据该船船长的请求，对该事件进行管辖

C. 丙国通常根据甲国驻丙国领事的请求，对该事件进行管辖

D. 丙国通常根据乙国驻丙国领事的请求，对该事件进行管辖

二、领海

（一）领海的界限

领海是一国领海基线以外毗邻一国领陆或内水的一定宽度的海水带。领海的宽度不得大于12海里。内陆国没有领海。

---

①答案：BD。解析：本题考查港口管辖权。在刑事管辖方面，沿岸国通常只对扰乱港口安宁、受害者为沿岸国或其国民、案情重大或船旗国领事或船长提出请求的案件予以管辖。本题中，非丙国籍船员詹某和卡某在船舱内因口角引发斗殴，不属于扰乱港口安宁的情形，受害者也不是沿岸国国民，案情也并不重大，沿岸国通常只在船旗国领事或船长提出请求时才予以管辖。因此，本题正确答案为BD。

（二）领海的法律地位

领海是国家领土的一部分，领海水体及其上空和底土都处于沿海国的主权管辖和支配之下。与领土的其他部分唯一不同的是，外国船舶在领海中享有无害通过权。

无害通过是指外国船舶在不损害沿海国和平安宁和正常秩序的条件下，拥有无须事先通知或征得沿海国许可而连续不断地通过其领海的航行权利。对于军用船舶是否享有无害通过权，各国的实践并不一致。根据我国加入《联合国海洋法公约》时所做的保留，我国不允许外国军舰在我国领海无害通过。《领海及毗连区法》第六条也规定，“外国非军用船舶，享有依法无害通过中华人民共和国领海的权利。外国军用船舶进入中华人民共和国领海，须经中华人民共和国政府批准。”

无害通过的法律制度

沿海国的权利义务	沿海国的权利： (1)沿海国为了维护其秩序及权益，保证无害通过的顺利进行，可以制定有关无害通过的相关法规 (2)可以规定海道包括对油轮、核动力船等船舶实行分道航行制 (3)为国家安全，在必不可少时可在特定水域暂停无害通过 沿海国的义务： (1)一国不得强加实际后果等于取消或损害无害通过的要求 (2)不应对各国船舶有所歧视 (3)不得仅以通过领海为由向外国船舶征收费用 (4)对航行危险的情况应妥为公布
外国船舶的义务	(1)无害通过要求连续不停地迅速通过，不得停泊和下锚，除非不可抗力、遇难和救助 (2)潜水艇或其他潜水器通过领海须浮出水面并展示其船旗
有害通过的情形	(1)对沿海国进行任何武力威胁或使用武力 (2)以任何种类的武器进行任何操练或演习 (3)任何目的在于搜集情报使沿海国的国防或安全受损害的行为 (4)任何目的在于影响沿海国防务或安全的宣传行为 (5)在船上起落或接载任何飞机 (6)在船上发射降落或接载任何军事装置 (7)违反沿海国海关卫生财政移民的法律和规章，以及上下任何商品、货币或人员 (8)任何故意和严重的污染行为 (9)任何捕鱼活动 (10)进行研究或测量活动 (11)任何目的在于干扰沿海国通讯系统或其他任何设施或设备的行为 (12)与通过没有关系的其他任何行动

【总结】无害通过必须是连续不断地通过，不得损害沿海国和平安宁和正常秩序。凡是与通过没有关系的任何行动都不是无害通过。

（三）沿海国对领海的管辖权

领海是国家领土的一部分，国家对领海中航行的外国船舶拥有管辖权。但实践中，除非特殊情形，国家一般不对通过领海的外国船舶上的行为行使管辖权。

1. 刑事管辖

除以下情形外，沿海国不对外国船舶通过领海期间的船上行为行使管辖权：(1)罪行的后果及于沿海国；(2)罪行属于扰乱当地安宁或沿海国良好秩序的性质；(3)船长或船旗国外交代表或领事官员请求当地政府予以协助；(4)取缔违法贩运麻醉品或精神调理物质所必要。

上述各种情况下，如经船长请求，沿海国在采取任何步骤前应通知船旗国的外交代表或领事官员。沿海国对驶离内水后通过领海的外国船舶可登船逮捕或进行调查。对于来自外国港口，仅通过领海而不进入内水的外国船舶，沿海国不得在该船上对驶入领海前所犯罪行有关的任何人进行逮捕或进行有关的调查。

2. 民事管辖

关于民事管辖：(1)沿海国不应为对外国船舶上的人行使管辖权而停止该船航行或改变其航向；(2)不得为民事诉讼目的对船舶从事执行或加以逮捕，除非涉及船舶本身在通过领海的航行中，或为该航向的目的而承担的义务或负担的债务；(3)上述规定不妨碍沿海国按照其法律，为任何民事诉讼的目的而对在其领海内停泊或驶离内水后通过领海的外国船舶实施执行或逮捕的权利。

▶ 典型真题

“青田”号是甲国的货轮，“前进”号是乙国的油轮，“阳光”号是丙国的科考船，三船通过丁国领海。依《联合国海洋法公约》，下列哪些选项是正确的？(2016-01-76)①

A. 丁国有关对油轮实行分道航行的规定是对“前进”号油轮的歧视

B.“阳光”号在丁国领海进行测量活动是违反无害通过的

C.“青田”号无须事先通知或征得丁国许可即可连续不断地通过丁国领海

D. 丁国可以对通过其领海的外国船舶征收费用

三、毗连区

（一）毗连区的范围

沿海国可以在领海以外毗邻领海划定一定宽度的海水带，在此区域中，沿海国对海关、财政、移民和卫生等特定事项行使某种管制权，这个区域称为毗连区。按照《联合国海洋法公约》规定，毗连区的宽度从领海基线量起不得超过24海里(即领海以外12海里)。

①答案：BC。

（二）毗连区的法律性质

毗连区不是国家领土，国家对毗连区不享有主权，只是在毗连区范围行使上述方面的管制，而且国家对于毗连区的管制不包括其上空。毗连区的其他性质取决于其所依附的海域，或为专属经济区或为公海。在国家设立专属经济区后，毗连区首先是专属经济区的一部分，但由于国家可以在毗连区实施上述方面的管制权，毗连区又是就此有别于专属经济区其他部分的特殊区域。

（三）沿海国对毗连区的管辖权

沿海国可以在毗连区内行使为下列事项所必要的管制：(1)防止在其领土或领海内违反其海关、财政、移民或卫生的法律或规章；(2)惩处在其领土或领海内违反上述法规的行为。我国《领海及毗连区法》第十三条规定，“中华人民共和国有权在毗连区内，为防止和惩处在其陆地领土、内水或者领海内违反有关安全、海关、财政、卫生或者入境出境管理的法律、法规的行为行使管制权。”可见，我国对毗连区还可因国家安全行使管辖权。

▶ 典型真题

“潇湘”号商船运送一批平板电脑，装运港是甲国某港口，目的港是乙国某港口，航行路线要经过丁国的毗连区。根据《联合国海洋法公约》，下列选项正确的是(2011-01-97)①

A.“潇湘”号在丁国毗连区通过时的权利和义务与在丁国领海的无害通过相同

B. 丁国可在“潇湘”号通过时对毗连区上空进行管制

C. 丁国可根据其毗连区领土主权对“潇湘”号等船舶规定分道航行

D.“潇湘”号应遵守丁国在海关、财政、移民和卫生等方面的法律规定

四、专属经济区

（一）专属经济区的范围

专属经济区是领海以外毗邻领海的一定宽度的水域，根据《联合国海洋法公约》规定，它从领海基线量起不得超过 200 海里(即领海以外 188 海里)。专属经济区不是本身自然存在的权利，需要国家以某种形式宣布建立并说明其宽度。当然，一般的国家

①答案：D。解析：A 项错误，领海是国家领土的一部分，领海水体及其上空和底土都处于沿海国的主权管辖和支配之下，只是外国船舶在领海享有无害通过权。毗连区不是沿海国领土，沿海国在毗连区仅对海关、财政、移民和卫生等特定事项行使某种管制权，毗连区并不适用无害通过制度。因此，外国船舶在丁国毗连区通过时的权利和义务与在丁国领海的无害通过是不同的。B 项错误，毗连区不是国家领土，沿海国对毗连区不享有主权，只能在海关、财政、移民或卫生方面对毗连区进行管制，而且沿海国对于毗连区的管制不包括其上空。C 项错误，沿海国对毗连区不享有领土主权，“丁国可根据其毗连区领土主权”的说法错误，而且对船舶规定分道航行是沿海国在领海的权利，不是在毗连区的权利。D 项正确，沿海国可以在其毗连区内对海关、财政、移民和卫生等特定事项行使某种管制权，因此，通过毗连区的船舶应当遵守沿海国在上述事项方面的法律规定。

都会在《联合国海洋法公约》的规定下最大程度地宣告自己的权利。比如，我国声明领海宽度为12海里，声明专属经济区为领海基线以外的200海里。

（二）沿海国的权利和义务

(1)沿海国拥有以勘探、开发、养护和管理海床和底土及其上覆水域自然资源为目的的主权权利，以及关于在该区域内从事经济性开发和勘探，如海水、风力利用等其他活动的主权权利。

(2)沿海国对建造和使用人工岛屿和设施、海洋科学研究、海洋环境保护事项拥有管辖权。

(3)为行使上述权利，沿海国可以制定与公约规定一致的专属经济区法规，并可采取必要的措施以确保其法规得到遵守，包括登临、检查、逮捕和进行司法程序。

(4)沿海国对于外国船舶违法行为采取措施时，应遵守以下规则：①对于被捕的船只及其船员，在其提出适当的保证书或担保后，应迅速予以释放；②沿海国对于在专属经济区内仅违反渔业法规的处罚，如有关国家间无相反的协议，不得包括监禁或任何形式的体罚；③在逮捕或扣留外国船只时，沿海国应通过适当途径将所采取措施和随后进行的处罚迅速通知船旗国。

（三）其他国家的权利

其他国家在专属经济区享有航行和飞越、铺设海底电缆和管道的自由以及与此有关的其他合法活动的权利。

【总结】专属经济区既不是领海也不是公海。沿海国对于专属经济区不拥有领土主权。沿海国的权利主要体现在对专属经济区内以开发自然资源为目的的活动拥有排他性的主权权利和与此相关的某些管辖权。

▶ 典型真题

甲国在其宣布的专属经济区水域某暗礁上修建了一座人工岛屿。乙国拟铺设一条通过甲国专属经济区的海底电缆。根据《联合国海洋法公约》，下列哪一选项是正确的？(2010-01-31)[①]

A. 甲国不能在该暗礁上修建人工岛屿

B. 甲国对建造和使用该人工岛屿拥有管辖权

C. 甲国对该人工岛屿拥有领土主权

D. 乙国不可在甲国专属经济区内铺设海底电缆

---

①答案：B。解析：专属经济区的法律地位既不是领海也不是公海。沿海国对于专属经济区不拥有领土主权。沿海国对在其专属经济区内建造和使用人工岛屿和设施、海洋科学研究、海洋环境保护事项拥有管辖权。据此，甲国在其宣布的专属经济区水域某暗礁上有权修建人工岛屿，对建造和使用该人工岛屿拥有管辖权，但甲国对该人工岛屿没有领土主权。故B项正确，A项和C项错误。D项错误，其他国家在专属经济区享有航行和飞越、铺设海底电缆和管道的自由。

五、大陆架

（一）大陆架的范围

沿海国的大陆架是指其领海以外依其陆地领土的全部自然延伸，扩展到大陆边外缘的海底区域的海床和底土。如果从领海基线量起到大陆边外缘的距离不足200海里，则扩展至200海里；如果超过200海里，则不得超出从领海基线量起350海里，或不超出2500米等深线100海里。200海里之外的大陆架如果存在，称之为外大陆架。

沿海国对于大陆架的权利不取决于有效或象征性的占领或任何明文公告。而对于主张拥有外大陆架国家，该国需要把有关的科学信息和证据资料提交给依《联合国海洋法公约》建立的“大陆架界限委员会”。

（二）大陆架的法律地位

大陆架不是沿海国领土，但是沿海国享有某些排他性的主权权利。《联合国海洋法公约》中有关大陆架的法律制度主要包括：

(1)沿海国享有勘探和开发大陆架自然资源的专属权利。

(2)沿海国享有在大陆架上建造使用人工岛屿和设施的专属权利。

(3)对大陆架的权利不影响其上覆水域或水域上空的法律地位。

(4)沿海国权利行使不得对其他国家的航行和其他合法权利构成侵害或造成不当干扰。

(5)所有国家有权在其他国家的大陆架上铺设电缆和管道，但其线路的划定须经沿海国同意，并应顾及现有电缆和管道，不得加以损害。

(6)沿海国开发200海里以外大陆架的非生物资源，应通过国际海底管理局并缴纳一定的费用或实物，发展中国家在某些条件下可以免缴。

▶ 典型真题

甲国是一个地理上宽大陆架的沿海国，也是发达国家，其地理大陆架从领海基线到大陆边外缘的距离为380海里。根据《联合国海洋法公约》和有关的国际法规则，下列哪一选项是正确的？（2008四川-01-33）①

A. 甲国大陆架的范围可以延伸到380海里处

B. 甲国的大陆架只能限定在200海里以内

①答案：D。解析：根据《联合国海洋法公约》的规定，沿海国的大陆架是指其领海以外依其陆地领土的全部自然延伸，扩展到大陆边外缘的海底区域的海床和底土。如果从领海基线量起到大陆边外缘的距离不足200海里，则扩展至200海里；如果超过200海里，则不得超出从领海基线量起350海里，或不超出2500米等深线100海里。据此，虽然甲国地理大陆架从领海基线到大陆边外缘的距离为380海里，其法律上的大陆架也不得超过从领海基线量起350海里，故A项和B项均错误。根据《联合国海洋法公约》的规定，专属经济区是领海以外毗邻领海的一定宽度的水域，它从领海基线量起不得超过200海里，故C项错误。沿海国开发200海里以外大陆架的非生物资源，应通过国际海底管理局并缴纳一定的费用或实物，发展中国家在某些条件下可以免缴。所以本题应选D项。

C. 甲国的专属经济区不必限定在200海里以内

D. 甲国如果在200海里外的大陆架底土开采石油，应通过国际海底管理局并向其缴纳合理费用

六、群岛水域

（一）群岛水域的范围

群岛水域是群岛国的群岛基线所包围的内水之外的海域。群岛国是全部领陆由一个或多个群岛或岛屿组成的国家。群岛国可以连接群岛最外缘各岛和各干礁的最外缘各点构成直线群岛基线。

群岛基线的确定需要满足《联合国海洋法公约》规定的条件：(1)基线应包括主要岛屿和一个区域；(2)基线范围内包括环礁在内的陆地面积与水域面积之比应在1∶1~1∶9之间；(3)基线超过100海里的线段最多不能超过基线总数的3%；(4)基线不能明显偏离群岛轮廓，不能将其他国家的领海与公海或专属经济区隔断。

群岛水域的划定不妨碍群岛国按照《联合国海洋法公约》划定内水，及在基线之外划定领海、毗连区、专属经济区和大陆架。

（二）群岛水域的法律制度

群岛国对其群岛水域包括其上空和底土拥有主权，同时作为《联合国海洋法公约》规定的一个特定区域，群岛国应尊重与其他国家间的现有协定，以及其他有关国家在该区域内的传统合法权益或现有情况。

群岛水域的航行分为无害通过和群岛海道通过两种情况。无害通过是所有国家的船舶享有通过除群岛国内水以外的群岛水域的无害通过权；群岛海道通过是指群岛国可以指定适当的海道和其上的空中通道，以便其他国家的船舶或飞机连续不停地迅速通过或飞越其群岛水域及其邻接的领海。所有国家都享有这种群岛通道通过权。

▶ 典型真题

甲国是群岛国，乙国是甲国的隔海邻国，两国均为《联合国海洋法公约》的缔约国。根据相关国际法规则，下列哪一选项是正确的？(2014-01-33)①

A. 他国船舶通过甲国的群岛水域均须经过甲国的许可

B. 甲国为连接其相距较远的两岛屿，其群岛基线可隔断乙国的专属经济区

C. 甲国因已划定了群岛水域，则不能再划定专属经济区

D. 甲国对其群岛水域包括上空和底土拥有主权

①答案：D。

七、国际海峡

（一）国际海峡的定义

国际海峡，又称国际航行海峡，是指两端都是公海或专属经济区，而又用于国际航行的海峡。国际海峡根据其水域的地位分为内海峡、领海峡和非领海峡。

（二）国际海峡的通过制度

不同的国际海峡适用不同的通过制度。通常有过境通行制度、公海自由航行制度、无害通过制度以及特别协定制度四种。

(1)过境通行制度：过境通行指的是专为连续不停和迅速通过目的而进行的自由航行和飞越，也包括以合法地自海峡沿岸国驶入驶出为目的的通过。过境通行制度所适用的海峡比较多，也是通常所说的用于国际航行海峡的通行制度。

(2)公海自由航行制度：国际海峡中有公海或专属经济区的航道适用公海自由航行制度。

(3)无害通过制度：适用无害通过的国际航行海峡，是由一国的大陆和该国的岛屿构成的海峡，且该岛向海一面的海域有一条在航行和水文特征方面同样方便地穿过公海或专属经济区的航道。

(4)特别协定制度：特别协定制度是指某些海峡的通过制度是由专门针对该海峡缔结的国际公约规定的。如黑海海峡就适用《黑海海峡公约》所规定的制度。

【注意】过境通行制度和无害通过制度都要求连续不停地迅速通过，但过境通行制度适用于船舶和飞机，无害通过制度只适用于船舶。

八、公海

（一）公海的范围

公海是指专属经济区、领海、内水、群岛水域以外的全部海洋水域。根据《联合国海洋法公约》的规定，公海自由包括6项，即航行自由、飞越自由、铺设海底电缆和管道自由、捕鱼自由、建造人工岛屿和设施自由、科学研究自由。

（二）公海上的管辖权

国家对公海上有关的船舶、人、物或事件进行管辖的主要依据是船旗国管辖和普遍管辖两种。

1. 船旗国管辖

船旗国管辖是指国家对于公海上悬挂其旗帜的船舶以及船舶上的人、物、事件的管辖。船旗国专属管辖是公海船舶管辖的一般规则，船舶内部事务一般应遵行船旗国国内法。

2. 普遍管辖

公海上的普遍管辖权是指各国对发生在公海的，被国际法认为是普遍管辖权对象的特定国际罪行或违反国际法的行为，行使管辖权。这类罪行或不法行为包括：海盗行为；非法广播；贩运奴隶和贩运毒品。

（三）临检权和紧追权

1. 临检权

临检权又称登临权，是指一国的军舰、军用飞机或其他得到正式授权、有清楚标志可识别的政府船舶或飞机，对公海上的外国船舶（军舰等享有豁免权的除外），有合理根据认为其从事《联合国海洋法公约》所列不法情况时，拥有登船检查及采取相关措施的权利。这些不法情况为：海盗；贩奴；非法广播；船舶无国籍；虽然该船悬挂外国旗或拒不展示船旗，但事实上与该军舰属于同一国籍。

2. 紧追权

紧追权是沿海国拥有对违反其法规并从该国管辖范围内的海域向公海行驶的外国船舶进行追逐的权利。沿海国行使紧追权应遵循以下规则：(1)紧追行为只能由军舰、军用飞机或得到正式授权且有清楚可识别标志的政府船舶或飞机从事。(2)紧追必须从一国管辖范围内的海域开始，如内水、领海、毗连区或专属经济区。(3)紧追应在被紧追船舶的视听范围内发出视觉或听觉的停止信号后，才可开始。(4)紧追可以追入公海中继续进行，直至追上并依法采取措施，但必须是连续不断的。(5)紧追权在被紧追船舶进入其本国或第三国领海时立即终止。

▶ 典型真题

"乐安"号商船运送一批货物的航行路线要经过丁国的领海和毗连区。根据《联合国海洋法公约》，下列选项正确的是：(2012-01-97)①

A."乐安"号可不经批准穿行丁国领海，并在其间停泊转运货物

B."乐安"号在丁国毗连区走私货物，丁国海上执法船可行使紧追权

C."乐安"号在丁国毗连区走私货物，丁国海上执法机关可出动飞机行使紧追权

D. 丁国海上执法机关对"乐安"号的紧追权在其进入公海时立即终止

九、国际海底区域

（一）国际海底区域的性质

国际海底区域是指国家管辖范围以外的海床、洋底及其底土，即国家领土、专属经济区及大陆架以外的海底及其底土。根据《联合国海洋法公约》的规定，国际海底区域及其自然资源是人类共同继承财产，任何国家不得对国际海底区域主张主权或行使主权权利，任何人不能将国际海底区域或其资源据为己有。国际海底区域对所有国家开放，各国都可以为和平的目的加以利用。国际海底区域内一切资源属于全人类，由国际海底管理局代表全人类加以管理。

①答案：BC。

（二）国际海底区域的开发制度

国际海底区域资源开发采取“平行开发制”：一方面由国际海底局企业部进行；另一方面由缔约国有效控制的自然人或法人与国际海底局以合作的方式进行。具体做法是：在区域内的一个矿区被勘探后，开发申请者向国际海底局提供两块价值相当的矿址，国际海底局选择一块作为“保留区”，另一块作为“合同区”，与申请者签订合同进行开发。

专题八　国际航空法与外层空间法

一、国际航空法

国际航空法体系主要包括三个部分：一是围绕《芝加哥公约》形成的国际民用航空基本制度；二是围绕《华沙公约》形成的国际航空民事责任制度；三是围绕三个反劫机公约形成的国际民航安全制度。

（一）国际航空的基本制度

1944 年芝加哥《国际民用航空公约》(《芝加哥公约》)是构成当今国际民航法律制度的基本条约。《芝加哥公约》的主要原则和制度包括：

1. 领空主权原则

领空主权原则包括以下内容：(1)国家对其领空拥有完全的和排他的主权。(2)外国航空器进入国家领空须经该国许可并遵守领空国的有关法律。(3)对于非法入境的外国民用航空器，国家可以采取符合国际法的任何适当手段，包括要求其立即离境或要求其在指定地点降落等，但不得危及航空器内人员的生命和航空器的安全，避免使用武器。(4)国家有权制定外国航空器入境离境和在境内飞行的规章制度，各国可以指定外国航空器降停的设关机场。(5)国家保留国内航线专属权，一国为安全及军事需要有权在其领空中划定某些禁区。

2. 航空器国籍原则

航空器国籍原则包括以下内容：(1)《芝加哥公约》将航空器分为国家航空器和民用航空器，公约的制度仅适用于民用航空器。(2)民用航空器须在一国登记并因此而取得登记国国籍。航空器在两个或两个以上国家重复进行的登记均被认为无效，但其登记可以由一国转移到另一国。(3)航空器的登记国对航空器上的事件或事故拥有管辖权。

3. 将国际航空飞行分为定期航班飞行和不定期航班飞行

《芝加哥公约》规定，定期航班飞行须经领空国许可，不定期航班飞行则可以不经领空国许可。但相当一些国家对后者作出了保留，要求所有飞行都须经过领空国的许可方能进入其领空。

（二）国际民航安全制度

国际民航安全制度建立在 1963 年《在航空器上犯罪和其他某些行为的公约》（《东京公约》），1970 年《关于制止非法劫持航空器的公约》（《海牙公约》）和 1971 年《关于制止危害民用航空安全的非法行为的公约》（《蒙特利尔公约》）三个公约的基础上。主要内容如下：

（1）危害民用航空安全的行为包括：①在飞行中的航空器内用暴力或暴力威胁或其他任何胁迫方式，非法劫持或控制该航空器；对飞行中的航空器中的人实施暴力行为并且足以危及该航空器的安全。“飞行中”是指航空器从装载完毕、其外部所有舱门都已关闭时开始，直到其任一外部舱门打开准备卸货时止。②实施某种行为使得航空器不能飞行或危及其飞行安全，包括：对使用中的航空器的破坏或损坏、在使用中的航空器内放置某种装置或物质、破坏或损害航行设施或扰乱其工作、传递明知是虚假的情报等。“使用中”是指自地面或机组人员为某一飞行进行飞行前准备时起，到飞机降落后 24 小时内止。

（2）对危害民航安全罪行有管辖权的国家包括：航空器登记国；航空器降落地国，当罪嫌仍在航空器内；承租人的营业地国或常住地国，当航空器是不带机组的出租；嫌疑人所在国；嫌疑人国籍国或永久居所国；犯罪行为发生地国；罪行后果涉及国，包括受害人国籍国或永久居所国、后果涉及领土国、罪行危及其安全的国家；根据本国法行使管辖权的其他国家。

（3）或引渡或起诉原则。危害民航安全罪行是一种可引渡的罪行，但各国没有强制引渡的义务。国家可以依据引渡协议或国内法决定是否予以引渡。如果嫌疑人所在国没有相关协议引渡义务，并决定不予引渡，则应在本国作为严重的普通刑事案件进行起诉，使此种行为受到惩处。

▶ **典型真题**

乘坐乙国航空公司航班的甲国公民，在飞机进入丙国领空后实施劫机，被机组人员制服后交丙国警方羁押。甲、乙、丙三国均为 1963 年《东京公约》、1970 年《海牙公约》及 1971 年《蒙特利尔公约》缔约国。下列哪一选项是正确的？（2017-01-32）①

A. 劫机发生在丙国领空，仅丙国有管辖权

B. 犯罪嫌疑人为甲国公民，甲国有管辖权

C. 劫机发生在乙国航空器上，仅乙国有管辖权

D. 本案涉及国际刑事犯罪，应由国际刑事法院管辖

---

①答案：B。

二、外层空间法

（一）外空活动的主要原则

1. 共同利益原则

任何国家对外层空间，包括月球和其他天体的探索、利用和开发，都必须是为全体人类谋取福利和利益。该原则包括不得损害其他国家的权利和利益，也包括不得仅为获取自己片面私利利用外空。

2. 自由探索和利用原则

外层空间对全人类开放。所有国家不论其经济或科学发展水平如何，都有权在平等不受任何歧视的基础上根据国际法自由探索和利用外层空间。

3. 不得据为己有原则

任何国家不得通过主权要求、使用或占领的方法，或采取其他任何措施，将外空据为己有。任何自然人或团体不得占用外空。

4. 和平利用原则

包括对外空军事化的限制和禁止。各国不得在绕地球的轨道上放置任何携带核武器或其他大规模毁灭性武器的物体，不在天体上配置这种武器，也不以任何其他方式在外层空间部署这种武器；各国必须把月球和其他天体专门用于和平目的，禁止在天体建立军事基地和设施，禁止在天体试验任何类型的武器以及进行军事演习。

5. 救援宇航员原则

各国应将宇航员视为人类派往外空的使者，在宇航员发生意外、遇难或在另一国境内或公海紧急降落的情况下，各国应进行一切可能的援助，并尽快安全地将他们送回该航天器的登记国家。在外层空间活动的任何国家的宇航员应向其他国家的宇航员提供一切可能的援助。

6. 外空物体登记和管辖原则

外空物体的发射国家应对该物体进行登记。该登记国对该外空物体及其所载人员保持管辖及控制权。

7. 国际责任原则

对于其本国政府或非政府团体的外空活动或物体对其他国家造成的损害，国家应承担责任。国家还对其参加的国际组织的外空活动承担共同责任。

8. 保护空间环境原则

国家从事外空活动时，应采取适当措施，避免使外空遭受有害污染，或使地球环境受到不利的影响。

9. 国际合作原则

由于空间活动的特点，各国在外空领域的活动应彼此合作互助。这一原则体现在外空活动和制度的各个方面。

（二）外空活动的主要法律制度

1. 登记制度

登记制度包括以下内容：(1)发射国应对其发射的空间物体进行登记，除了在国内登记册登记以外，还应尽快报告联合国秘书长，以便在其保存的总登记册里进行登记。(2)空间物体若由两个以上发射国发射，应由其共同决定其中的一个国家进行登记。(3)外空物体的登记国对该外空物体拥有所有权和管辖控制权。(4)如果登记国知道其所登记的物体已不在轨道上存在，也应尽快通知联合国秘书长。

2. 营救制度

营救制度包括以下内容：(1)各国在获悉或发现宇航员在其管辖区域、公海或不属于国家管辖的任何地方发生意外、遇难或紧急降落时，应立即通知其发射国及联合国秘书长。(2)对获悉或发现在一国领土内的宇航员，领土国应立即采取一切可能的措施营救宇航员，并给予他们一切必要的帮助。对获悉或发现宇航员在国家管辖范围以外的区域，必要时凡力所能及的缔约国，均应协助寻找和救援。对于发现的宇航员，应立即安全地交还发射国。(3)对于发生意外的空间物体应送还其发射国。在一国管辖区域内发现的空间物体或其组成部分，应根据发射国的要求，采取切实的措施对该空间物体进行保护。发射国应支付他国有关保护和归还行动的费用。(4)如果一国有理由认为在其境内发现的空间物体是具有危险和有害性质的，则可通知发射国在该国的领导和监督下，立即采取有效措施，消除这种危险。

3. 责任制度

1972年《空间物体造成损害的国际责任公约》(以下简称《责任公约》)对于空间物体造成损失的赔偿责任制度，作出了具体的规定。

(1)责任主体。空间物体造成损失的损害赔偿应由该物体的发射国承担，不论发射是政府部门或非政府实体从事。发射国包括发射或促使发射空间物体的国家以及从其领土或设施发射空间物体的国家。"发射"包括未成功的发射在内。两个或两个以上的国家共同发射空间物体时，对所造成的损害应承担共同或单独的责任。

(2)归责原则。①绝对责任。发射国对其空间物体在地球表面或给飞行中的飞机造成的损害，应负有赔偿的绝对责任。②过错责任。发射国对于其空间物体在地球表面以外的其他任何地方，对于其他国家的空间物体，或所载人员或财产造成损害，负有赔偿的过错责任。③两国空间物体在外空相撞后对第三国地球表面或飞行中的飞机造成的损害，前两国对第三国负绝对责任；两国空间物体在外空相撞后对第三国外空物体或所载人员财产造成损害，前两国依各自的过错承担相应的责任。

发射国空间物体对于下面两种人员造成的损害不适用《责任公约》：①该国的国民；②参加操作的或者应发射国的邀请而留在紧接预定发射或回收区的外国公民。

【总结】对于外空责任的归责，可总结为以下几点：①外空撞地球，外空承担绝对责任；②外空撞外空，过错责任；③外空撞外空再撞地球，前两国承担绝对连带责任；

④外空撞外空再撞外空，前两国各依过错承担责任。一句话：空对空，过错责任；空对地，绝对责任。

▶ 典型真题

乙国与甲国航天企业达成协议，由甲国发射乙国研制的“星球一号”卫星。因发射失败卫星碎片降落到甲国境内，造成人员和财物损失。甲乙两国均为《空间物体造成损害的国际责任公约》缔约国。下列选项正确的是：(2009-01-98)①

A. 如“星球一号”发射成功，发射国为技术保密可不向联合国办理登记

B. 因“星球一号”由甲国的非政府实体发射，甲国不承担国际责任

C.“星球一号”对甲国国民的损害不适用《责任公约》

D. 甲国和乙国对“星球一号”碎片造成的飞机损失承担绝对责任

专题九 国际环境保护法

一、国际环境法的原则

国际法的原则有四个：一是国家环境主权和不损害其管辖范围以外环境的原则；二是国际环境合作原则；三是共同但有区别的责任原则；四是可持续发展原则。其中，共同但有区别的责任原则需要重点掌握。

共同但有区别的责任原则中，所谓责任的共同性是指环境作为全人类共同利益所在，保护环境需要所有国家的合作与努力。由于环境本身的整体性，各国对保护全球环境应承担共同的责任。所谓责任的区别性是指发达国家和发展中国家经济、科技发展水平的不同，及其历史上对环境恶化成因中所起作用不同，因此，承担的责任应当有所区别。发达国家应当对发展中国家在环境保护方面给予更多的帮助，承担更大的责任。

二、国际环境保护的主要制度

（一）大气环境保护

大气环境保护包括防止气侯变化和臭氧层保护两个方面。

①答案：CD。解析：A项错误，因为根据外空物体登记制度，发射国必须向联合国秘书长登记。如有两个以上发射国，则由其共同决定其中的一个国家进行登记。B项错误，因为外空物体责任制度为国家承担绝对责任，国家对本国政府或非政府团体的外空活动都应承担绝对责任。C项正确，不适用《责任公约》的情形有两种：(1)发射国国民；(2)参加操作的或者应发射国的邀请而留在紧接预定发射或回收区的外国公民。甲国为发射国，因此对甲国国民的损害不适用《责任公约》。D项正确，空间物体对地球表面或飞行中的飞机造成损害的，发射国承担绝对责任。甲国和乙国都是发射国，因为发射国包括：(1)发射或促使发射空间物体的国家；(2)从其领土或设施发射空间物体的国家。在本题中，乙国是促使发射空间物体的国家，甲国是从其领土或设施发射空间物体的国家。

1. 防止气候变化

防止气候变化方面的国际条约主要是《联合国气候变化框架公约》《京都议定书》和《〈联合国气候变化框架公约〉巴黎协定》。

《联合国气候变化框架公约》和《京都议定书》把参加国分为三类，分别规定了不同的义务。(1)附件一国家(24 个发达国家加 11 个东欧国家)。附件一国家要以 1990 年的排放量为基础进行削减，承担削减排放温室气体的义务。如果不能完成削减任务，可以从其他国家购买排放指标。(2)附件二国家(24 个发达国家)。附件二国家承担为发展中国家进行资金、技术援助的义务。(3)发展中国家。发展中国家不承担削减义务，可以接受发达国家的资金、技术援助，但不得出卖排放指标。

《京都议定书》允许采取以下四种减排方式：(1)两个发达国家之间可以进行排放额度买卖的“排放权交易”，即难以完成削减任务的国家，可以花钱从超额完成任务的国家买进超出的额度。(2)以“净排放量”计算温室气体排放量，即从本国实际排放量中扣除森林所吸收的二氧化碳的数量。(3)可以采用绿色开发机制，促使发达国家通过向发展中国家输出绿色技术，折抵温室气体排放量。(4)可以采用“集团方式”，即欧盟国家视为一个整体，可以采取内部平衡抵消，但在总体上完成减排量的方式。

2015 年 12 月通过的《〈联合国气候变化框架公约〉巴黎协定》(2016 年 11 月生效)，明确了 2020 年后应对气候变化国际机制的整体框架：(1)2020 年后以各国定期提交“国家自主贡献”的“自下而上”的灵活减排机制，取代《京都议定书》向各国摊派指标的“自上而下”的减排模式；(2)重申和坚持公平、共同但有区别的责任和各自能力原则；(3)重申了 2℃的全球温度升高控制目标，并且制定了具体的程序和机制。

2. 臭氧层保护

臭氧层保护。目前的主要法律文件为《保护臭氧层维也纳公约》和《关于消耗臭氧层物质的蒙特利尔议定书》(包括多次修正案)。公约采用了对消耗臭氧层物质进行限制和管制的措施，规定了有关的报告制度、消费水平限制和淘汰时间表。

（二）海洋环境保护

1. 防止来自船舶的污染

船舶污染海洋的责任和管辖制度如下：(1)对于船舶违章污染，其船旗国应设法立即进行调查并在适当的情况下对此违章行为提起诉讼；(2)对于发生在一国管辖区域内的外国船舶的违章行为，该国有权进行调查和管辖；(3)对于位于一国港口或内水的外国船舶在他国领域内的违章行为，港口国则应在实际可行的范围内满足行为发生地国进行调查的请求；(4)同时港口国在切实可行的范围内，还应满足位于其港口的外国船舶的船旗国提出的调查请求，不论该船舶的违章行为发生在何处。

2. 防止向海洋倾倒废物

以《防止倾倒废物及其他物质污染海洋的公约》为基础，采用了物质分类名单和许可证制度。对于从船舶、航空器、平台等向海洋倾倒的废物，分为禁止倾倒的"黑名单"所列物质、需国家颁发"特别许可证"的"灰名单"所列物质和需得到"一般许可证"的"白名单"所列物质，以此控制向海洋倾倒废物。

（三）自然生态和资源保护

1. 生物资源保护

《联合国生物多样性公约》对生物资源保护作了全面广泛的规定。包括：国家生物资源主权，国家对生物保护的查明与监测、就地保护、移地保护等方面的义务。《濒危野生动植物种国际贸易公约》建立了濒危物种清单基础上的许可证制度。

2. 世界文化和自然遗产保护

《保护世界文化和自然遗产公约》承认国家领土内的文化和自然遗产的确定、保存、保护、展出和传与后代，主要是有关国家的责任。但是，缔约国在充分尊重文化和自然遗产所在国的主权并不使所在国法律规定的财产权受到损害的同时，承认这类遗产是世界的一部分，整个国际社会有进行保护的责任。

（四）控制危险废物的越境转移

《控制危险废物的越境转移及其处置公约》(《巴塞尔公约》)对于列举在其附件中的危险废物的越境转移，规定了严格的条件。包括：(1)缔约国禁止向另一缔约国出口危险废物，除非进口国没有一般地禁止该废物的进口，并且以书面形式对某一进口向出口国表示同意。(2)出口国有理由认为拟出口的废物不会被以符合有关标准的对环境无害的方式在进口国或其他地方处理，则不得出口。(3)不得向非缔约国出口或自非缔约国进口危险废物。

《巴塞尔公约》还规定了关于越境转移的程序和其他事项：(1)出口国或者危险废物的生产者或出口者，应将拟出口的废物的越境转移以书面形式通知有关国家的主管部门。进口国应作出书面的答复。(2)出口国应当证实通知人已得到进口国的书面同意，并且进口国已证实出口者和处置者之间已订立合同，详细说明对废物的无害环境的处置办法，才能开始越境转移。(3)如果越境转移的废物不能按照合同的条件完成，如无其他合法安排，应运回出口国。(4)危险废物的任何越境转移都必须有相关的保险、保证或担保。(5)公约不适用于其他国际制度管制放射性废物。

▶ 典型真题

甲国白鹭公司与乙国黑鹰公司签订了一项进口化工废料到甲国的合同。该化工废料是被《控制危险废物越境转移及其处置的巴塞尔公约》列为附件中的危险废物，现位于乙国境内。甲乙两国都是公约的缔约国。根据相关的国际法规则，下列判断哪些是

正确的？（2004-01-68）①

A. 乙国政府或黑鹰公司应将拟出口废料事项通知甲国政府，并得到甲国政府的书面准许，才能出口

B. 甲国政府必须证实黑鹰公司和白鹭公司对该废料已作出无害环境的处置安排，包括详尽的处置办法和相关合同，才准许进口

C. 该种废料如果进行越境转移，必须有相关的保险或担保

D. 如果甲国退出了《巴塞尔公约》，这种废料就不得再由乙国向甲国出口

①答案：ABCD。解析：根据《控制危险废物越境转移及其处置的巴塞尔公约》第六条关于“缔约国之间的越境转移”的规定，缔约国禁止向另一缔约国出口危险废物，除非进口国没有一般地禁止该废物的进口，并且以书面形式对某一进口向出口国表示同意，故A项正确。出口国应当证实通知人已得到进口国的书面同意，并且进口国已证实出口者和处置者之间已订立合同，详细说明对废物的无害环境的处置办法，才能开始越境转移，故B项正确。危险废物的任何越境转移都必须有相关的保险、保证或担保，故C项正确。《控制危险废物越境转移及其处置的巴塞尔公约》规定，不得向非缔约国出口或自非缔约国进口危险废物，如果甲国退出了该公约，这种废料就不得再由乙国向甲国出口，故D项正确。

第四章　国际法上的个人

考情分析

本章内容包括国籍、外国人的法律地位、引渡和庇护、国际人权法。可考内容包括国籍的取得与丧失，国籍的冲突和解决，外国人入境、居留和出境，外国人的待遇，外交保护的性质，外交保护的条件和范围，引渡，庇护，国际人权条约体系和国际保护人权机制。2018 年考了引渡和外交保护。

考试要点

国籍，外国人入境、居留和出境，引渡。

专题十　国　籍

国籍是指一个人属于某一个国家的公民或国民的法律资格。位于一国境内并拥有该国国籍的人，称为本国人；位于一国境内没有该国国籍但拥有其他国家国籍的人为外国人；在一国境内而没有任何国家国籍的人为无国籍人。

一、国籍的取得

给予哪些人国籍，是国家自身的权利。国家对此一般通过有关的国内法作出规定。根据各国国籍立法实践，国籍的取得方式可以分为两类：因出生取得和因加入取得。

（一）因出生取得

在因出生取得国籍方面，各国的立法中采取的原则有血统主义、出生地主义和混合制原则三种。

1. 血统主义

血统主义是指一个人出生时获得国籍仅取决于其父母的国籍，而不问其出生在何地。血统主义又分为仅以父亲国籍决定的单系血统主义和双亲任一方国籍决定的双系血统主义。出于男女平等的原则，目前采用血统主义时，倾向于采用双系血统主义。

2. 出生地主义

出生地主义是指一个人出生时获得国籍仅取决于其出生地，而不管其父母国籍情况如何。

3. 混合制原则

混合制原则是指由出生获得国籍时，兼采血统主义和出生地主义。目前世界上绝大多数国家在国籍立法中采用混合制原则。我国采用的就是双系血统主义为主、出生地主义为辅的混合原则。

我国《国籍法》第四条规定，“父母双方或一方为中国公民，本人出生在中国，具有中国国籍。”第五条规定，“父母双方或一方为中国公民，本人出生在外国，具有中国国籍；但父母双方或一方为中国公民并定居在外国，本人出生时即具有外国国籍的，不具有中国国籍。”这两条规定是双系血统主义的体现。如果父母双方或一方为中国公民，本人无论出生于国内还是国外，原则上都具有中国国籍，只有父母定居外国，本人出生于国外且出生时即具有外国国籍的，才不具有中国国籍。

我国《国籍法》第六条规定，“父母无国籍或国籍不明，定居在中国，本人出生在中国，具有中国国籍。”该条规定体现了出生地主义。需要注意的是，因出生在中国而取得中国国籍也必须同时满足两个条件，一是父母均为无国籍或国籍不明，二是父母已经在中国定居。如果父母未在中国定居，即使父母无国籍或国籍不明且本人出生在中国，也不能取得中国国籍。

（二）因加入取得

因加入取得国籍可以分为两种情况，自愿申请入籍和因法定事实取得国籍。

1. 申请入籍

申请入籍是指经过自愿申请并经过入籍国的审查批准而获得国籍。

2. 因法定事实取得国籍

因法定事实取得国籍是指由于某种事实的发生，根据所涉国家的法律而获得该国国籍。比如，因跨国婚姻、收养、取得住所、领土转移等各种情况获得国籍。

我国《国籍法》第七条规定，“外国人或无国籍人，愿意遵守中国宪法和法律，并具有下列条件之一的，可以经申请批准加入中国国籍：一、中国人的近亲属；二、定居在中国的；三、有其他正当理由。”第八条规定，“申请加入中国国籍获得批准的，即取得中国国籍；被批准加入中国国籍的，不得再保留外国国籍。”可见，加入中国国籍需要具备一定的条件且经批准，加入中国国籍后不得再保留外国国籍。

二、国籍的丧失

（一）自愿丧失

自愿丧失包括自愿退籍和自愿选择放弃两种做法。退籍是某人依据其原国籍国立法规定主动申请退出该国国籍，如得到批准从而丧失该国籍。选择放弃是指根据某人原国籍国立法或与他国签订的有关条约的规定，允许自愿选择一种国籍并且这种选择意味着对以前国籍的放弃，即如果选择其他国籍，则丧失了其原有国籍。

（二）非自愿丧失

非自愿丧失是指退籍和选择放弃以外的某种法律事实的出现，导致当事人根据有关国家立法的规定丧失其原有国籍。导致非自愿丧失国籍的事实一般有涉外婚姻、收养、已归化加入外国籍等。有些国家还规定了在符合某些法定条件时，国家可依法剥夺个人的该国国籍。对剥夺国籍的做法，在国家不违背其他国际义务的前提下，国际法尚未明确加以禁止。

我国在国籍丧失的问题上采用的是自愿丧失与非自愿丧失相结合的原则。

《国籍法》第九条规定，“定居外国的中国公民，自愿加入或取得外国国籍的，即自动丧失中国国籍。”该条体现了国籍非自愿丧失原则。自动丧失中国国籍除了要符合取得外国国籍这个条件以外，还要满足定居外国这一条件。

《国籍法》第十条规定，“中国公民具有下列条件之一的，可以经申请批准退出中国国籍：一、外国人的近亲属；二、定居在外国的；三、有其他正当理由。”第十条规定，“申请退出中国国籍获得批准的，即丧失中国国籍。”这两条体现了国籍自愿丧失原则。此外，《国籍法》第十二条规定，“国家工作人员和现役军人，不得退出中国国籍。”

【注意】《国籍法》第十五条规定，“受理国籍申请的机关，在国内为当地市、县公安局，在国外为中国外交代表机关和领事机关。”第十六条规定，“加入、退出和恢复中国国籍的申请，由中华人民共和国公安部审批。经批准的，由公安部发给证书。”

三、国籍的冲突

由于各国的国籍立法不同，在实践中，可能会出现两个或两个以上国家，根据各自国家的法律，同时都给予一个人其国家的国籍，则该人就会拥有双重或多重国籍；反过来，也可能出现任何国家都不给予某个人国籍，则该人成为无国籍人。前一种情况称为国籍的积极冲突，后一种情况称为国籍的消极冲突。

我国防止国籍积极冲突的规定是《国籍法》第三条，“中华人民共和国不承认中国公民具有双重国籍。”防止国籍消极冲突的规定是《国籍法》第六条，“父母无国籍或国籍不明，定居在中国，本人出生在中国，具有中国国籍。”

▶ 典型真题

中国公民李某与俄罗斯公民莎娃结婚，婚后定居北京，并育有一女李莎。依我国《国籍法》，下列哪些选项是正确的？（2017-01-75）①

A. 如李某为中国国家机关公务员，其不得申请退出中国国籍

B. 如莎娃申请中国国籍并获批准，不得再保留俄罗斯国籍

C. 如李莎出生于俄罗斯，不具有中国国籍

D. 如李莎出生于中国，具有中国国籍

①答案：ABD。

专题十一　中国出境入境管理法

一、外国人的入境、居留和出境

我国2012年颁布的《出境入境管理法》(2013年7月1日起施行)和2013年7月12日颁布的《外国人入境出境管理条例》(2013年9月1日起施行)是调整外国人入境、居留和出境的主要法律法规。根据《出境入境管理法》和《外国人入境出境管理条例》，外国人的入境、居留和出境制度主要包括以下内容。

(一)出境入境管理机构

根据《出境入境管理法》第四条的规定，我国出入境管理机构的职能划分如下：

(1)中华人民共和国驻外使馆、领馆或者外交部委托的其他驻外机构负责在境外签发外国人入境签证。

(2)出入境边防检查机关负责实施出境入境边防检查。

(3)县级以上地方人民政府公安机关及其出入境管理机构负责管理外国人在中国的停留和居留。

此外，公安部、外交部可以在各自职责范围内委托县级以上地方人民政府公安机关出入境管理机构、县级以上地方人民政府外事部门受理外国人入境、停留、居留申请。

【总结】驻外使领馆负责签证；边检负责出入境检查；县级以上公安机构负责境内停留和居留。

(二)外国人的入境

在国际法上，国家没有允许外国人入境的义务。由于国家间交往的需要，国家一般都在互惠的基础上允许外国人为合法目的入境。实践中，外国人入境一般要经过两个步骤：一是持有有效护照并获得入境签证；二是在入境口岸接受有关安全、卫生等方面的检查。护照一般是某人的国籍国法定机关颁发的用于在国外证明其身份的证件。入境签证是指入境国对申请入境的外国人给予的允许其入境或居留的许可，它由入境国法定机关以某种认证方式作出。

1. 签证的种类

根据《出境入境管理法》第十六条的规定，签证分为外交签证、礼遇签证、公务签证、普通签证。外交签证、礼遇签证、公务签证的签发范围和签发办法由外交部规定。大部分外国人入境适用普通签证。

2. 免签的情形

根据《出境入境管理法》第二十二条的规定，外国人有下列情形之一的，可以免办签证：(1)根据中国政府与其他国家政府签订的互免签证协议，属于免办签证人员的；

(2)持有效的外国人居留证件的；(3)持联程客票搭乘国际航行的航空器、船舶、列车从中国过境前往第三国或者地区，在中国境内停留不超过二十四小时且不离开口岸，或者在国务院批准的特定区域内停留不超过规定时限的；(4)国务院规定的可以免办签证的其他情形。

免签的情形可以归纳为：有免签协议；有居留证；过境不超时且不越界。

3. 拒签的情形

根据《出境入境管理法》第二十一条的规定，外国人有下列情形之一的，不予签发签证：(1)被处驱逐出境或者被决定遣送出境，未满不准入境规定年限的；(2)患有严重精神障碍、传染性肺结核病或者有可能对公共卫生造成重大危害的其他传染病的；(3)可能危害中国国家安全和利益、破坏社会公共秩序或者从事其他违法犯罪活动的；(4)在申请签证过程中弄虚作假或者不能保障在中国境内期间所需费用的；(5)不能提交签证机关要求提交的相关材料的；(6)签证机关认为不宜签发签证的其他情形。

拒签的情形可以归纳为：被赶出去过未满年限；有病；可能干坏事；造假或没钱；材料不符合要求。特别需要注意的是，对不予签发签证的，签证机关可以不说明理由。

4. 不准入境的情形

根据《出境入境管理法》第二十五条的规定，外国人有下列情形之一的，不准入境：(1)未持有效出境入境证件或者拒绝、逃避接受边防检查的；(2)被处驱逐出境或者被决定遣送出境，未满不准入境规定年限的；(3)患有严重精神障碍、传染性肺结核病或者有可能对公共卫生造成重大危害的其他传染病的；(4)可能危害中国国家安全和利益、破坏社会公共秩序或者从事其他违法犯罪活动的；(5)在申请签证过程中弄虚作假或者不能保障在中国境内期间所需费用的；(6)入境后可能从事与签证种类不符的活动的；(7)法律、行政法规规定不准入境的其他情形。

可以看出，拒绝签证的理由中，除了材料不符要求之外，都是不准入境的理由。拒签的情形可以归纳为：无证或拒检；被赶出去过未满年限；有病；可能干坏事；造假或没钱；有其他目的。需要注意的是，和拒签一样，对不准入境的，出入境边防检查机关可以不说明理由。

（三）外国人的居留

1. 居留证件的种类

根据《外国人入境出境管理条例》第十六条的规定，外国人居留证件分为以下五类：(1)工作类居留证件；(2)学习类居留证件；(3)记者类居留证件；(4)团聚类居留证件；(5)私人事务类居留证件。

2. 外国人就业

《出境入境管理法》第四十一条规定，外国人在中国境内工作，应当按照规定取得工作许可和工作类居留证件。任何单位和个人不得聘用未取得工作许可和工作类居留证件的外国人。

《外国人入境出境管理条例》第二十二条规定，持学习类居留证件的外国人需要在校外勤工助学或者实习的，应当经所在学校同意后，向公安机关出入境管理机构申请居留证件加注勤工助学或者实习地点、期限等信息。持学习类居留证件的外国人所持居留证件未加注前款规定信息的，不得在校外勤工助学或者实习。

《出境入境管理法》第四十三条规定，外国人有下列行为之一的，属于非法就业：(1)未按照规定取得工作许可和工作类居留证件在中国境内工作的；(2)超出工作许可限定范围在中国境内工作的；(3)外国留学生违反勤工助学管理规定，超出规定的岗位范围或者时限在中国境内工作的。

3. 外国人住宿

《出境入境管理法》第三十九条规定，外国人在中国境内旅馆住宿的，旅馆应当按照旅馆业治安管理的有关规定为其办理住宿登记，并向所在地公安机关报送外国人住宿登记信息。外国人在旅馆以外的其他住所居住或者住宿的，应当在入住后二十四小时内由本人或者留宿人，向居住地的公安机关办理登记。

4. 对外国人的限制

《出境入境管理法》第四十四条规定，根据维护国家安全、公共安全的需要，公安机关、国家安全机关可以限制外国人、外国机构在某些地区设立居住或者办公场所；对已经设立的，可以限期迁离。未经批准，外国人不得进入限制外国人进入的区域。

（四）外国人的出境

1. 限制出境

《出境入境管理法》第二十七条规定，“外国人出境，应当向出入境边防检查机关交验本人的护照或者其他国际旅行证件等出境入境证件，履行规定的手续，经查验准许，方可出境。”《出境入境管理法》第二十八条规定，外国人有下列情形之一的，不准出境：

(1)被判处刑罚尚未执行完毕或者属于刑事案件被告人、犯罪嫌疑人的，但是按照中国与外国签订的有关协议，移管被判刑人的除外；

(2)有未了结的民事案件，人民法院决定不准出境的；

(3)拖欠劳动者的劳动报酬，经国务院有关部门或者省、自治区、直辖市人民政府决定不准出境的；

(4)法律、行政法规规定不准出境的其他情形。

【注意】涉刑案的全部不准出境，涉民案的只有法院决定不准出境的才限制出境，拖欠劳动报酬的由部委或省级政府决定不准出境。

2. 强制出境

(1)遣送出境。《出境入境管理法》第六十二条规定，外国人有下列情形之一的，可以遣送出境：

①被处限期出境，未在规定期限内离境的；

②有不准入境情形的；

③非法居留、非法就业的；

④违反本法或者其他法律、行政法规需要遣送出境的。

被遣送出境的人员，自被遣送出境之日起一至五年内不准入境，具体期限由作出遣送出境决定的机关确定。

(2)驱逐出境。《出境入境管理法》第八十一条规定，外国人从事与停留居留事由不相符的活动，或者有其他违反中国法律、法规规定，不适宜在中国境内继续停留居留情形的，可以处限期出境。外国人违反《出境入境管理法》的规定，情节严重，尚不构成犯罪的，公安部可以处驱逐出境。被驱逐出境的外国人，自被驱逐出境之日起十年内不准入境。

典型真题

马萨是一名来华留学的甲国公民，依中国法律规定，下列哪些选项是正确的？(2017-01-76)①

A. 马萨入境中国时，如出入境边防检查机关不准其入境，可以不说明理由

B. 如马萨留学期间发现就业机会，即可兼职工作

C. 马萨留学期间在同学家中短期借住，应按规定向居住地的公安机关办理登记

D. 如马萨涉诉，则不得出境

二、中国公民出入境

（一）限制出境

《出境入境管理法》第十二条规定，中国公民有下列情形之一的，不准出境：

(1)未持有效出境入境证件或者拒绝、逃避接受边防检查的；

(2)被判处刑罚尚未执行完毕或者属于刑事案件被告人、犯罪嫌疑人的；

(3)有未了结的民事案件，人民法院决定不准出境的；

(4)因妨害国(边)境管理受到刑事处罚或者因非法出境、非法居留、非法就业被其他国家或者地区遣返，未满不准出境规定年限的；

(5)可能危害国家安全和利益，国务院有关主管部门决定不准出境的；

(6)法律、行政法规规定不准出境的其他情形。

（二）定居在外国的中国公民回国定居

《出境入境管理法》第十三条规定，定居国外的中国公民要求回国定居的，应当在入境前向中华人民共和国驻外使馆、领馆或者外交部委托的其他驻外机构提出申请，也可以由本人或者经由国内亲属向拟定居地的县级以上地方人民政府侨务部门提出申请。

《出境入境管理法》第十四条规定，定居国外的中国公民在中国境内办理金融、教育、医疗、交通、电信、社会保险、财产登记等事务需要提供身份证明的，可以凭本人的护照证明其身份。

---

①答案：AC。

▶ 典型真题

王某是定居美国的中国公民，2013 年 10 月回国为父母购房。根据我国相关法律规定，下列哪一选项是正确的？（2014-01-34）①

A. 王某应向中国驻美签证机关申请办理赴中国的签证

B. 王某办理所购房产登记需提供身份证明的，可凭其护照证明其身份

C. 因王某是中国公民，故需持身份证办理房产登记

D. 王某回中国后，只要其有未了结的民事案件，就不准出境

专题十二　外交保护

一、外交保护的性质

外交保护是指一国国民在外国受到不法侵害，且依该外国法律程序得不到救济时，其国籍国可以通过外交方式要求该外国进行救济或承担责任，以保护其国民或国家的权益。外交保护有下列性质：

（一）外交保护主要是基于国家的属人管辖进行的，是国家属人管辖权的重要体现。

（二）外交保护是在国家之间进行的。

（三）是否向外国提出外交保护，是国家的权利。无论其国民是否作出请求，国家都可以根据有关情况作出行使或拒绝行使外交保护权的决定。

（四）国家行使外交保护权要尊重外国的主权和属地管辖权，要符合国际法的有关规则和外交保护的相关条件。

二、外交保护的条件

国家行使外交保护权一般应符合以下三个条件：

1. 存在国家不当行为

一国国民权利受到侵害是由于所在国的国家不当行为所致，也就是说，该侵害行为可以引起国家责任。如果损害仅仅涉及外国私人的行为，所在国家不存在任何直接或间接责任，则不得行使外交保护。

2. 持续拥有保护国国籍

受害人自受害行为发生起到外交保护结束的期间内，必须持续拥有保护国国籍。这称为“国籍继续原则”。此外，近来在国际实践中，还提出了“国籍实际联系原则”，要求受害人和其国籍国之间具有实际的真正联系。

①答案：B。

3. 用尽当地救济

在提出外交保护之前，受害人必须用尽当地法律规定的一切可以利用的救济办法，包括行政和司法救济手段。在这些手段用尽之后仍未得到合理救济时，才可以提出外交保护。此为"用尽当地救济原则"。

三、外交保护的范围

外交保护原则上适用于一国的国家行为已经或必将侵害外国人合法权益的各种事项。实践中主要包括：(1)国民被非法逮捕或拘禁；(2)国民的财产或利益被非法剥夺；(3)国民受到歧视性待遇；(4)国民被"拒绝司法"等情况。

▶ 典型真题

甲国公民詹某在乙国合法拥有一幢房屋。乙国某公司欲租用该房屋，被詹某拒绝。该公司遂强行占用该房屋，并将詹某打伤。根据国际法中的有关规则，下列救济方式哪一项是正确的？(2004-01-32)①

A. 詹某应向乙国提出外交保护请求

B. 詹某可以将此事件诉诸乙国行政及司法当局

C. 詹某应向甲国驻在乙国的外交团提出外交保护的请求

D. 甲国可以立即行使外交保护权

专题十三　引渡和庇护

一、引渡

引渡是一国将处于本国境内的被外国指控为犯罪或已经判刑的人，应该外国的请求，送交该外国审判或处罚的一种国际司法协助行为。在国际法中，国家没有一般的引渡义务，因此引渡需要根据有关的引渡条约进行。我国《引渡法》第十五条规定，他国向我国请求引渡时，若无引渡条约，请求国应当作出互惠的承诺。可见，在我国，引渡须以条约或互惠承诺为基础。

（一）引渡的一般原则

在引渡的国际法实践中，双重犯罪原则、本国公民不引渡原则、政治犯不引渡原则、罪名特定原则、转引渡需同意原则是被一般接受的原则。

---

①答案：B。解析：国家行使外交保护权一般应符合三个条件，一是存在国家不当行为，二是受害人持续拥有保护国国籍，三是用尽当地救济。存在国家不当行为指的是，一国国民权利受到侵害是由于所在国的国家不当行为所致，也就是说，该侵害行为可以引起国家责任。如果损害仅仅涉及外国私人的行为，所在国家不存在任何直接或间接责任，则不得行使外交保护。本题中，詹某遭到的侵害是乙国私人行为，不存在国家不当行为，因此甲国不能行使外交保护权。

1. 双重犯罪原则

双重犯罪原则是指被请求引渡人的行为必须是请求国和被请求国的法律都认定的犯罪。

2. 本国公民不引渡原则

在国际实践中，除非有关引渡条约或国内法有特殊规定，各国有权拒绝引渡本国公民。

3. 政治犯不引渡原则

政治犯不引渡原则中，关键是对政治犯罪的认定问题。实践中，认定政治犯罪的决定权属于被请求国。国际法规定了一些不应视为政治犯罪的行为，包括：(1)战争罪、反和平罪和反人类罪；(2)种族灭绝或种族隔离罪行；(3)非法劫持航空器；(4)侵害包括外交代表在内的受国际保护人员罪行等。

4. 罪名特定原则

罪名特定原则是指请求国只能就其请求引渡的特定犯罪行为对该被引渡人进行审判或处罚。如果以其他罪名进行审判，一般应经引出国的同意。

5. 转引渡需同意原则

请求国如果将被引渡人转引给第三国，一般应经原引出国同意。

（二）我国引渡法的规定

2000年我国颁布了《引渡法》，对有关引渡的问题作出了具体规定。截至2017年年底，我国签订了引渡条约48项(34项生效)。

1. 引渡的条件

根据《引渡法》第七条的规定，外国向我国提出的引渡请求必须同时符合下列条件，才能准予引渡：

(1)引渡请求所指的行为，依照我国法律和请求国法律均构成犯罪；

(2)为了提起刑事诉讼而请求引渡的，根据我国法律和请求国法律，对于引渡请求所指的犯罪均可判处一年以上有期徒刑或者其他更重的刑罚；为了执行刑罚而请求引渡的，在提出引渡请求时，被请求引渡人尚未服完的刑期至少为六个月。

【总结】 双重犯罪原则；为起诉，根据双方法律刑期一年以上，为执行刑罚，所剩刑期至少六个月。

2. 应当拒绝引渡的情形

根据《引渡法》第八条的规定，外国向我国提出的引渡请求，有下列情形之一的，应当拒绝引渡：

(1)根据我国法律，被请求引渡人具有我国国籍的；

(2)在收到引渡请求时，我国的司法机关对于引渡请求所指的犯罪已经作出生效判决，或者已经终止刑事诉讼程序的；

(3)因政治犯罪而请求引渡的，或者我国已经给予被请求引渡人受庇护权利的；

(4)被请求引渡人可能因其种族、宗教、国籍、性别、政治见解或者身份等方面的原因而被提起刑事诉讼或者执行刑罚，或者被请求引渡人在司法程序中可能由于上述原因受到不公正待遇的；

(5)根据我国或者请求国法律，引渡请求所指的犯罪纯属军事犯罪的；

(6)根据我国或者请求国法律，在收到引渡请求时，由于犯罪已过追诉时效期限或者被请求引渡人已被赦免等原因，不应当追究被请求引渡人的刑事责任的；

(7)被请求引渡人在请求国曾经遭受或者可能遭受酷刑或者其他残忍、不人道或者有辱人格的待遇或者处罚的；

(8)请求国根据缺席判决提出引渡请求的。但请求国承诺在引渡后对被请求引渡人给予在其出庭的情况下进行重新审判机会的除外。

3. 可以拒绝引渡的情形

根据《引渡法》第八条的规定，外国向我国提出的引渡请求，有下列情形之一的，可以拒绝引渡：

(1)我国对于引渡请求所指的犯罪具有刑事管辖权，并且对被请求引渡人正在进行刑事诉讼或者准备提起刑事诉讼的；

(2)由于被请求引渡人的年龄、健康等原因，根据人道主义原则不宜引渡的。

【注意】已经作出生效判决或者已经终止诉讼的，应当拒绝引渡；正在诉讼或准备起诉的，可以拒绝引渡。残忍不人道的应该拒绝引渡，根据人道主义不宜的可以拒绝引渡。

4. 引渡的程序

(1)联系机关。我国引入和引出的联系机关都是外交部。

(2)决定机关。①引出。外交部收到请求国提出的引渡请求后，应当对引渡请求书及其所附文件、材料是否符合规定进行审查。最高人民法院指定的高级人民法院对请求国提出的引渡请求是否符合本法和引渡条约关于引渡条件等规定进行查并作出裁定，高级人民法院的审查由审判员三人组成合议庭进行。最高人民法院对高级人民法院作出的裁定进行复核。外交部接到最高人民法院符合引渡条件的裁定后，应当报送国务院决定是否引渡。②引入。我国向外国请求引渡时，被请求国就准予引渡附加条件的，对于不损害我国主权、国家利益、公共利益的，可以由外交部代表我国政府向被请求国作出承诺。对于限制追诉的承诺，由最高人民检察院决定；对于量刑的承诺，由最高人民法院决定。

(3)执行机关。我国引入和引出的执行机关都是公安机关。

【总结】引渡的联系机关是外交部；引出形式审是外交部，实质审是高级法院审查后由最高法院复核，决定不引渡由最高法院说了算，决定引渡由国务院说了算；引入限制追诉的承诺由最高检决定，量刑承诺由最高法院决定；引渡的执行机关是公安机关。

▶ 典型真题

甲国公民汤姆于2012年在本国故意杀人后潜逃至乙国，于2014年在乙国强奸一名妇女后又逃至中国。乙国于2015年向中国提出引渡请求。经查明，中国和乙国之间没有双边引渡条约。依相关国际法及中国法律规定，下列哪一选项是正确的？(2015-01-33)①

A. 乙国的引渡请求应向中国最高人民法院提出

B. 乙国应当作出互惠的承诺

C. 最高人民法院应对乙国的引渡请求进行审查，并由审判员组成合议庭进行

D. 如乙国将汤姆引渡回本国，则在任何情况下都不得再将其转引

二、庇护

（一）庇护的概念

庇护是指一国对于遭到外国追诉或迫害而前来避难的外国人，准予其入境和居留，给予保护，并拒绝将其引渡给另一国的行为。庇护是国家基于领土主权而引申出的权利。决定给予哪些人庇护是国家的权利。国家通常没有必须给予庇护的义务。

要构成庇护须同时满足两个条件：(1)准予该外国人入境并居留；(2)拒绝将其引渡。因此，仅仅拒绝引渡并不构成庇护。

（二）不得庇护的情形

国家从属地管辖权的意义上，可以自主决定庇护的条件，只要不违背其国际义务。因政治原因而请求的庇护，即政治庇护是庇护的一种，也是当代国际实践中最为普遍的一种。但根据国际法，以下情形不得庇护：从事侵略战争、种族灭绝和种族隔离等危害人类的行为、劫机、侵害外交代表等罪行，以及其他被条约或习惯国际法认为是国际罪行的人。21世纪以来，随着恐怖事件日益增长的威胁，恐怖主义犯罪也被列为不得或不予庇护的情形。

（三）域外庇护

最常见的域外庇护是利用国家在外国的外交或领事机构馆舍、船舶或飞机等作为场所进行的庇护。这种庇护是没有一般国际法根据的，而且常常导致对国际法其他规则的违背。

---

①答案：B。

第五章　外交关系法与领事关系法

考情分析

本章内容包括外交关系法与领事关系法。本章内容较重要，一般每年都会考 1 道题，常考点包括外交机关、外交特权与豁免、领事机构的建立及其职务、领事特权与豁免。2018 年考了外交人员的特权与豁免。

考试要点

使馆的特权与豁免、外交人员的特权与豁免、领馆的特权与豁免、领事官员的特权与豁免。

专题十四　外交关系法

一、外交机关

外交机关是国家用于专门管理或开展外交工作的机关，包括中央外交机关和派出外交代表机关。

（一）中央外交机关

国际法上，一国的国内中央外交机关一般包括国家元首、政府和外交部门。它们由各国按照其国内法的规定组成和划定职权范围。这些机关是国家进行外交决策和活动的基本机关。

国家元首、政府首脑和外交部长在对外交往中当然地代表其国家，除非有特别约定或例外，他们无须出示和提交全权证书，其作出的有法律意义的行为视为其国家的行为。国家元首、政府首脑和外交部长在外国享有完全的外交特权与豁免。我国的国家元首为国家主席，政府首脑为国务院总理，处理日常外交事务的部门为外交部。

（二）外交代表机关

一国的外交代表机关通常可以分为常驻外交代表机关和临时性外交代表机关两类。传统国际法中，常驻代表机关仅指一国派驻他国的外交机关，一般称为使馆。现代国际法中，还包括一国派驻国际组织的常驻代表机关。临时性机关又称为特别使团，根据其任务又可分为事务性使团和礼节性使团两种。

1. 使馆与外交代表

(1)外交关系与使馆的建立。《维也纳外交关系公约》第二条规定，“国与国间外交关系及常设使馆之建立，以协议为之。”在现代国际实践中，外交关系的建立往往表现为互设使馆，外交代表机构的设立或派遣必须经过有关双方的同意。任何国家不得单方面强迫对方与自己建立或维持某种外交关系。在外交关系建立并互设使馆之后，一国可以单方面暂时关闭使馆，甚至断绝与另一国的外交关系。如果两国关系改善或恶化，任何一方都可以提出将已有的外交关系升格或降级，经另一方同意后实现。

【注意】一国可以单方面暂时关闭使馆或断绝与另一国的外交关系，但将外交关系升格或降级需另一方同意。

(2)使馆的职务。根据《维也纳外交关系公约》，使馆的职务主要有五项：代表、保护、谈判和交涉、调查和报告、促进。

①代表。作为派遣国在接受国的代表，在处理派遣国和接受国间的交往事务中，全面代表派遣国。

②保护。在国际法许可的范围内，保护派遣国及其人民的各项利益。

③谈判和交涉。代表派遣国政府与接受国政府进行各项事务的谈判和交涉。

④调查和报告。可以以一切合法的手段，调查接受国的各种情况，并及时向派遣国作出报告。

⑤促进。促进派遣国和接受国之间的友好关系，发展两国政治、经济、文化各方面的合作。

(3)使馆的组成和等级。使馆由使馆馆长、外交人员、行政技术人员及服务人员等组成。

根据《维也纳外交关系公约》，使馆馆长分为大使、公使、代办三级。大使是派遣国元首向另一国元首派遣的最高一级的使馆馆长和外交代表，其享有完全的外交特权和豁免。公使是一国元首向另一国元首派遣的第二级使节，享有与大使相同的职权，但礼遇低于大使。代办是由一国外交部长向另一国外交部长派遣的最低一级使馆馆长，代办的派遣在现代国际关系中并不常见，多在两国关系不正常或严重分歧时才采用。

以馆长的级别不同，使馆相应地分别称为大使馆、公使馆和代办处。使馆馆长的等级不同，除了位次和礼仪上有所区别外，在其他方面不应有任何差别。

【注意】①临时代办与代办是不同的概念。当使馆馆长职位空缺或暂不能履行职务时，一般指定某位使馆外交人员作为临时馆长代行职务，这个临时馆长称为“临时代办”。②设立大使馆、公使馆和代办处都属于建立外交关系，构成法律上的承认。③大使、公使和代办代表派遣国与接受国缔结条约无须出具全权证书。

除馆长外，使馆的一般外交人员是指具有外交职衔的使馆人员，包括参赞、武官、外交秘书和随员。参赞(政务、商务、文化等)是协助馆长处理外交事务的高级别外交人员；武官(陆、海、空)是作为武装力量的代表，专门处理有关军事合作事务的人员。并非所有的国家间都互派武官。秘书是按照馆长指示办理外交事务及文书的外交官，分为一、二、三等。随员是最低一级的外交人员。

行政技术人员包括译员、工程师、行政主管、会计等。

服务人员包括司机、清洁工、修理工管等。

(4)外交代表的派遣。使馆人员由派遣国任命。派遣国派遣使馆馆长和武官之前，应先将其拟派人选通知接受国，征得接受国同意后正式派遣。使馆的其他人员派遣国可直接委派，一般无须事先征求接受国同意，但如果委派接受国国籍的人或第三国国籍的人为使馆外交人员，则仍须经接受国的同意方得派遣。

接受国可以拒绝接受其所不同意的任何派遣国使馆人员，并无须向派遣国说明理由。对于派遣国的使馆馆长及外交人员，接受国可以随时不加解释地宣布其为“不受欢迎的人”。对于使馆的其他人员，接受国可以宣布其为“不能接受”。

对于被宣布为“不受欢迎的人”或“不能接受”的使馆人员，如果在其到达接受国境内以前被宣告，则接受国可以拒绝给予其签证或拒绝其入境；如果在其入境以后被宣告，则派遣国应召回该人员或终止其使馆人员的职务。否则，接受国可以拒绝承认该人员为使馆人员，甚至令其限期离境。

【总结】需接受国事先同意才能派遣的外交人员有三类：一是馆长，二是武官，三是派遣国国民以外的外交人员。外交人员可宣布为“不受欢迎的人”，使馆其他人员可宣布为“不能接受”。

(5)使馆和外交代表职务的开始。递交国书是接受国确认使馆馆长身份，接受其履行职务的依据。使馆馆长开始执行职务视为使馆职务的开始。除使馆馆长外，使馆的其他人员职务以其到达接受国担任使馆职务为开始。

(6)使馆和外交代表职务的终止。根据《维也纳外交关系公约》的规定，外交代表的职务遇有下列情形之一即告终止：①派遣国通知接受国其外交代表职务业已终止；②接受国通知派遣国称该国拒绝承认该外交代表为使馆人员；③派遣国与接受国断绝外交关系或暂时中断外交关系；④派遣国或接受国主体资格灭失；⑤因革命产生新政府。

2. 特别使团

特别使团是一国经另一国的同意或邀请，派往该另一国，代表派遣国进行谈判或完成某项特定外交任务的临时机构。

(1)特别使团的派遣。特别使团的派遣国需事先取得接受国的同意。派遣同一特别使团前往两个或两个以上国家，应在分别征得每一个接受国的同意时说明此事。两个或两个以上国家派遣联合特别使团，应在征求该接受国的同意时说明此事。

特别使团由派遣国的一名或几名代表组成，其中一名为团长。特别使团可以包括外交人员、行政与技术人员和服务人员。派遣国的代表和外交人员原则上应具有派遣国的国籍。任命接受国的国民或第三国国民为代表或外交人员时，应征得接受国同意，并且接受国可随时撤销此项同意。

(2)特别使团的职务。特别使团的职务由派遣国与接受国协议约定。通常是进行谈判或完成某项特定的任务。一般地，特别使团到达后，一经与接受国的外交部或经商定的其他机构正式接触，即开始执行职务。当关系国协议终止、任务完成、为其指定的期限届满、派遣国通知结束或召回特别使团等情况出现，特别使团的职务应即停止。特别使团也适用接受国对使馆人员的“不受欢迎的人”和“不能接受”的制度。

(3)特别使团的外交特权与豁免。特别使团及其各类人员与使馆及其相应的各类人员的外交特权与豁免基本相同，但也有些区别。例如，特别使团的房舍不可侵犯，但在遇到火灾或其他严重的灾难而无法获得使团团长明确答复的情况下，接受国可以推定获得同意而进入房舍；使团外交人员公务以外交通肇事引起的诉讼，接受国可以管辖。

▶ 典型真题

经乙国同意，甲国派特别使团与乙国进行特定外交任务谈判，甲国国民贝登和丙国国民奥马均为使团成员，下列哪些选项是正确的？(2009-01-79)①

A. 甲国对奥马的任命需征得乙国同意，乙国一经同意则不可撤销此项同意

B. 甲国特别使团下榻的房舍遇到火灾而无法获得使团团长明确答复时，乙国可以推定获得同意进入房舍救火

C. 贝登在公务之外开车肇事被诉诸乙国法院，因贝登有豁免权乙国法院无权管辖

D. 特别使团也适用对使馆人员的“不受欢迎的人”的制度

二、外交特权与豁免

（一）使馆的特权与豁免

1. 使馆馆舍不得侵犯

使馆馆舍是指供使馆使用及供使馆馆长寓所之用的建筑物或建筑物的各部分，及其所附属的土地，不论其所有权属谁。使馆馆舍不可侵犯表现在：(1)接受国人员非经使馆馆长许可，不得进入使馆馆舍。即使是送达司法文书或遇火灾以及流行病发生，也不例外。(2)接受国对使馆馆舍负有特殊的保护责任，应采取一切适当措施保护使馆

①答案：BD。解析：A选项错误，错在后半句。因为派遣国任命接受国的国民或第三国国民为特别使团的代表或外交人员时，应征得接受国同意，并且接受国可随时撤销此项同意。B选项正确，C选项错误。因为特别使团和使馆所享有的特权与豁免有细微的区别：(1)在特别使团的房舍遇到火灾或其他严重的灾难而无法获得使团团长明确答复的情况下，接受国可以推定获得同意而进入房舍，而使馆不经馆长许可，接受国是绝对不可进入的，即使使馆发生火灾或流行病；(2)使团外交人员公务以外使用车辆交通肇事引起的诉讼，接受国可以管辖，而使馆外交人员交通肇事的，接受国不得管辖。D选项正确。特别使团也适用对使馆人员的“不受欢迎的人”和“不能接受”的制度。

馆舍免受侵入或损害，并防止一切扰乱使馆尊严和安宁的事情。(3)使馆馆舍及设备，以及馆舍内其他财产与使馆交通工具免受搜查、征用、扣押或强制执行。

2. 使馆档案及文件不得侵犯

使馆的档案及文件无论何时何处，均不得侵犯，即使两国断交、使馆馆长长期或暂时撤退、发生武装冲突时也不例外。

3. 通讯自由

此项特权包括：(1)接受国应允许使馆为一切公务目的自由通讯，并予保护。(2)使馆为了通讯的需要可采用一切适当方法，包括外交信差、外交邮袋及明密码电信在内。但非经接受国同意不得装置使用无线电发报机。(3)使馆的来往公文不得侵犯。(4)接受国对外交邮袋不得予以开拆或扣留，并应提供便利以保障迅速传递。(5)外交信差在执行职务时应受到接受国的保护，人身不受侵犯，不受任何方式的逮捕或拘禁。派遣国或其使馆还可派特别外交信差。这种信差亦享有外交信差的豁免，但当其将负责携带的外交邮袋送交收件人后即不再享有此等豁免。(6)外交邮袋可托交预定在准许人境地点降落的商业飞机机长转递，但机长不能视为外交信差。

4. 使馆免纳捐税

使馆馆舍免纳捐税，如房地产税，但此项免除不包括为使馆提供的特定服务所收的费用，如水费、电费和清洁费等；使馆办理公务所收的规费及手续费免纳捐税；使馆的公务用品免纳关税和其他课征，如办公室家具、打字机、车辆等，但储存、运送及类似服务费不在此列。

5. 使馆人员有行动和旅行自由

使馆人员不仅为执行公务享有这项自由，而且私人的活动也是自由的。这种自由受国际法的原则和接受国法律规定限制，如使馆人员不得擅自进入接受国法律禁止或限制进入的区域，不得进行间谍、颠覆等违法活动。

6. 使用派遣国的国家标志

使馆及其馆长有权在使馆馆舍、使馆馆长寓所以及交通工具上使用派遣国的国旗或国徽标志。

（二）外交人员的特权与豁免

外交人员的特权与豁免包括：人身不可侵犯；寓所、财产和文书信件不可侵犯；管辖豁免；某些方面免税和免验；其他特权与豁免。

1. 人身不可侵犯

(1)接受国不得对外交人员的人身实施搜查、逮捕或拘留。但这并不排斥接受国对外交人员犯罪行为的防止或制止而采取措施的实施，也不排除对外交人员实施正当防卫。(2)接受国有责任保护外交人员人身不受侵犯。接受国应采取适当的保护措施，保障外交人员的安全，防止任何侵犯外交人员人身、自由和尊严的行为发生，并对侵犯外交人员人身自由和尊严的犯罪行为予以制裁。

2. 寓所、财产和文书信件不可侵犯

(1)外交人员的私人寓所不得侵犯并应得到保护。外交人员的寓所指外交人员的住所，包括临时住所，如旅馆的房间。(2)接受国不得侵犯外交人员的文书、信件以及财产。在外交人员不得主张豁免的民事诉讼案件中，在不侵犯外交人员的人身和寓所的情况下，不排除对外交人员的财产执行处分。

3. 管辖豁免

(1)完全的刑事管辖豁免。外交人员享有完全的对接受国刑事管辖的豁免，即接受国的司法机关不得对其进行刑事审判和处罚。(2)有例外的民事和行政管辖豁免。例外情况包括：①有关私有不动产物权的诉讼，但其代表派遣国为使馆用途置有的不动产不在此列；②以私人身份并不代表派遣国而作为遗嘱执行人、遗产管理人、继承人或受赠人之继承事项的诉讼；③在公务范围以外所从事的专业或商务活动的诉讼；④外交人员主动起诉而引起的反诉。(3)免除作证义务，包括出庭作证和提供证词的义务。

外交人员的特权和管辖豁免只能由其派遣国明示放弃，外交人员本身没有作出这种放弃的权利。并且，对诉讼程序上管辖豁免的放弃，不得视为对判决执行豁免的默示放弃，执行豁免的放弃须由派遣国单独明确作出。

【总结】外交人员管辖豁免的例外有四项：私有不动产；继承；专业或商务活动；反诉。

【注意】如外交人员有违法行为，其相关责任并不能因此而被豁免，有关的责任问题将通过外交途径解决。

4. 某些方面免税和免验

(1)外交人员免纳个人所得税和其他直接税。对通常计入商品或劳务价格内的间接税、在接受国境内私有不动产课征的捐税(除非该不动产是代表派遣国为使馆用途而拥有的)、遗产税、遗产取得税、继承税、自接受国境内获致的私人所得或投资课征的捐税、为提供特定服务所付的费用、不动产的登记费、法院手续费、抵押税及印花税等一般不在免除之列。(2)外交人员或与之构成同一户口的家属的私人用品，免除一切关税及类似税费。外交人员的私人行李免受查验，但接受国当局有重大理由推定其中有非免税物品或有接受国法律禁止的进出口物品或检疫条例加以管制的物品等情况时，可在外交人员或其代理人在场时查验。如查验表明接受国的理由不能成立，由此带来的损失，则由接受国承担国家责任。

5. 其他特权与豁免

外交人员免于适用接受国施行的社会保险办法，免除一切个人劳务、公共服务和军事义务，如兵役、担任陪审员、承担个人捐赠、征用、军事募捐和屯宿等。

（三）外交人员特权与豁免适用的范围

1. 适用的人员范围

根据《维也纳外交关系公约》规定，除使馆馆长及外交人员享有外交特权与豁免外，与外交人员构成同一户口的家属，如系非接受国国民，亦享有与外交人员相同的特权与豁免。使馆的行政技术人员及与其构成同一户口的家属，如非接受国国民且不在该国永久居留者，也享有外交人员享有的一般特权与豁免，但有一些限制和修改，包括：其执行职务范围以外的行为不享有民事和行政管辖的豁免；除其最初到任时所输入的物品外不能免纳关税及其他课征；其行李不免除海关查验。使馆的服务人员如非接受国国民且不在该国永久居留者，一般仅具有以下优遇：就其执行公务行为享有豁免；其受雇所得报酬免纳捐税；免于适用接受国所施行的社会保险办法。

我国《外交特权与豁免条例》在外交特权与豁免的人员范围上与《维也纳外交关系公约》并不完全相同，具体表现在：①持我外交签证或与中国互免签证的国家的外交护照的人，以及经中国政府同意给予特权与豁免的其他来中国访问的外国人士，享有相应的外交特权与豁免；②享有特权与豁免的人员家属明确限定为"共同生活的配偶及未成年子女"；③外交代表如果是中国公民或者获得在中国永久居留资格的外国人，仅就其执行公务的行为，享有管辖豁免和不受侵犯。

2. 适用的时间范围

享有外交特权与豁免的人员，自其被接受国接受而进入接受国国境就任之时起享有此等特权与豁免，其已在该国境内者，自其委派通知接受国外交部或两国另经商定之其他时刻开始享有。

享有特权与豁免人员的职务如已终止，其上述特权与豁免通常是在该员离境之时或给予其离境的合理期间结束之时终止。即使两国有武装冲突发生，其特权与豁免也应继续有效至上述时间为止。如遇使馆人员死亡，其家属应继续享有其应享有的特权与豁免，直到给予其离境的合理期间结束时为止。

（四）使馆及享有外交特权与豁免人员的义务

（1）尊重接受国的法律规章。

（2）不得干涉接受国的内政。包括尊重接受国的主权独立和政治制度，不得介入接受国的党派斗争，不得参加或支持旨在反对接受国政府的集会、游行示威活动等。

（3）使馆馆舍不得用于与使馆职务不相符合的其他用途。如不得利用使馆馆舍庇护接受国或第三国的人员；不得利用馆舍作为关押其本国或其他国家人员的场所；不得将使馆馆舍充作进行或支持颠覆、破坏或任何危害接受国活动的场所。

（4）使馆与接受国洽谈公务，应通过接受国外交部或商定的其他部门按照相关程序办理。

（5）外交代表不应在接受国内为私人利益从事任何专业或商业活动。

▶ 典型真题

甲、乙两国均为《维也纳外交关系公约》缔约国，甲国拟向乙国派驻大使馆工作人员。其中，杰克是武官，约翰是二秘，玛丽是甲国籍会计且非乙国永久居留者。依该公约，下列哪一选项是正确的？（2017-01-33）①

A. 甲国派遣杰克前，无须先征得乙国同意

B. 约翰在履职期间参与贩毒活动，乙国司法机关不得对其进行刑事审判与处罚

C. 玛丽不享有外交人员的特权与豁免

D. 如杰克因参加斗殴意外死亡，其家属的特权与豁免自其死亡时终止

---

①答案：B。

专题十五　领事关系法

一、领事馆的建立及其职务

国家之间领事关系的建立以其双边协议确定。除另有声明外，两国间同意建立外交关系亦即同意建立领事关系，但断绝外交关系并不当然断绝领事关系。

（一）领事馆组成及人员派遣

1. 领馆的等级

领馆馆长分为总领事、领事、副领事、领事代理人四个等级。按照领馆馆长的等级，领事馆相应地称为总领事馆、领事馆、副领事馆和领事代理处。

2. 领馆的组成

领馆人员包括领事官员、领事雇员及服务人员。领事官员分为职业领事官员和名誉领事官员两类。职业领事官员是由派遣国任命的专职从事领事事务的政府公务员，其不从事其他职业。名誉领事官员是执行领事职务的非专职官员，一般是从接受国境内的本国侨民或接受国国民的商人或律师中聘任，执行某些领事职务。领事雇员是受雇担任领馆行政或技术事务的人员，如译员、速记员、办公室助理员、档案员等。服务人员是指受雇担任领馆杂务的人员，如司机、清洁工、传达人员等。

3. 领馆人员的派任

领馆馆长由派遣国委派，并由接受国承认准予执行职务。领馆馆长每次奉派任职，应由派遣国发给委任证书。在获接受国准许并颁发领事证书后，领馆馆长方可执行职务。领事证书可以是特别颁发的专门文书，也可以是在领事委任书上予以批准确证。领馆其他人员的委派由派遣国自由决定。领事官员原则上应属派遣国国籍，若委派派遣国国民以外的人为领事官员，必须接受国明示同意，且接受国可随时撤销此种同意。两个以上国家经接受国之同意可委派同一人为驻该国之领事官员。

4. 领馆人员的职务终止

领馆人员职务终止一般有以下情况：被派遣国召回；领事证书被撤销；接受国通知派遣国不再承认该员为领事馆人员，即被宣告为不受欢迎的人或不能接受的人；领馆关闭或领事关系断绝等。

接受国可以随时通知派遣国，宣告某一领事官员为不受欢迎人员或任何其他领馆馆员为不能接受人员。遇此事情，派遣国应视情况召回该员或终止其在领馆中的职务。如派遣国拒绝或不在合理期间内召回有关人员，接受国可以撤销有关人员的领事证书或不再承认该人为领馆馆员。

▶ 典型真题

甲国与乙国基于传统友好关系，兼顾公平与效率原则，同意任命德高望重并富有外交经验的丙国公民布朗作为甲乙两国的领事官员派遣至丁国。根据《维也纳领事关系公约》，下列哪一选项是正确的？(2015-01-34)①

A. 布朗既非甲国公民也非乙国公民，此做法违反《维也纳领事关系公约》

B.《维也纳领事关系公约》没有限制，此做法无须征得丁国同意

C. 如丁国明示同意，此做法是被《维也纳领事关系公约》允许的

D. 如丙国与丁国均明示同意，此做法才被《维也纳领事关系公约》允许

（二）领事职务

领事的主要职务是保护派遣国国民的利益，促进商业、文化及科学的发展，但不包括政治方面的外交事务。领事官员执行职务应限于领馆辖区范围内，在领馆辖区外执行职务须经接受国同意。在第三国执行领事职务，或代表第三国在接受国内执行领事职务，应当通知有关国家或接受国，并以有关国家或接受国不反对为限。

二、领事特权与豁免

（一）领馆的特权与豁免

1. 领馆馆舍不受侵犯

领馆馆舍的不受侵犯表现为：(1)接受国人员非经领馆馆长或其指定人员或派遣国使馆馆长同意，不得进人领馆馆舍中专供领馆工作之用的部分。但遇火灾或其他灾害须迅速采取保护行动时，可以推定馆长已同意。(2)接受国负有特殊责任，采取一切适当措施保护领馆馆舍免受侵入或损害，并防止任何扰乱领馆安宁或有损领馆尊严的事情发生。(3)领馆馆舍、馆舍设备以及领馆的财产与交通工具一般地应免受任何方式的征用。如接受国确有征用的必要时，应采取一切可能措施以免妨碍领馆执行职务，并应向派遣国作出迅速、充分及有效的补偿。

【注意】使馆馆舍的所有部分都不可侵犯，领馆馆舍只有工作区不受侵犯，但我国《领事特权与豁免条例》规定，未经允许不得进入的领馆范围为整个领馆而不限于领事公约规定的工作区域部分。使馆馆舍不受侵犯没有任何例外，领馆馆舍在遇火灾或其他灾害时可以进入。使馆馆舍及财产在任何情况下不得征用，领馆馆舍在避免妨碍领馆执行职务并给予补偿的情况下可以征用。

2. 领馆档案及文件不得侵犯

领馆的档案和文件无论何时，亦不论位于何处，均不得侵犯。

3. 通讯自由

接受国应允许并保护领馆为一切公务目的的自由通讯，包括：(1)领馆有权与派遣国政府及无论何处的该国使馆及其他领馆自由通讯，接受国对此不得干扰或阻碍。领

①答案：C。

馆为通讯可使用外交或领馆信差、外交或领馆邮袋及明密码电信。但装置及使用无线电发报机须经接受国许可。(2)领馆的来往公文不受侵犯。(3)领馆的邮袋不得予以开拆或扣留，但如有重大理由可在派遣国授权代表在场情况下开拆邮袋。若派遣国拒绝开拆，邮袋应退回原发送地。(4)领事信差在执行职务时，应受接受国保护，其人身不受侵犯、不受任何方式的逮捕或拘禁。

【注意】使馆的外交邮袋不得予以开拆或扣留是没有例外的，但领馆的邮袋不得予以开拆或扣留是有例外的。

4. 行动自由

领馆人员在接受国境内有行动自由及旅行自由。但接受国为国家安全而禁止或限制进入的区域除外。

5. 免纳关税和捐税

领馆馆舍免纳国家、区域或地方性捐税；领馆执行职务所收的规费和手续费免除捐税；领馆的公务用品免除关税及其他课税，但储存、运送等服务费，以及因提供特定服务而应缴纳的费用不在免除之列。

6. 与派遣国国民通讯及联络的权利

领馆可以自由地与其侨民会见和通讯，并有权探视受羁押的国民。

7. 使用派遣国的国旗、国徽等国家标志的特权

▶ 典型真题

甲、乙二国建有外交及领事关系，均为《维也纳外交关系公约》和《维也纳领事关系公约》缔约国。乙国为举办世界杯足球赛进行城市改建，将甲国使馆区域、大使官邸、领馆区域均纳入征用规划范围。对此，乙国作出了保障外国使馆、领馆执行职务的合理安排，并对搬迁使领馆给予及时、有效、充分的补偿。根据国际法相关规则，下列哪些判断是正确的？(2010-01-79)①

A. 如甲国使馆拒不搬迁，乙国可采取强制的征用搬迁措施

B. 即使大使官邸不在使馆办公区域内，乙国也不可采取强制征用搬迁措施

C. 在作出上述安排和补偿的情况下，乙国可征用甲国总领馆办公区域

D. 甲国总领馆馆舍在任何情况下均应免受任何方式的征用

（二）领事官员的特权与豁免

1. 人身不得侵犯

领事官员人身自由受到一定程度的保护，包括接受国对领事官员不得予以逮捕候

①答案：BC。解析：A项错误，使馆馆舍及设备，以及使馆内其他财产与使馆交通工具免受搜查、征用、扣押和强制执行，且没有例外。B项正确，使馆馆舍是指供使馆使用及供使馆馆长寓所之用的建筑物或建筑物的各部分，因此大使官邸也是使馆馆舍的组成部分。C项正确，领馆馆舍、馆舍设备以及领馆的财产与交通工具一般地应免受任何方式的征用。如接受国确有征用的必要时，应采取一切可能措施以免妨碍领馆执行职务，并应向派遣国做出迅速、充分及有效的补偿。D项错误，领馆馆舍一般情况下免受征用，但有例外。

审或羁押候审，不得监禁或以其他方式拘束领事官员的人身自由，但对犯有严重罪行或司法机关已裁判执行的除外。

2. 管辖豁免

领事官员执行职务行为，不受接受国的司法和行政管辖。但有以下例外：(1)因领事官员并未明示或默示以派遣国代表身份而订立契约所发生的诉讼。(2)第三者因车辆船舶或航空器在接受国内所造成的意外事故而要求损害赔偿的诉讼。(3)领事官员主动起诉引起的与本诉直接有关的反诉不享受豁免。(4)领事官员对执行职务以外的事项不得拒绝作证。但如果领事拒绝作证也不得对其施以强制或处罚。

需要注意的是，领事官员特权和管辖豁免的放弃必须由派遣国明示作出，并以书面通知接受国。对诉讼管辖豁免的放弃，不得视为对执行豁免的默示放弃。执行豁免的放弃必须分别明确作出。

3. 某些方面的免税和免验

领事免纳一切对个人和物的课税，但间接税、遗产税、服务费等不在免除之列。领事及其同户家属初到任所需物品和消费品免纳关税；领事行李免受查验，如有重大理由需要查验，应于领事或其家属在场时进行。

4. 其他

除上述特权外，领事还被免除外侨登记、居留证、工作证及社会保险办法的适用；免除个人劳务及捐献义务等。

【注意】我国《领事特权与豁免条例》规定，领事官员的寓所、文书和信件以及财产有不受侵犯的特权，而《维也纳领事关系公约》对此未作规定。

（三）领事特权与豁免的适用范围

1. 人员范围

领事特权与豁免适用的人员包括领事官员、领事雇员、服务人员及前述人员的同户家属。领事雇员和服务人员的职务行为享有与领事官员相同的管辖豁免。服务人员仅就其服务的工资免纳捐税。

2. 时间范围

领馆人员自进入接受国国境前往就任之时起享有特权与豁免，其已在该国国境内者，自其就任领馆职务之时起开始享有。领馆人员的同户家属依其进入接受国国境时起，或自其成为领馆人员的家属之日起享有特权与豁免。领馆人员的职务如已终止，其本人的特权与豁免以及其同户家属的特权与豁免通常应于各该人员离开接受国国境时或其离境之合理期间终了时停止。即使有武装冲突发生，此特权与豁免也应继续有效至该时为止。领馆人员的同户家属于其不为家属时终止其特权与豁免。但如其想在稍后合理期间内离开接受国国境，其特权与豁免应继续有效，至其离境之时为止。如领馆人员死亡，其同户家属应继续享有其原有的特权与豁免至其离开接受国国境时或离境的合理期间终了时为止。

【注意】我国《外交特权与豁免条例》《领事特权与豁免条例》都把享有特权与豁免的

人员家属明确限定为“共同生活的配偶及未成年子女”。

（四）领馆和领馆人员的义务

（1）尊重接受国的法律规章。

（2）不得干涉接受国的内政。

（3）不得将领馆馆舍充作任何与执行领事职务不相符合的用途。

（4）职业领事不应在接受国内为私人利益从事任何专业或商业活动。

▶ 典型真题

甲、乙两国均为《维也纳领事关系公约》缔约国，阮某为甲国派驻乙国的领事官员。关于阮某的领事特权与豁免，下列哪一表述是正确的？（2013-01-32）①

A. 如犯有严重罪行，乙国可将其羁押

B. 不受乙国的司法和行政管辖

C. 在乙国免除作证义务

D. 在乙国免除缴纳遗产税的义务

使馆与领馆特权与豁免对比表

<table>
<tr><th></th><th>使馆</th><th>领馆</th></tr>
<tr><td>馆舍不得侵犯</td><td>（1）非经馆长允许，接受国人员不得进入使馆任何地方，包括馆长寓所
（2）不可推定同意而进入
（3）使馆及财产在任何情况下不得征用</td><td>（1）未经领馆馆长或使馆馆长许可，不得进入领馆工作区（我国《领事特权与豁免条例》规定，未经允许不得进入的领馆范围为整个领馆而不限于领馆工作区）
（2）领馆馆舍在遇火灾或其他灾害时可以推定馆长同意而进入
（3）领馆馆舍在避免妨碍领馆执行职务并给予补偿的情况下可以征用</td></tr>
<tr><td>档案不得侵犯</td><td colspan="2">使馆和领馆档案及文件无论何时何处，均不得侵犯，即使两国断交、发生武装冲突时不例外</td></tr>
<tr><td rowspan="2">通讯自由</td><td colspan="2">（1）未经接受国同意，使馆和领馆都不得装置及使用无线电发报机
（2）外交信差和领事信差执行职务时，人身不可侵犯</td></tr>
<tr><td>外交邮袋不得予以开拆或扣留是没有例外的</td><td>领馆邮袋不得予以开拆或扣留，但有重大理由可在派遣国代表在场下开拆邮袋。若派遣国拒绝开拆，邮袋应退回原发送地</td></tr>
<tr><td>其他</td><td colspan="2">（1）免纳捐税
（2）行动和旅行自由
（3）使用国家标志</td></tr>
</table>

①答案：A。

外交人员与领事官员特权与豁免对比表

<table>
<tr><th></th><th>外交人员</th><th>领事官员</th></tr>
<tr><td>人身不得侵犯</td><td>外交人员的人身不得侵犯，除非为防止犯罪或正当防卫</td><td>领事官员的人身不得侵犯，对犯有严重罪行或司法机关已裁判执行的除外</td></tr>
<tr><td rowspan="2">管辖豁免</td><td>(1)刑事方面完全豁免
(2)有例外的民事和行政管辖豁免。例外情况包括：①私有不动产之诉；②私人身份继承之诉；③公务范围外的专业或商业活动；④主动起诉被反诉
(3)完全免除作证义务</td><td>(1)刑事方面可以审判但不得逮捕或羁押(重罪除外)
(2)民事和行政方面，仅职务行为不受管辖。虽为职务行为但有下列情形不享有豁免：①未明示或默示以派遣国代表身份而订立契约涉诉；②因交通事故致第三人受损之诉；③主动起诉被反诉
(3)仅职务所涉事项免除作证义务</td></tr>
<tr><td colspan="2">(1)管辖的豁免仅可以由派遣国明示放弃
(2)管辖豁免的放弃不得视为对执行豁免的默示放弃</td></tr>
<tr><td rowspan="2">其他</td><td colspan="2">免纳个人所得税等直接税，间接税、遗产税、服务费等不免除</td></tr>
<tr><td>(1)外交人员免缴一切关税
(2)外交人员行李免受查验，但有重大理由要查验的可在外交人员或其代理人在场时查验。如理由不成立，接受国承担国家责任</td><td>(1)领事官员仅初到任物品免纳关税
(2)领事行李免受查验，但有重大理由要查验的可在领事或家属在场时查验</td></tr>
</table>

第六章 条约法

考情分析

本章考试内容包括条约的定义和特征、条约成立的实质要件、条约的缔结程序和方式、条约的保留、条约的生效、条约的适用、条约对第三国的效力、条约的解释、条约的修订、条约的终止和暂停施行。条约法是法考中的重要内容，一般每年都会考 1 道题，偶尔会考 2 道题。

考试要点

条约的缔结、条约的保留、条约的效力、条约的终止和暂停施行。

专题十六　条约法概述

一、条约的定义和特征

按照 1969 年《维也纳条约法公约》的定义，条约是指“国家间所缔结而以国际法为准之国际书面协定，不论其载于一项单独文书或两项以上相互有关之文书内，亦不论其特定名称为何”。1986 年《国家与国际组织间以及国际组织间的维也纳条约法公约》，把条约主体和相关规则扩展到了政府间的国际组织。条约具有以下主要特征：

（一）条约在国际法主体间缔结

国际法主体包括国家、政府间国际组织和正在争取独立的民族。需要注意的是，条约的缔约主体至少有两个，一个国家的单方面行为不能构成条约，如一国发表的声明、宣告等不是条约。

（二）条约具有法律拘束力

需要注意的是，有些国际法主体间的国际文件，是对它们共同关心的国际问题表示共同的态度或政策，并无意就具体事项规定相互的国际法上的权利义务，或者在制定文件时即表示不认为该文件具有法律拘束力，这类国际文件不是条约，但国际关系上可能具有重大的政治意义，或具有道义上的力量。

（三）条约以国际法为准

条约的缔结程序和内容必须符合国际法，并且以国际法加以规范。同时条约中所规定的权利义务，应是国际法上的权利义务。

（四）条约的形式主要是书面的

虽然《维也纳条约法公约》将适用于该公约的条约定义为书面形式，但这并不排除其他形式条约的存在和有效性。实践中，口头条约在历史上和现代都有，并不因其非书面的形式而影响其法律效力。

（五）条约的名称在国际法上没有统一的用法

条约名称取决于缔约国的选择，常用的条约名称包括：公约、盟约、条约、宪章、专约、协约、议定书、最后文件、宣言、联合声明、换文、备忘录等。条约虽有不同的名称，但是各种名称的条约在国际法的法律拘束力上没有本质不同，条约的效力、执行和解释等方面，都适用同样的条约法规则。但不同名称的条约在缔结的方式、程序和生效的形式上可能有所差别。

二、条约有效成立的实质要件

条约有效成立须具备三个实质性条件：一是具有完全的缔约权；二是自由同意；三是符合强行法。

（一）具有完全的缔约权

1. 缔约能力

缔约能力或称为缔约资格，是指国家和其他国际法主体拥有的合法缔结条约的能力。主权国家拥有完整、全面的缔约能力。国家内部的行政单位、地方政府一般不能与外国缔结条约，除非得到国家的授权。在特定情况下，根据国际法的其他规则，特别是经有关国家的同意，某些非国际法主体的实体可以成为特定条约的缔约方。这种个例下，该非国际法主体的实体并不因此而具有普遍的缔约资格。

2. 缔约权

缔约方必须具备完全的缔约权。缔约权是指拥有缔约能力的主体，根据其内部的规则赋予某个机关或个人对外缔结条约的权限。哪些个人和机构有权代表国家对外缔结条约，是由国内法规定的。

对于缔约机关超越其国内法关于缔约权的限制所缔结的条约是否有效的问题，《维也纳条约法公约》规定，一国不能以本国机关违反国内法关于缔约权限的规定而主张其所缔结的条约无效，除非这种违反国内法关于缔约权限规定的行为非常明显，涉及根本重要的国内法规则。对于被授权缔约的代表超越对其权限的特殊限制所缔结的条约，除非事先已将对这位谈判代表的权限的特殊限制通知其他谈判国，其本国不得以此作为其所缔结的条约无效的根据。

3. 全权证书

全权证书是一国主管当局所颁发文，指派一人或数人代表该国谈判、议定或认证条约约文，表示该国完全同意受条约拘束，或完成与条约有关的任何其他行为的文件。根据《维也纳条约法》公约第七条第二款，国家元首、政府首脑和外交部长谈判缔约，或使馆馆长议定派遣国和接受国之间的条约约文，或国家向国际会议或国际组织或其机关之一派遣的代表，议定在该会议、组织或机关中的一个条约约文，由于他们所任职务，无须出具全权证书，仍被认为代表其国家。

【注意】除非另有约定，国家元首、政府首脑、外交部长、使馆馆长和一国派驻国际组织或国际会议的代表(仅限正职)，谈判缔约时无须出具全权证书。

关于全权证书的签署，我国《缔结条约程序法》第六条第一款规定："谈判和签署条约、协定的代表按照下列程序委派：(1)以中华人民共和国名义或者中华人民共和国政府名义缔结条约、协定，由外交部或者国务院有关部门报请国务院委派代表。代表的全权证书由国务院总理签署，也可以由外交部长签署；(2)以中华人民共和国政府部门名义缔结协定，由部门首长委派代表。代表的授权证书由部门首长签署。部门首长签署以本部门名义缔结的协定，各方约定出具全权证书的，全权证书由国务院总理签署，也可以由外交部长签署。"

【总结】以中国或中国政府名义缔约，缔约代表的全权证书由国务院总理或外交部长签署；以政府部门名义缔结协定，代表的授权证书由部门首长签署，部门首长以本部门名义缔结协定，原则上无须出具全权证书，若约定出具全权证书的，全权证书由国务院总理或外交部长签署。

▶ 典型真题

甲某为A国国家总统，乙某为B国国家副总统，丙某为C国政府总理，丁某为D国外交部长。根据条约法公约规定，上述四人在参加国际条约谈判时，哪一个需要出示其所代表国家颁发的全权证书？(2003-01-20)①

A. 甲某　　B. 乙某　　C. 丙某　　D. 丁某

（二）自由同意

缔约国自由地表示同意是条约有效的基本条件之一。根据《维也纳条约法公约》，

①答案：B。解析：《维也纳条约法公约》第七条规定，国家元首、政府首脑和外交部长谈判缔约，或使馆馆长议定派遣国和接受国之间的条约约文，或国家向国际会议或国际组织或其机关之一派遣的代表，在议定该会议、组织或机关中的一个条约约文时，由于他们所任职务，无须出具全权证书。本题中，A选项甲某为国家元首，C选项丙某为政府首脑，D选项丁某为外交部长，他们均无须出具全权证书。B选项乙某为副总统，副总统并不是国家元首，需要出具全权证书。

以下情况下所表示的同意都不能被认为是自由同意。

1. 错误

这里所指的错误，不是指条约的文字错误，而是指与缔约时假定存在并构成一国受条约拘束的必要根据的事实或情势有关的错误。在这种情况下，该国可援引错误，主张其表示受条约拘束的同意不是真正的同意，因而所缔结的条约无效。但是如果错误是有关国家本身的行为造成的，或在缔约时知晓或应当知晓该错误，则不能援引该错误主张条约无效。

2. 诈欺和贿赂

在谈判条约时，一方对另一方进行诈欺或对谈判代表进行贿赂，从而违反缔约国的自由同意，受诈欺或代表受贿赂的国家可以主张所缔结的条约无效。

3. 强迫

强迫包括对一国谈判代表的强迫和对国家的强迫。前者指通过行为或威胁对一国代表实施强迫而获得的其同意受条约拘束的表示。后者指违反《联合国宪章》的原则以武力或威胁对一国施行强迫而获得的条约缔结。以强迫而缔结的条约自始无效。

（三）符合强行法

强行法是国际社会全体公认为不能违背，并且以后只能以同等性质的规则才能变更的规则，它不能以个别国家间的条约排除适用。《维也纳条约法公约》规定，条约必须符合国际法强行规则。首先，条约在缔结时与一般国际法强行规则相抵触者自始无效。其次，条约缔结后如遇新的强行规则产生时，自与新的强行规则发生抵触时起失效并终止。

【举例】甲、乙两国自愿经过谈判、签署和批准程序，缔结了一项条约。该条约内容包括：出于两国的共同利益，甲国将本国领土提供给乙国的军事力量使用，用来攻击并消灭丙国国内的某个种族。该条约是否合法有效？

甲乙两国签订的条约符合形式要件，但因为种族灭绝是一种国际社会公认的罪行，禁止种族灭绝属于强行法的范畴，该条约违反了国际强行法，因此是无效的。

专题十七 条约的缔结

一、条约的缔结程序和方式

条约的缔结程序一般包括：约文的议定、约文的认证和同意接受条约拘束的表示。具体所采用的缔约方式和程序取决于缔约方的约定和选择。

（一）约文的议定

约文的议定包括缔约方为达成条约而进行的谈判、约文起草和草案的商定。全权代表进行谈判缔结条约须具备全权证书。国家元首、政府首脑和外交部长谈判缔约，或使馆馆长议定派遣国和接受国之间的条约约文，或国家向国际会议或国际组织或其机关之一派遣的代表，议定在该会议、组织或机关中的一个条约约文，由于他们所任职务，无须出具全权证书，仍被认为代表其国家。

关于条约的作准文本，我国《缔结条约程序法》第十三条规定，"中华人民共和国同外国缔结的双边条约、协定，以中文和缔约另一方的官方文字写成，两种文本同等作准；必要时，可以附加使用缔约双方同意的另一种第三国文字，作为同等作准的第三种正式文本或者作为起参考作用的非正式文本；经缔约双方同意，也可以规定对条约、协定的解释发生分歧时，以该第三种文本为准。某些属于具体业务事项的协定，以及同国际组织缔结的条约、协定，经缔约双方同意或者依照有关国际组织章程的规定，也可以只使用国际上较通用的一种文字。"

（二）约文的认证

约文的认证是指谈判方确认共同同意该约文是正确的和作准的，应作为当事方之间拟缔结的条约约文。认证方式一般有以下几种：

1. 草签

由谈判代表将其姓氏或姓名的首字母签于条约约文下面，表示该约文不再更改。草签通常用于在约文议定后须经过一段时间才举行条约签署的情况。

2. 待核准的签署或暂签

此种签署是等待政府确认的签署，表示一种特殊的待定状态。在签署人所代表的本国确认以前，它只有认证条约约文的效力；如待核准的签署经该国确认，即发生正式签署的效力。

3. 签署

签署是指有权签署的人将其姓名签于条约约文之下。签署首先具有对约文认证的作用，是约文认证的一种方式。此外，根据条约本身的规定或有关各方的约定，签署在不同情况下可以有不同的法律意义：(1)如经条约规定或各有关方约定，签署意味着签字国同意受条约的拘束，那么此时的签署就具有了认证和接受拘束的双重意义。(2)对规定或约定需要批准的条约，签署除对约文的认证外，还含有签署者代表的国家初步同意缔结该条约的意思，虽然该条约对于该国尚无法律拘束力，但该国签署之后不应作出有损条约目的宗旨的行动。若签署国嗣后明确表示不予批准，则该签署只具有认证的作用。

4. 通过

当前国际实践中，多边公约的认证有时采取经有关各方代表会议通过的方式进行。即在公约草案拟定后，召开各国代表会议对草案进行讨论和修改，然后以表决或协商一致来通过约文。

（三）同意接受条约拘束的表示

缔约主体只有作出同意受某一条约拘束的表示，才能成为条约的当事方。表示同意受条约拘束的方式可由该条约规定或由有关各方约定。实践中采用的主要方式有签署、批准、加入和接受等。

1. 签署

一国通过签署表示同意受条约的拘束，发生于下列情况：(1)该条约规定签署有这种效果；(2)各谈判国约定签署有这种效果；(3)该国在其代表的全权证书中或在谈判过程中表示该国赋予签署这种效果。在以上三种情况下，待核准的签署经其本国核准确认后也表示该国同意受条约的拘束。

2. 批准

《维也纳条约法公约》列举了以批准表示同意受条约拘束的四种情况：(1)条约中规定须经批准；(2)各谈判国约定条约需要批准；(3)一国代表对条约作须经批准的签署；(4)在谈判代表的全权证书中或在谈判中有须批准的意思表示。是否批准及何时批准一项条约，由各国自行决定。国家没有必须批准其所签署的条约的义务。

关于条约的批准，我国《缔结条约程序法》第七条规定："条约和重要协定的批准由全国人民代表大会常务委员会决定。前款规定的条约和重要协定是指：(一)友好合作条约、和平条约等政治性条约；(二)有关领土和划定边界的条约、协定；(三)有关司法协助、引渡的条约、协定；(四)同中华人民共和国法律有不同规定的条约、协定；(五)缔约各方议定须经批准的条约、协定；(六)其他须经批准的条约、协定。条约和重要协定签署后，由外交部或者国务院有关部门会同外交部，报请国务院审核；由国务院提请全国人民代表大会常务委员会决定批准；中华人民共和国主席根据全国人民代表大会常务委员会的决定予以批准。双边条约和重要协定经批准后，由外交部办理与缔约另一方互换批准书的手续；多边条约和重要协定经批准后，由外交部办理向条约、协定的保存国或者国际组织交存批准书的手续。批准书由中华人民共和国主席签署，外交部长副署。"

关于条约的核准，我国《缔结条约程序法》第八条规定，"本法第七条第二款所列范围以外的国务院规定须经核准或者缔约各方议定须经核准的协定和其他具有条约性质的文件签署后，由外交部或者国务院有关部门会同外交部，报请国务院核准。协定和其他具有条约性质的文件经核准后，属于双边的，由外交部办理与缔约另一方互换核准书或者以外交照会方式相互通知业已核准的手续；属于多边的，由外交部办理向有关保存国或者国际组织交存核准书的手续。核准书由国务院总理签署，也可以由外交部长签署。"

可见，我国根据条约的重要程度规定了不同的批准或核准程序。对于《缔结条约程序法》第七条第二款所列的条约和重要协定，应由全国人大常委会决定是否批准，批准书由国家主席签署。对于《缔结条约程序法》第七条第二款所列范围以外的协定和其他具有条约性质的文件，由国务院决定是否核准，核准书由国务院总理或外交部长签署。

3. 加入

加入是指未对条约进行签署的国家表示同意受条约的拘束，成为条约当事方的一种方式。加入多用于开放性多边条约，可以加入的条约由条约本身规定或相关国家约定。加入是国家确定同意受条约拘束的表示，因而加入一般不须再经批准。

我国《缔结条约程序法》第十一条规定，“加入多边条约和协定，分别由全国人民代表大会常务委员会或者国务院决定。加入多边条约和协定的程序如下：（一）加入属于本法第七条第二款所列范围的多边条约和重要协定，由外交部或者国务院有关部门会同外交部审查后，提出建议，报请国务院审核；由国务院提请全国人民代表大会常务委员会作出加入的决定。加入书由外交部长签署，具体手续由外交部办理；（二）加入不属于本法第七条第二款所列范围的多边条约、协定，由外交部或者国务院有关部门会同外交部审查后，提出建议，报请国务院作出加入的决定。加入书由外交部长签署，具体手续由外交部办理。”

可见，在我国，条约和重要协定的加入由国务院提请全国人民代表大会常务委员会作出加入的决定，加入书由外交部长签署；其他协定和条约性质的文件的加入由国务院决定，加入书由外交部长签署。

4. 接受和赞同

通过接受和赞同表示同意条约拘束的情况实践中有两种：(1)没有在条约上签署的国家，用接受和赞同来表示同意受条约拘束，成为条约的缔约国。其效果类似于加入。(2)国家在条约上签署以后，用接受和赞同表示最终同意受条约的拘束。其效果类似于批准，实际上是一种简化了的批准手续。国家选择接受方式而不是加入或批准方式缔结条约的原因多是基于其国内法。

我国《缔结条约程序法》第十二条规定，“接受多边条约和协定，由国务院决定。经中国代表签署的或者无须签署的载有接受条款的多边条约、协定，由外交部或者国务院有关部门会同外交部审查后，提出建议，报请国务院作出接受的决定。接受书由外交部长签署，具体手续由外交部办理。”

可见，在我国，多边条约和协定的接受，由国务院决定，接受书由外交部长签署。

▶ 典型真题

甲国倡议并一直参与某多边国际公约的制订，甲国总统与其他各国代表一道签署了该公约的最后文本。根据该公约的规定，只有在2/3以上签字国经其国内程序予以批准并向公约保存国交存批准书后，该公约才生效。但甲国议会经过辩论，拒绝批准该公约。根据国际法的有关规则，下列哪一项判断是正确的？（2005-01-30）①

A. 甲国议会的做法违反国际法

B. 甲国政府如果不能交存批准书，将会导致其国际法上的国家责任

C. 甲国签署了该公约，所以该公约在国际法上已经对甲国产生了条约的拘束力

D. 由于甲国拒绝批准该公约，即使该公约本身在国际法上生效，其对甲国也不产生条约的拘束力

①答案：D。解析：国家没有必须批准其所签署的条约的义务，因此，A、B项错误。对规定或约定需要批准的条约，签署的效力主要是对约文的认证，并不会导致该条约对该国产生拘束力，因此，C项错误，D项正确。

二、条约的公布

我国《缔结条约程序法》第十五条规定，“经全国人民代表大会常务委员会决定批准或者加入的条约和重要协定，由全国人民代表大会常务委员会公报公布。其他条约、协定的公布办法由国务院规定。”

▶ 典型真题

依据《中华人民共和国缔结条约程序法》及中国相关法律，下列哪些选项是正确的？(2015-01-76)①

A. 国务院总理与外交部长参加条约谈判，无需出具全权证书

B. 由于中国已签署《联合国国家及其财产管辖豁免公约》，该公约对我国具有拘束力

C. 中国缔结或参加的国际条约与中国国内法有冲突的，均优先适用国际条约

D. 经全国人大常委会决定批准或加入的条约和重要协定，由全国人大常委会公报公布

三、条约的登记

《联合国宪章》第一百零二条规定，“一、本宪章发生效力后，联合国任何会员国所缔结之一切条约及国际协定应尽速在秘书处登记，并由秘书处公布之。二、当事国对于未经依本条第一项规定登记之条约或国际协定，不得向联合国任何机关援引之。”《维也纳条约法公约》第八十条也规定，“条约应于生效后送请联合国秘书处登记或存案及纪录，并公布之。”但登记并非条约的生效要件，条约是否登记并不影响条约本身的效力。

我国《缔结条约程序法》第十七条规定，“中华人民共和国缔结的条约和协定由外交部按照联合国宪章的有关规定向联合国秘书处登记。中华人民共和国缔结的条约和协定需要向其他国际组织登记的，由外交部或者国务院有关部门按照各该国际组织章程的规定办理。”可见，我国条约登记由外交部负责。

【注意】我国负责向联合国秘书处登记条约的是外交部，而不是其他有缔约权的代表。

四、条约的保留

（一）条约保留的概念和范围

条约的保留是指一国在签署、批准、接受、赞同或加入一个条约时所作的单方声

①答案：AD。

明，无论措辞或名称如何，其目的在于排除或更改条约中某些规定对该国适用时的法律效果。

根据《维也纳条约法公约》的规定，下列情况下不得提出保留：(1)条约规定禁止保留。(2)条约准许特定的保留，而有关保留不在条约准许的保留范围内。(3)保留与条约的目的和宗旨不符。

（二）保留的接受

保留是一国单方面作出的。对于保留，其他的缔约国可以作出同意或反对，即有权决定本国是否接受该保留造成的对有关权利义务排除或变更的拘束。《维也纳条约法公约》规定：

(1)条约明文准许保留的，一般不需要其他缔约国事后予以接受。

(2)如果从谈判国有限数目以及条约的目的和宗旨，可知该条约在全体当事国的全部适用是每一当事国同意受该条约拘束的必要条件时，保留须经全体当事国接受。

(3)条约若是一个国际组织的组织约章，保留一般须经该组织的有权机关接受。

(4)不属于上述情况的，由缔约国决定是否接受一项保留。一国表示同意受该条约拘束而附有保留的行为，只要有一缔约国接受该项保留，就成为有效。

（三）保留的法律效果

(1)在保留国与接受保留国之间，按保留的范围，修改了该保留所涉及的一些条款所规定的权利义务关系，即被保留的条款被保留的内容的替代。

(2)在保留国与反对保留国之间，若反对保留国并不反对该条约在保留国与反对保留国之间生效，则保留所涉及的规定，在保留的范围内，不在该两国之间适用，即被保留的条款在两国之间视为不存在。

(3)在未提出保留的国家之间，按照原来条约的规定，无论未提出保留的国家是否接受另一缔约国的保留。

▶ 典型真题

甲、乙、丙国同为一开放性多边条约缔约国，现丁国要求加入该条约。四国均为《维也纳条约法公约》缔约国。丁国对该条约中的一些条款提出保留，下列哪一判断是正确的？(2009-01-29)①

A. 对于丁国提出的保留，甲、乙、丙国必须接受

B. 丁国只能在该条约尚未生效时提出保留

C. 该条约对丁国生效后，丁国仍然可以提出保留

D. 丁国的加入可以在该条约生效之前或生效之后进行

---

①答案：D。

专题十八 条约的效力

一、条约的适用范围

（一）时间范围

条约一般都自生效之日起开始适用。原则上，条约没有追溯力，即不能适用于在条约生效之前已完成的事实，除非缔约国有特别的规定或用其他方法确定该条约有追溯力。

（二）空间范围

一项条约适用的空间范围可以依据各缔约国的协议及有关当事国的意思决定。如果当事国没有相反的意思，则一般认为条约适用于各该当事国的全部领土。实践中，有些国家在签订某项条约时，将通过某种方式明确该条约对其领土的适用范围。

二、条约对第三国的效力

《维也纳条约法公约》第三十四条规定，“条约非经第三国同意，不为该国创设义务或权利。”

（一）为第三国创设义务需第三国书面明示接受

如果一个条约有意为第三国创设一项义务，必须经第三国以书面形式明示接受，才能对第三国产生义务。按照这一规则，第三国承担的条约义务实际上不是由条约直接产生的，而是第三国书面接受了这个条约所规定的义务的结果，如果第三国不以书面形式明示接受，第三国就可以不承担这项义务。国际实践中，曾有个别特殊条约为第三国创设了义务，例如，《联合国宪章》规定，在维持国际和平及安全的必要范围内，非联合国的会员有遵守宪章相关原则的义务。

（二）为第三国创设权利第三国不反对即有效

当一个条约有意为第三国创设一项权利时，原则上仍应得到第三国的同意。但是，如果第三国没有相反的表示，应推断其同意接受这项权利，无须书面形式明示接受。《联合国宪章》中有些条款也为第三国创设了权利。如规定非会员国为争端当事国时，在一定条件下，可以将争端提请大会或安理会注意。

（三）权利义务取消或变更原则上需第三国同意

条约使第三国担负义务时，该项义务一般必须经条约各当事国与该第三国的同意方可取消或变更。条约使第三国享有权利时，如果经确定原意为非经该第三国同意不得取消或变更该项权利，当事国不得随意取消或变更。

▶ 典型真题

嘉易河是穿越甲、乙、丙三国的一条跨国河流。1982年甲、乙两国订立条约，对嘉易河的航行事项作出了规定。其中特别规定给予非该河流沿岸国的丁国船舶在嘉易河中航行的权利，且规定该项权利非经丁国同意不得取消。事后，丙国向甲、乙、丁三国发出照会，表示接受该条约中给予丁国在嘉易河上航行权的规定。甲、乙、丙、丁四国都是《维也纳条约法公约》的缔约国。对此，下列哪项判断是正确的？（2006-01-33）①

A. 甲、乙两国可以随时通过修改条约的方式取消给予丁国的上述权利

B. 丙国可以随时以照会的方式，取消其承担的上述义务

C. 丁国不得拒绝接受上述权利

D. 丁国如果没有相反的表示，可以被推定为接受了上述权利

三、条约的冲突

条约的冲突是指一国就同一事项先后参加的两个或几个条约的规定相互冲突。解决条约的冲突一般采取以下几种方法：

（一）同为两条约当事国之间后约优先于先约

这又分两种情形，一是当事国完全相同的情形，适用后约取代先约的原则，先约失效；二是当事国不完全相同的情形，在同为两条约当事国之间，适用后约优于先约的原则。在同为两条约当事国与仅为其中一条约的当事国之间，适用两国均为当事国的条约。

（二）适用条约本身关于解决条约冲突的规定

有些条约本身有关于解决条约冲突的规定，则适用该规定解决条约冲突。例如，《联合国宪章》规定，宪章规定的会员国的义务和会员国根据其他条约所负的义务有冲突时，宪章规定的义务居优先地位。

▶ 典型真题

甲、乙、丙三国订有贸易条约。后甲、乙两国又达成了新的贸易条约，其中许多规定与三国前述条约有冲突。新约中规定，旧约被新约取代。甲、乙两国均为《维也纳

---

①答案：D。解析：《维也纳条约法公约》第三十六条规定，如条约当事国有意对第三国给予一项权利，而该第三国对此表示同意，则该第三国因此享有该项权利。该第三国倘无相反之表示，应推定其表示同意。因此，本题中甲乙丙三国在条约中为第三国丁国创设权利，丁国可以接受，也可以拒绝，如果没有相反的表示，可被推定为接受了上述权利。故C项错误，D项正确。由于条约规定“该项权利非经丁国同意不得取消”，属于“经确定原意为非经该第三国同意不得取消或变更该项权利”的情形，因此当事国不得随意取消或变更，故A项和B项均错误。

条约法公约》的缔约国。根据条约法，下列判断哪一项是错误的？（2004-01-33）①

A. 旧约尚未失效　　B. 新约不能完全取代旧约

C. 新约须经丙国承认方能生效　　D. 丙国与甲乙两国间适用旧约

【**总结**】解决条约冲突的规则：有约定按约定；如果没有约定，当事国完全相同的，后约取代先约，当事国不完全相同的，同为两条约当事国之间，后约优于先约。

专题十九　条约的解释和修订

一、条约的解释

条约的解释是指对条约条文和规定的真实含义予以说明和澄清。《维也纳条约法公约》规定了条约解释应遵循的主要方法和规则。

（一）条约解释的一般规则

1. 根据通常含义和上下文

条约解释应按照条约用语在其上下文中的通常意义来解释。条约的上下文除约文外，还包括条约全体当事国之间就该条约的缔结所订立的与该条约有关的任何协定，或个别缔约国间缔结或作出的并经其他当事国接受的与该条约有关的任何文书。与条约上下文一并考虑的因素还有该条约当事国之间嗣后订立的关于条约的解释或其规定的适用的任何规定；确证该条约各当事国对条约的解释意见一致的在该条约适用上的任何嗣后惯例；适用于该条约各当事国之间的关系的任何有关国际法规则。

2. 符合条约的目的和宗旨

条约是为一定目的缔结的，解释条约要选择最符合其目的和宗旨的意义，而不能相反。

3. 善意解释

善意解释是指条约的解释应以诚实信用履行条约为出发点进行，解释不能使得一方不公正或不公平地优于另一方，也不能试图阻挠或破坏条约的履行。善意原则直接源于“条约必须遵守”的规则，在条约的解释中有重要作用。

（二）条约解释的补充资料

如果以上述规则解释条约，意义仍不明确或难以解释，或所得结果显属荒谬或不合理时，可以使用解释条约的补充资料，包括条约的准备工作及缔约的情况在内，如

①答案：C。解析：虽然新约中规定，旧约被新约取代，但丙国并不是新约的缔约国，新约对丙国没有拘束力，丙国与甲乙两国之间仍然适用旧约，因此新约不能完全取代旧约，旧约尚未失效，故A、B、D项均正确。甲乙两国同为旧约和新约的缔约国，因此甲乙两国之间新约优先于旧约，新约的生效与丙国无关，无须丙国承认，故C项错误。

谈判记录、历次草案、讨论纪要等。但这些材料仅仅是作为上述解释方法的辅助和补充，本身不具有决定性。

（三）两种以上文字的条约的解释

《维也纳条约法公约》第三十三条规定了以两种以上文字认证之条约的解释规则：

(1)经两种以上文字认证作准的条约，除条约中规定或当事国协议当遇到意义分歧时应以某种约文为根据外，每种文字的约文应同样作准。

(2)作准文本以外的条约译本，不能作为作准文本，仅可以在解释条约时作为参考。

(3)在各种文字的作准约文中，条约的用语应被推定为有相同的意义。

(4)除按规定应以某一约文为准外，在几个作准约文中发现意义有分歧，而适用以上解释规则不能消除分歧时，应采用顾及条约目的及宗旨的最能调和各约文的意义。

二、条约的修订

条约的修订是指条约在缔结之后，缔约国在条约有效期内改变条约规定的行为。多边条约的修订可分为两种：修正和修改。修正是指在多边条约的全体当事国之间修订条约；修改是指在多边条约的部分当事国之间修订条约。但在实践中，两词并无严格的区别，往往是混用的。

（一）多边条约的修正

根据《维也纳条约法公约》，条约的修正应按照各自条约本身规定的程序进行。一般的规则是：修正多边条约的提议必须通知一切缔约国。条约修正后，凡有权成为条约当事国的国家，也应有权成为修正后的该条约的当事国。

条约修正的法律后果：(1)修正条约的协定对于是条约当事国而非该协定当事国的国家无拘束力；(2)对于修正条约的协定生效后成为条约当事国的国家，如果该国没有相反的表示，应视为修正后条约的当事国；(3)在接受修正条约与不受修正条约协定拘束的当事国之间，适用未修正的条约。

（二）多边条约的修改

条约的修改是在部分当事国之间进行的，只有在条约本身允许修改的情况下才能修改条约。《维也纳条约法公约》规定了允许多边条约修改的情况是：(1)条约内规定可作此种修改。(2)有关修改非为条约所禁止，并且不影响其他当事国享有条约上的权利或履行义务，也不涉及对有效实行该整个条约的目的和宗旨至关重要的规定。

三、条约的终止和暂停施行

条约的终止是指一个有效的条约由于条约法规定的原因的出现，不再继续对当事方具有拘束力。条约的暂停施行是指由于法定原因的出现，一个有效条约所规定的权利和义务在一定时期内暂时对于当事方不具有拘束力。

（一）条约的终止和暂停施行的原因

(1)条约本身规定。

(2)条约当事方共同的同意。

(3)单方解约或退约。除条约明文规定允许一方退约或解约外，一般不经其他缔约国的同意，不得单方面终止或退出条约。只有经确定某一条约的当事国原意为容许有废止或退出的可能，或由条约的性质可认为含有废止或退出的权利，当事国才可以单方废止或退出该条约。在这种情况下，当事国必须提前 12 个月通知其废止或退出条约的意思。

(4)条约履行完毕。

(5)条约因被代替而终止。条约的全体当事国就同一事项缔结后订条约，如果以后订条约为准，或先后订立的两条约内容不合，使两条约不能同时适用，则先订条约终止。

(6)条约履行不可能。条约缔结后，如果实施条约所必不可少的标的物永久消失或毁坏，以致不可能履行条约时，当事国可以此为理由终止或退出条约。如果不能履行属于暂时性的，则当事国只能暂停条约的实施。并且，如果这种履行的不可能是由于当事国本身违反国际法而造成，则当事国须承担相应的国际责任。

(7)条约当事方丧失国际人格。当一国分裂为数国或并入其他国家而丧失其国际人格时，它所缔结的双边条约即行终止，除非有一个新国家继承该国的对该条约的权利和义务。

(8)断绝外交关系或领事关系。断绝外交关系或领事关系使得以此种关系为适用条约必不可少的条件的条约终止。其他条约不受断绝外交关系或领事关系的影响。

(9)战争。战争发生使交战的缔约国间的政治条约、双边的商务条约终止。其他双边条约暂停施行。但关于战争法规方面的双边条约或多边条约不得终止。

(10)一方违约。条约当事国一方重大违约时，缔约他方有权终止或暂停施行该条约。重大违约包括：①条约当事国一方非法片面终止条约；②违反条约规定，且这项规定是实现条约目的和宗旨所必要的。需要注意的是，一方并不严重的违约不能导致另一方的废约。双边条约当事方之一重大违约时，它方有权终止该条约，或全部或部分停止其施行；多边条约当事国一方有重大违约时，其他当事方有权以一致同意的方式，在这些当事方与违约方的关系上，或在全体条约当事方之间，全部或部分停止施行或终止该条约。

(11)情势变迁。情势变迁是指条约缔结后，出现了在缔结条约时不能预见的根本性变化的情况，则缔约国可以终止或退出该条约。适用“情势变迁”原则时应注意两点：①确定边界的条约不适用情势变迁原则；②如果情势的改变是由于一个缔约国违反条约义务或其他国际义务造成的，这个国家就不能援引情势变迁终止或废除有关条约。

（二）条约的终止和暂停施行的程序

《维也纳条约法公约》规定，条约当事方之一在终止、退出或暂停施行条约时，必须将其主张书面通知该条约的其他当事方，通知中应说明拟对条约采取的措施及其理由。如果其他当事方在接到通知满 3 个月后未提出反对，作出通知的当事国就可以实行其所拟采取的措施。如果其他当事国提出反对，则该条约各当事国应通过和平解决争端的方法予以解决。如果在提出反对之日以后 12 个月内不能依上述方法解决，任何一方可提请国际法院解决，或双方提交仲裁，或请求联合国秘书长开始强制和解程序。

（三）条约的终止和暂停施行的后果

有约定按约定。没有约定的按以下规则进行：(1)解除各当事国继续履行条约的义务；(2)不影响各当事国在该条约终止前由于实施该条约所产生的任何权利、义务或法律情况；(3)在暂停施行期间，各当事国应避免足以阻挠条约恢复施行的行为。

▶ 典型真题

菲德罗河是一条依次流经甲、乙、丙、丁四国的多国河流。1966 年，甲、乙、丙、丁四国就该河流的航行事项缔结条约，规定缔约国船舶可以在四国境内的该河流中通航。2005 年底，甲国新当选的政府宣布：因乙国政府未能按照条约的规定按时维修其境内航道标志，所以甲国不再受上述条约的拘束，任何外国船舶进入甲国境内的菲德罗河段，均须得到甲国政府的专门批准。自 2006 年起，甲国开始拦截和驱逐未经其批准而驶入甲国河段的乙丙丁国船舶，并发生多起扣船事件。对此，根据国际法的有关规则，下列表述正确的是？(2008-01-98)①

A. 由于乙国未能履行条约义务，因此，甲国有权终止该条约

B. 若乙、丙、丁三国一致同意，可以终止该三国与甲国间的该条约关系

C. 若乙、丙、丁三国一致同意，可以终止该条约

D. 甲、乙两国应分别就其上述未履行义务的行为，承担同等的国家责任

①答案：BC。解析：A 项错误，其他缔约国有权决定是否接受一项保留，只有条约明文准许保留的，才不需要其他缔约国事后予以接受，本题没有说有条约明文准许保留，因此其他缔约国可以接受，也可以反对；B 项错误，因为保留可以在一国签署、批准、接受、赞同或加入某一条约时提出，而签署条约时，条约可能尚未生效，加入条约时，条约可能已经生效，所以，保留的提出与条约本身是否生效无关，条约生效前和生效后都可提出保留；C 项错误，由于保留只能在一国签署、批准、接受、赞同或加入条约时提出，而一国在签署、批准、接受、赞同或加入某一条约时，条约对该国肯定尚未生效，而且，在条约对某一国生效后，该国再提出保留的行为可以视为“反悔”，违反了条约必须遵守的义务，当然是不允许的，如果某国不愿意受条约中某一条款的约束，就要在签署、批准、接受、赞同或加入时提出。D 项正确，加入是指未对条约进行签署的国家表示同意受条约的拘束，成为条约当事方的一种方式。加入可以在条约生效之前或生效之后进行，但签署一般只能在条约规定的开放签署的期限内进行。有考生可能会认为条约生效之前不能叫“加入”，这是由于没有理解条约签署与生效的区别。比如，《联合国国家及其财产管辖豁免公约》第二十八条规定，“本公约应在 2007 年 1 月 17 日之前开放给所有国家在纽约联合国总部签署。”第三十条规定，“本公约应自第三十份批准书、接受书、核准书或加入书交存联合国秘书长之日后第三十天生效。”目前只有 21 个国家批准该公约，该公约还未生效，自 2007 年 1 月 17 日起，未对条约进行签署的国家只能以加入的方式成为还未生效的该公约的缔约国。

第七章　国际争端的和平解决

考情分析

本章考试内容包括解决国际争端的强制方法、解决国际争端的政治方法、国际常设仲裁法院、国际法院、国际海洋法法庭等。每年一般考1道题，最多的一年考过3道题。

考试要点

国际法院、国际海洋法法庭。

专题二十　解决国际争端的强制方法和政治方法

一、解决国际争端的强制方法

强制方法是指争端一方为使他方同意其所要求的对争端的解决和处理，而单方面采用的带有某些强制性的措施和方法。这些措施包括战争与非战争的武装行为、平时封锁、干涉、反报和报复等。

（一）战争与非战争的武装行为

现代国际法确立了和平解决国际争端的基本原则，使用战争或武力解决争端是被禁止的。武力只能在符合《联合国宪章》的条件下才能运用。因此，战争不再成为解决争端的合法方式。

（二）平时封锁

平时封锁是指和平时期一国的海军对另一国的海岸进行封锁，禁止有关船只的出入。现在，平时封锁只能作为由安理会决定的，维持或恢复国际和平与安全所必要时采取的一种措施，而不能是一种国家解决争端采用的合法方式。

（三）干涉

干涉是指第三方擅自或片面介入其他国家间的争端，并强迫按照干涉国的方式解决争端。这种方式因违反不干涉内政的国际法基本原则，在现代国际法中也不能被认为是合法的。

（四）反报

反报是指一国对于他国的不礼貌、不友好但不违法的行为，采取相同或相似的不礼貌、不友好但不违法的行为予以回报。如一国对其外交官被驻在国驱逐的反报，一国在贸易、航运、关税等问题上在他国遭到不平等待遇的反报等。

（五）报复

报复是一国对于他国的国际不法行为，采取与之相应的措施作为回应。报复以前主要被认为是一种迫使对方接受对其国际不法行为引起争端的解决，现在更多地被认为是一种对于不法行为的对抗，因而在符合必要和成比例以及其他国际法规则的前提下，仍然可以使用。报复可以采用多种方式，包括停止执行某些条约、扣押对方船只和财产、实行贸易禁运等。

【总结】在解决国际争端的强制方法中，战争与非战争的武装行为、平时封锁、干涉是违反现代国际法的。反报与报复国际法并不提倡，但也不禁止。反报针对的不违法行为，报复针对的是违法行为。

二、解决国际争端的政治方法

国际争端的政治解决方法是由有关国家通过外交途径进行的，因而也称为外交方法。这类方法适用于任何类型的争端解决，并且不影响当事国同时或今后采取其他解决争端的方法。

（一）谈判与协商

谈判是争端当事国就其争端直接进行交涉，交换意见以求解决的方式。协商曾被作为谈判的一个部分和步骤，但当代也常常被作为一个独立的方法使用。谈判一般仅限于当事国之间，协商有时也可以邀请中立国参加。

（二）斡旋与调停

斡旋是争端以外的第三方为促成当事国进行谈判或争端解决，采取和提供某些协助活动。第三国本身不参加谈判，也不提出任何解决争端的方案。调停是指第三方以调停人的身份，就争端的解决提出方案，并直接参加或主持谈判，以协助争端解决。调停国提出的方案本身没有拘束力，调停国对于进行调停或调停成败也不承担任何法律义务或后果。

（三）调查与和解

调查是指在涉及事实性问题的争端中，有关当事方同意将有关事实真相的调查交由第三方进行，以解决争端。调查需要争端当事方对采用调查方式订立专门协议，成立调查委员会，并就委员会的调查内容、组成、期限、权限等方面作出约定。调查委员会的任务限于查明事实，向各当事国提交调查结果报告，不对争端的是非曲直作出判定。报告的拘束力性质由当事国所订的协议决定，一般地，各国不必然承担对报告承认的义务。

和解又称调解，是指争端当事国通过协议或其他商定的方式，将争端提交一个委员会；该委员会在对争端进行调查和评价，包括与当事国间的不断讨论后，提出包括事实澄清、解决建议在内的报告；并在此基础上促成争端当事国达成进一步的协议，最后解决其争端。委员会可以是临时的，也可以是常设的。一般地，提交和解、接受和解报告及在委员会促成下达成最后解决协议，都是当事国自愿的行为，除非有特别规定或约定，对每个过程各国都没有必须进行的义务。

专题二十一　国际争端的法律解决方法

一、仲裁

仲裁是指根据争端当事国之间的协议，将争端交与它们选定的仲裁人作出对争端当事方具有拘束力的裁决，从而解决争端的方法。

国际常设仲裁法院是专门受理国家间仲裁案件的常设仲裁机构。它是根据 1899 年《和平解决国际争端的公约》于 1900 年在海牙设立，由从事行政事务性工作的常设行政理事会和国际事务局以及一份“仲裁员名单”构成。当事国将争端仲裁协议提交仲裁法院时，可以在仲裁员名单中各自选定 1~2 名仲裁员，再由这些选定的仲裁员选定首席仲裁员。

二、法院

旨在解决国家间争端的国际性司法机关，目前典型的有联合国国际法院和国际海洋法法庭。

（一）国际法院

1. 国际法院的组成

国际法院由 15 名法官组成。15 人中不得有两人为同一国家的国民。法官不代表任何国家，不能担任任何政治或行政职务，也不得从事任何其他职业性活动。法官不受任何政府的制约，也不受联合国机构的制约。法官在联合国大会和安理会中分别独立进行选举，只有在这两个机关同时都获得绝对多数票方可当选。安理会常任理事国对法官选举没有否决权。法官任期 9 年，可以连选连任。法院的院长和副院长从法官中选举产生。

法官对于涉及其国籍国的案件，不适用回避制度，除非其就任法官前曾参与该案件。在法院受理案件中，如果一个当事国有本国籍的法官，他方当事人也可以选派一人作为“专案法官”，参加本案的审理。如果当事双方都没有本国籍的法官，则双方都可各选派一名“专案法官”参与该案件的审理。这种临时的专案法官在该案审理中与正式法官具有完全平等的权利。

2. 国际法院的管辖权

国际法院有诉讼管辖和咨询管辖两项职权。其中，诉讼管辖是其最主要的职权。

(1)诉讼管辖权。法院在行使诉讼管辖权时，涉及“对人管辖”和“对事管辖”两个方面。

第一，对人管辖。根据法院规约，有三类国家可以作为国际法院的诉讼当事国：①联合国的会员国；②非联合国的会员国但为《国际法院规约》的当事国；③既非联合国的会员国也非《国际法院规约》的当事国，但根据安理会决定的条件，预先向国际法院书记处交存一份声明，表示愿意接受国际法院管辖、保证执行法院判决及履行相关其他义务的国家。作为诉讼当事国，这三类国家的地位是相同的。国际组织、法人或个人都不能成为国际法院的诉讼当事国。

第二，对事管辖。根据法院规约，国际法院的对事管辖权包括自愿管辖、协定管辖和任择强制管辖。①自愿管辖。对于任何争端，当事国都可以在争端发生后，达成协议，将争端提交国际法院。法院根据当事国各方的同意进行管辖。②协定管辖。在现行条约或协定中，规定各方同意将有关的争端提交国际法院解决。提交法院的争端及范围等可以通过在条约中设立专门条款，也可以在订立条约的同时，再订立专门的协定加以规定。③任择强制管辖。《国际法院规约》的当事国，可以通过发表声明，就具有下列性质之一的争端，对于接受同样义务的任何其他当事国，接受法院的管辖为当然具有强制性，而不需要再有特别的协定。这些争端是：对于条约的解释、违反国际义务的任何事实、违反国际义务而产生的赔偿的性质和范围等。这里“任择”是指当事国自愿选择是否作出声明；一旦作出声明，在声明接受的范围内，国际法院就具有了强制的管辖权，而不需要其他协定。目前，世界上有 60 个左右的国家作出这类声明，但都附有各种保留。中国政府于 1972 年撤回了国民党政府 1946 年作出的接受国际法院的强制管辖的声明。

(2)诉讼管辖权。根据《国际法院规约》，国际法院除诉讼活动外，还有提供法律咨询的重要职能，称为法院的咨询管辖权。联合国大会及大会临时委员会、安理会、经社理事会、托管理事会、要求复核行政法庭所作判决的申请委员会以及经大会授权的联合国专门机构或其他机构，可以就执行其职务中的任何法律问题请求国际法院发表咨询意见。其他任何国家、团体、个人包括联合国秘书长，都无权请求法院提供咨询意见。法院作出的咨询意见虽然没有法律拘束力，但对于有关问题的解决以及国际法的发展都具有重要的影响。

3. 国际法院的判决

国际法院的判决以多数法官同意票通过，表决时法官不得弃权。任何法官不论是否同意多数意见，都可以将其个人意见附于判决之后。个人意见有两种，一种是同意判决的结论，但不同意判决所依据的理由，此称为“个别意见”；另一种是既不同意判决结果也不同意判决所依据的理由，此称为“反对意见”。

国际法院的判决是终局性的。判决一经作出，即对本案及本案当事国产生拘束力，当事国必须履行。如有一方拒不履行判决，他方得向安理会提出申诉，安理会可以作出有关建议或决定采取措施执行判决。

当事国对判决的意义或范围发生争执时，可以请求国际法院作出解释。当事国在判决作出后，如发现能够影响判决的、决定性的且在诉讼过程中不可能获知的新事实，可申请法院复核判决，复核程序与诉讼程序相同。申请复核至迟应于新事实发现后的6个月内，并在自判决之日起不超过10年内提出。

▶ 典型真题

关于国际法院，依《国际法院规约》，下列哪一选项是正确的？(2016-01-34)①

A. 安理会常任理事国对法官选举拥有一票否决权

B. 国际法院是联合国的司法机关，有诉讼管辖和咨询管辖两项职权

C. 联合国秘书长可就执行其职务中的任何法律问题请求国际法院发表咨询意见

D. 国际法院作出判决后，如当事国不服，可向联合国大会上诉

(二)《联合国海洋法公约》的争端解决机制和国际海洋法法庭

1.《海洋法公约》的争端解决机制

《海洋法公约》设定了两个层次的争端解决机制。第一，争端方可以采取自行选择的任何和平方式，首先寻求通过达成一般性、区域性或双边协定解决其争端。第二，强制程序。如采用自行选择的和平方法解决争端失败，经任何一方请求，应提交以下导致有拘束力裁判的强制程序解决。有4个处于平等并列地位的机构可供当事方选择，分别是海洋法法庭、国际法院、依附件七(《联合国海洋法公约》附件七标题为“仲裁”)组成的仲裁法庭和依附件八(《联合国海洋法公约》附件八标题为“特别仲裁”)组成的特别仲裁法庭。其中，如果双方就选择的机构达成合意，由合意机构解决争端；如果双方无法达成一致，则由依附件七组成的仲裁法庭审理。此外，《海洋法公约》规定了不适用强制程序的两项例外：(1)沿海国在专属经济区或大陆架上行使主权权利的一些争端可以不适用强制程序。(2)对于像海洋划界、领土争端、军事活动、涉及历史性海湾所有权的争端以及联合国安理会正在行使其管辖权的争端，缔约国可以通过书面声明来排除强制程序的适用。中国据此向联合国秘书长提交了声明，将涉及上述事项的争端排除适用仲裁等强制争端解决程序。

2. 国际海洋法法庭

(1)国际海洋法法庭的组成。海洋法法庭由21名法官组成，其中不得有两人为同

①答案：B。

一国家国民。每个缔约国可以提出不超过两个法官候选人，在全体缔约国会议上，以无记名投票方式选举产生，获得2/3多数票者按得票高低依次当选。法官任期九年，连选可连任。

(2)国际海洋法法庭的管辖权。一是对人管辖。海洋法法庭的诉讼当事人包括三类：①公约所有缔约国；②管理局和作为勘探和开发海底矿物资源合同人的自然人或法人；③规定将管辖权授予海洋法法庭的任何其他协定的当事者。二是对事管辖。一国在签署、批准或加入本公约时，或在其后任何时间，可以自由用书面声明方式选择海洋法法庭的管辖。只有争端各方都选择了法庭程序，法庭才有管辖权。这与国际法院的任择强制管辖权是相似的。

(3)国际海洋法法庭的法律适用。海洋法法庭判案适用《联合国海洋法公约》和其他与该公约不相抵触的国际法原则规则。

【总结】关于国际海洋法法庭，需要重点掌握以下几点：①国际法院也可管辖海洋争端；②海洋法法庭的管辖对象包括海洋法公约的缔约国和非缔约国，也包括自然人和法人；③海洋法法庭的管辖需要当事国的同意。

▶ 典型真题

甲、乙、丙三国对某海域的划界存在争端，三国均为《联合国海洋法公约》缔约国。甲国在批准公约时书面声明海洋划界的争端不接受公约的强制争端解决程序，乙国在签署公约时口头声明选择国际海洋法法庭的管辖，丙国在加入公约时书面声明选择国际海洋法法庭的管辖。依相关国际法规则，下列哪一选项是正确的？(2017-01-34)①

A. 甲国无权通过书面声明排除公约强制程序的适用

B. 国际海洋法法庭对该争端没有管辖权

C. 无论三国选择与否，国际法院均对该争端有管辖权

D. 国际海洋法法庭的设立排除了国际法院对海洋争端的管辖权

①答案：B。

第八章 战争与武装冲突法

考情分析

本章考试内容包括战争的开始、战争的结束、战时中立、对作战手段和方法的限制、对战时平民和战争受难者的保护、惩罚战争犯罪的主要国际司法实践等。本章不一定每年都有考题，有的话也是1道题。

考试要点

战争的开始的法律后果、战时中立、对作战手段和方法的限制、对战时平民和战争受难者的保护、惩罚战争犯罪的主要国际司法实践。

专题二十二 战争与武装冲突法概述

一、战争的开始及其后果

（一）战争的开始

战争的开始意味着交战国之间的关系从和平状态进入敌对的战争状态。战争开始的标志有两种：(1)交战双方或一方宣战；(2)一方使用武力的行为被另一方、第三方或国际社会认为已构成战争行为。

（二）战争开始的法律后果

战争开始使交战国之间的法律关系发生重大变化，产生的法律后果主要有以下方面：

1. 外交和领事关系的断绝

战争开始后，交战国间的外交关系和领事关系一般自动断绝。交战国关闭其在敌国的使、领馆。接受国有一般的义务尊重馆舍财产和档案安全。交战国的外交代表和领事官员以及使、领馆的有关人员有返回其派遣国的权利。这些人员在离境前的合理期限内，一般仍享有外交特权与豁免。

2. 条约关系发生变化

国际实践中，战争开始引起的条约关系的变化主要有三种情况。

(1) 仅以交战国为当事国的条约效力根据以下情况决定：第一，凡以维持共同政治行动或友好关系为前提的条约，如同盟条约、互助条约或和平友好条约立即废止。第二，一般的政治和经济类条约，如引渡条约、商务条约等，除条约另有规定外，也停止效力。第三，关于规定缔约国间固定或永久状态的条约，如边界条约、割让条约等一般应继续维持，除非另有规定或另有协议。

(2) 交战国与非交战国为当事国的多边条约的效力有两种情况：一种情况是，条约本身明文规定，该条约在战时中止其效力。另一种情况是，普遍性的多边条约或有关卫生、医药的条约不因战争开始而终止，但其中与交战行为相冲突的条款，可中止执行，待到战争结束后再恢复执行。

(3) 关于涉及战争规范的条约效力。凡规定战争行为规范的条约于战争开始后不仅有效，而且恰恰必须适用，当事国应严格遵守。

3. 经贸往来的禁止

战争开始后，交战国人民之间的贸易和商务往来一般是被禁止的，但对已履行的契约或已结算的债务则并不废除。

4. 对敌产和敌国公民的影响

(1) 对敌产的影响。交战国在战争中对敌产的处理应区分公产和私产：第一，交战国对于其境内的敌国国家财产，除属于使馆的财产档案等外，可予以没收；第二，对占领区内属军事性的敌国动产可以征用；对不动产可以使用，但不得拥有、变卖或作其他改变物权所有者的处置；第三，具有军事性的不动产，如桥梁、要塞等可于必要时予以破坏；第四，交战国对于其境内的敌国人民的私产可予以限制，如禁止转移、冻结或征用，但不得没收；第五，对占领区内的敌国人民之私产不应以任何方式干涉或没收，但对可供军事需要的财产可征用。另外，交战国对在海上遇到敌国公、私船舶及货物，可予以拿捕没收，但对从事探险、科学、宗教或慈善以及执行医院任务的船舶除外；对中立国商船上的敌国私产，除可用于战争目的的之外，一般不应拿捕没收；对敌国的公、私航空器及其所载货物均可拿捕没收。

(2) 对敌国公民的影响。交战国对其境内的敌国公民可实行各种限制，如进行敌侨登记，强制集中居住等。但就战争许可范围内，应尽可能地减免对敌国公民人身、财产和尊荣上的限制和强制。

▶ 典型真题

甲、乙两国由于边界纠纷引发武装冲突，进而彼此宣布对方为敌国。目前乙国军队已实入甲国境内，占领了甲国边境的桑诺地区。根据与武装冲突相关的国际法规则，

下列哪些选项符合国际法？（2008-01-79）①

A. 甲国对位于其境内的乙国国家财产，包括属于乙国驻甲国使馆的财产，不可予以没收

B. 甲国对位于其境内的乙国国民的私有财产，予以没收

C. 乙国对桑诺地区的甲国公民的私有财产，予以没收

D. 乙国强令位于其境内的甲国公民在规定时间内进行敌侨登记

二、非战争武装冲突的开始及其后果

非战争的武装冲突没有正式开始的宣告程序。只要实际武力行为存在，就视为开始了非战争武装冲突。在这种武装冲突爆发时，武装冲突各方一般继续保持外交关系和领事关系，同时一般也不发生战争所引起的其他法律效果。

三、战争的结束及其后果

（一）战争的结束

战争的结束一般分两步，停止敌对行动和结束战争状态。敌对行动的停止不同于战争状态的结束。停止敌对行动只是一种临时的、为实现最终和平所作出的过渡性安排；而结束战争状态则意味着交战问题的最终解决和恢复彼此间的和平状态。

1. 敌对行动的停止

敌对行动的停止是战争事实上的结束，包括停战、无条件投降、停火与休战等，是一种临时的、为实现最终和平所作出的过渡性安排。

2. 战争状态的结束

战争状态的结束是从法律上结束战争，包括缔结和平条约、发表结束战争状态的联合声明、单方面宣布战争结束等。

（二）战争结束的法律后果

战争结束的法律后果包括：(1)两国的关系恢复为正常的和平关系；(2)相应的战争法的规则终止适用，恢复适用国际法中的平时法部分；(3)恢复外交和领事关系；(4)恢复经济贸易通商活动；(5)因战争中止实施的条约恢复效力；(6)取消对原交战国家或国民的财产及其他权利的限制等。

---

①答案：D。解析：甲、乙两国彼此宣布对方为敌国标志着战争的开始。交战国对于其境内的敌国国家财产，除属于使馆的财产档案等外，可予以没收。A 项所述甲国对位于其境内的乙国国家财产不可予以没收是错误的，对乙国驻甲国使馆的财产不可予以没收的表述是正确的，故 A 项整体上是错误的。交战国对于其境内的敌国人民的私产可予以限制，如禁止转移、冻结或征用，但不得没收，故 B 项错误。对占领区内的敌国人民之私产不应以任何方式干涉或没收，但对可供军事需要的财产可征用，故 C 项错误。交战国对其境内的敌国公民可实行各种限制，如进行敌侨登记，强制集中居住等，故 D 项正确。

四、战时中立

（一）战时中立的概念

战时中立，是指在战争时期，非交战国选择不参与战争、保持对交战双方不偏不倚的法律地位。选择中立地位可以通过发表声明表示，也可以不发表声明而采取事实上遵守中立义务的方式。一个国家是否选择中立地位，是政治抉择，不是法律问题。但其如果选择了中立地位，则产生相应的法律权利和义务。

（二）中立国的权利和义务

1. 中立国的权利

（1）中立国的领土主权应得到交战国的尊重。交战国不得在中立国领土或其管辖区域从事战争行为，不得将中立国领土作为其作战基地、通讯设施基地，或在中立国领土或领水内将商船改装为军舰。

（2）中立国人员的权益应得到保护。交战国有义务采取措施，防止其境内或其管辖区域内的中立国使节及国民遭受虐待；防止其境内或其管辖区内的中立国人民的合法权益受到侵犯。

（3）中立国与交战国关系中的某些特殊权利。中立国有权与交战国的任一方保持正常的外交和商务关系。

2. 中立国的义务

中立国的义务分为不作为的义务、防止的义务和容忍的义务三个方面：

（1）不作为的义务，是指中立国不得直接或间接地向任何交战国提供军事支持或帮助。包括不得提供军队、武器、给养、贷款或向交战国军队提供庇护场所等。

（2）防止的义务，是指中立国有义务采取一切可能的措施，防止交战国在其领土或其管辖范围内的区域从事战争，或利用其资源准备从事战争敌对行动以及与战争相关的行动，包括在该区域中征兵、备战、建立军事设施或捕获法庭、军队及军用装备过境等。

（3）容忍的义务，指中立国须容忍交战国根据战争法对其国家和人民采取的有关措施，包括对其有关船舶的临检、对其从事非中立义务的船舶的拿捕审判、处罚或非常征用。

▶ 典型真题

甲、乙国发生战争，丙国发表声明表示恪守战时中立义务。对此，下列哪一做法不符合战争法？（2012-01-34）①

A. 甲、乙战争开始后，除条约另有规定外，二国间商务条约停止效力

B. 甲、乙不得对其境内敌国人民的私产予以没收

①答案：D。

C. 甲、乙交战期间，丙可与其任一方保持正常外交和商务关系

D. 甲、乙交战期间，丙同意甲通过自己的领土过境运输军用装备

专题二十三 对作战手段和方法的限制

限制作战手段和方法的国际法规则，也被称作战争法中的“海牙体系规则”。它主要是以发轫于1907年的一系列海牙公约为基础，并在以后不断发展而形成的。

一、限制作战手段和方法的基本原则

（一）“条约无规定”不解除当事国义务

战争与武装冲突法的原则、规则和制度，不仅存在于条约之中，而且还大量地表现为习惯国际法的形式。在国际协定未规定的情况下，平民和战斗员仍然受来源于既定习惯、人道原则和公众良心要求的国际法原则的保护。

（二）“军事必要”不解除当事国义务

因为战争法规的制定本身是以考虑了军事必要为前提的，因此在战争法规的执行中，不得再以“军事必要”为由，对抗当事国根据战争法所承担的义务。

（三）区分对象原则

在战时，必须对不同性质的目标和人员进行区分，并在战争或武装冲突中分别给予不同的对待。这种区分包括，区分平民与军事人员；区分武装部队中的战斗员与非战斗员；区分有战斗能力的战斗员与丧失战斗能力的战争受难者；区分军用物体与民用物体，以及区分民用目标与军事目标等。

（四）限制作战手段和方法原则

各交战国和冲突各方对作战手段和方法的选择都应受到法律的限制，例如：禁止使用不分青红皂白的作战手段和方法；禁止使用大规模屠杀和毁灭人类的作战方法和手段；禁止使用滥杀滥伤、造成极度痛苦的作战方法和手段。

二、对作战手段和方法限制的主要内容

（一）禁止使用具有过分伤害力和滥杀滥伤作用的武器

（1）禁止使用极度残酷的武器。极度残酷的武器一般是指在给战斗员造成极度痛苦后使之死亡的武器。这类武器主要包括达姆弹（一类射入人体后爆炸或破裂的子弹）；能够射出大量碎片、小箭、小针之类的集束炸弹或此类地雷；某些能使人致残或陷入长期痛苦的常规武器，如能产生进入人体后无法用X光线检测的碎片的武器、地雷（水雷）和饵雷；以及燃烧武器等。

(2)禁止使用有毒、化学和生物武器。

(3)核武器是否禁止使用尚未明确。

目前的国际法还未对核武器的禁止作出全面明确的规定。国际法院在1996年针对“使用核武器是否合法”的问题所作出的咨询意见中认为，一般地，使用或威胁使用核武器是违反关于战争和武装冲突的国际法规则的，但对于在危及一国生死存亡时进行自卫的极端情况下，威胁或使用核武器是否合法，法院不能作出确定的结论。

(4)禁止使用杀伤人员的地雷。《关于禁止使用、储存、生产和转让杀伤人员地雷及销毁此种地雷的公约》1999年生效。该公约禁止使用、储存、生产、发展、获取和转让杀伤人员地雷，并要求将储存中或地面中的此种地雷予以销毁。公约并未禁止设计在车辆出现、接近或接触时爆炸的地雷，也并未禁止可遥控的爆炸装置。该公约由于尚未得到几个武器大国的签署或批准，其作用和效果有待观察，中国尚不是缔约国。

【总结】明确禁止使用的武器包括极度残酷的武器，有毒、化学和生物武器，杀伤人员的地雷。未明确禁止的武器包括核武器、针对车辆的地雷和可遥控的爆炸装置。

▶ 典型真题

武器是战争的重要构成要素。在现代国际法上，下列武器类型中哪一种武器本身尚未被战争法规则明确地直接禁止？(2005-01-34)①

A. 核武器　　　　B. 生物武器

C. 毒气化学类武器　　　　D. 射入人体后爆炸的达姆弹

（二）禁止不分皂白的战争手段和作战方法

不分皂白的战争手段和作战方法违反了区分别象原则，因此被国际法所禁止。1977年《日内瓦四公约第一附加议定书》列举了“不分皂白”的攻击所包括的主要内容：(1)不以特定军事目标为对象的攻击；(2)使用不能以特定军事目标为对象的作战方法和手段；(3)使用任何将平民或民用物体集中的城镇、乡村或其他地区内许多分散而独立的军事目标视为单一的军事目标的方法或手段进行轰击或攻击；(4)可能附带使平民生命受损失、平民受伤害、平民物体受损害，或三种情况均有而且与预期的具体和直接军事利益相比损害过分的攻击。此外，对不分皂白的作战手段和方法的禁止还包括：(1)不得以任何方式攻击或炮击不设防的城镇、乡村或住宅；(2)对于宗教、技艺、学术及慈善事业之建筑物、历史纪念物、医院及病伤者收容所等，在当时不供军事上使用者，必须尽力保全；(3)不得攻击医院和安全地带。

（三）禁止改变环境的作战手段和方法

改变环境的作战手段和作战方法，是指使用旨在可能改变自然环境的技术使环境

①答案：A。

发生广泛、长期的严重损害，从而妨害居民的健康和生存的作战手段或方法。比如，使用某种方法改变气候，引起地震、海啸，破坏自然界的生态平衡、破坏臭氧层等。

（四）禁止背信弃义的战争手段和作战方法

所谓背信弃义的作战方法或行为，是指以背弃敌人的信任为目的而诱取敌人的信任，使敌人相信其有权享受或有义务给予适用于武装冲突的国际法规则所规定的保护，以此造成杀死、伤害或俘获敌人的行为。根据1977年《日内瓦四公约第一附加议定书》，背信弃义的行为有以下几类：(1)假装有在休战旗下谈判或投降的意图；(2)假装因伤或因病而无能力；(3)假装具有平民、非战斗员的身份；(4)使用联合国或中立国家或其他非冲突各方的国家的记号、标志或制服而假装享有被保护的地位。

【注意】国际法禁止背信弃义行为，但国际法不禁止在战争中使用诈术，比如使用伪装、假目标、假情报等。

（五）海战和空战中的某些特别规则

需要注意的是商船的地位。战争状态下，敌国的商船一般地可以成为被拿捕对象，但下列情况下除外：①在敌对行动开始时停泊于敌国港口的交战国的商船，应准其立即或在合理的期限自由离去。此规定也适用于在战争开始之前已离开最后出发港的，并在不知道战争已开始的情况下进入敌国港口的商船。商船由于不可抗力的情况未能在前述期限内离开敌国港口，或未获得驶离许可证明，不得予以没收。交战国只能在战后归还的条件下无偿扣留，或有偿征用之。②对在海上相遇的于战争开始前就已离开最后出发港并对战争毫无所知的敌国商船不得没收，只能在战后予以归还的条件下才能无偿扣留，或在给予补偿的前提下征用或击毁。在征用或击毁的情况下必须对船上人员的安全和船舶文件的保护作出适当安排。此类船舶经抵达本国港口或中立国港口后，这种临时的地位即告丧失。③上述情况所及的船上的敌货具有与船舶相似的地位，一般可连同商船一起或单独地予以扣留并在战后无偿归还，或予以有偿征用。

专题二十四　对战时平民和战争受难者的保护

一、保护战时平民和战争受难者法律规则的特点

战时平民是指处于战争状态下的和平居民；“战争受难者”包括战时的伤病员及战俘。关于保护的法律规则，主要在1949年的四个《日内瓦公约》和1977年关于日内瓦四公约的两个《附加议定书》中得到编纂和发展，并形成了独特的体系。其主要有以下特点：

(1)《日内瓦公约》的适用包括战争和武装冲突。这是基于国际实践中，非战争的武装冲突大量存在，为了避免任何一方以未经宣战和战争状态不存在为借口拒绝遵守《日内瓦公约》规定的情况出现。

(2)在交战国中有非缔约国的情况下，《日内瓦公约》对于缔约国也具有拘束力。《日内瓦公约》共同第二条规定：“冲突之一方虽非缔约国，其他曾签订本公约之国家于其相互关系上，仍应受本公约之拘束。”

(3)非缔约国在接受并援用《日内瓦公约》的条件下可直接适用公约。严格地说，条约只拘束缔约国，对第三国没有拘束力。在原则上，一个国家接受和适用某项条约规定的前提，应是按照条约法的有关程序缔结或加入该条约。然而，鉴于战争法适用情况的特殊性和急迫性，《日内瓦公约》共同第二条允许非缔约国在接受并援用《日内瓦公约》规定的条件下，可以与缔约国在武装冲突期间同等地受《日内瓦公约》的约束，而不必须以通过有关程序加入该公约作为适用条件。

▶ 典型真题

甲、乙两国在其交界处发现一处跨国界的油气田，两国谈判共同开发未果。当甲国在其境内对该油田独自进行开发时，乙国派军队进入甲国该地区，引发了两国间的大规模武装冲突。甲国是1949年日内瓦四个公约的缔约国，乙国不是。根据国际法的有关规则，下列判断何者为错误？(2004-01-90)①

A. 由于战场在甲国领土，甲国军队对乙国军队的作战不受战争法规则的拘束

B. 由于甲国作战是行使自卫权，甲国军队对乙国军队的作战不受战争法规则的拘束

C. 由于乙国不是日内瓦四公约的缔约国，甲国军队对乙国军队的作战不受该四个公约的约束

D. 由于乙国不是日内瓦四公约的缔约国，乙国没有遵守战争法规则的法律义务

二、保护战时平民和战争受难者的主要内容

（一）战时平民的保护

落入敌国管辖或支配下的平民的保护有两种情况：一种是对境内的敌国平民的保护；另一种是对占领区平民的保护。

1. 对境内敌国平民的保护

对于在战争或武装冲突发生时，位于交战国境内的敌国平民一般应允许离境。对继续居留者应给予以下人道主义待遇：①平民不得成为攻击的对象，禁止在平民中散布以恐怖为主要目的的暴力行为或暴力威胁；②禁止对平民的攻击实施报复；③保障

①答案：ABCD。解析：战争法是调整交战国之间、交战国与中立国和其他非交战国之间的关系以及规范战争中交战方行为的规则和制度的总体。战争法规则中许多是古老的国际习惯法规则。所有国际法主体都受战争法规则的拘束，无论战场在何地，也无论战争因何而起，故A项、B项均错误。《日内瓦公约》第二条规定：“冲突之一方虽非缔约国，其他曾签订本公约之国家于其相互关系上，仍应受本公约之约束。”也就是说，即使与非缔约国发生战争或武装冲突，公约对缔约国也具有约束力，故C项错误。《日内瓦公约》共同第二条允许非缔约国在接受并援用《日内瓦公约》规定的条件下，可以与缔约国在武装冲突期间同等地受《日内瓦公约》的约束，而不必须以通过有关程序加入该公约作为适用条件，故D项错误。

平民的合法权益，不得把他们安置在某一地点或地区，以使该地点或地区免受军事攻击；④不得在身体上和精神上对平民施加压力，强迫提供情报；⑤禁止对平民施以体刑和酷刑，特别禁止非为医疗的医学和科学实验；⑥禁止实行集体刑罚和扣为人质；⑦应给予平民以维持生活的机会，但不得强迫他们从事与军事行动直接相关的工作；⑧只有在安全的绝对必要的情况下，才可把有关敌国平民拘禁或安置于指定居所；⑨对妇女和儿童的特殊保护。

2. 对占领区平民的保护

占领当局应给予占领区的平民以下人道主义的待遇：①不得剥夺平民的生存权；②对平民的人格、尊严、家庭、宗教信仰应给予尊重；③不得对平民施以暴力、恐吓侮辱，不得把平民扣为人质或进行集体惩罚，或谋杀、残害及用作实验。④不得利用武力驱逐平民；⑤不得为获取情报对平民采取强制手段；⑥不得强迫平民为其武装部队或辅助部队服务或加入其军队；⑦不得侵犯平民正常需要的粮食和医药供应；⑧不得废除被占领国的现行法律，必须维持当地原有法院和法官的地位并尊重现行法律。

（二）伤病员待遇

日内瓦公约中，关于伤病员待遇的主要内容包括：(1)敌我伤病员在一切情况下应无区别地予以人道的待遇和照顾。(2)冲突各方的伤者、病者如落于敌手，应为战俘，国际法上有关战俘之规定应适用于他们。(3)每次战斗后，冲突各方应立即采取一切可能的措施搜寻伤者、病者，予以适当的照顾和保护；环境许可时，应商定停战或停火办法，以便搬移、交换或运送战场上遗落之受伤者。(4)冲突各方应尽速登记落于其手中之每一敌方伤者、病者，或死者之任何可以证明其身份之事项，并应尽速转送情报局，该局转达上述人员之所属国。(5)冲突各方应保证在情况许可下将死者分别埋葬和焚化之前，详细检查尸体，如可能时，应经医生检查，以确定死亡，证明身份并便于做成报告。(6)军事当局，即使在入侵或占领地区，也应准许居民或救济团体自动收集和照顾任何国籍之伤者、病者。任何人不得因看护伤者、病者而被侵扰或定罪。(7)海战中伤病员的待遇，如适用范围、保护对象、基本原则等方面与陆战的制度完全相同。并且由于海战特点还特别补充了一些诸如船难、军用医院船等方面的相关规定。

（三）战俘待遇

根据《日内瓦第三公约》，战俘的待遇和权利包括：(1)交战方应将战俘拘留所设在比较安全的地带。无论何时都不得把战俘送往或拘留在战斗地带或炮火所及的地方，也不得为使某地点或某地区免受军事攻击而在这些地区安置战俘。(2)不得将战俘扣为人质，禁止对战俘施以暴行或恫吓及公众好奇的烦扰；不得对战俘实行报复，进行人身残害或肢体残伤，或供任何医学或科学实验；不得侮辱战俘的人格和尊严。(3)战俘应保有其被俘时所享有的民事权利。战俘的个人财物除武器、马匹、军事装备和军事文件以外的自用物品一律归其个人所有；战俘的金钱和贵重物品可由拘留国保存，但不得没收。(4)对战俘的衣、食、住要能维持其健康水平，不得以生活上的苛求作为处罚措施；保障战俘的医疗和医药卫生。(5)尊重战俘的风俗习惯和宗教信仰，允许他们从事宗教、文化和体育活动。(6)准许战俘与其家庭通讯和收寄邮件。(7)战俘享有司法保障，受审时享有辩护权和上诉权。拘留国对战俘的刑罚不得超过对其本国武装部队人员同样行为所规定的刑罚。禁止因个人行为而对战俘实行集体处罚、体刑和酷刑。对战俘判处死刑应特别慎重。(8)讯问战俘应使用其了解的语言。(9)不得歧视。战俘除因其军职等级、性别、健康、年龄及职业资格外，一律享有平等待遇。不得因种族、民族、宗教、国籍或政治观点不同加以歧视。(10)战事停止后，战俘应即予以释放并遣返，不得迟延。

需要注意的是，战俘在任何情况下都不得放弃公约规定的上述待遇和权利。

【总结】关于战俘待遇，需要重点掌握以下几点：(1)对待战俘要符合人道主义原则，不得侵害其人身权利、财产权利和人格尊严；(2)战事停止后战俘应立即释放并遣返，不得迟延，但战俘因刑事上之犯罪诉追程序正在进行者除外。

▶ 典型真题

甲、乙两国因边境冲突引发战争，甲国军队俘获数十名乙国战俘。依《日内瓦公约》，关于战俘待遇，下列哪些选项是正确的？(2009-01-78)①

A. 乙国战俘应保有其被俘时所享有的民事权利

B. 战事停止后甲国可依乙国战俘的情形决定遣返或关押

C. 甲国不得将乙国战俘扣为人质

D. 甲国为使本国某地区免受乙国军事攻击可在该地区安置乙国战俘

专题二十五　国际刑事法院

1998年7月，在罗马举行的建立国际刑事法院外交大会上，通过了《国际刑事法院罗马规约》。该规约已于2002年7月生效。根据规约的规定，国际刑事法院已于2002年7月成立，法院所在地为荷兰海牙。中国尚不是《国际刑事法院罗马规约》缔约国。

国际刑事法院作为对各国国内司法制度的补充，其管辖范围限于灭绝种族罪、战争罪、危害人类罪、侵略罪等几大类；所管辖的犯罪行为限于发生在规约生效后。法

①答案：ABC(司法部答案AC)。解析：A项正确，“战俘应保有其被俘时所享有的民事权利”是公约的原文。B选项正确。只根据司法部官方教材做这道题，大部分人会觉得B选项是错的。官方教材上的这句话是《关于战俘待遇之日内瓦公约》第一百一十八条第一款的原文：“实际战事停止后，战俘应予以释放并遣返，不得迟延。”官方教材只是简单地截取了公约的一句话，而忽略了其他相关条文。《关于战俘待遇之日内瓦公约》第一百一十九条第一款规定，“战俘之遣返应顾及第一百一十八条及下列各款之规定。”第二款规定，“战俘因刑事上之犯罪，诉追程序正在进行中者，得将其拘留至该项程序终结为止，必要时，至刑罚执行完毕为止。此项规定，对于因刑事上之犯罪业已定罪之战俘亦适用之。”因此，如果战俘有刑事上之犯罪追诉程序正在进行，则可继续拘留。该公约第一百一十八条和一百一十九条同为第二编“战事结束后战俘之释放与遣返”下的条文，在解释第一百一十八条时必须考虑其上下文，这也是对条约进行解释时须遵循的规则。因此，B选项“战事停止后甲国可依乙国战俘的情形决定遣返或关押”的表述是正确的。C项正确，因为不得将战俘扣为人质。D项错误，因为交战方无论何时都不得把战俘送往或拘留在战斗地带或炮火所及的地方，也不得为使某地点或某地区免受军事攻击而在这些地区安置战俘。

院只追究个人的刑事责任，其最高刑罚为无期徒刑。

国际刑事法院可在符合下列条件之一的情况下行使管辖权：所涉的一方或多方是缔约国；被告人是缔约国国民；犯罪是在缔约国国境内实施的；一个国家虽然不是规约缔约国，但决定接受国际刑事法院对在其境内实施的或由其国民实施的一项具体犯罪的管辖权。

▶ 典型真题

甲国某航空公司国际航班在乙国领空被乙国某公民劫持，后乙国将该公民控制，并拒绝了甲国的引渡请求。两国均为1971年《关于制止危害民用航空安全的非法行为的公约》等三个国际民航安全公约缔约国。对此，下列哪一说法是正确的？（2013-01-33）①

A. 劫持未发生在甲国领空，甲国对此没有管辖权

B. 乙国有义务将其引渡到甲国

C. 乙国可不引渡，但应由本国进行刑事审判

D. 本案属国际犯罪，国际刑事法院可对其行使管辖权

①答案：C。

第二编

国际私法

第九章　国际私法概述

考情分析

本章可考内容较少，主要考查国际私法的调整对象，即涉外民事关系的确定。本章考试频率不高，从2002年司法考试开始，一共只考了1道题。

考试要点

涉外民事关系的确定。

专题一　国际私法概述

一、国际私法的定义和调整对象

国际私法是以直接规范和间接规范相结合来调整平等主体之间的国际民商事法律关系并解决国际民商事法律冲突的法律部门。国际私法包括外国人的民商事法律地位规范、冲突规范、国际统一实体私法规范和国际民商事争议解决规范。

从国际私法的定义可以看出，国际私法的调整对象是国际民商事法律关系。就一国而言，国际民商事法律关系可称为涉外民商事法律关系，也可简称为涉外民事关系，即具有涉外因素或外国因素的民商事法律关系。

二、涉外民事关系的确定

什么是国际民商事法律关系呢？法律关系是由主体、客体和内容（产生、变更或消灭民商权利与义务关系的法律事实）这三个因素组成的。国际民商事法律关系就是指主体、客体或内容三个因素中至少有一个因素与国外有联系的民商事法律关系。

2012年最高人民法院《关于适用〈中华人民共和国涉外民事关系法律适用法〉若干问题的解释（一）》（以下简称《涉外民事关系法律适用法司法解释（一）》）第一条就对涉

外民事关系进行了界定，该条明确规定："民事关系具有下列情形之一的，人民法院可以认定为涉外民事关系：(一)当事人一方或双方是外国公民、外国法人或者其他组织、无国籍人；(二)当事人一方或双方的经常居所地在中华人民共和国领域外；(三)标的物在中华人民共和国领域外；(四)产生、变更或者消灭民事关系的法律事实发生在中华人民共和国领域外；(五)可以认定为涉外民事关系的其他情形。"

可见，《涉外民事关系法律适用法司法解释(一)》就是从民事关系的主体、客体和内容三个要素考查，只要其中一个要素涉外，即属"涉外民事关系"。需要注意的是，《涉外民事关系法律适用法司法解释(一)》对主体涉外的界定标准除了国籍涉外，还有经常居所地涉外，此外，还规定了一个兜底式条款，将实践中可能存在的其他应当被认定为涉外民事关系的情形囊括在内。

▶ 典型真题

下列在我国法院提起的诉讼中，构成涉外民事法律关系的有哪些？(2002-01-59)①

A. 发生在美国的犯罪行为因在我国发生结果而对犯罪嫌疑人追究刑事责任

B. 中国公民和美国公民之间的婚姻关系

C. 中国公民和德国公民之间的继承关系

D. 因发生在印度的交通事故而产生的侵权行为关系

①答案：BCD。解析：本题为旧题新做，答案不变。A 项是刑事问题，而不是民事法律关系，故 A 项不选。B、C 项是主体涉外的民事关系，当选。D 项中民事关系发生的法律事实发生在域外，属于内容涉外的民事关系，当选。

第十章　国际私法的主体

专题二　国际私法的主体

一、自然人

（一）自然人的国籍

由于各国立法关于国籍的取得和丧失的规定并不是一致的，常常造成这样两种情况：有的人同时具有两个或两个以上的国籍，而有的人则无任何国家的国籍。从国际私法上讲，前一种情况称为国籍的积极冲突，后一种情况则称为国籍的消极冲突。

假设在一个国际民商事案件中，法院根据本国的冲突规范确定依一方当事人的本国法处理有关争议，而该当事人有甲、乙两个国家的国籍，那么到底是适用甲国法还是适用乙国法呢？或者该当事人因无国籍而无本国法，那么又依什么法呢？

我国《涉外民事关系法律适用法》第十九条规定："依照本法适用国籍国法律，自然人具有两个以上国籍的，适用有经常居所的国籍国法律；在所有国籍国均无经常居所的，适用与其有最密切联系的国籍国法律。自然人无国籍或者国籍不明的，适用其经常居所地法律。

可见，我国在解决自然人国籍冲突时，经常居所地是非常重要的连接点。在国籍积极冲突的情况下，首先适用经常所地，然后适用最密切联系地来确定国籍国，在国籍消极冲突的情况下，直接适用经常居所地法律。

【问题】我国某法院审理一涉外案件，根据我国冲突规范应适用曹某的国籍国法，但曹某有甲、乙两个国家的国籍，经常居所地又在乙国，我国法院应适用哪一国家的法律？

我国法院应在甲、乙两国之中确定一个与案件有最密切联系的国家，而不能适用经常居所地乙国的法律。

【总结】国籍积极冲突：经常居所国籍国>最密切联系国籍国；国籍消极冲突：经常居所地。

【注意】《涉外民事关系法律适用法》没有规定双重或多重国籍者有一国籍为中国国籍的情形，这是因为我国国籍法不承认中国公民拥有双重国籍，这种情况在我国不存在。

（二）自然人的住所

在确定国际民商事法律关系的法律适用时，有些国家以当事人的住所地法为其属人法。所谓住所，即一个人以久住的意思而居住的某一处所。要认定构成住所需要满足主观和客观两方面的条件：主观上，当事人在某一地有久住的意思；客观上，当事人在某一地有居住的事实。只有这两个条件都满足，才能构成当事人的住所。

我国《民法总则》第二十五条规定：“自然人以户籍登记或者其他有效身份登记记载的居所为住所；经常居所与住所不一致的，经常居所视为住所。”

由于各国关于住所的法律规定不同或对事实认定各异，自然人的住所也会发生积极冲突和消极冲突。最高人民法院《关于贯彻执行〈中华人民共和国民法通则〉若干问题的意见（试行）》第一百八十三条对自然人住所积极冲突和消极冲突的解决作了规定，“当事人的住所不明或者不能确定的，以其经常居住地为住所。当事人有几个住所的，以与产生纠纷的民事关系有最密切联系的住所为住所。”

【总结】住所积极冲突：最密切联系地；住所消极冲突：经常居住地。

（三）自然人的居所

所谓居所，是指一个人在一定时间内居住的处所。在法律意义上，居所和住所有所不同，住所是一个人以永久居住的意图而居住的处所，而居所的成立不要求当事人具有永久居住的意图。经常居所，是一个人在某一段时间内生活的中心和居住的处所。

在国际私法中，由于在属人法问题上存在国籍国法主义和住所地法主义两大对立的学派和两种不同的实践，为了调和两者的矛盾和冲突，居所特别是惯常居所作为属人法的连接点或补充连接点受到广泛的重视，已成为同住所、国籍并列的一种连接点。

我国《涉外民事关系法律适用法》也已把“经常居所”作为主要的属人法连接点。《涉外民事关系法律适用法司法解释（一）》第十五条明确规定：“自然人在涉外民事关系产生或者变更、终止时已经连续居住一年以上且作为其生活中心的地方，人民法院可以认定为涉外民事关系法律适用法规定的自然人的经常居所地，但就医、劳务派遣、公务等情形除外。”

▶ 典型真题

张某居住在深圳，2008 年 3 月被深圳某公司劳务派遣到马来西亚工作，2010 年 6 月回深圳，转而受雇于香港某公司，其间每周一到周五在香港上班，周五晚上回深圳与家人团聚。2012 年 1 月，张某离职到北京治病，2013 年 6 月回深圳，现居该地。依《涉外民事关系法律适用法》（不考虑该法生效日期的因素）和司法解释，关于张某经常

居所地的认定，下列哪一表述是正确的？(2013-01-37)[①]

A. 2010 年 5 月，在马来西亚　　B. 2011 年 12 月，在香港

C. 2013 年 4 月，在北京　　D. 2008 年 3 月至今，一直在深圳

二、法人

（一）法人的国籍

我国主张依据法人的设立登记地来确定法人的国籍。我国《公司法》第一百九十一条规定，“本法所称外国公司是指依照外国法律在中国境外设立的公司。”为最高人民法院《关于贯彻执行〈中华人民共和国民法通则〉若干问题的意见(试行)》第一百八十四条规定，“外国法人以其注册登记地国家的法律为其本国法，法人的民事行为能力依其本国法确定。”由此可见，我国公司法是以登记成立地来确定外国公司国籍。

《涉外民事关系法律适用法司法解释(一)》第十六条则明确规定：“人民法院应当将法人的设立登记地认定为涉外民事关系法律适用法规定的法人的登记地。”

（二）法人的住所

《民法总则》第六十三条规定，“法人以其主要办事机构所在地为住所。依法需要办理法人登记的，应当将主要办事机构所在地登记为住所。”《公司法》第十条规定：“公司以其主要办事机构所在地为住所。”

（三）法人的营业所

法人的营业所，即法人从事经营活动的场所。法人的营业所所在地可能同法人的住所所在地是一致的，但也可能是不一致的。在实践中，一个法人可能有两个或两个以上的营业所，从而导致营业所的积极冲突，它也可能没有营业所，从而导致营业所的消极冲突。对于营业所的积极冲突和消极冲突，我国最高人民法院《关于贯彻执行〈中华人民共和国民法通则〉若干问题的意见(试行)》第一百八十五条作了规定：“当事人有二个以上营业所的，应以与产生纠纷的民事关系有最密切联系的营业所为准；当事人没有营业所的，以其住所或者经常居住地为准。”这里的“经常居住地”就是指惯常居所地。

【总结】法人的国籍：设立登记地；法人的住所：办事机构所在地；法人营业所积极冲突，最密切联系地；法人营业所消极冲突，住所或者经常居住地。

---

①答案：D。

第十一章　法律冲突、冲突规范和准据法

考情分析

本章可考内容较少，主要是冲突规范和准据法两个考点。本章考试频率不高，从2002年司法考试开始，一共只考了3道题，涉及冲突规范的概念、冲突规范的类型、准据法的概念和特点。

考试要点

冲突规范、准据法。

专题三　冲突规范与准据法

一、冲突规范

（一）冲突规范的概念

冲突规范是由国内法或国际条约规定的，指明某种国际民商事法律关系应适用何种法律的规范。冲突规范仅指明某种国际民商事法律关系应适用何种法律，并不直接规定当事人的实体权利和义务，因而它既非实体规范，也非程序规范，而是法律适用规范、间接规范。

（二）冲突规范的结构

冲突规范由范围、系属和关连词三部分构成。

1. 范围

范围是指冲突规范所要调整的民商事法律关系或所要解决的法律问题，通过冲突规范的“范围”可以判断该规范适用于调整哪一类民商事法律关系。

2. 系属

系属规定冲突规范中“范围”所应适用的法律。它指令法院在处理某一具体国际民商事法律问题时应如何适用法律，或者允许法院在冲突规范确定的范围内选择应适用的法律。连接点是系属的一部分，指的是冲突规范借以确定某一法律关系应适用什么法律的根据。从形式上看，连接点是把冲突规范中“范围”所指的法律关系与一定地域的法律联系起来的“纽带”或“媒介”。

3. 关联词

关系词从语法结构上把“范围”和“系属”联系起来。

比如，“自然人的民事权利能力，适用经常居所地法律。”在这一冲突规范中，“自然人的民事权利能力”是范围，“经常居所地法律”是系属，“经常居所地”是连接点，“适用”是关联词。

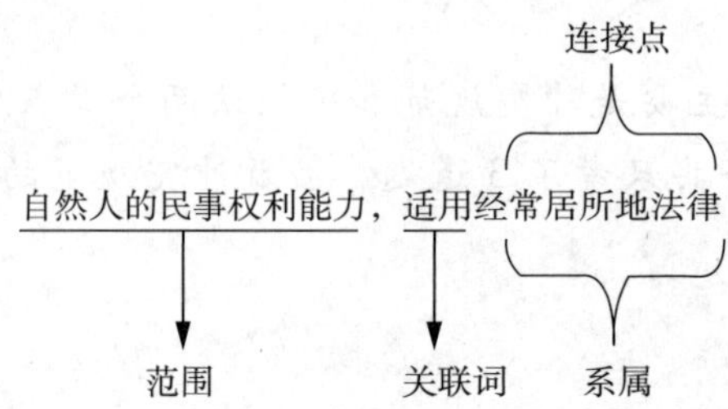

（三）系属公式

系属公式是指公式化和固定化的系属，它适用于解决同类性质的民商事法律冲突问题。常见的系属公式有属人法、物之所在地法、行为地法、当事人合意选择的法律、法院地法、旗国法、最密切联系地法等。

（四）冲突规范的类型

冲突规范分成单边冲突规范、双边冲突规范、重叠适用的冲突规范和选择适用的冲突规范四种基本的类型。

1. 单边冲突规范

单边冲突规范，是指直接规定适用某国法律的冲突规范。它既可以明确指出适用内国法，也可以直接规定只适用外国法。例如，我国《合同法》第一百二十六条第二款：“在中华人民共和国境内履行的中外合资经营企业合同、中外合作经营企业合同、中外合作勘探开发自然资源合同，适用中华人民共和国法律。”这就是一条单边冲突规范，不用结合案情，根据冲突规范本身就能确定适用内国法还是外国法。

2. 双边冲突规范

双边冲突规范，是指并不直接规定适用内国法还是外国法，而只是规定一个抽象的系属，根据系属结合案情确定应适用某法律的冲突规范，其结果可能指向外国法，也可能指向内国法。例如，我国《涉外民事关系法律适用法》第十一条规定，“自然人的民事权利能力，适用经常居所地法律。”这就是一条双边冲突规范，经常居所地法律既可能是内国法，也可能是外国法。双边冲突规范体现了对内外国法律的平等对待，是现代各国国际私法立法中最常用的一种冲突规范。

3. 重叠适用的冲突规范

重叠适用的冲突规范，是指其系属有两个或两个以上，并且同时适用于某种民商事法律关系的冲突规范。例如，我国《涉外民事关系法律适用法》第二十八条规定，“收养的条件和手续，适用收养人和被收养人经常居所地法律。”这就是一条重叠适用的冲突规范。重叠适用的冲突规范所规定的必须重叠适用的两个准据法中，常常有一个是法院地法。之所以如此，主要是为了保护法院地的公共秩序。

4. 选择适用的冲突规范

选择适用的冲突规范，是指其系属有两个或两个以上，但只选择其中之一来调整涉外民商事法律关系的冲突规范。由于允许选择的方式和条件的不同，这种规范又分为无条件选择适用的冲突规范和有条件选择适用的冲突规范。

(1)无条件选择适用的冲突规范。在无条件选择适用的规范中，各系属所提供的可供选择的法律具有同等价值，无主次轻重之分，法官可以自由裁量选择其中之一来调整涉外民商事法律关系。例如，我国《涉外民事关系法律适用法》第三十九条规定，“有价证券，适用有价证券权利实现地法律或者其他与该有价证券有最密切联系的法律。”这就是无条件选择适用的冲突规范。

(2)有条件选择适用的冲突规范。有条件选择适用的冲突规范虽然允许根据多种系属进行法律选择，但可供选择的法律有主次轻重之分，法官不能任意选择，只允许依次序或有条件地选择其一作为涉外民商事法律关系的准据法。例如，我国《涉外民事关系法律适用法》第二十三条规定，“夫妻人身关系，适用共同经常居所地法律；没有共同经常居所地的，适用共同国籍国法律。”这就是一条有条件选择适用的冲突规范，它要求法院在处理夫妻人身关系时，首先应该适用共同经常居所地法律，只有在当事人没有共同经常居所地时，才能适用共同国籍国法律。

▶ 典型真题

“在中华人民共和国境内履行的中外合资经营企业合同、中外合作经营企业合同、中外合作勘探开发自然资源合同，适用中华人民共和国法律。”该条款属于下列选项中哪一类型的冲突规范？(2003-01-21)①

A. 单边冲突规范　　B. 双边冲突规范

C. 重叠适用的冲突规范　　D. 选择适用的冲突规范

二、准据法

(一)准据法的概念

准据法是指经冲突规范指定用来具体确定民商事法律关系当事人的权利与义务的

①答案：A。

特定的实体法律。准据法是经冲突规范援用的实体法律，可成为准据法的法律大都为国内实体私法和国际统一实体私法。

国际统一实体私法包括国际条约和国际惯例。以国际条约形式出现的统一实体私法，本来是不经冲突规范援用而直接适用于缔约国及其自然人和法人的，但在特殊情况下，如果冲突规范援用某一国际条约缔约国的法律为准据法，该缔约国参加的这一国际条约可视同该国国内法作为准据法来适用。这一点在1980年《联合国国际货物销售合同公约》第一条第一款b项中得到肯定。根据该条款的规定，该公约适用于营业地在不同国家的当事人之间所订立的国际货物销售合同，即使营业地所在国家不是缔约国，只要国际私法规则导致适用某一缔约国的法律。以国际惯例形式出现的统一实体私法规范大多为任意性惯例，只有当合同当事人按"意思自治"原则选择它们作为准据法时，它们才对合同当事人有拘束力。所以，在国际民商事领域，任意性的国际惯例常常被合同当事人选择为合同的准据法。

（二）准据法的特点

1. 准据法必须是通过冲突规范所指定的法律

一般来说，不经冲突规范的指定或援用，直接适用于国际民商事法律关系的法律，无论是国际统一实体私法规范还是国内法中的实体私法规范，都不能被称为准据法，只能叫做"直接适用的法律"。

2. 准据法是能够具体确定当事人权利与义务的实体法

虽经冲突规范的指定，但不能用来直接确定当事人权利与义务的法律不是准据法，比如，在反致情况下，内国冲突规范所援用的外国冲突规范并不是准据法。

3. 准据法是依据系属并结合案情确定的法律

例如，在"自然人的民事权利能力，适用经常居所地法律。"这样一条冲突规范当中，"经常居所地法律"本身并不是准据法，而是抽象的系属。为了确定某自然人民事权利能力的准据法，需要将"经常居所地法律"这一系属和案情相结合。如果该自然人的经常居所地在中国，则"中国法律"为确定该自然人民事权利能力的准据法。

▶ 典型真题

关于冲突规范和准据法，下列哪一判断是错误的？（2010-01-33）①

A. 冲突规范与实体规范相似

B. 当事人的属人法包括当事人的本国法和住所地法

C. 当事人的本国法指的是当事人国籍所属国的法律

D. 准据法是经冲突规范指引、能够具体确定国际民事法律关系当事人权利义务的实体法

①答案：A。解析：A项错误，冲突规范仅指明某种国际民商事法律关系应适用何种法律，并不直接规定当事人的实体权利和义务，因此是间接规范，不同于实体规范。B项正确，当事人的属人法包括本国法和住所地法，还包括经常居所地法。C项正确，当事人的本国法就是指当事人的国籍国法。D项正确，准据法是经冲突规范指引、能够具体确定国际民事法律关系当事人权利义务的实体法律。

（三）区据法律冲突与准据法的确定

区际法律冲突，就是在一个国家内部不同地区的法律制度之间的冲突。当国际私法中的冲突规范指定应适用某一外国的法律作准据法，而该外国的法制不统一，具有多个法域，存在着区际法律冲突时，就会产生究竟是适用该外国的哪一法域的法律作为准据法的问题。

我国《涉外民事关系法律适用法》第六条规定："涉外民事关系适用外国法律，该国不同区域实施不同法律的，适用与该涉外民事关系有最密切联系区域的法律。"可见，当我国法院需要适用外国法作准据法，而该外国存在区际法律冲突时，确定准据法的规则只有一个：最密切联系原则。

▶ 典型真题

中国某法院受理一涉外民事案件后，依案情确定应当适用甲国法。但在查找甲国法时发现甲国不同州实施不同的法律。关于本案，法院应当采取下列哪一做法？（2011-01-39）①

A. 根据意思自治原则，由当事人协议决定适用甲国哪个州的法律

B. 直接适用甲国与该涉外民事关系有最密切联系的州法律

C. 首先适用甲国区际冲突法确定准据法，如甲国没有区际冲突法，适用中国法律

D. 首先适用甲国区际冲突法确定准据法，如甲国没有区际冲突法，适用与案件有最密切联系的州法律

①答案：B。

第十二章　适用冲突规范的制度

考情分析

本章考点有五个，分别是定性、反致、外国法的查明、公共秩序保留和法律规避。本章一般每年考1道题，也有少数年份没考本章内容。考试的时候并不考以上制度的理论问题，而是直接考我国的法条和司法解释。

考试要点

定性、外国法的查明、公共秩序保留和法律规避。

专题四　适用冲突规范的制度

一、定性

（一）定性的概念

定性，又叫识别或归类，是指在适用冲突规范时，依照某一法律观念对有关的事实或问题进行分析，将其归入一定的法律范畴，并对有关的冲突规范的范围或对象进行解释，从而确定何种冲突规范适用何种事实或问题的过程。

（二）中国关于定性的规定

我国《涉外民事关系法律适用法》第八条规定："涉外民事关系的定性，适用法院地法。"定性问题归根结底只是一个冲突规范的解释问题，而冲突规范是法院地的冲突规范，因此定性适用法院地法理所当然。

▶ 典型真题

一对夫妇，夫为泰国人，妻为英国人。丈夫在中国逝世后，妻子要求中国法院判决丈夫在中国的遗产归其所有。判断妻子对其夫财产的权利是基于夫妻财产关系的权利还是妻子对丈夫的继承权利的问题在国际私法上被称为什么？(2002-01-20)①

A. 二级识别　　B. 识别　　C. 法律适用　　D. 先决问题

二、先决问题

在涉外案件中，有的争议问题的解决需要以首先解决另外一个问题为条件，这时可以将争议问题称为本问题，而把需要首先解决的问题称为先决问题。例如，域外当事人以继承人的身份就被继承人与他人之间的合同纠纷诉至人民法院，其中就不可避免地涉及继承人身份的确定，该问题就是系争合同纠纷的先决问题，而继承人的身份应当根据我国有关确定继承法律关系的准据法的规则予以确定。

2012年最高人民法院《关于适用〈中华人民共和国涉外民事关系法律适用法〉若干问题的解释(一)》(以下简称《涉外民事关系法律适用法司法解释(一)》)第十二条规定："涉外民事争议的解决须以另一涉外民事关系的确认为前提时，人民法院应当根据该先决问题自身的性质确定其应当适用的法律。"

三、反致

（一）反致的分类

反致包括直接反致、间接反致、转致、包含直接反致的转致和双重反致。反致产生的主要原因是审理案件的法院将本国冲突规范所指定的外国法视为包括冲突规范在内的全部法律。如果法院主张本国冲突规范所指定的外国法只包括实体法，而不包括冲突规范，则不可能出现反致。

1. 直接反致

直接反致是指对某一案件，法院按照自己的冲突规范本应适用外国法，而该外国法的冲突规范却指定此种法律关系应适用法院地法，结果该法院适用了法院地法。

2. 间接反致

间接反致是指对某一案件，甲国法院根据本国冲突规范指定应适用乙国或法律，但依乙国冲突规范的指定应适用丙国法律，而依丙国或冲突规范的指定却应适用甲国法律，结果甲国法院适用了自己的实体法。

3. 转致

转致，是指对某一案件，甲国法院根据本国冲突规范指定应适用乙国法律，而乙国冲突规范指定应适用丙国法律，结果是甲国法院适用了丙国法律。

4. 包含直接反致的转致

包含直接反致的转致是指对某一案件，甲国法院根据本国冲突规范指定应适用乙

①答案：B。

国法律，而乙国冲突规范指定应适用丙国法律，但丙国的冲突规范反向指定应适用乙国法律，最后甲国法院适用乙国的实体法律处理了案件。

5. 双重反致

双重反致，又叫“外国法院说”，是英国冲突法中的一种独特做法。双重反致是指英国法院的法官在处理某一案件时，如果依英国冲突规范应适用某外国法，他就让自己换位到该外国法官的立场上，“设身处地”地把自己设想成该外国法官来判案，该外国法官当然会适用该外国的冲突规范，如果依该外国冲突规范指向英国法，而该外国又是接受反致的，该外国法官则再依英国冲突规范指向该外国实体法，并最终适用该外国实体法判案，而这个英国法官也就适用该外国实体法来判案。这一过程经历了两次反致，一次是外国向英国的反致，一次是英国向该外国的反致，因此称为双重反致。

【反致示意图】

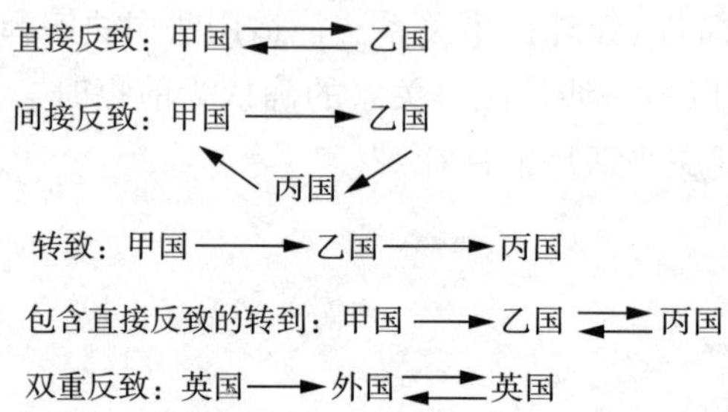

▶ 典型真题

塞纳具有甲国国籍，住所在乙国，于1988年死亡。塞纳的亲属要求继承其遗留在丙国的不动产并诉至丙国法院。丙国法院按照本国的冲突规范应适用塞纳的本国法即甲国法；但依甲国冲突规范规定又应适用塞纳的住所地法即乙国法；而乙国冲突规范规定应适用不动产所在地法律即丙国法律。此时，丙国法院适用自己本国法律的行为属于下列哪一选项？（2002-01-21）①

A. 直接反致　　　　B. 间接反致

C. 转致　　　　D. 双重反致

（二）中国关于反致的规定

《涉外民事关系法律适用法》第九条规定：“涉外民事关系适用的外国法律，不包括该国的法律适用法。”这一规定明确表明我国拒绝采用反致制度，我国冲突规范援引的外国法仅指该外国的实体法，不包括其冲突法，也不包括其程序法。

①答案：B。解析：在本题中，法院地国丙国根据本国冲突规范指向甲国法，再由甲国法指向乙国法，又从乙国法指回丙国法，因此是间接反致，B项当选。

四、外国法的查明和解释

外国法的查明，是指一国法院根据本国冲突规范指定应适用外国法时，如何查明该外国法的存在和内容。对于外国法的查明这一考点，涉及外国法查明的责任分配、外国法查明的途径、不能查明外国法的后果、不能查明外国法的认定、外国法的解释、外国法的错误适用几个问题。

（一）外国法查明的责任分配

《涉外民事关系法律适用法》第十条第一款规定，“涉外民事关系适用的外国法律，由人民法院、仲裁机构或者行政机关查明。当事人选择适用外国法律的，应当提供该国法律。”可见，包括法院在内的执法机关有义务查明外国法，但在当事人选择适用外国法的情况下，当事人有义务提供该外国法。在当事人选择适用外国法的情况下，当事人较法官而言，更了解该外国法，为了提高审判效率，在当事人选择外国法的情况下，由当事人承担提供外国法的责任是恰当的。

（二）外国法查明的途径

在我国法院有义务查明外国法的情况下，法官可以通过何种途径查明外国法呢？1988年最高人民法院《关于贯彻执行〈中华人民共和国民法通则〉若干问题的意见（试行）》（以下简称《民通意见》）第一百九十三条规定，“对于应当适用的外国法律，可通过下列途径查明：①由当事人提供；②由与我国订立司法协助协定的缔约对方的中央机关提供；③由我国驻该国使领馆提供；④由该国驻我国使馆提供；⑤由中外法律专家提供。通过以上途径仍不能查明的，适用中华人民共和国法律。”

通过我国驻该国使领馆提供或通过该国驻我国使馆提供外国法，均属于通过外交途径查明外国法。但我国外交部门几乎没有为我国法院提供外国法的实践；我国法院也没有主动联系我国外交部门请求通过我国驻外国使领馆或者外国驻我国使馆提供外国法的案例。

【注意】外国法查明的途径和外国法查明的责任是两个不同的问题，在法院承担查明责任的情况下，法院依然可以通过“当事人提供”这一途径查明外国法。

（三）不能查明外国法的后果

《涉外民事关系法律适用法》第十条第二款规定，“不能查明外国法律或者该国法律没有规定的，适用中华人民共和国法律。”据此，在不能查明外国法的情况下，我国法院应当适用我国法律审理案件，即不能查明外国法的后果是适用中国法。那么，如何认定“不能查明外国法”呢？

（四）不能查明外国法的认定

2012年最高人民法院《关于适用〈中华人民共和国涉外民事关系法律适用法〉若干问题的解释（一）》（以下简称《涉外民事关系法律适用法司法解释（一）》）第十七条区分

不同情形，分两款对此作出了明确规定。

(1)在法院有责任查明外国法的情况下，如何认定“不能查明外国法”？

在法院有责任查明外国法的情况下，法院是否要在穷尽各种途径仍不能获取外国法时，才能认定为“不能查明外国法”？《涉外民事关系法律适用法司法解释(一)》第十七条第一款规定：“人民法院通过由当事人提供、已对中华人民共和国生效的国际条约规定的途径、中外法律专家提供等合理途径仍不能获得外国法律的，可以认定为不能查明外国法律。”该条款并未重复列举《民通意见》第一百九十三条规定的五种途径，而是仅列举了既往司法实践中有适用经验的几种途径，包括当事人提供、条约途径、专家提供三种途径，不再列举驻外使领馆和驻我国驻馆两种外交途径，意在强调无须穷尽各种途径之意，因为要求法院穷尽上述五种途径将使涉外民商事审判效率大打折扣。

(2)在当事人有责任提供外国法的情况下，如何认定“不能查明外国法”？

《涉外民事关系法律适用法司法解释(一)》第十七条第二款明确规定：“根据涉外民事关系法律适用法第十条第一款的规定，当事人应当提供外国法律，其在人民法院指定的合理期限内无正当理由未提供该外国法律的，可以认定为不能查明外国法律。”可见，在当事人选择适用外国法的情况下，法院应当给当事人提供外国法指定一个合理期限。关于合理期限，司法解释并未“一刀切”规定具体的期限，而是由法官根据个案的具体情况合理确定期限。但如果当事人在该法院指定的合理期限内，无“正当理由”拒绝向法院提供外国法，或者不能提供外国法的，人民法院即可以认定为“不能查明外国法律”。

【总结】在法院有责任查明外国法的情况下，法院必须通过也只需通过当事人提供、条约途径、专家提供三种途径仍不能获得外国法的，才能认定为不能查明外国法；在当事人有责任提供外国法的情况下，只要当事人在法院指定的合理期限内无正当理由未提供外国法的，就可认定为不能查明外国法。

（五）外国法的解释

外国法查明以后，在适用外国法的过程中，还存在外国法的解释问题。《涉外民事关系法律适用法司法解释(一)》第十八条规定，“人民法院应当听取各方当事人对应当适用的外国法律的内容及其理解与适用的意见，当事人对该外国法律的内容及其理解与适用均无异议的，人民法院可以予以确认；当事人有异议的，由人民法院审查认定。”可见，无论是法院依职权获取的外国法，还是当事人履行义务向法院提供的外国法，均应当交各方当事人充分了解其内容，法院应当组织各方当事人进行辩论，充分听取各方当事人关于外国法的内容及其理解与适用的意见，以最终确定如何适用该外国法。

（六）外国法的错误适用

我国民事诉讼法规定，民事案件实行两审终审制，无法律审与事实审的区别。根据“有错必纠”的原则，对我国法院在审理涉外民商事案件时发生的适用外国法的错误，无论是适用内国冲突规范的错误，还是适用外国法本身的错误，当事人均可提起上诉，要求加以纠正。

外国法查明知识点总结	
查明责任	①当事人选择的法律，当事人查明 ②当事人没有选择的，法院、仲裁机构、行政机关查明
查明途径	①当事人提供；②条约途径；③驻外使领馆；④驻我使馆；⑤专家提供
不能查明的后果	适用我国法
不能查明的认定	①法院负查明责任，穷尽当事人提供、条约途径、专家提供无法查明的 ②当事人负查明责任，法院指定的合理期限内无正当理由未提供
外国法的解释	听取各当事人意见，法院最终认定
外国法错误适用	可上诉

典型真题

根据《涉外民事关系法律适用法》和司法解释，关于外国法律的查明问题，下列哪一表述是正确的？(2013-01-36)①

A. 行政机关无查明外国法律的义务

B. 查明过程中，法院应当听取各方当事人对应当适用的外国法律的内容及其理解与适用的意见

C. 无法通过中外法律专家提供的方式获得外国法律的，法院应认定为不能查明

D. 不能查明的，应视为相关当事人的诉讼请求无法律依据

五、公共秩序保留

（一）公共秩序保留的概念

公共秩序，是指一国国家和社会的重大利益，或法律和道德的基本原则。国际私法上的公共秩序保留，是指法院地国在依内国冲突规范的指定应适用外国法时，如其适用将与法院地国的公共秩序相抵触，便可排除该外国法的适用。英国以“公共政策”这一概念代替欧洲大陆国家所用的“公共秩序”概念，我国法律则把公共秩序表述为“社会公共利益”。

在第二次世界大战后，越来越多的统一冲突法公约订立了公共秩序条款，允许缔约国在依公约的冲突规范指定适用外国法时，如发现其适用明显地违背本国公共秩序，可拒绝适用之。

（二）我国关于公共秩序保留的规定

我国《民法通则》和《涉外民事关系法律适用法》都有关于公共秩序保留的规定。《民法通则》第一百五十条规定：“依照本章规定适用外国法律或者国际惯例的，不得违背中华人民共和国的社会公共利益。”《涉外民事关系法律适用法》第五条规定：

①答案：B。

"外国法律的适用将损害中华人民共和国社会公共利益的，适用中华人民共和国法律。"

《涉外民事关系法律适用法司法解释(一)》第九条规定，"当事人在合同中援引尚未对中华人民共和国生效的国际条约的，人民法院可以根据该国际条约的内容确定当事人之间的权利义务，但违反中华人民共和国社会公共利益或中华人民共和国法律、行政法规强制性规定的除外。"

《民事诉讼法》第二百八十二条规定，"人民法院对申请或者请求承认和执行的外国法院作出的发生法律效力的判决、裁定，依照中华人民共和国缔结或者参加的国际条约，或者按照互惠原则进行审查后，认为不违反中华人民共和国法律的基本原则或者国家主权、安全、社会公共利益的，裁定承认其效力，需要执行的，发出执行令，依照本法的有关规定执行。违反中华人民共和国法律的基本原则或者国家主权、安全、社会公共利益的，不予承认和执行。"

需要注意的是，公共秩序指的是国家和社会的重大利益，或法律和道德的基本原则。外国法的适用如果只是损害中方当事人的利益，不是公共秩序保留条款的适用情形。

【总结】公共秩序保留的对象包括外国法、国际惯例和我国未加入的条约；公共秩序保留的后果是适用中国法。

▶ 典型真题

世界各国都将公共秩序保留作为捍卫本国根本利益的一项重要法律制度。关于这一制度，下列哪项判断是错误的？(2006-01-39)[①]

A. 我国的公共秩序保留制度仅在适用外国法律将违反我国社会公共利益的情况下才可以适用，其结果为排除相关外国法律的适用

B. 在英美普通法系国家中，"公共秩序"的概念一般表述为"公共政策"

C. 公共秩序保留制度已经为国际条约所规定

D. 我国法律中常常采用"社会公共利益"来表述"公共秩序"的概念

六、直接适用的法

直接适用的法指的是那些在国际民商事交往中，为了维护其国家和社会的重大利益，无须借助冲突规范的指引而直接适用于国际民商事关系的强制性法律规范。

《涉外民事关系法律适用法》第四条规定，"中华人民共和国法律对涉外民事关系有强制性规定的，直接适用该强制性规定。"《涉外民事关系法律适用法司法解释(一)》第十条规定，"有下列情形之一，涉及中华人民共和国社会公共利益、当事人不能通过约

---

①答案：A。解析：公共秩序保留制度不仅在适用外国法律时可以适用，而且在适用国际惯例和我国未参加的条约时也可以适用。此外，外国判决和仲裁裁决的承认与执行也适用公共秩序保留制度。故A项错误。

定排除适用、无需通过冲突规范指引而直接适用于涉外民事关系的法律、行政法规的规定，人民法院应当认定为涉外民事关系法律适用法第四条规定的强制性规定：(一)涉及劳动者权益保护的；(二)涉及食品或公共卫生安全的；(三)涉及环境安全的；(四)涉及外汇管制等金融安全的；(五)涉及反垄断、反倾销的；(六)应当认定为强制性规定的其他情形。"

可见，应直接适用的强制性规定不限于民事性质的法律，还包括行政管理方面和经济法方面的法律，比如该反垄断、反倾销和外汇管制领域的强制性规定就不是民事性质的法律。需要注意的是，该司法解释对应直接适用的强制性规定的列举是不完全列举，并附有兜底条款。此外，该司法解释列举了涉及劳动者权益保护的强制性规定，但没有列举涉及消费者保护的强制性规定。

【总结】可直接适用的强制性规定包括"两反一保三安全"。"两反"指的是"反垄断、反倾销"，"一保"指的是"劳动者权益保护"，"三安全"指的是"食品或公共卫生安全、环境安全、金融安全"。

典型真题

中国甲公司与德国乙公司进行一项商事交易，约定适用英国法律。后双方发生争议，甲公司在中国法院提起诉讼。关于该案的法律适用问题，下列哪一选项是错误的？(2013-01-35)①

A. 如案件涉及食品安全问题，该问题应适用中国法

B. 如案件涉及外汇管制问题，该问题应适用中国法

C. 应直接适用的法律限于民事性质的实体法

D. 法院在确定应当直接适用的中国法律时，无需再通过冲突规范的指引

七、法律规避

法律规避，是指国际民商事法律关系的当事人故意制造某种连接点，以避开本应适用的对其不利的法律，从而使对自己有利的法律得以适用的一种行为。

我国目前尚无有关法律规避的立法规定。最高人民法院《关于贯彻执行〈中华人民共和国民法通则〉若干问题的意见(试行)》第一百九十四条规定，"当事人规避我国强制性或者禁止性法律规范的行为，不发生适用外国法律的效力。"《涉外民事关系法律适用法司法解释(一)》第十一条规定，"一方当事人故意制造涉外民事关系的连接点，规避中华人民共和国法律、行政法规的强制性规定的，人民法院应认定为不发生适用外国法律的效力。"可见，在我国司法实践中，法律规避是指规避我国的强制性或禁止性规定，而非任何法律。当事人规避我国的强制性或禁止性的法律的行为无效，不发生适用外国法的效力，转而适用中国法。

①答案：C。

典型真题

沙特某公司在华招聘一名中国籍雇员张某。为规避中国法律关于劳动者权益保护的强制性规定，劳动合同约定排他性地适用菲律宾法。后因劳动合同产生纠纷，张某向中国法院提起诉讼。关于该劳动合同的法律适用，下列哪一选项是正确的？（2015-01-35）①

A. 适用沙特法

B. 因涉及劳动者权益保护，直接适用中国的强制性规定

C. 在沙特法、中国法与菲律宾法中选择适用对张某最有利的法律

D. 适用菲律宾法

①答案：B。

第十三章　国际民商事关系的法律适用

考情分析

本章内容包括权利能力和行为能力的法律适用、物权的法律适用、债权的法律适用、商事关系的法律适用、婚姻家庭关系的法律适用、继承的法律适用、知识产权的法律适用。本章内容多，也是考试的重点，一般每年考5~6道题，超过国际私法一半的分值。本章不考理论，只考法条，主要考查《涉外民事关系法律适用法》和《涉外民事关系法律适用法司法解释(一)》的内容，《海商法》《票据法》《民用航空法》中有关涉外商事关系的法条偶尔也会有考题。2018年考了结婚条件的法律适用、夫妻财产分割的法律适用。

考试要点

权利能力和行为能力的法律适用、物权的法律适用、合同的法律适用、侵权的法律适用、婚姻家庭关系的法律适用、继承的法律适用。

专题五　权力能力和行为能力的法律适用

一、自然人权利能力和行为能力的法律适用

《涉外民事关系法律适用法》第十一条规定，“自然人的民事权利能力，适用经常居所地法律。”第十二条规定，“自然人的民事行为能力，适用经常居所地法律。自然人从事民事活动，依照经常居所地法律为无民事行为能力，依照行为地法律为有民事行为能力的，适用行为地法律，但涉及婚姻家庭、继承的除外。”

《涉外民事关系法律适用法》抛弃了国籍和住所，将经常居所地作为属人法的连接点是一个很大的创新，因为在现代社会，经常会出现当事人和国籍国没有实质联系的情况，而住所需要查明当事人有久住的意思，认定较为困难。

如何确定经常居所地呢？《涉外民事关系法律适用法司法解释(一)》第十五条明确规定："自然人在涉外民事关系产生或者变更、终止时已经连续居住一年以上且作为其生活中心的地方，人民法院可以认定为涉外民事关系法律适用法规定的自然人的经常居所地，但就医、劳务派遣、公务等情形除外。"

【例外】《票据法》第九十六条规定："票据债务人的民事行为能力，适用其本国法律。票据债务人的民事行为能力，依照其本国法律为无民事行为能力或者为限制民事行为能力而依照行为地法律为完全民事行为能力的，适用行为地法律。"

可见，我国关于自然人的权利能力和行为能力，原则上都适用经常居所地法(票据债务人适用本国法)。但是，如果依照经常居所地法为无民事行为能力，依照行为地法为有民事行为能力的，应适用行为地法认定该自然人有行为能力，其目的是尽量让该自然人的行为有效，以保护交易安全。同时，需要注意一个例外，即在婚姻家庭和继承关系中，当事人的行为能力按照有关婚姻家庭关系或继承关系的法律适用规范确定。

二、宣告失踪和宣告死亡的法律适用

《涉外民事关系法律适用法》第十三条规定，"宣告失踪或者宣告死亡，适用自然人经常居所地法律。"

自然人属人法知识点全总结	
国籍	积极冲突：经常居所国籍国>最密切联系国籍国 消极冲突：经常居所地
住所	积极冲突：最密切联系地 消极冲突：经常居住地
自然人经常居所	连续居住一年以上且是生活中心的地方，就医、劳务派遣、公务除外
自然人权利能力	经常居所地法
自然人行为能力	经常居所地法和行为地法中使其有行为能力者
票据债务人行为能力	本国法和行为地法中使其有行为能力者
宣告失踪或宣告死亡	经常居所地法

▶ 典型真题

经常居所同在上海的越南公民阮某与中国公民李某结伴乘新加坡籍客轮从新加坡到印度游玩。客轮在公海遇风暴沉没，两人失踪。现两人亲属在上海某法院起诉，请求宣告两人失踪。依中国法律规定，下列哪一选项是正确的？(2016-01-35)[①]

A. 宣告两人失踪，均应适用中国法

B. 宣告阮某失踪，可适用中国法或越南法

①答案：A。

C. 宣告李某失踪，可适用中国法或新加坡法

D. 宣告阮某与李某失踪，应分别适用越南法与中国法

三、法人权利能力和行为能力的法律适用用

《涉外民事关系法律适用法》第十四条规定，“法人及其分支机构的民事权利能力、民事行为能力、组织机构、股东权利义务等事项，适用登记地法律。法人的主营业地与登记地不一致的，可以适用主营业地法律。法人的经常居所地，为其主营业地。”

《涉外民事关系法律适用法司法解释(一)》第十六条规定，“人民法院应当将法人的设立登记地认定为涉外民事关系法律适用法规定的法人的登记地。”

法人属人法知识点全总结	
法人国籍	设立登记地
法人的住所	办事机构所在地
法人营业所	积极冲突：最密切联系地 消极冲突：住所或者经常居住地
法人权利能力和行为能力	设立登记地法或主营业地法(即经常居所地法)

▶ 典型真题

韩国公民金某在新加坡注册成立一家公司，主营业地设在香港地区。依中国法律规定，下列哪些选项是正确的？(2016-01-77)①

A. 该公司为新加坡籍

B. 该公司拥有韩国与新加坡双重国籍

C. 该公司的股东权利义务适用中国内地法

D. 该公司的民事权利能力与行为能力可适用香港地区法或新加坡法

专题六　物权的法律适用

一、不动产物权的法律适用

《涉外民事关系法律适用法》第三十六条规定，“不动产物权，适用不动产所在地法律。”物之所在地法是目前各国用来解决物权法律冲突的一项基本原则，首先适用于不动产。我国规定不动产物权适用不动产所在地法就是物之所在地法原则的体现。

①答案：AD。

二、动产物权的法律适用

（一）一般规则

《涉外民事关系法律适用法》第三十七条规定，“当事人可以协议选择动产物权适用的法律。当事人没有选择的，适用法律事实发生时动产所在地法律。”允许当事人选择动产物权适用的法律，是《涉外民事关系法律适用法》的一大创新，是意思自治原则在动产物权领域的体现。在当事人没有选择时，依然适用物之所在地法原则，即动产所在地法律。需要注意的是，动产是可以移动的，不同的时间点可能在不同的国家，《涉外民事关系法律适用法》将这里的动产所在地固定为法律事实发生时的动产所在地。

▶ 典型真题

2014 年 1 月，北京居民李某的一件珍贵首饰在家中失窃后被窃贼带至甲国。同年 2 月，甲国居民陈某在当地珠宝市场购得该首饰。2015 年 1 月，在获悉陈某将该首饰带回北京拍卖的消息后，李某在北京某法院提起原物返还之诉。关于该首饰所有权的法律适用，下列哪一选项是正确的？（2015-01-36）①

A. 应适用中国法

B. 应适用甲国法

C. 如李某与陈某选择适用甲国法，不应支持

D. 如李某与陈某无法就法律选择达成一致，应适用甲国法

（二）运输中的动产

《涉外民事关系法律适用法》第三十八条规定，“当事人可以协议选择运输中动产物权发生变更适用的法律。当事人没有选择的，适用运输目的地法律。”可见，运输中的动产和一般动产一样，都允许当事人意思自治选择法律。由于运输中的动产在法律事实发生时处于高速运动当中，有时难以确定具体的地点，所以适用运输目的地法律。

（三）有价证券

《涉外民事关系法律适用法》第三十九条规定，“有价证券，适用有价证券权利实现地法律或者其他与该有价证券有最密切联系的法律。”可见，有价证券是不允许当事人意思自治选择法律的，只能适用权利实现地法或最密切联系地法。

（四）权利质权

《涉外民事关系法律适用法》第四十条规定，“权利质权，适用质权设立地法律。”可见，权利质权也不允许当事人意思自治选择法律，只能适用质权设立地法。

---

①答案：D。

三、船舶物权的法律适用

（一）船舶所有权

《海商法》第二百七十条规定，“船舶所有权的取得、转让和消灭，适用船旗国法律。”

（二）船舶抵押权

《海商法》第二百七十一条规定，“船舶抵押权适用船旗国法律。船舶在光船租赁以前或者光船租赁期间，设立船舶抵押权的，适用原船舶登记国的法律。”

（三）船舶优先权

《海商法》第二百七十二条规定，“船舶优先权，适用受理案件的法院所在地法律。”

可见，我国船舶物权原则上适用船旗国法，但有两个例外，一是光船租赁以前或者光船租赁期间设立抵押权的适用原船舶登记国法；二是船舶优先权适用法院地法。

▶ 典型真题

根据我国《海商法》关于船舶物权问题的规定，下列表述哪些是正确的？（2004-01-71）①

A. 船舶抵押权适用抵押地法律

B. 船舶优先权适用受理案件的法院所在地法律

C. 船舶所有权的取得、转让和消灭适用行为地法律

D. 船舶在光船租赁期间设立船舶抵押权的，适用原船舶登记国法律

四、民用航空器物权的法律适用

（一）民用航空器所有权

《民用航空法》第一百八十五条规定，“民用航空器所有权的取得、转让和消灭，适用民用航空器国籍登记国法律。”

（二）民用航空器抵押权

《民用航空法》第一百八十六条规定，“民用航空器抵押权适用民用航空器国籍登记国法律。”

（三）民用航空器优先权

《民用航空法》第一百八十七条规定，“民用航空器优先权适用受理案件的法院所在地法律。”

---

①答案：BD。

可见，民用航空器物权法律适用和船舶物权法律适用类似，原则上适用登记国法，但优先权适用法院地法。

典型真题

依我国《民用航空法》的规定，民用航空器的转让、抵押，应当适用哪国法律？(2004-01-37)①

A. 民用航空器转让、抵押地国法律

B. 民用航空器所在地国法律

C. 民用航空器国籍登记国法律

D. 受理案件的法院所在地国法律

物权法律适用知识点全总结		
不动产物权		不动产所在地法
动产物权	一般原则	当事人选择的法律>法律事实发生时动产所在地法
	运输中的动产	当事人选择的法律>运输目的地法
	有价证券	权利实现地法或最密切联系地法
	权利质权	质权设立地法
	船舶	①原则：船旗国法 ②光船租赁抵押权：原船舶登记国法 ③船舶优先权：法院地法
	民用航空器	①原则：登记国法 ②航空器优先权：法院地法

专题七　债权的法律适用

一、合同的法律适用

（一）一般规定

《涉外民事关系法律适用法》第四十一条规定，“当事人可以协议选择合同适用的法律。当事人没有选择的，适用履行义务最能体现该合同特征的一方当事人经常居所地法律或者其他与该合同有最密切联系的法律。”

可见，我国涉外合同法律适用的一般规则是意思自治原则优先，最密切联系原则为辅，即首先适用意思自治原则，当事人没有选择的才适用最密切联系原则，而特征

①答案：C。

履行说是确定最密切联系地的常用方法。关于意思自治原则和最密切联系原则，还需要掌握以下几点。

1. 意思自治原则

(1)意思自治原则的适用必须有法律授权。《涉外民事关系法律适用法》第三条规定，“当事人依照法律规定可以明示选择涉外民事关系适用的法律。”《涉外民事关系法律适用法司法解释(一)》第六条规定，“中华人民共和国法律没有明确规定当事人可以选择涉外民事关系适用的法律，当事人选择适用法律的，人民法院应认定该选择无效。”可见，只有在我国法律明确规定当事人可以选择法律的，才允许当事人选择法律，比如，合同当事人可以选择法律是因为《涉外民事关系法律适用法》第四十一条规定“当事人可以协议选择合同适用的法律。”

(2)意思自治原则的适用不限于合同领域。《涉外民事关系法律适用法》的亮点之一就是将意思自治原则扩展到了合同之外。在代理、信托、仲裁协议、动产、侵权、不当得利和无因管理等领域引入了不限选择范围的意思自治原则，在夫妻财产关系、协议离婚、产品责任、知识产权等领域引入了限制选择范围的意思自治原则。

(3)当事人选择法律的方式。当事人选择法律的方式，有明示和推定两种。《涉外民事关系法律适用法》第三条规定，“当事人依照法律规定可以明示选择涉外民事关系适用的法律。”实践中，在当事人没有明示选择法律的情况下，我国法院经常采用推定的方式判断当事人的法律选择。《涉外民事关系法律适用法司法解释(一)》第八条第二款规定，“各方当事人援引相同国家的法律且未提出法律适用异议的，人民法院可以认定当事人已经就涉外民事关系适用的法律做出了选择。”

(4)当事人选择法律的时间。目前各国的立法趋势不对当事人选择合同准据法的时间进行限制。当事人既可以在订立合同的同时选择准据法，也可以在合同订立之后选择。需要明确的是最晚到什么时候可以做出选择。《涉外民事关系法律适用法司法解释(一)》第八条第一款规定，“当事人在一审法庭辩论终结前协议选择或者变更选择适用的法律的，人民法院应予准许。”因此，当事人选择适用法律的最晚时间点为“一审法庭辩论终结前”。

(5)当事人选择法律的范围。我国的立法中没有明确要求当事人所选择的法律必须与合同具有实际联系。但在司法实践中，有观点认为当事人选择适用的法律应当与系争的涉外民事关系“有实际联系”，否则其选法行为无效。然而，如果把当事人可以选择的法律限制在与合同有联系的法律，就有悖于意思自治原则的本意。因此，当事人在选择合同准据法时，不应限制在只能选择与合同有实际联系的法律。《涉外民事关系法律适用法司法解释(一)》第七条对这一问题予以了澄清，规定“一方当事人以双方协议选择的法律与系争的涉外民事关系没有实际联系为由主张选择无效的，人民法院不予支持。”可见，只要法律允许当事人选择法律并且没有在具体冲突规范中限制范围，当事人选择法律的范围就是没有限制的，可以选择与民事关系没有任何联系的法律。

(6)是否可以选择我国未加入的国际条约。我国加入的民商事条约可以在我国直接适用并优先适用。但对于我国没有加入的国际条约，当事人能否意思自治选择适用呢？《涉外民事关系法律适用法司法解释(一)》第九条规定，“当事人在合同中援引尚未对中华人民共和国生效的国际条约的，人民法院可以根据该国际条约的内容确定当事人之间的权利义务，但违反中华人民共和国社会公共利益或中华人民共和国法律、行政法规强制性规定的除外。”

2. 最密切联系原则

《涉外民事关系法律适用法》第四十一条规定，“当事人没有选择的，适用履行义务最能体现该合同特征的一方当事人经常居所地法律或者其他与该合同有最密切联系的法律。”可见，在当事人没有选择法律的情况下，则适用最密切联系地法律，同时，该条文明确将特征履行说作为确定最密切联系的主要方法。“特征履行”是指以最能反映合同特征的合同履行方的经常居所地法律为合同准据法。一般而言，特征性履行方是“非支付价款方”。

2007 年《最高人民法院关于审理涉外民事或商事合同纠纷案件法律适用若干问题的规定》第五条第二款规定了 17 种合同的最密切联系地，这些地点大多数是以特征性履行方法确定的，即适用“非支付价款方”的住所地或营业所所在地法律。需要注意的是，该司法解释已于 2013 年 4 月 8 日废止，虽然司法实践中法官仍然可以参考上述规定确定 17 种合同的最密切联系地，但这些规定已经没有约束力，法律职业资格考试也不会考已经废止的司法解释，因此本书不再列出，以减轻考生备考负担。

▶ 典型真题

在涉外民事关系中，依《涉外民事关系法律适用法》和司法解释，关于当事人意思自治原则，下列表述中正确的是(2013-01-98)①

A. 当事人选择的法律应与所争议的民事关系有实际联系

B. 当事人仅可在具有合同性质的涉外民事关系中选择法律

C. 在一审法庭辩论终结前，当事人有权协议选择或变更选择适用的法律

D. 各方当事人援引相同国家的法律且未提出法律适用异议的，法院可以认定当事人已经就涉外民事关系适用的法律做出了选择

（二）消费者合同的法律适用

《涉外民事关系法律适用法》第四十二条规定，“消费者合同，适用消费者经常居所地法律；消费者选择适用商品、服务提供地法律或者经营者在消费者经常居所地没有从事相关经营活动的，适用商品、服务提供地法律。”

在消费者合同中，消费者与经营者相比，处于弱方地位，双方所签订的合同往往是格式合同，其中的法律选择条款往往是经营者强加上去的，而消费者没有选择的余地。《涉外民事关系法律适用法》第四十二条在我国首次确立了消费者合同特殊的冲突规范，在均衡保护经营者和消费者双方利益的同时，突出了对消费者利益的倾斜保护。要准确理解该条规定应注意把握以下几项要点：

①答案：CD。

1. 消费者单方意思自治原则的适用

《涉外民事关系法律适用法》第四十二条规定消费者合同适用的法律由消费者单方选择，同时将消费者选择的法律限制在商品、服务提供地法律，是基于以下三点考虑：一是消费者经常居所地法律对消费者的保护并非是最有利的，许多情况下，商品、服务提供地法律对消费者的保护更为有利。二是商品和服务经营者应知晓并遵守商品、服务提供地的法律，允许消费者选择该国法律，体现了对经营者和消费者权利义务的平衡。三是应该对消费者单方选择法律的范围进行限制，如果不限制，经营者将面对来自世界各国关于消费者保护的法律规定，使经营者无法预知法律风险，将挫伤经营者从事商业活动的积极性。

2. 消费者经常居所地法的适用

消费者居所地法的适用应具备两个条件，一是消费者未选择法律适用；二是经营者在消费者经常居所地从事相关经营活动。现代市场经济条件下人口跨国流动频繁，电商交易迅猛发展，消费者经常居所地与商品、服务提供地的分离成为一种常态。消费者不选择法律适用，可能是认为如选择商品、服务提供地法律，其并不了解商品、服务提供地的法律，故更愿意依据冲突规范的指引适用其熟悉的经常居所地法；也可能考虑到经常居所地法律提供的保护水平高于商品、服务提供地的法律，愿意接受提供更强程度保护的法律的管辖。在消费者未选择法律适用时，适用消费者经常居所地法，无疑突出了对消费者单方利益的保护。另一方面，消费者经常居所地法的适用意味着经营者可能面对来自世界各国关于消费者保护的法律规定，从而无法预知法律风险，这也会挫伤经营者从事商业活动的积极性。因此，有必要对消费者经常居所地法的适用加以限制，避免经营者承担过重的义务。

（三）劳动合同的法律适用

《涉外民事关系法律适用法》第四十三条规定，“劳动合同，适用劳动者工作地法律；难以确定劳动者工作地的，适用用人单位主营业地法律。劳务派遣，可以适用劳务派出地法律。”

1. 一般劳动合同的法律适用

劳动者的权利义务是在劳动关系建立时、劳动过程中产生的，而劳动关系通常是在劳动者工作地或用人单位主营业地发生的，劳动者工作地或用人单位主营业地是与劳动合同有最密切联系的地点。因此，当难以确定劳动者工作地的，适用用人单位主营业地。

2. 劳务派遣的法律适用

劳务派遣是指劳务派遣单位(用人单位)与接受以劳务派遣形式用工的单位(用工单位)订立劳务派遣协议，按约定向用工单位派遣劳动者的行为。

此外，还要注意的是我国立法中采用的是“可以适用”劳务派出地这一表述，说明劳务派出地法律不是必须适用的法律，只是一个选择性适用的法律。之所以这么规定，是因为对于劳动者而言，他是与用人单位签订的劳动合同，他更为熟悉或者敏感用人单位派遣他到用工单位时所遵循的法律。如果劳务派出地法律对劳动者的保护水平低于劳动者工作地法律或用人单位主营业地法律时，法院可以不适用劳务派出地法律。因此，劳务派遣，可以适用劳务派出地法律，还可以适用劳动者工作地法律或用人单位主营业地法律。

【总结】劳动合同的法律适用规则：第一，适用我国法律强制性规定；第二，适用劳动者工作地法律，难以确定工作地的适用用人单位主营业地法律；第三，劳务派遣，可以适用劳务派出地法律。

▶ 典型真题

甲国公民大卫被乙国某公司雇佣，该公司主营业地在丙国，大卫工作内容为巡回于东亚地区进行产品售后服务，后双方因劳动合同纠纷诉诸中国某法院。关于该纠纷应适用的法律，下列哪一选项是正确的？（2014-01-38）①

A. 中国法　　B. 甲国法　　C. 乙国法　　D. 丙国法

合同法律适用知识点全总结	
一般合同	意思自治优先，最密切联系原则（特征履行说是常用方法）补缺
消费者合同	①消费者经常居所地法律（消费者没有选择或经营者在消费者经常居所地从事相关经营活动） ②商品、服务提供地法律（消费者选择或经营者在消费者经常居所地没有从事相关经营活动）
劳动合同	第一，适用我国法律强制性规定；第二，适用劳动者工作地法律，难以确定工作地的适用用人单位主营业地法律；第三，劳务派遣，可以适用劳务派出地法律，也可以适用劳动者工作地法律或用人单位主营业地法律

二、侵权行为的法律适用

（一）一般侵权行为

《涉外民事关系法律适用法》第四十四条规定，“侵权责任，适用侵权行为地法律，但当事人有共同经常居所地的，适用共同经常居所地法律。侵权行为发生后，当事人协议选择适用法律的，按照其协议。”

如何确定侵权行为地呢？1988 年最高人民法院《关于贯彻执行〈中华人民共和国民法通则〉若干问题的意见（试行）》第一百八十七条规定：“侵权行为地的法律包括侵权行为实施地法律和侵权结果发生地法律。如果两者不一致的，人民法院可以选择适用。”

侵权行为适用侵权行为地法是“场所支配行为”这一古老原则的具体化。侵权行为

①答案：D。

地法长期占据着侵权行为之债准据法的支配地位，得到了国际间的广泛承认。然而，侵权行为地有时具有偶然性，因此，我国法律在考虑侵权行为准据法时，将与双方当事人具有共同最密切联系的共同经常居所地国家的法律作为侵权行为地法的例外原则，符合双方当事人对法律适用的共同预期。此外，侵权法本身也是私法，我国在侵权领域引入当事人意思自治原则，表明了我国法律充分尊重和保护当事人在私法范围内选择法律适用、处分自身民事权利的自由。

【总结】一般涉外侵权行为的法律适用顺序：(1)首先适用当事人意思自治选择的法律；(2)当事人没有选择的，适用共同经常居所地法；(3)当事人没有选择也没有共同经常居所地的，才适用侵权行为地法(侵权行为实施地法或侵权结果发生地法)。

▶ 典型真题

甲国公民A与乙国公民B的经常居住地均在中国，双方就在丙国境内发生的侵权纠纷在中国法院提起诉讼。关于该案的法律适用，下列哪些选项是正确的？(2012-01-79)①

A. 如侵权行为发生后双方达成口头协议，就纠纷的法律适用做出了选择，应适用协议选择的法律

B. 如侵权行为发生后双方达成书面协议，就纠纷的法律适用做出了选择，应适用协议选择的法律

C. 如侵权行为发生后双方未选择纠纷适用的法律，应适用丙国法

D. 如侵权行为发生后双方未选择纠纷适用的法律，应适用中国法

（二）产品责任

产品责任是指有缺陷的产品，或者没有正确说明用途和使用方法的产品，导致消费者、使用者或其他第三人的人身伤害或缺陷产品以外的财产损失时，产品制造者、销售者等责任主体应承担的侵权赔偿责任。

《涉外民事关系法律适用法》第四十五条规定，“产品责任，适用被侵权人经常居所地法律；被侵权人选择适用侵权人主营业地法律、损害发生地法律的，或者侵权人在被侵权人经常居所地没有从事相关经营活动的，适用侵权人主营业地法律或者损害发生地法律。”

从逻辑结构上本条可分为三个层次：第一，被侵权人有权在侵权人主营业地法或损害发生地法中进行选择，依被侵权人的选择确定准据法；第二，被侵权人没有选择的，且侵权人在被侵权人经常居所地从事相关经营活动的，适用被侵权人经常居所地法；第三，被侵权人没有选择，且侵权人在被侵权人经常居所地没有从事相关经营活动的，由法院自由裁量，适用侵权人主营业地法律或者损害发生地法律。

涉外产品责任冲突规范有三个连接点：被侵权人经常居所地、侵权人主营业地和

①答案：ABD。

损害发生地。这三个连接点的选择与顺序安排都是有理由的，其政策导向是使被侵权人得到充分补充，同时兼顾侵权人的利益。

(1)为什么将被侵权人经常居所地法作为一般原则？

产品责任制度的一个重要目的就是保护被侵权人的利益，将被侵权人经常居所地法作为产品责任准据法的一般原则，在形式上体现了对弱者利益的保护。

(2)为什么允许被侵权人选择适用侵权人主营业地和损害发生地法？

由于被侵权人经常居所地法对被侵权人的保护不一定力度最大，为了从实质上体现对被侵权人的保护，允许被侵权人单方面选择产品责任的准据法，但为了实现被侵权人与侵权人之间的利益平衡，也不能无限制地允许被侵权人单方选择准据法。因此，将被侵权人单方选择准据法的范围限制在侵权人主营业地法和损害发生地法两者之间。允许被侵权人选择侵权人主营业地法，是因为侵权人在其主营业地国生产、制造或销售产品，产品责任与主营业地具有密切联系，且侵权人应当知晓并遵守主营业地国关于产品责任的法律法规，侵权人对适用侵权人主营业地国法有充分的预见能力。允许被侵权人选择损害发生地法，是因为产品责任也是一种特殊的侵权责任。

(3)为什么对被侵权人经常居所地法的适用进行限制？

对被侵权人经常居所地法的适用进行限制，是为了在保护被侵权人利益的同时，对侵权人的利益亦给予一定的考虑。当根据客观连接点的指引应当适用被侵权人经常居所地法为产品责任准据法时，如果侵权人在受害人经常居所地并没有从事相关经营活动的，说明受害人经常居所地法仅是一项偶然的辅助性连接点，与产品责任纠纷并无重要联系，则不应适用受害人经常居所地法。例如，经常居所地在中国的原告，在法国度假时购买产品，在意大利使用该产品而遭受损害，而被告则是德国的一家制造商，在中国并没有从事相关经营活动。德国制造商不可能合理预见其产品的安全和技术标准应当符合被侵权人经常居所地中国法律的规定。

【关联记忆】产品责任的冲突规范在立法技术和政策导向上参照了消费者合同的冲突规范。《涉外民事关系法律适用法》第四十二条规定，“消费者合同，适用消费者经常居所地法律；消费者选择适用商品、服务提供地法律或者经营者在消费者经常居所地没有从事相关经营活动的，适用商品、服务提供地法律。”《涉外民事关系法律适用法》第四十五条规定，“产品责任，适用被侵权人经常居所地法律；被侵权人选择适用侵权人主营业地法律、损害发生地法律的，或者侵权人在被侵权人经常居所地没有从事相关经营活动的，适用侵权人主营业地法律或者损害发生地法律。”两条冲突规范的相同点有三：一是适用消费者(被侵权人)经常居所地法是一般原则；二是允许消费者(被侵权人)单方面在一定范围内选择法律；三是消费者(被侵权人)经常居所地法的适用是有限制条件的，且条件都是经营者在消费者(被侵权人)经常居所地从事相关经营活动。两条冲突规范的不同点是：允许消费者单方面选择的法律范围是商品、服务提供地法律，允许产品责任被侵权人单方面选择的法律范围是侵权人主营业地法律和损害发生地法律。

【注意】在产品责任和消费者合同中，双方合意选择准据法是无效的。

（三）网络等媒体方式侵害人格权

《涉外民事关系法律适用法》第四十六条规定，“通过网络或者采用其他方式侵害姓名权、肖像权、名誉权、隐私权等人格权的，适用被侵权人经常居所地法律。”

通过网络或者采用其他方式侵害姓名权、肖像权、名誉权、隐私权等人格权的，适用被侵权人经常居所地法律，即采用了自然人属人法的立法模式。《涉外民事关系法律适用法》第十五条规定，“人格权的内容，适用权利人经常居所地法律”。可见，人格权的内容和媒体方式侵害人格权产生的债权债务均适用权利人经常居所地法。

我国将媒体方式侵害人格权冲突规范的连接点确定为受害人经常居所地，理由有以下几点：第一，受害人经常居所地与精神性人格权纠纷的侵权结果有较强的内在联系；受害人的经常居所地是受害人的经济、社会活动中心，与受害人有最密切的社会联系。第二，对于姓名权、肖像权、名誉权等人格权的侵害，尽管侵权信息理论上可以传播至世界各地，但对受害人发生实际的侵害结果，最集中的还是受害人生活的经常居所地。第三，受害人的经常居所地容易确定，不受网络及其他媒体方式的影响，因此符合冲突法所追求的稳定性和一致性的目标。第四，适用受害人经常居所地法，与现代社会注重以人为本、关注人格权保护的时代精神相契合。

【注意】《涉外民事关系法律适用法》第四十六条中“网络或者采用其他方式”中的“其他方式”应解释为与网络相近或相类似的媒介传播方式，例如电视、电影、广播、传真、电报、短信等无线通信方式；报纸、杂志、图书、信件等纸质传媒方式。“姓名权、肖像权、名誉权、隐私权等人格权”中的“等”可以扩张解释为精神性人格权，但不能扩张解释为所有类型的人格权。

▶ 典型真题

经常居所在广州的西班牙公民贝克，在服务器位于西班牙的某网络论坛上发帖诽谤经常居所在新加坡的中国公民王某。现王某将贝克诉至广州某法院，要求其承担侵害名誉权的责任。关于该纠纷的法律适用，下列哪一选项是正确的？（2017-01-35）①

A. 侵权人是西班牙公民，应适用西班牙法

B. 被侵权人的经常居所在新加坡，应适用新加坡法

C. 被侵权人是中国公民，应适用中国法

D. 论坛服务器在西班牙，应适用西班牙法

（四）知识产权侵权

《涉外民事关系法律适用法》第五十条规定，“知识产权的侵权责任，适用被请求保护地法律，当事人也可以在侵权行为发生后协议选择适用法院地法律。”

根据该条冲突规范，知识产权的侵权责任首先适用当事人意思自治选择的法律，

①答案：B。

只是当事人的选择范围是有限的，只能选择法院地法。在当事人没有选择的情况下，则适用被请求保护地法。

【注意】被请求保护地不是法院地和侵权行为地，而是被请求保护的权利地，“被请求保护地”可以理解为“被请求保护的权利地”。由于知识产权的地域性和独立性，当事人请求保护哪一个国家的知识产权，哪个国家就是被请求保护地。

▶ 典型真题

韩国甲公司为其产品在中韩两国注册了商标。中国乙公司擅自使用该商标生产了大量仿冒产品并销售至中韩两国。现甲公司将乙公司诉至中国某法院，要求其承担商标侵权责任。关于乙公司在中韩两国侵权责任的法律适用，依中国法律规定，下列哪些选项是正确的？（2016-01-79）①

A. 双方可协议选择适用中国法

B. 均应适用中国法

C. 双方可协议选择适用韩国法

D. 如双方无法达成一致，则应分别适用中国法与韩国法

（五）船舶碰撞

《海商法》第二百七十三条规定，“船舶碰撞的损害赔偿，适用侵权行为地法律。船舶在公海上发生碰撞的损害赔偿，适用受理案件的法院所在地法律。同一国籍的船舶，不论碰撞发生于何地，碰撞船舶之间的损害赔偿适用船旗国法律。”

根据本条冲突规范，船舶碰撞损害赔偿准据法的确定按以下顺序进行：首先，看发生碰撞的船舶船旗国是否相同，如果相同则直接适用共同船旗国法律，不管碰撞发生于何地。其次，如果发生碰撞的船舶船旗国不同，则看碰撞发生于何地，如果碰撞地在某国管辖区域，则适用碰撞地(侵权行为地)法，如果碰撞地在公海，则适用法院地法。

《海商法》第二百七十五条还规定，“海事赔偿责任限制，适用受理案件的法院所在地法律。”海事赔偿责任限制，是指海事纠纷的最高赔偿限额，由于海上运输比较危险，为了鼓励海上运输，各国一般都规定了海事赔偿责任限制制度。

▶ 典型真题

中国甲公司将其旗下的东方号货轮光船租赁给韩国乙公司，为便于使用，东方号的登记国由中国变更为巴拿马。现东方号与另一艘巴拿马籍货轮在某海域相撞，并被诉至中国某海事法院。关于本案的法律适用，下列哪一选项是正确的？（2017-01-37）②

A. 两船碰撞的损害赔偿应适用中国法

B. 如两船在公海碰撞，损害赔偿应适用《联合国海洋法公约》

C. 如两船在中国领海碰撞，损害赔偿应适用中国法

①答案：AD。

②答案：D。

D. 如经乙公司同意，甲公司在租赁期间将东方号抵押给韩国丙公司，该抵押权应适用中国法

（六）民用航空器侵权

《民用航空法》第一百八十九条规定，“民用航空器对地面第三人的损害赔偿，适用侵权行为地法律。民用航空器在公海上空对水面第三人的损害赔偿，适用受理案件的法院所在地法律。”可见，民用航空器侵权的法律适用和船舶碰撞法律适用类似，如果侵权地在某国管辖区域，则适用侵权行为地法，如果侵权行为地在公海，则适用法院地法。和船舶碰撞不同的是，没有共同国籍国航空器互相侵权的冲突规范，因为飞机互相碰撞的可能性太小。

侵权法律适用知识点全总结	
一般侵权	意思自治>共同经常居所地法>侵权行为地法（实施地或侵权结果发生地）
产品责任	①侵权人主营业地法或损害发生地法（被侵权人选择或侵权人在被侵权人经常居所地没有相关经营活动） ②被侵权人经常居所地法（被侵权人没有选择，且侵权人在被侵权人经常居所地从事相关经营活动）
网络等媒体方式侵害人格权	被侵权人经常居所地法
知识产权侵权	被请求保护地法律，当事人也可以选择适用法院地法律
船舶碰撞	船旗国相同：共同船旗国法 船旗国不同：碰撞地法（某国管辖区域内碰撞）；法院地法（公海碰撞）
民用航空器侵权	侵权行为地法（某国管辖区域内侵权）；法院地法（公海侵权）

三、不当得利和无因管理的法律适用

《涉外民事关系法律适用法》第四十七条规定，“不当得利、无因管理，适用当事人协议选择适用的法律。当事人没有选择的，适用当事人共同经常居所地法律；没有共同经常居所地的，适用不当得利、无因管理发生地法律。”

不当得利和无因管理的法律适用规范在本质上和侵权行为的法律适用规范是一样的，适用法律的顺序都是“当事人协议选择的法律——共同经常居所地法律——发生地或行为地法律。”

▶ 典型真题

英国公民苏珊来华短期旅游，因疏忽多付房费1000元，苏珊要求旅店返还遭拒

后，将其诉至中国某法院。关于该纠纷的法律适用，下列哪一选项是正确的？（2016-01-36）①

A. 因与苏珊发生争议的旅店位于中国，因此只能适用中国法

B. 当事人可协议选择适用瑞士法

C. 应适用中国法和英国法

D. 应在英国法与中国法中选择适用对苏珊有利的法律

专题八　商事关系的法律适用

一、票据关系的法律适用

票据是出票人依票据法发行的、无条件支付一定金额或委托他人无条件支付一定金额给受款人或持票人的一种有价证券。

（一）票据债务人行为能力的法律适用

《票据法》第九十六条规定，“票据债务人的民事行为能力，适用其本国法律。票据债务人的民事行为能力，依照其本国法律为无民事行为能力或者为限制民事行为能力而依照行为地法律为完全民事行为能力的，适用行为地法律。”

本条规定和《涉外民事关系法律适用法》关于自然人民事行为能力的冲突规范类似，在确定票据债务人行为能力时，若依照其本国法为无民事行为能力或限制行为能力，依行为地法为完全民事行为能力的，适用行为地法律。只是《票据法》用的是“本国法”，《涉外民事关系法律适用法》用的是“经常居所地法”。

（二）票据行为的法律适用

《票据法》第九十七条规定，“汇票、本票出票时的记载事项，适用出票地法律。支票出票时的记载事项，适用出票地法律，经当事人协议，也可以适用付款地法律。”《票据法》第二十条规定，“出票是指出票人签发票据并将其交付给收款人的票据行为。”因此，出票地应是出票人签发票据并将其交付给收款人的地方。

《票据法》第九十八条规定，“票据的背书、承兑、付款和保证行为，适用行为地法律。”

可见，票据行为原则上都适用行为地法，只是支票出票时的记载事项，当事人也可以适用付款地法律。

（三）票据追索权行使期限的法律适用

票据追索权是指票据没有获得承兑或付款时，持票人对其前手请求偿还的权利。

①答案：B。

《票据法》第九十九条规定，“票据追索权的行使期限，适用出票地法律。”

（四）持票人责任的法律适用

为了行使追索权，持票人必须在规定的期间内提示票据，并在规定的期间内按规定的方式将拒付情形通知出票人和背书人，在规定的期间内按规定的方式取得拒绝证明。否则，持票人不能行使追索权。《票据法》第一百条规定，“票据的提示期限、有关拒绝证明的方式、出具拒绝证明的期限，适用付款地法律。”

（五）失票时权利保全程序的法律适用

《票据法》第一百零一条规定，“票据丧失时，失票人请求保全票据权利的程序，适用付款地法律。”

票据关系法律适用知识点全总结	
票据债务人行为能力	债务人本国法和行为地法中能认定债务人有行为能力的法律
票据行为	原则上适用行为地法，但支票出票时的记载事项，还可以选择适用付款地法
票据追索权行使期限	出票地法律
持票人责任	付款地法
失票时权利保全程序	付款地法

▶ 典型真题

中国公民李某在柏林签发一张转账支票给德国甲公司用于支付货款，付款人为中国乙银行北京分行；甲公司在柏林将支票背书转让给中国丙公司，丙公司在北京向乙银行请求付款时被拒。关于该支票的法律适用，依中国法律规定，下列哪一选项是正确的？（2017-01-36）①

A. 如李某依中国法为限制民事行为能力人，依德国法为完全民事行为能力人，应适用德国法

B. 甲公司对该支票的背书行为，应适用中国法

C. 丙公司向甲公司行使票据追索权的期限，应适用中国法

D. 如丙公司不慎将该支票丢失，其请求保全票据权利的程序，应适用德国法

二、海事关系的法律适用

海事关系包括船舶物权、船舶优先权、船舶碰撞、海事赔偿责任限制和共同海损理算等。除了共同海损理算，其他海事关系的法律适用规则已经在上文物权法律适用和侵权法律适用部分有所涉外。关于共同海损理算，《海商法》第二百七十四条规定，“共同海损理算，适用理算地法律。”

①答案：A。

海事关系法律适用知识点全总结	
船舶物权	①原则：船旗国法 ②光船租赁抵押权：原船舶登记国法 ③船舶优先权：法院地法
船舶碰撞	船旗国相同：共同船旗国法 船旗国不同：碰撞地法（某国管辖区域内碰撞）；法院地法（公海碰撞）
海事赔偿责任限制	法院地法
共同海损理算	理算地法

三、民用航空关系的法律适用

民用航空关系法律适用知识点全总结	
民用航空器物权	①原则：登记国法 ②航空器优先权：法院地法
民用航空侵权	侵权行为地法（某国管辖区域内侵权）；法院地法（公海侵权）

四、代理的法律适用

代理是代理人以被代理人的名义在代理权限内与第三人为法律行为，而此种行为的后果直接归被代理人承担。《涉外民事关系法律适用法》第十六条规定，“代理适用代理行为地法律，但被代理人与代理人的民事关系，适用代理关系发生地法律。当事人可以协议选择委托代理适用的法律。”

（一）代理外部关系的法律适用

代理外部关系包括被代理人与第三人之间的关系、代理人与第三人之间的关系。代理人与第三人的关系指的是代理人与第三人所为的法律行为是否约束被代理人的问题。代理人与第三人之间的关系指的是代理人是否有代理权、是否超越代理权、是否存在无权代理等问题。我国规定代理外部关系适用代理行为地法，是因为代理行为地通常是代理人与第三人订立合同的地点，第三人易于了解，有利于保护第三人利益。

（二）代理内部关系的法律适用

代理内部关系指的是被代理人与代理人之间的关系。我国规定代理内部关系适用代理关系发生地法。对于委托代理来说，代理关系发生地指的是委托合同成立地；对于法定代理来说，代理关系发生地指的是法律规定的能够引起代理关系产生的法律事实的发生地；对于指定代理来说，代理关系发生地指的是有指定权的机关、单位实施指定行为的地点。委托代理的内部关系当事人可以选择法律。为什么允许委托代理当事人选择法律，是因为委托代理中的被代理人与代理人之间是一种委托合同关系。为什么只允许委托代理当事人选择法律，是因为代理还包括法定代理和指定代理，法定代理和指定代理的被代理人一般是无民事行为能力人或限制民事行为能力人，不具有选择法律的行为能力。

【**总结**】代理外部关系适用代理行为地法，代理内部关系适用代理关系发生地法；委托代理可以选择法律。

五、信托的法律适用

信托本来是一种发源于英国，流行于英美法系国家的制度。后来，大陆法系部分国家引入了信托法律制度，但由于法律传统的差异，对信托进行了改造，使得两大法系之间的信托制度存在很大差异。

《涉外民事关系法律适用法》第十七条规定，“当事人可以协议选择信托适用的法律。当事人没有选择的，适用信托财产所在地法律或者信托关系发生地法律。”

我国规定当事人可以选择信托适用的法律，是因为信托具有契约性。比如，我国《信托法》第二条就规定，“本法所称信托，是指委托人基于对受托人的信任，将其财产委托给受托人，由受托人按照委托人的意愿以自己的名义，为受益人的利益或特定目的进行管理或者处分的行为。”因此，信托适用当事人意思自治原则是顺理成章的。

我国将信托财产所在地法或信托关系发生地法作为信托当事人未选择法律情况下的准据法，是因为信托财产所在地和信托关系成立地与信托具有密切联系。

▶ 典型真题

新加坡公民王颖与顺捷国际信托公司在北京签订协议，将其在中国的财产交由该公司管理，并指定受益人为其幼子李力。在管理信托财产的过程中，王颖与顺捷公司发生纠纷，并诉至某人民法院。关于该信托纠纷的法律适用，下列哪些选项是正确的？(2017-01-77)①

A. 双方可协议选择适用瑞士法

B. 双方可协议选择适用新加坡法

C. 如双方未选择法律，法院应适用中国法

D. 如双方未选择法律，法院应在中国法与新加坡法中选择适用有利于保护李力利益的法律

专题九　知识产权的法律适用

一、知识产权归属和内容的法律适用

《涉外民事关系法律适用法》第四十八条规定，“知识产权的归属和内容，适用被请求保护地法律。”

---

①答案：ABC。

二、知识产权转让的法律适用

《涉外民事关系法律适用法》第四十九条规定，“当事人可以协议选择知识产权转让和许可使用适用的法律。当事人没有选择的，适用本法对合同的有关规定。”

三、知识产权侵权的法律适用

《涉外民事关系法律适用法》第五十条规定，“知识产权的侵权责任，适用被请求保护地法律，当事人也可以在侵权行为发生后协议选择适用法院地法律。”

知识产权法律适用知识点全总结	
知识产权归属和内容	被请求保护地法
知识产权转让	和一般合同一样，可意思自治选择法律，没有选择的适用特征履行地或最密切联系地法
知识产权侵权	被请求保护地法律，当事人也可以选择适用法院地法律

▶ 典型真题

德国甲公司与中国乙公司签订许可使用合同，授权乙公司在英国使用甲公司在英国获批的某项专利。后因相关纠纷诉诸中国法院。关于该案的法律适用，下列哪些选项是正确的？（2014-01-78）①

A. 关于本案的定性，应适用中国法

B. 关于专利权归属的争议，应适用德国法

C. 关于专利权内容的争议，应适用英国法

D. 关于专利权侵权的争议，双方可以协议选择法律，不能达成协议，应适用与纠纷有最密切联系的法律

专题十 婚姻与家庭的法律适用

一、结婚的法律适用

结婚必须符合法律规定的实质要件和形式要件才能有效成立，但各国对结婚要件的规定不同，国际私法一般区分法律实质要件和法律形式要件解决其法律适用问题。

（一）结婚实质要件的法律适用

结婚的实质要件包括结婚必须具备的条件和必须排除的条件。前者一般是指双方当事人必须达到法定婚龄，必须双方当事人自愿等。而后者一般是指双方不在禁止结

①答案：AC。

婚的血亲之内，不存在不能结婚的疾病或生理缺陷，没有另外的婚姻关系等。

《涉外民事关系法律适用法》第二十一条规定，“结婚条件，适用当事人共同经常居所地法律；没有共同经常居所地的，适用共同国籍国法律；没有共同国籍，在一方当事人经常居所地或者国籍国缔结婚姻的，适用婚姻缔结地法律。”这是一条有条件选择适用的冲突规范，需要注意的是，适用婚姻缔结地法的条件除了当事人没有共同经常居所地和共同国籍外，还要求婚姻缔结地是一方当事人经常居所地或国籍国。如果当事人在一个并非任何一方当事人经常居所地，也并非任何一方当事人国籍国的地方结婚，则不能适用婚姻缔结地法来判断结婚的实质要件是否具备。

（二）结婚形式要件的法律适用

结婚形式要件是指婚姻合法成立必须履行的法定手续或形式，又称为结婚的手续或程序要件。关于结婚手续，各国存在不同规定，包括民事登记方式、宗教或世俗仪式方式、事实婚姻方式、领事婚姻方式等。

《涉外民事关系法律适用法》第二十二条规定，“结婚手续，符合婚姻缔结地法律、一方当事人经常居所地法律或者国籍国法律的，均为有效。”该条的目的是尽可能使结婚形式要件得到有效确认，不使婚姻仅因形式要件欠缺而无效。

▶ 典型真题

经常居所在汉堡的德国公民贝克与经常居所在上海的中国公民李某打算在中国结婚。关于贝克与李某结婚，依《涉外民事关系法律适用法》，下列哪一选项是正确的？(2016-01-37)①

A. 两人的婚龄适用中国法　　B. 结婚的手续适用中国法

C. 结婚的所有事项均适用中国法　　D. 结婚的条件同时适用中国法与德国法

二、夫妻关系的法律适用

（一）夫妻人身关系的法律适用

夫妻人身关系是指夫妻在身份、地位等方面的权利义务关系，包括夫妻的姓名权、生育权、名誉权、同居义务、相互忠实义务、扶养义务、住所决定权、就业选择权、参加社会活动的权利等。

《涉外民事关系法律适用法》第二十三条规定，“夫妻人身关系，适用共同经常居所地法律；没有共同经常居所地的，适用共同国籍国法律。”

对夫妻人身关系法律冲突的解决，主要采用适用当事人的属人法。夫妻人身关系之所以适用当事人属人法，是因为夫妻人身关系与人的身份密切相关，而身份关系历来就归属人法支配。我国关于夫妻人身的冲突规范与各国的冲突规范保持了一致，适用当事人的属人法。我国的属人法是经常居所地法，适用经常居所地法体现了我国法律的一致性，也符合实际情况，因为夫妻关系与经常居所地的联系程度要高于其他连

①答案：A。

接因素。当事人没有共同经常居所地的，适用共同国籍国法律以补充适用共同经常居所地法的不足，解决当事人没有共同经常居所地时的法律适用问题。

（二）夫妻财产关系的法律适用

夫妻财产关系是指夫妻在财产方面的权利义务关系，它派生于夫妻身份关系。确认和保护夫妻财产关系的法律制度称为夫妻财产制，各国法律对夫妻财产制度规定不同，可分为法定财产制、共同财产制和分别财产制，涉及的问题包括夫妻财产所有权、夫妻财产处分权、夫妻债务的处理等。

《涉外民事关系法律适用法》第二十四条规定，“夫妻财产关系，当事人可以协议选择适用一方当事人经常居所地法律、国籍国法律或者主要财产所在地法律。当事人没有选择的，适用共同经常居所地法律；没有共同经常居所地的，适用共同国籍国法律。”

《涉外民事关系法律适用法》第二十四条由两条冲突规范组成：第一条冲突规范纳入了有选择范围的意思自治原则，当事人可以在一方当事人经常居所地法律、国籍国法律或者主要财产所在地法律中择一适用。第二条冲突规范是有条件选择适用的冲突规范，只能按照法律规定的顺序适用。当事人没有选择夫妻财产关系应适用的法律的，首先适用共同经常居所地法律；没有共同经常居所地的，适用共同国籍国法律。第一条冲突规范和第二条冲突规范合在一起在整体上也构成有条件选择适用的冲突规范，当事人选择了夫妻财产关系应适用的法律，第二条冲突规范则不再适用。

《涉外民事关系法律适用法》第二十四条将意思自治原则引入夫妻财产关系领域，反映了夫妻财产关系的立法趋势。同时，对当事人选择法律的范围加以限制，限定在经常居所地法律、国籍国法律或者主要财产所在地法之内，避免了当事人对意思自治原则的滥用，当事人只能在与案件有实际联系的法律中选择。在当事人没有合意选择适用法律时，适用属人法确定夫妻财产关系应适用的法律。在具体规定上，当事人共同经常居所地优先于共同国籍国法适用。

【注意】夫妻财产关系的冲突规范和夫妻人身关系的冲突规范的区别就是增加了有限意思自治原则，其他规定是一样的，都是先适用共同经常居所地法，没有共同经常居所地的适用共同国籍国法。

▶ 典型真题

中国人李某（女）与甲国人金某（男）2011 年在乙国依照乙国法律登记结婚，婚后二人定居在北京。依《涉外民事关系法律适用法》，关于其夫妻关系的法律适用，下列哪些表述是正确的？（2013-01-77）①

A. 婚后李某是否应改从其丈夫姓氏的问题，适用甲国法

B. 双方是否应当同居的问题，适用中国法

C. 婚姻对他们婚前财产的效力问题，适用乙国法

D. 婚姻存续期间双方取得的财产的处分问题，双方可选择适用甲国法

①答案：BD。

三、离婚的法律适用

（一）协议离婚的法律适用

协议离婚的法律冲突包括是否许可离婚、是否许可协议离婚、协议离婚的形式要件、协议离婚的实质要件等。

《涉外民事关系法律适用法》第二十六条规定，“协议离婚，当事人可以协议选择适用一方当事人经常居所地法律或者国籍国法律。当事人没有选择的，适用共同经常居所地法律；没有共同经常居所地的，适用共同国籍国法律；没有共同国籍的，适用办理离婚手续机构所在地法律。”

本条在离婚领域引入意思自治原则是一大亮点。允许协议离婚的当事人协议选择准据法，是因为与诉讼离婚相比，协议离婚是在夫妻双方自愿的基础上完成的，是否协议离婚是当事人的自由意志，那么在协议离婚的准据法确定上也应该允许当事人意思自治。然而，离婚本质上还是与夫妻之间的身份关系紧密联系的，为了防止当事人滥用选择法律的权利，规避本应适用的法律，产生“跛脚婚姻”的情况，当事人选择的法律必须与当事人有某种实际的联系。因此，本条将协议离婚当事人可以协议选择的法律限制为一方当事人经常居所地法或国籍国法。

（二）诉讼离婚的法律适用

《涉外民事关系法律适用法》第二十七条规定，“诉讼离婚，适用法院地法律。”

我国规定诉讼离婚适用法院地法是因为离婚制度涉及一国的伦理道德和社会公共利益，当事人在向某国法院提起离婚诉讼时，应充分尊重和服从该国的固有法律理念。适用法院地法也更为简便。

▶ 典型真题

韩国公民金某与德国公民汉森自2013年1月起一直居住于上海，并于该年6月在上海结婚。2015年8月，二人欲在上海解除婚姻关系。关于二人财产关系与离婚的法律适用，下列哪些选项是正确的？（2015-01-78）①

A. 二人可约定其财产关系适用韩国法

B. 如诉讼离婚，应适用中国法

C. 如协议离婚，二人没有选择法律的，应适用中国法

D. 如协议离婚，二人可以在中国法、韩国法及德国法中进行选择

四、父母子女关系的法律适用

《涉外民事关系法律适用法》第二十五条规定，“父母子女人身、财产关系，适用共

①答案：ABCD。

同经常居所地法律；没有共同经常居所地的，适用一方当事人经常居所地法律或者国籍国法律中有利于保护弱者权益的法律。”

我国规定父母子女关系首先适用父母子女共同经常居所地法律，是因为父母子女的共同经常居所地是父母对未成年子女行使亲权的中心，也是成年子女赡养父母的中心，与父母子女关系通常具有最密切的联系。父母子女关系通常涉及居住地的道德风化和社会秩序，因此应当首先由共同经常居所地调整。同时，为了保护未成年子女或年迈父母的利益，我国在父母子女关系的冲突规范中引入了“有利于保护弱者利益”原则，在父母子女没有共同经常居所地时，适用一方当事人经常居所地法律或者国籍国法律中有利于保护弱者权益的法律。

五、收养的法律适用

收养是通过法律程序创设父母子女关系的一种制度。收养人和被收养人之间并无血缘关系，而是一种拟制的亲子关系。

《涉外民事关系法律适用法》第二十八条规定，“收养的条件和手续，适用收养人和被收养人经常居所地法律。收养的效力，适用收养时收养人经常居所地法律。收养关系的解除，适用收养时被收养人经常居所地法律或者法院地法律。”可见，我国分别对收养的成立、效力和解除的法律适用作了规定。

（一）收养条件和手续的法律适用

收养的条件是指收养关系中的收养人和被收养人的年龄和身份、收养人收养的意思表示和送养人送养的意思表示等内容。收养的手续是指收养的法律程序，比如是否要求经过申请及有关主管部门核准备案，是否要进行公证或登记等。

《涉外民事关系法律适用法》第二十八条第一句就收养的条件和手续规定了一条重叠适用准据法的冲突规范，即同时适用收养关系双方的经常居所地法律。收养的条件和手续重叠适用双方经常居所地法律，是为确保跨国收养的成立得到双方主要生活地区的共同承认，减少或消除“跛足收养”。

（二）收养效力的法律适用

收养的效力指的是收养是完全收养还是不完全收养。完全收养的目的在于使被收养人完全融入养家，即收养关系成立后，被收养人与其生父母间的权利义务关系即告终止，收养人与被收养人之间建立起权利义务关系，养子女享有与婚生子女同样的法律地位。不完全收养是指收养关系成立后，被收养人与其亲生父母的关系并不完全断绝，他们之间仍可互相享有某种继承权。

《涉外民事关系法律适用法》第二十八条第二句规定，收养的效力，适用收养时收养人经常居所地法律。规定收养效力适用收养人的属人法，主要是考虑到跨国收养通常是被收养人到收养人的家中跟随收养人一起生活，对收养人的生活影响也较大。收养的效力适用收养人经常居所地法能更好地保护收养人的利益，也能更好地保护收养人的积极性，从而鼓励跨国收养这一善举。由于经常居所地是一个可变动的连接点，本条将收养效力的准据法从时间上界定为收养时收养人经常居所地。

（三）收养解除的法律适用

收养关系的解除包括收养解除的事由、方式和法律后果。《涉外民事关系法律适用法》第二十八条第三句规定，收养关系的解除，适用收养时被收养人经常居所地法律或者法院地法律。

收养关系解除的冲突规范是一条无条件选择适用的冲突规范，提供了两个供法官自由裁量选择适用的准据法，即收养时被收养人经常居所地法律或者法院地法律。其中由于收养关系的解除对被收养人的利益影响较大，规定收养关系的解除可以选择适用被收养人的属人法，体现了注重保护弱方当事人利益的政策导向，并将时间界定为收养时，令经常居所地较能反映被收养人在收养关系成立前的主要生活所在地域，而且收养关系解除后被收养人一般要回到收养时被收养人经常居所地生活，收养时被收养人经常居所地和收养关系解除的关系最为密切。

同时，本条还规定，在收养关系解除案件中，法院还可以选择适用法院地法。这一规定的主要理由时，收养的解除涉及一国的伦理道德和善良风俗等观念，有关收养解除的法律规范在很大程度上属于各国的强制性规范，当事人在向某国法院提起诉讼时，应当充分尊重和服从该国的社会共同利益和固有法律观念。而且，我国目前主要是作为被收养儿童送养国，我国法院受理的涉外收养案件中，被收养人经常居所地通常就是我国，即法院地法与被收养人属人法在大多数情况下是重合的。此外，规定收养的解除可选择适用法院地法，能够确保我国儿童在跨国收养成立时经常居所地不在我国的情况下，仍然可以适用我国法调整该收养关系，更好地保护我国被收养儿童的利益。

▶ 典型真题

经常居住于英国的法国籍夫妇甲和乙，想来华共同收养某儿童。对此，下列哪一说法是正确的？（2014-01-37）①

A. 甲、乙必须共同来华办理收养手续

B. 甲、乙应与送养人订立书面收养协议

C. 收养的条件应重叠适用中国法和法国法

D. 若发生收养效力纠纷，应适用中国法

六、扶养的法律适用

扶养是指根据身份关系，在一定的亲属间，有经济能力的对于无力生活的应给予扶助以维持其生活的一种法律制度。扶养包括长辈对晚辈（父母对子女、祖父母对孙子女、外祖父母对外孙子女）的扶养（又称抚养）、晚辈对长辈（子女对父母、孙子女对祖父母、外孙子女对外祖父母）的扶养（又称赡养）以及平辈之间（夫妻之间、兄弟姐妹之间）的扶养。

《涉外民事关系法律适用法》第二十九条规定，“扶养，适用一方当事人经常居所地

---

①答案：B。

法律、国籍国法律或者主要财产所在地法律中有利于保护被扶养人权益的法律。”

我国涉外扶养准据法的选择标准是唯一的，即“有利于保护被扶养人权益”，这体现了保护弱者利益原则。将选择范围限定在当事人双方当事人的属人法是因为扶养是与身份有关的法律关系，为了尽量将选择范围扩大，以选出最有利于保护被扶养人权益的法律，这里的属人法包括经常居所地法和国籍法，这也是我国《涉外民事关系法律适用法》中少有的出现国籍法的地方。同时，扶养还是与财产有关，因此选择范围再扩大到主要财产所在地法律。

七、监护的法律适用

《涉外民事关系法律适用法》第三十条规定，“监护，适用一方当事人经常居所地法律或者国籍国法律中有利于保护被监护人权益的法律。”

在监护关系中的被监护人因生理、年龄、精神疾病等导致其处于弱者地位。《涉外民事关系法律适用法》第三十条将监护的准据法规定为一方当事人经常居所地法律或者国籍国法律中有利于保护被监护人权益的法律，彰显了国际私法的保护弱者利益原则。

【比较】监护的冲突规范与扶养的冲突规范相比，只是可选择法律的范围少了主要财产所在地法，其他规定一样。

婚姻与家庭法律适用知识点全总结	
结婚	结婚条件：共同经常居所地法>共同国籍国法>婚姻缔结地法（在一方当事人经常居所地或者国籍国缔结婚姻的）
	结婚手续：符合婚姻缔结地法、一方当事人经常居所地法或者国籍国法的，均为有效
夫妻关系	人身关系：共同经常居所地法>共同国籍国法
	财产关系：意思自治（限于一方当事人经常居所地法、国籍国法或者主要财产所在地法）>共同经常居所地法>共同国籍国法
离婚	协议离婚：意思自治（限于一方当事人经常居所地法、国籍国法）>共同经常居所地法>共同国籍国法>办理离婚手续机构所在地
	诉讼离婚：法院地法
父母子女关系	共同经常居所地法>一方当事人经常居所地法或国籍国法中有利于保护弱者权益的法
扶养	一方当事人经常居所地法、国籍国法或者主要财产所在地法中有利于保护被扶养人权益的法
监护	一方当事人经常居所地法或国籍国法中有利于保护被监护人权益的法
收养	收养的条件和手续：重叠适用收养人和被收养人经常居所地法
	收养的效力：收养时收养人经常居所地法
	收养的解除：收养时被收养人经常居所地法或法院地法

专题十一　继承的法律适用

一、法定继承的法律适用

《涉外民事关系法律适用法》第三十一条规定，“法定继承，适用被继承人死亡时经常居所地法律，但不动产法定继承，适用不动产所在地法律。”

在确定涉外法定继承的法律适用上，长期以来存在着区别制和同一制两种对立的制度。区别制也称为分割制，是指在涉外法定继承中，将遗产区分为动产和不动产，动产适用被继承人的属人法，不动产适用物之所在地法。同一制也称为单一制，是指不管遗产是动产还是不动产，继承关系作为一个整体适用被继承人的属人法。

我国涉外法定继承的冲突规范采区别制，即动产法定继承适用被继承人死亡时经常居所地法，不动产法定继承适用不动产所在地法。

二、遗嘱继承的法律适用

遗嘱是被继承人生前按照法律规定，预先处分自己的财产以及对死后的权利义务的分配进行处理和安排，并于其死亡时发生法律效力的单方法律行为。遗嘱继承包括遗嘱方式和遗嘱效力两个问题。《涉外民事关系法律适用法》分别对遗嘱方式和遗嘱效力的法律适用作了规定。

（一）遗嘱方式的法律适用

《涉外民事关系法律适用法》第三十二条规定，“遗嘱方式，符合遗嘱人立遗嘱时或者死亡时经常居所地法律、国籍国法律或者遗嘱行为地法律的，遗嘱均为成立。”

目前，各国立法对遗嘱方式的法律适用有放宽和更加灵活处理的趋势，尽量使遗嘱在形式上有效，这就是“有利于遗嘱形式有效原则”。我国关于遗嘱方式的冲突规范就体现了这一原则，遗嘱方式符合遗嘱人属人法或遗嘱行为地法的，遗嘱均为成立。此处的遗嘱人属人法包括经常居所地法和国籍法，并且时间点包括立遗嘱时或死亡时。

（二）遗嘱效力的法律适用

《涉外民事关系法律适用法》第三十三条规定，“遗嘱效力，适用遗嘱人立遗嘱时或者死亡时经常居所地法律或者国籍国法律。”

我国在遗嘱效力的法律适用上采同一制，以属人法作为遗嘱效力的准据法，并且扩大连接点的时间和空间范围，将立遗嘱人立遗嘱时或死亡时的经常居所地法或国籍国法确定为遗嘱效力的准据法。

【比较】遗嘱方式的准据法包括遗嘱人立遗嘱时或者死亡时经常居所地法律、国籍国法律或者遗嘱行为地法律；遗嘱效力的准据法和遗嘱方式的准据法相比少了一个遗嘱行为地法，其他都一样。

三、遗产管理的法律适用

《涉外民事关系法律适用法》第三十四条规定，“遗产管理等事项，适用遗产所在地法律。”

虽然遗产管理是继承制度的一个组成部分，但在国际私法上，实行遗产管理制度的国家、地区通常不是适用继承准据法来处理遗产管理的法律问题的，而是主张遗产所在地法来决定。之所以如此，是因为遗产管理涉及很多程序事项。

四、无人继承遗产归属的法律适用

《涉外民事关系法律适用法》第三十五条规定，“无人继承遗产的归属，适用被继承人死亡时遗产所在地法律。”

无人继承遗产的归属适用被继承人死亡时遗产所在地法，是出于维护遗产所在地国家利益的考虑。无人继承财产的归属问题通常涉及国家之间的利益之争。财产所在地国家通常都会尽力使该财产归本国所有。财产所在地以外的国家即使依据其他法律将该财产判归己有，通常也不会得到财产所在地国家的承认和执行。

【比较】遗产管理和无人继承遗产的归属问题都适用遗产所在地法，只是无人继承遗产的归属问题适用被继承人死亡时遗产所在地法，而遗产管理适用管理时遗产所在地法。

继承法律适用知识点全总结	
法定继承	不动产：不动产所在地法
	动产：被继承人死亡时经常居所地法
遗嘱继承	遗嘱方式：符合立遗嘱时或死亡时经常居所地法、国籍国法或者遗嘱行为地法的，遗嘱均为成立
	遗嘱效力：立遗嘱时或者死亡时经常居所地法或国籍国法
遗产管理	遗产所在地法
无人继承遗产的归属	被继承人死亡时遗产所在地法

▶ 典型真题

经常居所在上海的瑞士公民怀特未留遗嘱死亡，怀特在上海银行存有100万元人民币，在苏黎世银行存有10万欧元，且在上海与巴黎各有一套房产。现其继承人因遗产分割纠纷诉至上海某法院。依中国法律规定，下列哪些选项是正确的？（2016-01-78）①

A. 100万元人民币存款应适用中国法　　B. 10万欧元存款应适用中国法

C. 上海的房产应适用中国法　　D. 巴黎的房产应适用法国法

①答案：ABCD。

第十四章　国际民商事争议的解决

考情分析

本章内容包括国际民事诉讼与国际商事仲裁两大部分。本章内容多，也是考试的重点，一般每年考3道题，2008年考了8道题。本章不考理论，只考法条，主要考查《民事诉讼法》《仲裁法》及相关司法解释的内容，具体考点包括外国人在中国的民事诉讼地位、中国关于国际民事案件管辖权的规定、国际民事诉讼的期间、诉讼保全、诉讼时效、域外送达、域外取证、外国法院判决的承认与执行、仲裁协议、仲裁程序中的财产保全与证据保全、国际商事仲裁的法律适用、仲裁裁决的撤销、仲裁裁决的承认与执行等。

考试要点

中国关于国际民事案件管辖权的规定、域外送达、域外取证、外国法院判决的承认与执行、仲裁协议、仲裁裁决的撤销、仲裁裁决的承认与执行等。

专题十二　国际民事诉讼

一、外国人的民事诉讼地位

（一）以对等为条件的国民待遇原则

《民事诉讼法》第五条规定，“外国人、无国籍人、外国企业和组织在人民法院起诉、应诉，同中华人民共和国公民、法人和其他组织有同等的诉讼权利义务。外国法院对中华人民共和国公民、法人和其他组织的民事诉讼权利加以限制的，中华人民共和国人民法院对该国公民、企业和组织的民事诉讼权利，实行对等原则。”

可见，我国对外国人的民事诉讼地位采取的是以对等为条件的国民待遇原则。

（二）诉讼代理

《民事诉讼法》第五百六十三条规定，“外国人、无国籍人、外国企业和组织在人民法院起诉、应诉，需要委托律师代理诉讼的，必须委托中华人民共和国的律师。”

最高人民法院《关于适用〈中华人民共和国民事诉讼法〉的解释》（以下简称《民诉法解释》）第五百二十八条规定，“涉外民事诉讼中的外籍当事人，可以委托本国人为诉讼代理人，也可以委托本国律师以非律师身份担任诉讼代理人；外国驻华使领馆官员，受本国公民的委托，可以以个人名义担任诉讼代理人，但在诉讼中不享有外交或者领事特权和豁免。”

《民诉法解释》五百二十九条规定，“涉外民事诉讼中，外国驻华使领馆授权其本馆官员，在作为当事人的本国国民不在中华人民共和国领域内的情况下，可以以外交代表身份为其本国国民在中华人民共和国聘请中华人民共和国律师或者中华人民共和国公民代理民事诉讼。”

可见，外国人在我国法院参与诉讼时，可以亲自进行，也有权通过一定程序委托我国的律师或其他公民代为进行。但需要委托律师代理诉讼的，必须委托我国的律师代为诉讼。外国当事人可以委托其本国人为诉讼代理人，也可以委托本国律师以非律师身份担任诉讼代理人。另外，外国当事人还可以委托其本国驻华使领馆官员以个人名义担任诉讼代理人，但诉讼程序中不享有外交或者领事特权与豁免。驻华使领馆官员也可为其本国国民聘请中国律师或中国公民代理诉讼。

【总结】①外国人在我国法院诉讼可委托的诉讼代理人包括：中国律师；本国人；本国律师（非律师身份）；外国驻华使领馆官员（个人名义）。②驻华使领馆官员可为其本国国民聘请中国律师或中国公民代理诉讼。

▶ 典型真题

荷兰人迈克在中国工作期间被一同事过失伤害。因双方就损害赔偿标准达不成协议，迈克向工作所在地某人民法院提起诉讼，他可以委托下列哪些人为其诉讼代理人？（2003-01-63）①

A. 荷兰人

B. 以律师身份担任诉讼代理人的荷兰律师

C. 以非律师身份担任诉讼代理人的荷兰律师

D. 以个人名义出任诉讼代理人的荷兰驻华使领馆官员

（三）身份证明

《民事诉讼法》第二百六十四条规定，“在中华人民共和国领域内没有住所的外国人、无国籍人、外国企业和组织委托中华人民共和国律师或者其他人代理诉讼，从中

①答案：ACD。

华人民共和国领域外寄交或者托交的授权委托书，应当经所在国公证机关证明，并经中华人民共和国驻该国使领馆认证，或者履行中华人民共和国与该所在国订立的有关条约中规定的证明手续后，才具有效力。”

《民诉法解释》第五百二十三至五百二十六条区分几种不同情形规定了外国人的身份证明问题：

(1)外国人参加诉讼，应当向人民法院提交护照等用以证明自己身份的证件。

(2)外国企业或者组织参加诉讼，向人民法院提交身份证明文件和代表企业或组织参加诉讼的人有代表权的证明文件。上述证明文件应当经所在国(设立登记国或办理了营业登记手续的第三国)公证机关公证，并经中国驻该国使领馆认证，或者履行中国与该所在国订立的有关条约中规定的证明手续。

(3)如外国当事人所在国与中国没有建立外交关系的，可以经所在国公证机关公证，经与中国有外交关系的第三国驻该国使领馆认证，再转由中国驻该第三国使领馆认证。

(4)外国人、外国企业或者组织的代表人在人民法院法官的见证下签署授权委托书或者在中国境内签署授权委托书经中国公证机构公证的，人民法院应予认可。

【总结】外国自然人在我国参加诉讼，只需提交护照等身份证件，无须公证认证；来自域外的身份证明或授权委托书，需所在国公证并经我国驻该国使领馆认证或通过第三国使领馆转认证，或条约规定的证明手续；境内签署的授权委托书需法官见证或我国公证机关公证。

▶ 典型真题

秦某的父亲从美国寄交委托中国律师的授权委托书，应该办理下列何种手续？(2003-01-100)①

A. 经美国公证机关证明，并经中华人民共和国驻美国使领馆认证

B. 经中华人民共和国驻美国使领馆认证

C. 履行中华人民共和国与美国订立的有关条约中规定的证明手续

D. 经中华人民共和国外交部有关部门认证

（四）司法豁免

《民事诉讼法》第二百六十一条规定，“对享有外交特权与豁免的外国人、外国组织或者国际组织提起的民事诉讼，应当依照中华人民共和国有关法律和中华人民共和国缔结或者参加的国际条约的规定办理。”《外交特权与豁免条例》明确规定了外交代表享有民事管辖豁免，我国加入的《维也纳外交关系公约》对外交代表进行民事诉讼的司法豁免和例外作了规定。

为保障正确受理涉及特权与豁免的民事案件，最高人民法院于 2007 年下发《关于

①答案：AC。

人民法院受理涉及特权与豁免的民事案件有关问题的通知》，决定对人民法院受理的涉及特权与豁免的案件建立报告制度，凡以下列在中国享有特权与豁免的主体为被告、第三人向人民法院起诉的民事案件，人民法院应在决定受理之前，报请本辖区高级人民法院审查；高级人民法院同意受理的，应当将审查意见报最高人民法院。在最高人民法院答复前，一律暂不受理：(1)外国国家；(2)外国驻中国使馆和使馆人员；(3)外国驻中国领馆和领馆成员；(4)途经中国的外国驻第三国的外交代表和与其共同生活的配偶及未成年子女；(5)途经中国的外国驻第三国的领事官员和与其共同生活的配偶及未成年子女；(6)持有中国外交签证或者持有外交护照(仅限互免签证的国家)来中国的外国官员；(7)持有中国外交签证或者持有与中国互免签证国家外交护照的领事官员；(8)来中国访问的外国国家元首、政府首脑、外交部长及其他具有同等身份的官员；(9)来中国参加联合国及其专门机构召开的国际会议的外国代表；(10)临时来中国的联合国及其专门机构的官员和专家；(11)联合国系统组织驻中国的代表机构和人员；(12)其他在中国享有特权与豁免的主体。

涉特权与豁免案件层报制度的核心内容是，凡以在我国享有特权与豁免的主体为被告、第三人向我国法院起诉的民事案件，法院在决定受理之前，应启动法院内部层报程序。需要注意的是，适用法院内部层报制度需要满足两个条件：(1)享有特权与豁免的主体是案件中的被告或第三人，如果享有特权与豁免的主体是原告，只要法院认定自己有管辖权即可受理，无须启动层报程序；(2)法院经审查认为自己有管辖权。如果法院认为自己对案件无管辖权，可直接作出不予受理的决定，无须启动层报程序。

【总结】涉特权与豁免案件层报制度：管辖才层报，不管辖不层报；被告第三人才层报，原告不层报。

▶ 典型真题

依据现行的司法解释，我国法院受理对在我国享有特权与豁免的主体起诉的民事案件，须按法院内部报告制度，报请最高人民法院批准。为此，下列表述正确的是：(2008-01-99)①

A. 在我国享有特权与豁免的主体若为民事案件中的第三人，该报告制度不适用

B. 若在我国享有特权与豁免的主体在我国从事商业活动，则对其作为被告的民事案件的受理无需适用上述报告制度

C. 对外国驻华使馆的外交官作为原告的民事案件，其受理不适用上述报告制度

D. 若被告是临时来华的联合国官员，则对其作为被告的有关的民事案件的受理不适用上述报告制度

（五）语言文字

《民事诉讼法》第二百六十二条规定，“人民法院审理涉外民事案件，应当使用中华

①答案：C。

人民共和国通用的语言、文字。当事人要求提供翻译的，可以提供，费用由当事人承担。”

《民诉法解释》第五百二十七条规定，“当事人向人民法院提交的书面材料是外文的，应当同时向人民法院提交中文翻译件。当事人对中文翻译件有异议的，应当共同委托翻译机构提供翻译文本；当事人对翻译机构的选择不能达成一致的，由人民法院确定。”

可见，在中国进行的诉讼，不管是当事人提供的材料还是诉讼语言，都应当使用中文。当事人要求提供翻译的，可以提供，但费用由当事人承担。

▶ 典型真题

英国人施密特因合同纠纷在中国法院涉诉。关于该民事诉讼，下列哪一选项是正确的？（2015-01-39）①

A. 施密特可以向人民法院提交英文书面材料，无需提供中文翻译件

B. 施密特可以委托任意一位英国出庭律师以公民代理的形式代理诉讼

C. 如施密特不在中国境内，英国驻华大使馆可以授权本馆官员为施密特聘请中国律师代理诉讼

D. 如经调解双方当事人达成协议，人民法院已制发调解书，但施密特要求发给判决书，应予拒绝

（六）根据调解协议制作判决书

《民诉法解释》第五百三十条规定，“涉外民事诉讼中，经调解双方达成协议，应当制发调解书。当事人要求发给判决书的，可以依协议的内容制作判决书送达当事人。”可以应当事人要求依调解协议制作判决书，这是涉外案件的特殊规定，在非涉外案件中，只能依调解协议制作调解书，不能依调解协议制作判决书。为什么涉外案件允许依调解协议制作判决书，是因为调解书这一形式可能成为域外承认与执行的障碍。

二、涉外民商事案件的管辖权

与大多数国家一样，我国民事诉讼法也是以被告住所地为普通管辖的依据，即采用原告就被告的原则，凡是涉外民事案件中的被告住所地在我国，我国法院就有管辖权。如果被告的住所地与经常居住地不一致，只要其经常居住地在我国领域内，我国法院也有管辖权。除了原告就被告以外，我国涉外民商事案件的管辖还有以下特殊规则。

（一）涉外合同或财产权益案件的管辖权

《民事诉讼法》第二十三条规定，“因合同纠纷提起的诉讼，由被告住所地或者合同

①答案：C。

履行地人民法院管辖。”

《民诉法解释》第五百六十五条规定，“因合同纠纷或者其他财产权益纠纷，对在中华人民共和国领域内没有住所的被告提起的诉讼，如果合同在中华人民共和国领域内签订或者履行，或者诉讼标的物在中华人民共和国领域内，或者被告在中华人民共和国领域内有可供扣押的财产，或者被告在中华人民共和国领域内设有代表机构，可以由合同签订地、合同履行地、诉讼标的物所在地、可供扣押财产所在地、侵权行为地或者代表机构住所地人民法院管辖。”

可见，对于涉外合同或财产权益案件，被告住所地、合同签订地、合同履行地、诉讼标的物所在地、可供扣押财产所在地、侵权行为地或者代表机构住所地法院有管辖权。

（二）涉外有关身份案件的管辖权

根据《民事诉讼法》第二十二条的规定，对不在我国国内居住的人提起的有关身份关系的诉讼，由原告住所地人民法院管辖；原告住所地与经常居住地不一致的，由原告经常居住地人民法院管辖。如果离婚案件的双方当事人都是中国人，但一方或双方定居或居住于境外，一方向我国法院起诉离婚，我国法院是否有管辖权呢？《民诉法解释》第十三条至第十七条将这种离婚案件分为五种情况，确立了不同的管辖权规则。

1. 国内结婚并定居国外

《民诉法解释》第十三条规定，“在国内结婚并定居国外的华侨，如定居国法院以离婚诉讼须由婚姻缔结地法院管辖为由不予受理，当事人向人民法院提出离婚诉讼的，由婚姻缔结地或者一方在国内的最后居住地人民法院管辖。”因国外法院拒绝管辖，我国法院不能坐视不管，因婚姻缔结地在我国且国外法院认为应用婚姻缔结地法院管辖，由我国婚姻缔结地法院管辖是合理的。由于涉外身份案件，国内原被告住所地法院都有管辖权，而双方当事人已经定居国外，因此由一方在国内的最后居住地法院管辖也是合理的。

2. 国外结婚并定居国外

《民诉法解释》第十四条规定，“在国外结婚并定居国外的华侨，如定居国法院以离婚诉讼须由国籍所属国法院管辖为由不予受理，当事人向人民法院提出离婚诉讼的，由一方原住所地或者在国内的最后居住地人民法院管辖。”因国外法院拒绝管辖，我国法院不能坐视不管，因此由一方在国内的原住所地或国内最后居住地法院管辖是合理的。

3. 一方居住国外，一方居住国内

《民诉法解释》第十五条规定，“中国公民一方居住在国外，一方居住在国内，不论哪一方向人民法院提起离婚诉讼，国内一方住所地人民法院都有权管辖。国外一方在居住国法院起诉，国内一方向人民法院起诉的，受诉人民法院有权管辖。”对于涉外身份案件，原告住所地本来就有管辖权。

4. 双方在国外但未定居

《民诉法解释》第十六条规定，“中国公民双方在国外但未定居，一方向人民法院起诉离婚的，应由原告或者被告原住所地人民法院管辖。”对于涉外身份案件，原告住所地本来就有管辖权。

5. 已离婚并均定居国外，仅就国内财产分割起诉

《民诉法解释》第十七条规定，“已经离婚的中国公民，双方均定居国外，仅就国内财产分割提起诉讼的，由主要财产所在地人民法院管辖。”对于涉外财产案件，财产所在地法院本来就有管辖权。

【总结】对于当事人双方都是中国人的涉外离婚案件，婚姻缔结地、国内住所地、国内原住所地、国内最后居住地有管辖权；已离婚案件财产分割，国内主要财产所在地有管辖权。

▶ 典型真题

甲、乙均为中国公民，在中国结婚。婚后若干年，甲移居美国，乙仍居中国。因长期分居感情疏离，两人决定离婚。对此，下列哪一选项是错误的？（2008 四川-01-36）①

A. 无论甲、乙哪一方向中国法院提起离婚诉讼，中国法院都有管辖权

B. 若甲先在美国起诉，则乙不可再在中国起诉

C. 甲在美国起诉后，乙仍然可以在中国起诉

D. 甲在美国起诉后，乙既可以在中国起诉，也可以到美国应诉

（三）专属管辖

《民事诉讼法》第三十三条规定，“下列案件，由本条规定的人民法院专属管辖：(一)因不动产纠纷提起的诉讼，由不动产所在地人民法院管辖；(二)因港口作业中发生纠纷提起的诉讼，由港口所在地人民法院管辖；(三)因继承遗产纠纷提起的诉讼，由被继承人死亡时住所地或者主要遗产所在地人民法院管辖。”

《民事诉讼法》第二百六十六条规定，“因在中华人民共和国履行中外合资经营企业合同、中外合作经营企业合同、中外合作勘探开发自然资源合同发生纠纷提起的诉讼，由中华人民共和国人民法院管辖。”

《海事诉讼特别程序法》第七条规定，“下列海事诉讼，由本条规定的海事法院专属管辖：(一)因沿海港口作业纠纷提起的诉讼，由港口所在地海事法院管辖；(二)因船舶排放、泄漏、倾倒油类或者其他有害物质，海上生产、作业或者拆船、修船作业造成海域污染损害提起的诉讼，由污染发生地、损害结果地或者采取预防污染措施地海事法院管辖；(三)因在中华人民共和国领域和有管辖权的海域履行的海洋勘探开发合同纠纷提起的诉讼，由合同履行地海事法院管辖。”

根据以上规定，我国法院有专属管辖权的案件包括以下类型：(1)不动产纠纷；(2)港口作业纠纷；(3)继承纠纷(被继承人死亡时住所地或者主要遗产所在地在我国)；(4)中外合资、合作、合作勘探合同纠纷(中国境内履行)；(5)海域污染纠纷。

---

①答案：B。

对于我国法院专属管辖的案件，当事人不得用书面协议选择其他国家法院管辖，但协议选择仲裁裁决的除外。因此，在我国，如果当事人选择以诉讼的方式解决争议，则不得以书面协议排除我国法院的专属管辖权，但如果当事人选择以仲裁的方式解决争议，则其仲裁协议具有排除我国法院专属管辖权的法律效力。

【判断】“因在中国履行中外合资经营企业合同发生的纠纷，当事人只能向中国法院提起诉讼。”这一表述是否正确？此类纠纷属于我国法院专属管辖，外国法院管辖后作出的判决将得不到我国法院的承认和执行。但是，此类纠纷可以通过仲裁方式解决，当事人并非只能将争议提交我国法院。

（四）集中管辖

为了提高涉外审判质量，最高人民法院于 2001 年发布了《关于涉外民商事案件诉讼管辖若干问题的规定》，采取了“集中管辖”的方法，将以往分散由各基层人民法院、中级人民法院管辖的涉外民商事案件，集中由少数收案较多、审判力量较强的中级人民法院和基层人民法院管辖。该规定主要内容如下：

(1)一审涉外民商事案件由下列人民法院管辖：少数基层法院(经济技术开发区)；部分中级法院(省会、自治区首府、直辖市、经济特区、计划单列市中级法院和最高法院指定的其他中级法院)；高级人民法院。

(2)该规定适用于下列案件：涉外合同和侵权纠纷案件；信用证纠纷案件；申请撤销、承认与强制执行国际仲裁裁决的案件；审查有关涉外民商事仲裁条款效力的案件；申请承认和强制执行外国法院民商事判决、裁定的案件。

(3)边境贸易纠纷案件，涉外房地产案件和涉外知识产权案件，不适用该规定。

为了统一涉外案件裁判尺度，最高人民法院于 2017 年发布了《关于明确第一审涉外民商事案件级别管辖标准以及归口办理有关问题的通知》(2018 年 1 月 1 日起执行)，规定下列案件由涉外审判庭或专门合议庭审理：

(1)当事人一方或者双方是外国人、无国籍人、外国企业或者组织，或者当事人一方或者双方的经常居所地在中华人民共和国领域外的民商事案件；

(2)产生、变更或者消灭民事关系的法律事实发生在中华人民共和国领域外，或者标的物在中华人民共和国领域外的民商事案件；

(3)外商投资企业设立、出资、确认股东资格、分配利润、合并、分立、解散等与该企业有关的民商事案件；

(4)一方当事人为外商独资企业的民商事案件；

(5)信用证、保函纠纷案件，包括申请止付保全案件；

(6)对第一项至第五项案件的管辖权异议裁定提起上诉的案件；

(7)对第一项至第五项案件的生效裁判申请再审的案件，但当事人依法向原审人民法院申请再审的除外；

(8)跨境破产协助案件；

(9)民商事司法协助案件；

(10)最高人民法院《关于仲裁司法审查案件归口办理有关问题的通知》确定的仲裁司法审查案件。

【注意】涉外婚姻家庭纠纷、继承纠纷、劳动争议、人事争议、环境污染侵权纠纷及环境公益诉讼、海事海商及知识产权纠纷不适用归口管理。

▶ 典型真题

《最高人民法院关于涉外民商事案件诉讼管辖若干问题的规定》中，明确了涉外民商事案件的诉讼管辖权限和范围，也规定了例外的情况。不适用上述《规定》进行集中管辖的涉外案件是：(2017-01-94)[①]

A. 涉外房地产案件　　B. 边境贸易纠纷案件

C. 强制执行国际仲裁裁决案件　　D. 信用证纠纷案件

（五）协议管辖

《民事诉讼法》第三十四条规定，“合同或者其他财产权益纠纷的当事人可以书面协议选择被告住所地、合同履行地、合同签订地、原告住所地、标的物所在地等与争议有实际联系的地点的人民法院管辖，但不得违反本法对级别管辖和专属管辖的规定。”

《民诉法解释》第五百三十一条进一步规定，“涉外合同或者其他财产权益纠纷的当事人，可以书面协议选择被告住所地、合同履行地、合同签订地、原告住所地、标的物所在地、侵权行为地等与争议有实际联系地点的外国法院管辖。根据民事诉讼法第三十三条和第二百六十六条规定，属于中华人民共和国法院专属管辖的案件，当事人不得协议选择外国法院管辖，但协议选择仲裁的除外。”

根据以上规定，可以看出我国关于涉外案件协议管辖的规定有以下特点：(1)可选择管辖的案件限于财产纠纷；(2)只能选择与争议有实际联系地的法院；(3)必须书面形式；(4)不得违反我国级别管辖和专属管辖的规定。

《海事诉讼特别程序法》第八条规定，“若海事纠纷的当事人都是外国人、无国籍人、外国企业或者组织，当事人书面协议选择中华人民共和国海事法院管辖的，即使与纠纷有实际联系的地点不在中华人民共和国领域内，中华人民共和国海事法院对该纠纷也具有管辖权。”可见，即使某海事案件与我国没有任何实际联系，也可协议选择我国法院管辖。这体现了我国海事法院管辖权扩张的理念和我国建设国际海事司法中心的雄心壮志。

【注意】协议选择法院需要实际联系，协议选择法律不需要任何联系；海事案件选择我国法院不要求任何联系；协议选择法院必须书面形式，协议选择法律不要求书面形式。

（六）平行诉讼

《民诉法解释》第五百三十三条规定，“中华人民共和国法院和外国法院都有管辖权

①答案：AB。

的案件，一方当事人向外国法院起诉，而另一方当事人向中华人民共和国法院起诉的，人民法院可予受理。判决后，外国法院申请或者当事人请求人民法院承认和执行外国法院对本案作出的判决、裁定的，不予准许；但双方共同缔结或者参加的国际条约另有规定的除外。外国法院判决、裁定已经被人民法院承认，当事人就同一争议向人民法院起诉的，人民法院不予受理。”

可见，我国是承认平行诉讼的，我国法院只要根据我国民事诉讼法对某案件有管辖权，不管相同案件在国外是否正在诉讼，是否已作出判决，都不影响我国法院对相同案件的管辖，除非外国法院的裁判已经被我国法院承认。一句话，不同国家之间的诉讼是在平行空间进行的，互不影响，除非存在条约关系。

▶ 典型真题

某外国公民阮某因合同纠纷在中国法院起诉中国公民张某。关于该民事诉讼，下列哪一选项是正确的(2012-01-38)①

A. 阮某可以委托本国律师以非律师身份担任诉讼代理人

B. 受阮某委托，某该国驻华使馆官员可以以个人名义担任诉讼代理人，并在诉讼中享有外交特权和豁免权

C. 阮某和张某可用明示方式选择与争议有实际联系的地点的法院管辖

D. 中国法院和外国法院对该案都有管辖权的，如张某向外国法院起诉，阮某向中国法院起诉，中国法院不能受理

（七）拒绝管辖

《民诉法解释》第五百三十二条规定，“涉外民事案件同时符合下列情形的，人民法院可以裁定驳回原告的起诉，告知其向更方便的外国法院提起诉讼：(一)被告提出案件应由更方便外国法院管辖的请求，或者提出管辖异议；(二)当事人之间不存在选择中华人民共和国法院管辖的协议；(三)案件不属于中华人民共和国法院专属管辖；(四)案件不涉及中华人民共和国国家、公民、法人或者其他组织的利益；(五)案件争议的主要事实不是发生在中华人民共和国境内，且案件不适用中华人民共和国法律，人民法院审理案件在认定事实和适用法律方面存在重大困难；(六)外国法院对案件享有管辖权，且审理该案件更加方便。”

该条文规定了我国法院运用不方便法院原则拒绝行使管辖权的情形。需要注意的是，只有在上述六项条件同时具备时，我国法院才可以拒绝管辖，并且只是可以拒绝管辖，不是必须拒绝管辖。

三、诉讼时效

《涉外民事关系法律适用法》第七条规定，“诉讼时效，适用相关涉外民事关系应当

①答案：A。

适用的法律。"之所以这么规定，是因为诉讼时效是一个实体法问题，因此不适用法院地法，而是适用案件实体问题的准据法。

▶ 典型真题

中国甲公司与英国乙公司签订一份商事合同，约定合同纠纷适用英国法。合同纠纷发生4年后，乙公司将甲公司诉至某人民法院。英国关于合同纠纷的诉讼时效为6年。关于本案的法律适用，下列哪些选项是正确的？（2017-01-79）①

A. 本案的诉讼时效应适用中国法

B. 本案的实体问题应适用英国法

C. 本案的诉讼时效与实体问题均应适用英国法

D. 本案的诉讼时效应适用中国法，实体问题应适用英国法

四、司法协助

（一）一般规定

司法协助是指一国法院或其他主管机关，根据另一国法院或其他主管机关或有关当事人的请求，代为实施或者协助实施一定的司法行为。狭义的司法协助只包括送达文书和调查取证，我国民事诉讼法采用广义的观点，认为司法协助包括文书送达、调查取证以及外国法院判决和外国仲裁裁决的承认与执行。我国关于司法协助的规定主要包括《民事诉讼法》及其司法解释、《关于依据国际公约和双边司法协助条约办理民商事案件司法文书送达和调查取证司法协助请求的规定》（以下简称2013年《办理司法协助请求的规定》）。我国关于司法协助的一般规定可归纳为以下几点：

（1）司法协助的基础是条约或互惠原则。

（2）外国法院请求协助的事项有损我国公共秩序的，我国法院不予执行。

（3）司法协助应当附有被请求国的文字文本。

（4）适用程序。依据被请求国的程序进行司法协助，但也可以按照外国法院请求的不违反中国法律的特殊方式进行。

（5）司法协助请求应通过条约途径或外交途径进行。与我国既无条约又无互惠关系的国家的法院，未通过外交途径，直接请求我国法院提供司法协助的，我国法院应予退回，并说明理由。

（6）外国驻我国使领馆可以向其本国公民送达文书和调查取证，但不得违反我国法律，并不得采取强制措施。未经我国主管机关的准许，任何其他外国机关或个人不得在我国领域内送达文书和调查取证。

（7）我国法院提供司法协助，依我国法律规定的程序进行，外国法院请求采用特殊方式进行的，也可以按照其请求的特殊方式进行，但请求采用的方式不得违反我国的法律。

---

①答案：BC。

(8)经最高人民法院授权的高级人民法院，可以依据海牙送达公约、海牙取证公约直接对外发出本辖区的文书送达和调查取证请求。

(9)不再坚持双边条约优先适用的原则，法院应当根据便捷、高效的原则确定依据海牙送达公约或者双边民事司法协助条约，对外提出民商事案件司法文书送达和调查取证请求。

（二）域外送达

《民事诉讼法》第二百六十七条规定，“人民法院对在中华人民共和国领域内没有住所的当事人送达诉讼文书，可以采用下列方式：(一)依照受送达人所在国与中华人民共和国缔结或者共同参加的国际条约中规定的方式送达；(二)通过外交途径送达；(三)对具有中华人民共和国国籍的受送达人，可以委托中华人民共和国驻受送达人所在国的使领馆代为送达；(四)向受送达人委托的有权代其接受送达的诉讼代理人送达；(五)向受送达人在中华人民共和国领域内设立的代表机构或者有权接受送达的分支机构、业务代办人送达；(六)受送达人所在国的法律允许邮寄送达的，可以邮寄送达，自邮寄之日起满三个月，送达回证没有退回，但根据各种情况足以认定已经送达的，期间届满之日视为送达；(七)采用传真、电子邮件等能够确认受送达人收悉的方式送达；(八)不能用上述方式送达的，公告送达，自公告之日起满三个月，即视为送达。”

《民事诉讼法》第二百六十七条规定了多种涉外送达方式，包括条约送达，外交送达，使领馆送达，代理人送达，代表机构、分支机构、业务代办人送达，邮寄送达，传真、电子邮件送达，公告送达。这些送达方式中，除了公告送达只能在不能用其他方式送达的情况下才能采用以外，其他送达方式的使用没有先后之分。

2006年最高人民法院《关于涉外民事或商事案件司法文书送达问题若干规定》(以下简称《涉外送达规定》)对涉外送达作出了以下具体规定：(1)作为受送达人的自然人或者企业、其他组织的法定代表人、主要负责人(董监高)在中华人民共和国领域内的，人民法院可以向该自然人或者法定代表人、主要负责人送达。(2)除非另有约定，受送达人委托的诉讼代理人默认为有权代其接受送达的诉讼代理人。(3)只有经过受送达人的授权，人民法院才可以向其分支机构和业务代办人送达。

【总结】域外送达的方式有9种：①国际条约；②外交途径；③使领馆(向中国人，不能强制)；④诉讼代理人(默示有权)；⑤代表机构、分支机构和业务代办人(需授权)；⑥邮寄(当地法律允许)；⑦公告(兜底方式)；⑧在我国领域出现的受送达人、法定代表人、主要负责人；⑨传真、电子邮件等(能确认收悉)。这些送达方式中，除了公告送达只能在不能用其他方式送达的情况下才能采用以外，其他送达方式的使用没有先后之分。

▶ 典型真题

中国某法院审理一起涉外民事纠纷，需要向作为被告的外国某公司进行送达。根据《关于向国外送达民事或商事司法文书和司法外文书公约》(海牙《送达公约》)、中国

法律和司法解释，关于该案件的涉外送达，法院的下列哪一做法是正确的？(2013-01-39)①

A. 应首先按照海牙《送达公约》规定的方式进行送达

B. 不得对被告采用邮寄送达方式

C. 可通过中国驻被告所在国使领馆向被告进行送达

D. 可通过电子邮件方式向被告送达

（三）域外取证

域外取证是指基于国际条约或互惠原则，被请求国协助请求国调查案情，获得或收集证据的活动。域外取证和域外送达一样，是行使国家司法主权的一种行为。与域外送达相比，域外取证具有更严格的属地性，如果没有证据所在地国的准许，是不能在该外国境内实施取证行为的。根据《民事诉讼法》第二百七十七条和我国加入的《关于从国外调取民事或商事证据公约》(《海牙取证公约》)，域外取证包括以下几种方式：

(1)代为取证，是指一国受理案件的司法机关向证据所在地国的司法机关提出请求，由后者代为进行取证。代为取证需要注意以下几个问题：①以请求书的方式进行；②请求书通过被请求国指定中央机关(我国为司法部)转递；③仅限于调取已经或即将开始的司法程序(不包括行政程序)的证据，被请求国司法机关有权以被请求事项不属于司法机关的职权范围为由，拒绝协助调取证据。

(2)领事取证，即通过本国驻他国领事或外交人员在驻在国直接调查取证，一般是向本国国民调查取证。这种取证方式为大多数国家所接受。但采取这种取证方式不得违反当地的法律，也不得采取强制措施。我国《民事诉讼法》第二百七十七条第二款规定，外国驻中国的使领馆可以向该国公民直接调查取证，但不得违反中国的法律，并不得采取强制措施。

(3)特派员取证，即受诉法院委派专门的官员在外国调查取证。这一取证方式主要为英美法系国家所采用，大陆法系国家对此一般持谨慎态度。我国原则上不允许外国特派员在我国境内取证，但在特殊情况下可特许外国特派员在我国境内取证。

(4)当事人或诉讼代理人自行取证，这种方式主要存在于一些普通法国家尤其是美国。大多数国家对此种取证方式采取反对态度。根据我国有关规定，未经我国主管机关准许，任何外国当事人或其诉讼代理人都不得在我国境内自行取证。对于当事人提供的在我国领域外形成的证据，应当经所在国公证机关予以证明，并经我国驻该国使领馆予以认证或者履行条约规定的证明手续。

▶ 典型真题

蒙古公民高娃因民事纠纷在蒙古某法院涉诉。因高娃在北京居住，该蒙古法院欲通过蒙古驻华使馆将传票送达高娃，并向其调查取证。依中国法律规定，下列哪一选

①答案：D。

项是正确的？（2016-01-39）①

A. 蒙古驻华使馆可向高娃送达传票

B. 蒙古驻华使馆不得向高娃调查取证

C. 只有经中国外交部同意后，蒙古驻华使馆才能向高娃送达传票

D. 蒙古驻华使馆可向高娃调查取证并在必要时采取强制措施

（四）外国判决的承认与执行

1. 中国关于外国法院判决承认与执行的一般规定

《民事诉讼法》第二百八十一条规定，"外国法院作出的发生法律效力的判决、裁定，需要中华人民共和国人民法院承认和执行的，可以由当事人直接向中华人民共和国有管辖权的中级人民法院申请承认和执行，也可以由外国法院依照该国与中华人民共和国缔结或者参加的国际条约的规定，或者按照互惠原则，请求人民法院承认和执行。"

《民事诉讼法》第二百八十二条规定，"人民法院对申请或者请求承认和执行的外国法院作出的发生法律效力的判决、裁定，依照中华人民共和国缔结或者参加的国际条约，或者按照互惠原则进行审查后，认为不违反中华人民共和国法律的基本原则或者国家主权、安全、社会公共利益的，裁定承认其效力，需要执行的，发出执行令，依照本法的有关规定执行。违反中华人民共和国法律的基本原则或者国家主权、安全、社会公共利益的，不予承认和执行。"

《民诉法解释》第五百四十三条规定，"申请人向人民法院申请承认和执行外国法院作出的发生法律效力的判决、裁定，应当提交申请书，并附外国法院作出的发生法律效力的判决、裁定正本或者经证明无误的副本以及中文译本。外国法院判决、裁定为缺席判决、裁定的，申请人应当同时提交该外国法院已经合法传唤的证明文件，但判决、裁定已经对此予以明确说明的除外。中华人民共和国缔结或者参加的国际条约对提交文件有规定的，按照规定办理。"

《民诉法解释》第五百四十四条规定，"当事人向中华人民共和国有管辖权的中级人民法院申请承认和执行外国法院作出的发生法律效力的判决、裁定的，如果该法院所在国与中华人民共和国没有缔结或者共同参加国际条约，也没有互惠关系的，裁定驳回申请，但当事人向人民法院申请承认外国法院作出的发生法律效力的离婚判决的除外。承认和执行申请被裁定驳回的，当事人可以向人民法院起诉。"

根据以上规定及其他相关条文，中国关于外国法院判决承认与执行的一般规定可总结为以下几点：

（1）申请人可以是当事人，也可以是外国法院。

（2）申请人必须提供判决、裁定正本或者经证明无误的副本以及中文译本。

（3）有管辖权的法院是被执行人住所地或执行财产所在地中级人民法院。

（4）申请承认与执行的期间为2年。

①答案：A。

(5)承认与执行可以分开申请也可以同时提出，当事人仅申请承认而未同时申请执行的，人民法院仅对应否承认进行审查并作出裁定。

(6)我国法院应组成合议庭进行审查。

(7)承认与执行的条件：①存在条约或互惠关系；②外国判决或裁定必须已经生效；③不违反我国公共秩序；④如果是缺席判决或裁定，申请人应同时提交已合法传唤的证明文件，但判决或裁定已对此明确说明的除外；⑤我国法院未就相同案件作出裁判。

▶ 典型真题

当事人欲将某外国法院作出的民事判决申请中国法院承认和执行。根据中国法律，下列哪一选项是错误的？(2012-01-39)①

A. 该判决应向中国有管辖权的法院申请承认和执行

B. 该判决应是外国法院作出的发生法律效力的判决

C. 承认和执行该判决的请求须由该外国法院向中国法院提出，不能由当事人向中国法院提出

D. 如该判决违反中国的公共利益，中国法院不予承认和执行

2. 中国关于承认外国法院离婚判决的规定

(1)不以条约或互惠为前提。一般情况下，我国法院承认与执行我国法院判决以存在条约或互惠关系为基础。但外国离婚判决在我国的承认不需要条约或互惠关系。根据《民诉法解释》第五百四十四条第1款的规定，当事人向我国法院申请承认外国法院离婚判决不以作出判决的外国国家与我国存在共同参加的国际条约或互惠关系为前提条件。

需要注意的是，不以条约或互惠为前提承认的只是离婚判决中是否离婚的部分。最高人民法院《关于中国公民申请承认外国法院离婚判决程序问题的规定》第二条规定，“外国法院离婚判决中的夫妻财产分割、生活费负担、子女抚养方面判决的承认执行，不适用本规定。”

(2)管辖法院为中级人民法院。最高人民法院《关于中国公民申请承认外国法院离婚判决程序问题的规定》第五条规定，“申请由申请人住所地中级人民法院受理。申请人住所地与经常居住地不一致的，由经常居住地中级人民法院受理。申请人不在国内的，由申请人原国内住所地中级人民法院受理。”

(3)是否受理外国人提出的申请。最高人民法院《关于人民法院受理申请承认外国法院离婚判决案件有关问题的规定》第二条规定，“外国公民向人民法院申请承认外国法院离婚判决，如果其离婚的原配偶是中国公民的，人民法院应予受理；如果其离婚的原配偶是外国公民的，人民法院不予受理，但可告知其直接向婚姻登记机关申请再婚登记。”

---

①答案：C。

(4)受理申请的效果。《关于中国公民申请承认外国法院离婚判决程序问题的规定》第十九条规定，“人民法院受理承认外国法院离婚判决的申请后，对方当事人向人民法院起诉离婚的，人民法院不予受理。”可见，法院受理承认外国法院离婚判决的申请具有排除我国法院管辖相同案件的效果。

(5)承认对象包括外国法院离婚调解书。当事人向人民法院申请承认外国法院离婚调解书效力的，人民法院应予受理，并根据《关于中国公民申请承认外国法院离婚判决程序问题的规定》进行审查，作出承认或不予承认的裁定。

(6)不予承认的情形。《关于中国公民申请承认外国法院离婚判决程序问题的规定》第十二条规定，“经审查，外国法院的离婚判决具有下列情形之一的，不予承认：(一)判决尚未发生法律效力；(二)作出判决的外国法院对案件没有管辖权；(三)判决是在被告缺席且未得到合法传唤情况下作出的；(四)该当事人之间的离婚案件，我国法院正在审理或已作出判决，或者第三国法院对该当事人之间作出的离婚案件判决已为我国法院所承认；(五)判决违反我国法律的基本原则或者危害我国国家主权、安全和社会公共利益。”

(7)驳回申请的后果。《关于中国公民申请承认外国法院离婚判决程序问题的规定》第二十二条规定，“申请人的申请被驳回后，不得再提出申请，但可以另行向人民法院起诉离婚。”

【总结】关于外国法院离婚判决的承认，最常考的问题可总结为一句话：外国法院离婚判决的承认不以条约或互惠关系为前提，但仅限于是否离婚的部分，不包括离婚判决中关于夫妻财产分割、生活费负担和子女抚养等方面的内容。

▶ 典型真题

外国公民张女士与旅居该国的华侨王先生结婚，后因感情疏离，张女士向该国法院起诉离婚并获得对其有利的判决，包括解除夫妻关系，以及夫妻财产分割和子女抚养等内容。该外国与中国之间没有司法协助协定。张女士向中国法院申请承认该离婚判决，王先生随后在同一中国法院起诉与张女士离婚。根据我国法律和司法解释，下列哪一选项是错误的？(2008-01-40)①

A. 中国法院应依《最高人民法院关于中国公民申请承认外国法院离婚判决程序问题的规定》决定是否承认该判决中解除夫妻身份关系的内容

B. 中国法院应依前项司法解释决定是否执行该判决中解除夫妻身份关系之外的内容

C. 若张女士的申请被驳回，她就无权再提出承认该判决的申请，但可另行向中国法院起诉离婚

D. 中国法院不应受理王先生的离婚起诉

①答案：B。

专题十三　国际商事仲裁

一、仲裁协议

仲裁协议是指双方当事人愿意将他们之间将来可能发生的争议或者已经发生的争议交付仲裁解决的一种协议。仲裁协议包括合同中的仲裁条款和专门的仲裁协议书。我国《仲裁法》第十六条规定，“仲裁协议包括合同中订立的仲裁条款和以其他书面方式在纠纷发生前或者纠纷发生后达成的请求仲裁的协议。”

（一）仲裁协议的法律适用

《涉外民事关系法律适用法》第十八条规定，“当事人可以协议选择仲裁协议适用的法律。当事人没有选择的，适用仲裁机构所在地法律或者仲裁地法律。”

《涉外民事关系法律适用法司法解释（一）》第十四条规定，“当事人没有选择涉外仲裁协议适用的法律，也没有约定仲裁机构或者仲裁地，或者约定不明的，人民法院可以适用中华人民共和国法律认定该仲裁协议的效力。”

2017 年《最高人民法院关于审理仲裁司法审查案件若干问题的规定》（以下简称《仲裁司法审查规定》）对仲裁协议法律适用问题作了以下三点明确：

1. 合同准据法不等于仲裁条款准据法

《仲裁司法审查规定》第十三条规定，“当事人协议选择确认涉外仲裁协议效力适用的法律，应当作出明确的意思表示，仅约定合同适用的法律，不能作为确认合同中仲裁条款效力适用的法律。”

2. 尽量适用有利于仲裁协议有效的法律

《仲裁司法审查规定》第十四条规定，“人民法院根据《中华人民共和国涉外民事关系法律适用法》第十八条的规定，确定确认涉外仲裁协议效力适用的法律时，当事人没有选择适用的法律，适用仲裁机构所在地的法律与适用仲裁地的法律将对仲裁协议的效力作出不同认定的，人民法院应当适用确认仲裁协议有效的法律。”在适用仲裁机构所在地法律与仲裁地法律对仲裁协议效力产生不同认定的情况下，《仲裁司法审查规定》明确应当适用确认仲裁协议有效的法律作为准据法，体现了法院支持仲裁的尽量使仲裁协议有效的司法政策。

3. 可通过仲裁规则确定仲裁机构或仲裁地

《仲裁司法审查规定》第十五条规定，“仲裁协议未约定仲裁机构和仲裁地，但根据仲裁协议约定适用的仲裁规则可以确定仲裁机构或者仲裁地的，应当认定其为《中华人民共和国涉外民事关系法律适用法》第十八条中规定的仲裁机构或者仲裁地。”

【总结】仲裁协议准据法：意思自治>仲裁机构所在地法或仲裁地法中使仲裁协议有效的法>中国法。

（二）我国关于仲裁协议效力的判断标准

仲裁协议的效力要根据仲裁协议的准据法来判断。如果仲裁协议适用我国法律，则按以下规则来认定仲裁协议的效力。

1. 仲裁协议绝对无效的情形

《仲裁法》第十七条规定，“有下列情形之一的，仲裁协议无效：(一)约定的仲裁事项超出法律规定的仲裁范围的；(二)无民事行为能力人或者限制民事行为能力人订立的仲裁协议；(三)一方采取胁迫手段，迫使对方订立仲裁协议的。”其中，约定的仲裁事项超出法律规定的仲裁范围的情形可以认为是违反了法律、行政法规的强制性规定。

《仲裁法》第二条和第三条分别用肯定和否定的方式规定了仲裁范围。《仲裁法》第二条规定，“平等主体的公民、法人和其他组织之间发生的合同纠纷和其他财产权益纠纷，可以仲裁。”《仲裁法》第三条规定，“下列纠纷不能仲裁：(一)婚姻、收养、监护、扶养、继承纠纷；(二)依法应当由行政机关处理的行政争议。”

2. 仲裁协议可能无效的情形

《仲裁法》第十八条规定，“仲裁协议对仲裁事项或者仲裁委员会没有约定或者约定不明确的，当事人可以补充协议；达不成补充协议的，仲裁协议无效。”《最高人民法院关于适用〈中华人民共和国仲裁法〉若干问题的解释》(以下简称《仲裁法司法解释》)第三至七条针对实践中因仲裁协议约定不明确而经常发生争议的几种情形作了明确的规定：

(1)仲裁机构名称不准确。《仲裁法司法解释》第三条规定，“仲裁协议约定的仲裁机构名称不准确，但能够确定具体的仲裁机构的，应当认定选定了仲裁机构。”比如，某合同约定，“凡因本合同引起的或与本合同有关的任何争议，均应提交中国贸仲仲裁。”虽然“中国贸仲”这一名称不准确，但在实践中，“中国贸仲”指的就是“中国国际经济贸易仲裁委员会”，两者之间具有唯一的对应关系，因此，选择“中国贸仲”就应当认定选定了仲裁机构。

(2)仅约定仲裁规则。《仲裁法司法解释》第四条规定，“仲裁协议仅约定纠纷适用的仲裁规则的，视为未约定仲裁机构，但当事人达成补充协议或者按照约定的仲裁规则能够确定仲裁机构的除外。”可见，仅约定仲裁规则在一般情况下视为未约定仲裁机构，除非按照约定的仲裁规则能够确定仲裁机构。比如，某合同约定，“凡因本合同引起的或与本合同有关的任何争议，均应提交仲裁，适用的仲裁规则为《某仲裁机构仲裁规则》。”而该仲裁机构的仲裁规则中明确规定，“当事人没有明确选定仲裁机构，但约定有关争议或纠纷适用本规则进行仲裁的，视为选定本会为仲裁机构。”这就是根据仲裁规则能够确定仲裁机构的情况。

(3)约定两个以上仲裁机构。《仲裁法司法解释》第五条规定，“仲裁协议约定两个以上仲裁机构的，当事人可以协议选择其中的一个仲裁机构申请仲裁；当事人不能就仲裁机构选择达成一致的，仲裁协议无效。”

(4)约定某地的仲裁机构。《仲裁法司法解释》第六条规定，“仲裁协议约定由某地的仲裁机构仲裁且该地仅有一个仲裁机构的，该仲裁机构视为约定的仲裁机构。该地有两个以上仲裁机构的，当事人可以协议选择其中的一个仲裁机构申请仲裁；当事人不能就仲裁机构选择达成一致的，仲裁协议无效。”比如，某合同约定，“凡因本合同引起的或与本合同有关的任何争议，均应提交南京的仲裁委员会仲裁。”这一仲裁条款就是有效的，因为南京只有南京仲裁委员会这一个仲裁机构。如合同约定，“凡因本合同引起的或与本合同有关的任何争议，均应提交北京的仲裁机构仲裁。”这一仲裁条款是无效的，因为北京的仲裁机构除了北京仲裁委员会以外，还包括中国国际经济贸易仲裁委员会和中国海事仲裁委员会。

(5)约定可裁可诉。《仲裁法司法解释》第七条规定，“当事人约定争议可以向仲裁机构申请仲裁也可以向人民法院起诉的，仲裁协议无效。但一方向仲裁机构申请仲裁，另一方未在仲裁法第二十条第二款规定期间内(仲裁庭首次开庭前)提出异议的除外。”可见，约定可裁可诉的仲裁协议一般情况下是无效的，但一方向仲裁机构申请仲裁，另一方未在仲裁庭首次开庭前提出异议的除外。

(6)约定临时仲裁。2017年《最高人民法院关于为自由贸易试验区建设提供司法保障的意见》第九条规定：“在自贸试验区内注册的企业相互之间约定在内地特定地点、按照特定仲裁规则、由特定人员对有关争议进行仲裁的，可以认定该仲裁协议有效。”该条规定意味着我国自贸试验区内企业之间的仲裁协议约定临时仲裁，而不约定明确的仲裁委员会是有效的。但如果一方或双方不是自贸试验区内的企业，则约定临时仲裁是无效的。

【总结】 对于仲裁协议约定不明的情况，我国的司法政策是尽量使仲裁协议有效，某些情形可以视为约定了明确的仲裁机构，比如仲裁机构名称不准确但能够确定仲裁机构的，仅约定仲裁规则但根据仲裁规则能确定仲裁机构的，约定由某地仲裁机构仲裁且该地仅有一个仲裁机构的。对于不能视为约定了明确的仲裁机构的情形，还允许当事人补充协议。

▶ 典型真题

我国甲公司与瑞士乙公司订立仲裁协议，约定由某地仲裁机构仲裁，但约定的仲裁机构名称不准确。根据最高人民法院关于适用我国《仲裁法》的司法解释，下列哪些选项是正确的？(2007-01-82)①

A. 仲裁机构名称不准确，能确定具体仲裁机构的，应认定选定了仲裁机构

B. 如仲裁协议约定的仲裁地仅有一个仲裁机构，它应视为约定的仲裁机构

C. 如仲裁协议约定的仲裁地有两个仲裁机构，成立较早的仲裁机构应视为约定的仲裁机构

D. 仲裁协议仅约定纠纷适用的仲裁规则的，不得视为约定了仲裁机构

---

①答案：AB。

（三）仲裁协议效力的认定机构

《仲裁法》第二十条规定，“当事人对仲裁协议的效力有异议的，可以请求仲裁委员会作出决定或者请求人民法院作出裁定。一方请求仲裁委员会作出决定，另一方请求人民法院作出裁定的，由人民法院裁定。当事人对仲裁协议的效力有异议，应当在仲裁庭首次开庭前提出。”

《仲裁法司法解释》第十三条规定，“依照仲裁法第二十条第二款的规定，当事人在仲裁庭首次开庭前没有对仲裁协议的效力提出异议，而后向人民法院申请确认仲裁协议无效的，人民法院不予受理。仲裁机构对仲裁协议的效力作出决定后，当事人向人民法院申请确认仲裁协议效力或者申请撤销仲裁机构的决定的，人民法院不予受理”。

可见，仲裁机构和人民法院都有权认定仲裁协议的效力，在仲裁机构作出决定前，发生冲突时由人民法院裁定，在仲裁机构作出决定后，法院不再受理。

▶ 典型真题

中国A公司与甲国B公司签订货物买卖合同，约定合同争议提交中国C仲裁委员会仲裁，仲裁地在中国，但对仲裁条款应适用的法律未作约定。后因货物质量问题双方发生纠纷，中国A公司依仲裁条款向C仲裁委提起仲裁，但B公司主张仲裁条款无效。根据我国相关法律规定，关于本案仲裁条款的效力审查问题，下列哪些判断是正确的？（2012-01-78）①

A. 对本案仲裁条款的效力，C仲裁委无权认定，只有中国法院有权审查

B. 对本案仲裁条款的效力，如A公司请求C仲裁委作出决定，B公司请求中国法院作出裁定的，由中国法院裁定

C. 对本案仲裁条款效力的审查，应适用中国法

D. 对本案仲裁条款效力的审查，应适用甲国法

（四）仲裁协议效力确认案件的管辖法院

2017年《仲裁司法审查规定》第二条规定，“申请确认仲裁协议效力的案件，由仲裁协议约定的仲裁机构所在地、仲裁协议签订地、申请人住所地、被申请人住所地的中级人民法院或者专门人民法院管辖。涉及海事海商纠纷仲裁协议效力的案件，由仲裁协议约定的仲裁机构所在地、仲裁协议签订地、申请人住所地、被申请人住所地的海事法院管辖；上述地点没有海事法院的，由就近的海事法院管辖。”第四条规定，“申请人向两个以上有管辖权的人民法院提出申请的，由最先立案的人民法院管辖。”

（五）申请确认仲裁协议效力案件应提交的材料

《仲裁司法审查规定》第五条规定，申请人向人民法院申请确认仲裁协议效力的，应当提交申请书及仲裁协议正本或者经证明无误的副本。当事人提交的外文申请书、

①答案：BC。

仲裁协议及其他文件，应当附有中文译本。

二、仲裁程序中的财产保全与证据保全

《仲裁法》第二十八条规定，“一方当事人因另一方当事人的行为或者其他原因，可能使裁决不能执行或者难以执行的，可以申请财产保全。当事人申请财产保全的，仲裁委员会应当将当事人的申请依照民事诉讼法的有关规定提交人民法院。申请有错误的，申请人应当赔偿被申请人因财产保全所遭受的损失。”

《民事诉讼法》第二百七十二条规定，“当事人申请采取保全的，中华人民共和国的涉外仲裁机构应当将当事人的申请，提交被申请人住所地或者财产所在地的中级人民法院裁定。”

《民事诉讼法》第一百零一条规定，“利害关系人因情况紧急，不立即申请保全将会使其合法权益受到难以弥补的损害的，可以在提起诉讼或者申请仲裁前向被保全财产所在地、被申请人住所地或者对案件有管辖权的人民法院申请采取保全措施。申请人应当提供担保，不提供担保的，裁定驳回申请。人民法院接受申请后，必须在四十八小时内作出裁定；裁定采取保全措施的，应当立即开始执行。申请人在人民法院采取保全措施后三十日内不依法提起诉讼或者申请仲裁的，人民法院应当解除保全。”

《仲裁法》第六十八条规定，“涉外仲裁的当事人申请证据保全的，涉外仲裁委员会应当将当事人的申请提交证据所在地的中级人民法院。”

《民事诉讼法》第八十一条第二款规定，“因情况紧急，在证据可能灭失或者以后难以取得的情况下，利害关系人可以在提起诉讼或者申请仲裁前向证据所在地、被申请人住所地或者对案件有管辖权的人民法院申请保全证据。”

《民诉法解释》第五百四十二条规定，“依照民事诉讼法第二百七十二条规定，中华人民共和国涉外仲裁机构将当事人的保全申请提交人民法院裁定的，人民法院可以进行审查，裁定是否进行保全。裁定保全的，应当责令申请人提供担保，申请人不提供担保的，裁定驳回申请。当事人申请证据保全，人民法院经审查认为无需提供担保的，申请人可以不提供担保。”

从以上规定可以看出，不管是财产保全还是证据保全，仲裁机构都没有直接采取保全措施的权力，而是应当转交人民法院，由法院裁定是否保全。在申请仲裁前，申请人可以直接向法院申请财产保全或证据保全。关于管辖，财产保全的管辖法院为被申请人住所地或者财产所在地的中级人民法院，证据保全的管辖法院为证据所在地的中级人民法院。关于担保，申请财产保全的当事人应提供担保，否则裁定驳回申请；申请证据保全的，人民法院经审查认为无需提供担保的，申请人可以不提供担保。

仲裁保全知识点总结		
	财产保全	证据保全
管辖法院	被申请人住所地、财产所在地中院或对案件有管辖权的法院	被申请人住所地、证据所在地中院或对案件有管辖权的法院
是否应提供担保	应当提供担保，否则驳回申请	法院经审查认为无需提供担保的，申请人可以不提供
注意：可申请仲裁前保全。仲裁机构都没有采取保全措施的权力，而是应当转交法院		

三、涉外仲裁裁决的撤销与不予执行

（一）撤销与不予执行涉外仲裁裁决的程序

撤销涉外仲裁裁决的管辖法院为仲裁机构所在地中级人民法院。执行涉外仲裁裁决的管辖法院为被申请人住所地或财产所在地中级人民法院。

法院审查仲裁司法审查案件，应当组成合议庭并询问当事人。

（二）撤销与不予执行涉外仲裁裁决的情形

《仲裁法》第七十条和第七十一条规定，撤销与不予执行涉外仲裁裁决的依据均为《民事诉讼法》第二百七十四条。根据《民事诉讼法》第二百七十四条，撤销与不予执行涉外仲裁裁决情形包括需要当事人提出证据证明的情形和法院需主动审查的情形两大类型。

1. 需要当事人证明的情形

《民事诉讼法》第二百七十四条第一款规定，对中华人民共和国涉外仲裁机构作出的裁决，被申请人提出证据证明仲裁裁决有下列情形之一的，经人民法院组成合议庭审查核实，裁定不予执行：

(1)当事人在合同中没有订有仲裁条款或者事后没有达成书面仲裁协议的；

(2)被申请人没有得到指定仲裁员或者进行仲裁程序的通知，或者由于其他不属于被申请人负责的原因未能陈述意见的；

(3)仲裁庭的组成或者仲裁的程序与仲裁规则不符的；

(4)裁决的事项不属于仲裁协议的范围或者仲裁机构无权仲裁的。

《仲裁法司法解释》第二十七条规定，“当事人在仲裁程序中未对仲裁协议的效力提出异议，在仲裁裁决作出后以仲裁协议无效为由主张撤销仲裁裁决或者提出不予执行抗辩的，人民法院不予支持。”

2. 法院可主动审查的情形

《民事诉讼法》第二百七十四条第二款规定，“人民法院认定执行该裁决违背社会公共利益的，裁定不予执行。”

《仲裁法司法解释》第十九条规定，“当事人以仲裁裁决事项超出仲裁协议范围为由申请撤销仲裁裁决，经审查属实的，人民法院应当撤销仲裁裁决中的超裁部分。但超裁部分与其他裁决事项不可分的，人民法院应当撤销仲裁裁决。”

【总结】除了公共利益之外，法院对涉外仲裁裁决仅作形式审查，至于仲裁裁决在实体上有无错误，法院概不审查，证据问题、法律适用错误问题等都不能成为否定涉外仲裁裁决的理由。

（三）撤销与不予执行涉外仲裁裁决的法律后果

《民事诉讼法》第二百七十五条规定，“仲裁裁决被人民法院裁定不予执行的，当事人可以根据双方达成的书面仲裁协议重新申请仲裁，也可以向人民法院起诉。”

（四）撤销与不予执行涉外仲裁裁决的关系

《仲裁法司法解释》第二十五条规定，“人民法院受理当事人撤销仲裁裁决的申请后，另一方当事人申请执行同一仲裁裁决的，受理执行申请的人民法院应当在受理后裁定中止执行。”

《仲裁法司法解释》第二十六条规定，“当事人向人民法院申请撤销仲裁裁决被驳回后，又在执行程序中以相同理由提出不予执行抗辩的，人民法院不予支持。”

▶ 典型真题

关于仲裁裁决的撤销，根据我国现行法律，下列哪一选项是正确的？（2008-01-38）①

A. 我国法院可根据我国法律撤销一项外国仲裁裁决

B. 我国法院撤销涉外仲裁裁决的法定理由之一是裁决事项超出仲裁协议范围

C. 撤销涉外仲裁裁决的法定理由和撤销国内仲裁裁决的法定理由相同

D. 对法院作出的不予执行仲裁裁决的裁定，当事人无权上诉

四、外国仲裁裁决的承认与执行

（一）外国仲裁裁决在我国承认与执行的依据是条约与互惠原则

《民事诉讼法》第二百八十三条规定，“国外仲裁机构的裁决，需要中华人民共和国人民法院承认和执行的，应当由当事人直接向被执行人住所地或者其财产所在地的中级人民法院申请，人民法院应当依照中华人民共和国缔结或者参加的国际条约，或者按照互惠原则办理。”《民诉法司法解释》第五百四十五条规定，“对临时仲裁庭在中华人民共和国领域外作出的仲裁裁决，一方当事人向人民法院申请承认和执行的，人民法院应当依照民事诉讼法第二百八十三条规定处理。”可见，境外临时仲裁作出的仲裁裁决也能在我国得到承认与执行，这是《民诉法司法解释》的一大亮点。

①答案：B。

（二）《纽约公约》的规定

《纽约公约》是1958年《承认及执行外国仲裁裁决公约》的简称，是目前国际上关于承认与执行外国仲裁裁决最主要的公约，我国是《纽约公约》的成员国。

《纽约公约》第五条穷尽性地列举了拒绝承认与执行外国仲裁裁决的情形。《纽约公约》第五条第一款规定了需当事人证明的五项情形："裁决仅在受裁决援用的一方当事人向申请承认及执行地的主管机关提出证据证明有下列情形之一时，才可以根据该当事人的请求拒绝承认和执行：（甲）第二条所提到的协议的当事人根据对其适用的法律处于某种无行为能力情形，或根据当事人约定的准据法协议无效，或未约定准据法时，依裁决地所在国法律协议无效；或（乙）作为裁决执行对象的当事人没有接获关于指派仲裁员或仲裁程序的适当通知，或由于其他情况而不能申辩案件；或（丙）裁决涉及仲裁协议所没有提到的，或者不包括仲裁协议规定之内的争议，或者裁决含有对仲裁协议范围以外事项的裁定。但如果仲裁协议范围以内的事项可以和仲裁协议范围以外的事项分开，则裁决中关于提交仲裁事项的部分决定可以承认及执行；或（丁）仲裁庭的组成或仲裁程序与当事人间协议不符，或当事人间没有协议时同仲裁地所在国法律不符者；或（戊）裁决对当事人尚无拘束力，或裁决已经由作出裁决的国家或据其法律作出裁决的国家的有权机关撤销或者停止执行。"

《纽约公约》第五条第二款规定了法院可主动审查的两项情形，"被请求承认和执行地所在国的主管机关如果查明有下列情形之一，也可以拒不承认和执行仲裁裁决：（甲）依据该国法律，争议事项不能以仲裁解决；（乙）承认或执行裁决违反该国公共政策。"

《仲裁司法审查规定》第十六条规定，"人民法院适用《承认及执行外国仲裁裁决公约》审查当事人申请承认和执行外国仲裁裁决案件时，被申请人以仲裁协议无效为由提出抗辩的，人民法院应当依照该公约第五条第一款（甲）项的规定，确定确认仲裁协议效力应当适用的法律。"

《纽约公约》第五条第一款需当事人证明的五项情形可归纳为：（1）仲裁协议无效；（2）被执行人未接到指定仲裁员或仲裁程序的通知或未能申辩；（3）超裁；（4）仲裁程序违约或违法；（5）仲裁裁决未生效或被撤销。《纽约公约》第五条第二款法院可主动审查的两项情形可归纳为：（1）争议不具可仲裁性；（2）违反公共利益。

▶ 典型真题

法国某公司依1958年联合国《承认与执行外国仲裁裁决公约》，请求中国法院承认与执行一项国际商会国际仲裁院的裁决。依据该公约及中国相关司法解释，下列哪一表述是正确的？（2013-01-38）①

A. 法院应依职权主动审查该仲裁过程中是否存在仲裁程序与仲裁协议不符的情况

B. 该公约第五条规定的拒绝承认与执行外国仲裁裁决的理由是穷尽性的

①答案：B。

C. 如该裁决内含有对仲裁协议范围以外事项的决定，法院应拒绝承认执行该裁决

D. 如该裁决所解决的争议属于侵权性质，法院应拒绝承认执行该裁决

（三）中国对《纽约公约》的保留

我国 1986 年加入《纽约公约》时作了互惠保留与商事保留两项保留：

(1)互惠保留，即我国只对在另一缔约国领土内作出的裁决适用该公约。可见，对外国仲裁裁决我国应否承认和执行，不是看当事人是不是缔约国国民，也不看仲裁机构在不在缔约国，而是看仲裁裁决的作出地是否在缔约国。

(2)商事保留，即我国仅对那些按照我国法律属于契约性或非契约性商事法律关系所引起的争议所作的裁决适用公约的规定。

▶ 典型真题

中国和甲国均为《承认与执行外国仲裁裁决公约》缔约国。现甲国某申请人向中国法院申请承认和执行在甲国作出的一项仲裁裁决。对此，下列哪一选项是正确的？(2010-01-39)①

A. 我国应对该裁决的承认与执行适用公约，因为该申请人具有公约缔约国国籍

B. 有关中国投资者与甲国政府间投资争端的仲裁裁决不适用公约

C. 中国有义务承认公约缔约国所有仲裁裁决的效力

D. 被执行人为中国法人的，应由该法人营业所所在地法院管辖

（四）申请承认与执行外国仲裁裁决的程序问题

1. 管辖法院

根据《民事诉讼法》第二百八十三条，申请承认与执行外国仲裁裁决的管辖法院是被执行人住所地或者其财产所在地的中级人民法院。

实践中，有的外国仲裁裁决，被申请人住所地、财产所在地均不在我国境内，但基于审理关联案件的需要，申请人可能需要我国法院承认外国仲裁裁决而并非具体执行仲裁裁决。然而，对于“与国内诉讼或仲裁有关联而被申请人住所地或财产所在地均不在我国内地”的外国仲裁裁决，按照《民事诉讼法》第二百八十三条无法确定管辖法院。针对这种情形，《仲裁司法审查规定》第三条规定，“外国仲裁裁决与人民法院审理的案件存在关联，被申请人住所地、被申请人财产所在地均不在我国内地，申请人申请承认外国仲裁裁决的，由受理关联案件的人民法院管辖。受理关联案件的人民法院为基层人民法院的，申请承认外国仲裁裁决的案件应当由该基层人民法院的上一级人民法院管辖。受理关联案件的人民法院是高级人民法院或者最高人民法院的，由上述法院决定自行审查或者指定中级人民法院审查。外国仲裁裁决与我国内地仲裁机构审理的案件存在关联，被申请人住所地、被申请人财产所在地均不在我国内地，申请人

①答案：B。

申请承认外国仲裁裁决的，由受理关联案件的仲裁机构所在地的中级人民法院管辖。”

可见，《仲裁司法审查规定》将被申请人住所地、财产所在地均不在我国境内的承认外国仲裁裁决的案件交由受理关联案件的人民法院或者仲裁机构所在地的中级人民法院管辖。由于此类案件应当由中级人民法院受理，所以如果受理关联案件的人民法院为基层人民法院，则申请承认外国仲裁裁决的案件应由该基层人民法院的上一级人民法院管辖。受理关联案件的人民法院如果是高级人民法院或者最高人民法院，则由上述法院决定自行审查或者指定中级人民法院审查。综上，《仲裁司法审查规定》第三条将这类案件的管辖法院确定为关联案件所在地的中级法院或更高层级法院。

2. 期间

对于期间等程序问题，适用法院地法也是国际私法的基本原则。对于期间等程序问题，适用法院地法是国际私法的基本原则。

《民诉法解释》第五百四十七条规定，“当事人申请承认和执行外国法院作出的发生法律效力的判决、裁定或者外国仲裁裁决的期间，适用民事诉讼法第二百三十九条的规定。当事人仅申请承认而未同时申请执行的，申请执行的期间自人民法院对承认申请作出的裁定生效之日起重新计算。”《民事诉讼法》第二百三十九条规定，申请执行的期间为两年。

当事人依照《纽约公约》规定的条件申请承认与执行外国仲裁裁决的，受理申请的人民法院决定予以承认与执行的，应在受理申请之日起2个月内作出裁定，如无特殊情况，应在裁定后6个月内执行完毕；决定不予承认和执行的，审查意见应在受理申请之日起2个月内上报最高人民法院。

▶ 典型真题

中国甲公司与日本乙公司的商事纠纷在日本境内通过仲裁解决。因甲公司未履行裁决，乙公司向某人民法院申请承认与执行该裁决。中日均为《纽约公约》缔约国，关于该裁决在中国的承认与执行，下列哪一选项是正确的？（2017-01-38）①

A. 该人民法院应组成合议庭审查

B. 如该裁决是由临时仲裁庭作出的，该人民法院应拒绝承认与执行

C. 如该人民法院认为该裁决不符合《纽约公约》的规定，即可直接裁定拒绝承认和执行

D. 乙公司申请执行该裁决的期间应适用日本法的规定

五、仲裁司法审查案件的报核制度

2017年最高人民法院《关于仲裁司法审查案件报核问题的有关规定》第二条第一款为涉外涉港澳台仲裁司法审查案件建立了报核制度：“各中级人民法院或者专门人民法院办理涉外涉港澳台仲裁司法审查案件，经审查拟认定仲裁协议无效，不予执行或者

①答案：A。

撤销我国内地仲裁机构的仲裁裁决，不予认可和执行香港特别行政区、澳门特别行政区、台湾地区仲裁裁决，不予承认和执行外国仲裁裁决，应当向本辖区所属高级人民法院报核；高级人民法院经审查拟同意的，应当向最高人民法院报核。待最高人民法院审核后，方可依最高人民法院的审核意见作出裁定。”

《关于仲裁司法审查案件报核问题的有关规定》第六条规定，“上级人民法院应当以复函的形式将审核意见答复下级人民法院。”

可见，我国各法院如果要对涉外仲裁协议或涉外、域外仲裁裁决作出否定性决定，必须层报至最高法院。各法院如果对涉外仲裁协议或涉外、域外仲裁裁决作出肯定性决定，无须层报。

六、仲裁司法审查案件是否可以上诉的问题

《仲裁司法审查规定》第二十条规定，“人民法院在仲裁司法审查案件中作出的裁定，除不予受理、驳回申请、管辖权异议的裁定外，一经送达即发生法律效力。当事人申请复议、提出上诉或者申请再审的，人民法院不予受理，但法律和司法解释另有规定的除外。”

可见，《仲裁司法审查规定》赋予了当事人对仲裁司法审查案件不予受理、驳回申请和管辖权异议裁定可以上诉的权利。这是因为《民事诉讼法》第一百五十四条规定，不予受理、驳回起诉和管辖权异议裁定可以上诉，虽然仲裁司法审查案件的审查程序不同于普通程序，但就是否受理、是否驳回起诉或申请、管辖权异议的裁定而言，应与普通程序给予同等对待。

【总结】撤销或者不予执行仲裁裁决的裁定不得申请复议、上诉或申请再审；不予受理、驳回申请和管辖权异议裁定可以上诉。

第十五章　区际法律问题

考情分析

本章主要内容是中国内地与港澳台之间的区际司法协助两大部分。本章一般每年考1道题。本章不考理论，只考法条，主要考查内地与港澳台之间的各项区际司法协助安排，包括内地与港澳台之间的送达、调查取证、判决的承认与执行、仲裁裁决的承认与执行。

考试要点

内地与港澳台地区之间的送达、内地与港澳台地区之间的调查取证、内地与港澳台地区之间判决的承认与执行、内地与港澳台地区之间仲裁裁决的承认与执行。

专题十四　内地与港澳台地区之间的送达

内地与港澳台地区之间司法文书送达的主要法律依据是1999年最高人民法院《关于内地与香港特别行政区法院相互委托送达民商事司法文书的安排》(以下简称《内地与香港委托送达安排》)、2001年最高人民法院《关于内地与澳门特别行政区法院就民商事案件相互委托送达司法文书和调取证据的安排》(以下简称《内地与澳门委托送达和取证安排》)、2008年最高人民法院《涉台民事诉讼文书送达的若干规定》(以下简称《涉台送达规定》)、2009年最高人民法院《关于涉港澳民商事案件司法文书送达问题若干规定》(以下简称《涉港澳送达规定》)。《民事诉讼法》和《民诉法司法解释》关于涉外司法文书送达的规定，与上述安排或规定不相冲突的，也适用于内地与港澳台地区之间的送达。

一、内地与港澳地区之间的送达

（一）涉港澳文书送达的七种途径

2009年《涉港澳送达规定》，内地人民法院审理涉及香港、澳门的民商事案件时，向住所地在香港、澳门的受送达人送达司法文书，可通过以下七种途径送达。

1. 向本人或负责人直接送达

《涉港澳送达规定》第三条规定，“作为受送达人的自然人或者企业、其他组织的法定代表人、主要负责人在内地的，人民法院可以直接向该自然人或者法定代表人、主要负责人送达。”根据《民诉法解释》，此处的主要负责人包括董事、监事、高级管理人员等。向在内地的受送达人本人或负责人可以适用留置送达。

2. 诉讼代理人送达

《涉港澳送达规定》第四条规定，“除受送达人在授权委托书中明确表明其诉讼代理人无权代为接收有关司法文书外，其委托的诉讼代理人为有权代其接受送达的诉讼代理人，人民法院可以向该诉讼代理人送达。”可见，诉讼代理人默认可以代为接受文书送达，除非委托书中有例外规定。向在内地的诉讼代理人可以留置送达。

3. 内地代表机构、分支机构、业务代办人送达

《涉港澳送达规定》第五条规定，“受送达人在内地设立有代表机构的，人民法院可以直接向该代表机构送达。受送达人在内地设立有分支机构或者业务代办人并授权其接受送达的，人民法院可以直接向该分支机构或者业务代办人送达。”其中，代表机构无需授权，分支机构或业务代办人需授权。向在内地的代表机构、分支机构、业务代办人可以留置送达。

4. 委托送达

《涉港澳送达规定》第六条规定，人民法院向在内地没有住所的受送达人送达司法文书，可以按照《内地与香港委托送达安排》或者《内地与澳门委托送达和取证安排》送达。采用委托送达方式的，自将文书递送香港或者澳门主管机关之日起满三个月，如果未能收到送达与否的证明文件且不存在可视为送达的情形的，[①] 则委托送达不成功。

5. 邮寄送达

《涉港澳送达规定》第七条规定，“人民法院向受送达人送达司法文书，可以邮寄送达。”判断邮寄送达是否成功的期限是三个月。如自邮寄之日起满三个月，未收到送达与否的证明文件，且不存在可视为送达的情形的，则送达不成功。

6. 传真、电子邮件等方式送达

《涉港澳送达规定》第八条规定，“人民法院可以通过传真、电子邮件等能够确认收

---

①《涉港澳送达规定》第十二条规定，“受送达人未对人民法院送达的司法文书履行签收手续，但存在以下情形之一的，视为送达：（一）受送达人向人民法院提及了所送达司法文书的内容；（二）受送达人已经按照所送达司法文书的内容履行；（三）其他可以确认已经送达的情形。”

悉的其他适当方式向受送达人送达。”

7. 公告送达

《涉港澳送达规定》第九条规定，“人民法院不能依照本规定上述方式送达的，可以公告送达。公告内容应当在内地和受送达人住所地公开发行的报刊上刊登，自公告之日起满三个月即视为送达。”可见，公告送达是一种兜底途径，只有在其他六种方式不能送达时才能采取公告送达途径。

《涉港澳送达规定》第十条规定，“除公告送达方式外，人民法院可以同时采取多种法定方式向受送达人送达。采取多种方式送达的，应当根据最先实现送达的方式确定送达日期。”

（二）涉港委托送达的特殊规定

1999年《内地与香港送达安排》规定了涉港委托送达的特殊安排。

1. 联络机关

内地法院和香港法院可以相互委托送达民商事司法文书。双方委托送达司法文书，均须通过各高级人民法院和香港特别行政区高等法院进行。最高人民法院可以直接委托香港特别行政区高等法院送达司法文书。

2. 材料要求

委托方请求送达司法文书，须出具盖有其印章的委托书，并须在委托书中说明委托机关的名称、受送达人的姓名或者名称、详细地址及案件的性质。

委托书应当以中文文本提出。所附司法文书没有中文文本的，应当提供中文译本。受委托方如果认为委托书与本安排的规定不符，应当通知委托方，并说明对委托书的异议。必要时可以要求委托方补充材料。

3. 程序

不论司法文书中确定的出庭日期或者期限是否已过，受委托方均应送达。受委托方对委托方委托送达的司法文书的内容和后果不负法律责任。送达司法文书后，内地人民法院应当出具送达回证；香港特别行政区法院应当出具送达证明书。出具送达回证和证明书，应当加盖法院印章。受委托方无法送达的，应当在送达回证或者证明书上注明妨碍送达的原因、拒收事由和日期，并及时退回委托书及所附全部文书。

4. 期限

受委托方接到委托书后，应当及时完成送达，最迟不得超过自收到委托书之日起两个月。

5. 费用

送达司法文书，应当依照受委托方所在地法律规定的程序进行。委托送达司法文书费用互免。但委托方在委托书中请求以特定送达方式送达所产生的费用，由委托方负担。

典型真题

香港地区甲公司与内地乙公司发生投资纠纷，乙公司诉诸某中级人民法院。陈某是甲公司法定代表人，张某是甲公司的诉讼代理人。关于该案的文书送达及法律适用，下列哪些选项是正确的？（2011-01-79）①

A. 如陈某在内地，受案法院必须通过上一级人民法院向其送达

B. 如甲公司在授权委托书中明确表明张某无权代为接收有关司法文书，则不能向其送达

C. 如甲公司在内地设有代表机构的，受案人民法院可直接向该代表机构送达

D. 同时采用公告送达和其他多种方式送达的，应当根据最先实现送达的方式确定送达日期

（三）涉澳委托送达的特殊规定

2001 年《内地与澳门委托送达和取证安排》规定了涉澳委托送达的特殊安排。

1. 联络机关

双方相互委托送达司法文书，均须通过内地各高级人民法院和澳门终审法院进行。最高人民法院与澳门终审法院可以直接相互委托送达。需要注意的是，内地最高法院只能单向委托香港高等法院送达文书，香港高等法院不能直接委托内地最高法院送达文书，但内地最高法院与澳门终审法院可以双向委托送达文书，内地最高法院可以直接委托澳门终审法院送达，澳门终审法院也可以直接委托内地最高法院送达。之所以有这样的区别，是因为香港高等法院不是香港最高审级的法院，而澳门终审法院是澳门最高审级的法院。

2. 材料要求

委托方法院请求送达司法文书，须出具盖有其印章的委托书，并在委托书中说明委托机关的名称、受送达人的姓名或者名称、详细地址及案件性质。如果委托方法院请求按特殊方式送达或者有特别注意的事项的，应当在委托书中注明。委托书应当以中文文本提出。所附司法文书及其他相关文件没有中文文本的，应当提供中文译本。

如果受委托方法院认为委托书不符合本安排的规定，影响其完成受托事项时，应当及时通知委托方法院，并说明对委托书的异议。必要时可以要求委托方法院补充材料。

3. 程序

不论委托方法院司法文书中确定的出庭日期或者期限是否已过，受委托方法院均应送达。受委托方法院对委托方法院委托送达的司法文书和所附相关文件的内容和后果不负法律责任。

---

①答案：BC。

受委托方法院收到委托书后，不得以其本辖区法律规定对委托方法院审理的该民商事案件享有专属管辖权或不承认对该请求事项提起诉讼的权利为由，不予执行受托事项。完成司法文书送达事项后，内地人民法院应当出具送达回证；澳门特别行政区法院应当出具送达证明书。

受委托方法院应当根据本辖区法律规定执行受托事项。委托方法院请求按照特殊方式执行委托事项的，如果受委托方法院认为不违反本辖区的法律规定，可以按照其特殊方式执行。

4. 期限

受委托方法院应优先处理受托事项，送达文书最迟不得超过自收到委托书之日起2个月。

5. 费用

委托方法院无须支付受委托方法院在送达司法文书时发生的费用或税项。但受委托方法院根据其本辖区法律规定，有权要求委托方法院预付因采用委托方法院在委托书中请求以特殊方式送达司法文书所产生的费用。

二、内地与台湾地区之间的送达

2008年《涉台送达规定》是内地与台湾地区之间送达的主要依据。《涉台送达规定》第八条规定，人民法院向住所地在台湾地区的当事人送达民事诉讼文书，可以采用下列八种方式：

(1)向本人或负责人直接送达。受送达人居住在大陆的，直接送达。受送达人是自然人，本人不在的，可以交其同住成年家属签收；受送达人是法人或者其他组织的，应当由法人的法定代表人、其他组织的主要负责人或者该法人、组织负责收件的人签收；受送达人不在大陆居住，但送达时在大陆的，可以直接送达。根据《民诉法解释》，此处的主要负责人包括董事、监事、高级管理人员等。向在内地的受送达人本人或负责人可以适用留置送达。

(2)诉讼代理人送达。受送达人在大陆有诉讼代理人的，向诉讼代理人送达。受送达人在授权委托书中明确表明其诉讼代理人无权代为接收的除外。向在内地的诉讼代理人可以留置送达。

(3)代收人送达。受送达人有指定代收人的，向代收人送达。向在内地的代收人可以留置送达。

(4)内地代表机构、分支机构、业务代办人送达。受送达人在大陆有代表机构、分支机构、业务代办人的，向其代表机构或者经受送达人明确授权接受送达的分支机构、业务代办人送达。向在内地的代表机构、分支机构、业务代办人可以留置送达。

(5)邮寄送达。受送达人在台湾地区的地址明确的，可以邮寄送达。邮寄送达应当附有送达回证。受送达人未在送达回证上签收但在邮件回执上签收的，视为送达，签收日期为送达日期。判断邮寄送达是否成功的期限是三个月。如自邮寄之日起满三个月，未收到送达与否的证明文件，且根据各种情况不足以认定已经送达的，则送达不成功。

(6)传真、电子邮件方式送达。有明确的传真号码、电子信箱地址的，可以通过传真、电子邮件方式向受送达人送达。应当注明人民法院的传真号码或者电子信箱地址，并要求受送达人在收到传真件或者电子邮件后及时予以回复。以能够确认受送达人收悉的日期为送达日期。

(7)委托送达。按照两岸认可委托送达方式，内地应当由有关的高级人民法院出具盖有本院印章的委托函。内地法院代为送达台湾地区法院的民事诉讼文书的，应当有台湾地区有关法院的委托函。内地法院收到台湾地区法院的委托函后，经审查符合条件的，应当在收到委托函之日起两个月内完成送达。文书中确定的出庭日期或者其他期限逾期的，受委托的内地法院亦应予送达。受委托的人民法院对台湾地区有关法院委托送达的民事诉讼文书的内容和后果不负法律责任。

(8)公告送达。采用上述方式不能送达或者台湾地区的当事人下落不明的，公告送达。公告内容应当在境内外公开发行的报刊或者权威网站上刊登，自公告之日起满三个月，即视为送达。可见，公告送达是一种兜底途径，只有在其他六种方式不能送达或不可行时才能采取公告送达途径。

▶ 典型真题

住于我国台湾地区的当事人张某在大陆某法院参与民事诉讼。关于该案，下列哪一选项是不正确的？(2012-01-37)①

A. 张某与大陆当事人有同等诉讼权利和义务

B. 确定应适用台湾地区民事法律的，受案的法院予以适用

C. 如张某在大陆，民事诉讼文书可以直接送达

D. 如张某在台湾地区地址明确，可以邮寄送达，但必须在送达回证上签收

域外文书送达与区际文书送达知识点比较	
域外送达(9种)	①国际条约；②外交途径；③使领馆(向中国人，不能强制)；④诉讼代理人(默示有权)；⑤代表机构(无需授权)、分支机构和业务代办人(需授权)；⑥邮寄(当地法律允许，3个月)；⑦公告(兜底方式，3个月)；⑧在我国领域出现的受送达人或法定代表人、主要负责人；⑨传真、电子邮件等(能确认收悉)
区际送达(涉港澳7种，涉台8种)	(1)域外送达的9种方式中，④~⑨种方式也适用于向港、澳、台的送达 (2)涉港、澳、台均可采用"委托送达"方式，但存在区别 (3)涉台送达还可采用"指定代收人"方式

①答案：D。

涉港澳台文书送达知识点比较			
	涉港	涉澳	涉台
机构	内地高院←→香港高等法院 内地最高院→香港高等法院	内地高院←→澳门终审法院 内地最高院←→澳门终审法院	内地高院←→台湾地区有关法院
期限	2个月	2个月	2个月
备注	①区际当中只有涉澳有委托取证的安排，程序上与委托送达一致，但时间为3个月 ②应用中文文本 ③不得以本辖区对委托案件有专属管辖权或有关期限已过为由拒绝送达 ④免费、要求特殊方式需付费		

专题十五　内地与港澳台地区之间的调查取证

目前，内地与香港、澳门已经达成相互调取证据的安排。内地与澳门之间的安排是2001年最高人民法院《关于内地与澳门特别行政区法院就民商事案件相互委托送达司法文书和调取证据的安排》(以下简称《内地与澳门委托送达和取证安排》)，内地与香港之间的安排是2017年3月1日生效的最高人民法院《关于内地与香港特别行政区法院就民商事案件相互委托提取证据的安排》(以下简称《内地与香港委托取证安排》)。内地和台湾地区之间还没有相互调取证据的安排。

一、内地与澳门之间的相互取证

（一）调取证据的范围

内地法院与澳门法院可就民商事案件(内地包括劳动争议案件，澳门包括民事劳工案件)相互委托调取证据。请求调取的证据只能是与诉讼有关的证据，具体包括：代为询问当事人、证人和鉴定人，代为进行鉴定和司法勘验，调取其他与诉讼有关的证据。

（二）联络机关

双方相互委托调取证据，须通过内地各高级人民法院和澳门特别行政区终审法院进行。最高人民法院与澳门特别行政区终审法院可以直接相互委托调取证据。可见，内地与澳门相互取证的机构与送达文书的机构是完全一样的。

（三）材料要求

委托书应当以中文文本提出。所附司法文书及其他相关文件没有中文文本的，应当提供中文译本。

（四）程序

受委托方法院应当根据本辖区法律规定执行受托事项。委托方法院请求按照特殊方式执行委托事项的，如果受委托方法院认为不违反本辖区的法律规定，可以按照其特殊方式执行。

受委托方法院收到委托书后，不得以其本辖区法律规定对委托方法院审理的该民商事案件享有专属管辖权或不承认对该请求事项提起诉讼的权利为由，不予执行受托事项。

（五）委托方司法人员的参与

受委托方法院在执行委托调取证据时，根据委托方法院的请求，可以允许委托方法院派司法人员出席。必要时，经受委托方允许，委托方法院的司法人员可以向证人、鉴定人等发问。

（六）证人、鉴定人到对方辖区出庭作证及豁免

受委托方法院可以根据委托方法院的请求，并经证人、鉴定人同意，协助安排其辖区的证人、鉴定人到对方辖区出庭作证。出庭作证人员，在澳门特别行政区还包括当事人。

证人、鉴定人在委托方地域内逗留期间，不得因在其离开受委托方地域之前，在委托方境内所实施的行为或针对他所作的裁决而被刑事起诉、羁押，或者为履行刑罚或者其他处罚而被剥夺财产或者扣留身份证件，或者以任何方式对其人身自由加以限制。

证人、鉴定人完成所需诉讼行为，且可自由离开委托方地域后，在委托方境内逗留超过七天，或者已离开委托方地域又自行返回时，前款所指的豁免即行终止。

证人、鉴定人到委托方法院出庭而导致的费用及补偿，由委托方法院预付。

（七）期限

受委托方法院应优先处理受托事项。完成受托事项的期限，调取证据最迟不得超过自收到委托书之日起三个月（送达文书为两个月）。

（八）费用

委托方法院无须支付受委托方法院在送达司法文书或调取证据时发生的费用或税项。但受委托方法院根据其本辖区法律规定，有权在调取证据时，要求委托方法院预付鉴定人、证人、翻译人员的费用，以及因采用委托方法院在委托书中请求以特殊方式送达司法文书或调取证据所产生的费用。

▶ 典型真题

内地某中级法院审理一起涉及澳门特别行政区企业的商事案件，需委托澳门特别

行政区法院进行司法协助。关于该司法协助事项，下列哪些表述是正确的？(2013-01-79)[①]

A. 该案件司法文书送达的委托，应通过该中级法院所属高级法院转交澳门特别行政区终审法院

B. 澳门特别行政区终审法院有权要求该中级法院就其中文委托书提供葡萄牙语译本

C. 该中级法院可以请求澳门特别行政区法院协助调取与该案件有关的证据

D. 在受委托方法院执行委托调取证据时，该中级法院司法人员经过受委托方允许可以出席并直接向证人提问

二、内地与香港之间的相互取证

（一）调取证据的范围

内地法院与香港法院就民商事案件可以相互委托提取证据。

(1)内地法院可委托香港法院调取证据的范围包括：①讯问证人；②取得文件；③检查、拍摄、保存、保管或扣留财产；④取得财产样品或对财产进行试验；⑤对人进行身体检验。

(2)香港法院可委托内地法院调取证据的范围包括：①取得当事人的陈述及证人证言；②提供书证、物证、视听资料及电子数据；③勘验、鉴定。

（二）联络机关

双方相互委托提取证据，须通过各自指定的联络机关进行。其中，内地指定各高级法院为联络机关；香港特别行政区指定香港特别行政区政府政务司司长办公室辖下行政署为联络机关。最高人民法院可以直接通过香港特别行政区指定的联络机关委托提取证据。

（三）材料要求

委托书及所附相关材料应当以中文文本提出。没有中文文本的，应当提供中文译本。内地人民法院委托香港特别行政区法院提取证据，应当提供加盖最高人民法院或者高级人民法院印章的委托书。香港特别行政区法院委托内地人民法院提取证据，应当提供加盖香港特别行政区高等法院印章的委托书。

（四）程序

受委托方应当根据本辖区法律规定安排取证。委托方请求按照特殊方式提取证据的，如果受委托方认为不违反本辖区的法律规定，可以按照委托方请求的方式执行。

（五）委托方司法人员的参与

如果委托方请求其司法人员、有关当事人及其诉讼代理人(法律代表)在受委托

①答案：ACD。

方取证时到场，以及参与录取证言的程序，受委托方可以按照其辖区内相关法律规定予以考虑批准。批准同意的，受委托方应当将取证时间、地点通知委托方联络机关。

（六）期限

受委托方应当尽量自收到委托书之日起六个月内完成受托事项。

（七）费用

受委托方因执行受托事项产生的一般性开支，由受委托方承担。受委托方因执行受托事项产生的翻译费用、专家费用、鉴定费用、应委托方要求的特殊方式取证所产生的额外费用等非一般性开支，由委托方承担。如果受委托方认为执行受托事项或会引起非一般性开支，应先与委托方协商，以决定是否继续执行受托事项。

涉港澳委托取证知识点比较		
	涉港	涉澳
机构	内地高院←→香港政务司行政署 内地最高院→香港政务司行政署	内地高院←→澳门终审法院 内地最高院←→澳门终审法院
期限	6个月	3个月
跨区作证	无规定	受委托方辖区的证人、鉴定人在委托方地域内逗留期间，对其离开受委托方地域之前的行为享有豁免权。但在完成所需诉讼行为，且可自由离开后，在委托方境内逗留超过七天，或者离开又自行返回时，上述豁免即终止
共同点	①免费、要求特殊方式需付费 ②应提交中文文本 ③不得以本辖区对委托案件有专属管辖权或有关期限已过为由拒绝送达 ④经允许，委托方司法人员可参与取证	

专题十六　内地与港澳台地区之间判决的承认与执行

一、内地与香港之间判决的承认与执行

内地与香港之间关于判决承认与执行的文件有两个，一是2008年最高人民法院《关于内地与香港特别行政区法院相互认可和执行当事人协议管辖的民商事案件判决的安排》(以下简称《内地与香港协议管辖判决安排》)；二是2017年6月20日签署的《关于内地与香港特别行政区法院相互认可和执行婚姻家庭民事案件判决的安排》(以下简称《内地与香港婚姻家事安排》)。

(一)《内地与香港协议管辖判决安排》

1. 适用范围

《内地与香港协议管辖判决安排》第一条规定，“内地人民法院和香港特别行政区法院在具有书面管辖协议的民商事案件中作出的须支付款项的具有执行力的终审判决，当事人可以根据本安排向内地人民法院或者香港特别行政区法院申请认可和执行。”判决类型在内地包括判决书、裁定书、调解书、支付令；在香港包括判决书、命令和诉讼费评定证明书。可适用《内地与香港协议管辖判决安排》的判决必须具备以下条件：

(1)法院是依书面管辖协议受理案件。本安排所称“书面管辖协议”，是指自本安排生效之日起，当事人以书面形式明确约定内地人民法院或者香港特别行政区法院具有唯一管辖权的协议。“书面形式”是指合同书、信件和数据电文(包括电报、电传、传真、电子数据交换和电子邮件)等可以有形地表现所载内容、可以调取以备日后查用的形式。

(2)必须是商业合同。根据《内地与香港协议管辖判决安排》第三条的规定，当事人之间的民商事合同，不包括雇佣合同以及自然人因个人消费、家庭事宜或者其他非商业目的而作为协议一方的合同。可见，《内地与香港协议管辖判决安排》不适用于婚姻、继承、侵权、劳动争议、破产等其他民商事案件。

(3)必须是支付款项的判决。《内地与香港协议管辖判决安排》只适用于源于商业合同争议所作出的给付金钱的判决，不包括确权判决或者要求履行某种行为等的其他判决。

(4)必须是具有执行力的终审判决。具有执行力的终审判决即生效判决。

2. 管辖法院

《内地与香港协议管辖判决安排》第四条规定，“申请认可和执行符合本安排规定的民商事判决，在内地向被申请人住所地、经常居住地或者财产所在地的中级人民法院提出，在香港特别行政区向香港特别行政区高等法院提出。”

《内地与香港协议管辖判决安排》第五条规定，“被申请人住所地、经常居住地或者财产所在地在内地不同的中级人民法院辖区的，申请人应当选择向其中一个人民法院提出认可和执行的申请，不得分别向两个或者两个以上人民法院提出申请。被申请人的住所地、经常居住地或者财产所在地，既在内地又在香港特别行政区的，申请人可以同时分别向两地法院提出申请，两地法院分别执行判决的总额不得超过判决确定的数额。已经部分或者全部执行判决的法院应当根据对方法院的要求提供已执行判决的情况。”

可见，内地与香港协议管辖判决的认可与执行，内地管辖法院为被申请人住所地、经常居住地或者财产所在地的中级人民法院，香港管辖法院为香港高等法院。为避免恶意和重复执行，对被申请人住所地、经常居住地或者财产所在地在内地不同的中级人民法院辖区的，申请人只能选择向其中一个人民法院提出认可和执行的申请，而不得分别向两个或者两个以上人民法院提出申请。另一方面，为了便于债权人实现债权，对被申请人的住所地、经常居住地或财产所在地，既在内地又在香港的，允许申请人同时分别向两地法院提出申请，但要求两地法院分别执行判决的总额不得超过判决确定的数额。已经部分或者全部执行判决的法院应当根据对方法院的要求提供已执行判决的情况。

【总结】不允许同时向内地不同中院申请认可和执行，但允许同时向两地法院申请认可和执行，只是执行总额不得超过判决确定的数额。

3. 适用程序

《内地与香港协议管辖判决安排》第八条第一款规定，“申请人申请认可和执行内地人民法院或者香港特别行政区法院判决的程序，依据执行地法律的规定。本安排另有规定的除外。”

4. 申请认可和执行的期限

根据《内地与香港协议管辖判决安排》第八条，申请人申请认可和执行的期间为二年。内地判决到香港申请执行的，从判决规定履行期间的最后一日起计算，判决规定分期履行的，从规定的每次履行期间的最后一日起计算，判决未规定履行期间的，从判决生效之日起计算；香港判决到内地申请执行的，从判决可强制执行之日起计算，该日为判决上注明的判决日期，判决对履行期间另有规定的，从规定的履行期间届满后开始计算。

可见，《内地与香港协议管辖判决安排》统一采纳了《民事诉讼法》规定的申请执行期限，规定申请人申请认可和执行判决的期间为2年。

5. 中文译本

《内地与香港协议管辖判决安排》第六条第二款规定，“向内地人民法院提交的文件没有中文文本的，申请人应当提交证明无误的中文译本。”向香港法院提交的文件也应该是中文文本，只是因为内地法院的判决本来就是中文，因此无需强调。

6. 费用

《内地与香港协议管辖判决安排》第十五条规定，“当事人向有关法院申请执行判决，应当根据执行地有关诉讼收费的法律和规定交纳执行费或者法院费用。”

7. 可拒绝认可与执行的情形

《内地与香港协议管辖判决安排》第九条规定了不予认可和执行的七种情形，其中前六种均需由原审判决债务人提供证据证明，第七种情形由法院依职权认定：

(1)根据当事人协议选择的原审法院地的法律，管辖协议属于无效。但选择法院已经判定该管辖协议为有效的除外。

(2)判决已获完全履行。

(3)根据执行地法律，执行地法院对该案享有专属管辖权。

(4)根据原审法院地的法律，未曾出庭的败诉一方当事人未经合法传唤或虽经合法传唤但未获依法律规定的答辩时间。但原审法院根据其法律或有关规定公告送达的，不属于上述情形。

(5)判决是以欺诈方法取得的。

(6)执行地法院就相同诉讼请求作出判决，或者外国、境外地区法院就相同诉讼请求作出判决，或有关仲裁机构作出仲裁裁决，已经为执行地法院所认可或执行的。

(7)内地法院认为在内地执行香港特区法院判决违反内地社会公共利益，或者香港特区法院认为在香港特区执行内地法院判决违反香港特区公共政策的。

【总结】内地与香港协议管辖判决不予认可与执行的情形：①管辖协议无效；②判决已完全履行；③专属管辖权；④被申请人程序权利未得到保障；⑤欺诈；⑥已作出或承认在先判决或仲裁裁决；⑦公共秩序。

【注意】在区际司法协助中，专属管辖是拒绝认可与执行判决的理由，但不能成为拒绝文书送达与调取证据的理由。

8. 对不予认可与执行的救济途径

《内地与香港协议管辖判决安排》第十二条规定，“当事人对认可和执行与否的裁定不服的，在内地可以向上一级人民法院申请复议，在香港特别行政区可以根据其法律规定提出上诉。”

《内地与香港协议管辖判决安排》第十三条第三款规定，“对于根据本安排第九条不予认可和执行的判决，申请人不得再行提起认可和执行的申请，但是可以按照执行地的法律依相同案件事实向执行地法院提起诉讼。”

▶ 典型真题

中国香港甲公司与内地乙公司签订商事合同，并通过电子邮件约定如发生纠纷由香港法院管辖。后因履约纠纷，甲公司将乙公司诉至香港法院并胜诉。判决生效后，甲公司申请人民法院认可和执行该判决。关于该判决在内地的认可与执行，下列哪一选项是正确的？(2017-01-39)①

A. 电子邮件不符合“书面”管辖协议的要求，故该判决不应被认可与执行

B. 如乙公司的住所地与财产所在地分处两个中级人民法院的辖区，甲公司不得同时向这两个人民法院提出申请

C. 如乙公司在内地与香港均有财产，甲公司不得同时向两地法院提出申请

D. 如甲公司的申请被人民法院裁定驳回，它可直接向最高人民法院申请复议

(二)《内地与香港婚姻家事安排》

2017年6月20日签署的《关于内地与香港特别行政区法院相互认可和执行婚姻家庭民事案件判决的安排》(《内地与香港婚姻家事安排》)虽然要待最高人民法院发布司法解释和香港特别行政区完成有关内部程序后才生效，但该安排已签署并公布，生效是没有悬念的，因此要作为备考内容。《内地与香港婚姻家事安排》规定了安排适用的范围、当事人申请认可和执行的程序及救济途径、法院审查认可和执行请求的依据和处理方法、不予认可和执行的情形等。

---

①答案：B。

1. 适用范围

《内地与香港婚姻家事安排》第一条规定，“当事人向香港特别行政区法院申请认可和执行内地人民法院就婚姻家庭民事案件作出的生效判决，或者向内地人民法院申请认可和执行香港特别行政区法院就婚姻家庭民事案件作出的生效判决的，适用本安排。”

前述判决，在内地包括判决、裁定、调解书，在香港特别行政区包括判决、命令、判令、讼费评定证明书、定额讼费证明书，但不包括双方依据其法律承认的其他国家和地区法院作出的判决。当事人向香港特别行政区法院申请认可内地民政部门所发的离婚证，或者向内地人民法院申请认可依据《婚姻制度改革条例》第Ⅴ部、第ⅤA部规定解除婚姻的协议书、备忘录的，参照适用本安排。

2. 管辖法院

《内地与香港婚姻家事安排》第四条规定，“申请认可和执行本安排规定的判决：(一)在内地向申请人住所地、经常居住地或者被申请人住所地、经常居住地、财产所在地的中级人民法院提出；(二)在香港特别行政区向区域法院提出。申请人应当向符合前款第一项规定的其中一个人民法院提出申请。向两个以上有管辖权的人民法院提出申请的，由最先立案的人民法院管辖。”

可见，内地与香港申请认可和执行婚姻家事判决，不仅财产所在地、被申请人住所地、经常居住地法院有管辖权，申请人住所地、经常居住地也有管辖权。在级别管辖上，内地为中级法院，香港为区域法院。申请人如在内地向两个以上有管辖权的法院提出申请，谁先立案谁管辖。

《内地与香港婚姻家事安排》第十三条规定，“被申请人在内地和香港特别行政区均有可供执行财产的，申请人可以分别向两地法院申请执行。两地法院执行财产的总额不得超过判决确定的数额。应对方法院要求，两地法院应当相互提供本院执行判决的情况。”

可见，被申请人在内地和香港均有可供执行财产的，申请人可以分别向两地法院申请执行。但为防止超额执行，应对方法院要求，两地法院应当相互提供本院执行判决的情况。执行财产的总额不得超过判决确定的数额。

3. 申请认可和执行的期限、程序和方式

《内地与香港婚姻家事安排》第七条规定，“申请认可和执行判决的期间、程序和方式，应当依据被请求方法律的规定。”程序问题依所在地法律是国际私法上的一般原则。

4. 不予认可和执行的情形

根据《内地与香港婚姻家事安排》第九条的规定，申请认可和执行的判决，被申请人提供证据证明有下列情形之一的，法院审查核实后，不予认可和执行：

(1)根据原审法院地法律，被申请人未经合法传唤，或者虽经合法传唤但未获得合理的陈述、辩论机会的；

(2)判决是以欺诈方法取得的；

(3)被请求方法院受理相关诉讼后，请求方法院又受理就同一争议提起的诉讼并作出判决的；

(4)被请求方法院已经就同一争议作出判决，或者已经认可和执行其他国家和地区法院就同一争议所作出的判决的。

内地人民法院认为认可和执行香港特别行政区法院判决明显违反内地法律的基本原则或者社会公共利益，香港特别行政区法院认为认可和执行内地人民法院判决明显违反香港特别行政区法律的基本原则或者公共政策的，不予认可和执行。

申请认可和执行的判决涉及未成年子女的，在根据前款规定审查决定是否认可和执行时，应当充分考虑未成年子女的最佳利益。

【**总结**】《内地与香港婚姻家事安排》规定的不予认可和执行情形包括两大类，一类是需被申请人证明的，另一类是法院依职权审查的。需被申请人证明的情形可总结为：被申请人程序权利未得到保障；欺诈；存在在先平行诉讼或在先判决。法院依职权审查的除了传统的公共利益原则外，还需考虑未成年子女的最佳利益，体现了保护弱者利益原则。

5. 平行诉讼的处理

《内地与香港婚姻家事安排》第十六条规定，“在审理婚姻家庭民事案件期间，当事人申请认可和执行另一地法院就同一争议作出的判决的，应当受理。受理后，有关诉讼应当中止，待就认可和执行的申请作出裁定或者命令后，再视情终止或者恢复诉讼。”

可见，《内地与香港婚姻家事安排》对平行诉讼的处理采受理在先或判决在先原则。如果同一争议被请求地受理在先或判决在先，则另一地法院作出的判决不能得到承认与执行。如果同一争议被请求地受理在后且未判决，则另一地法院作出的判决可得到承认与执行。

6. 对不予认可与执行的救济途径

《内地与香港婚姻家事安排》第十五条规定，“被请求方法院就认可和执行的申请作出裁定或者命令后，当事人不服的，在内地可以于裁定送达之日起十日内向上一级人民法院申请复议，在香港特别行政区可以依据其法律规定提出上诉。”

《内地与香港婚姻家事安排》第十七条第三款规定，“判决未获认可和执行的，申请人不得再次申请认可和执行，但可以就同一争议向被请求方法院提起诉讼。”

二、内地与澳门之间判决的承认与执行

内地与澳门之间关于判决承认与执行的依据是2006年最高人民法院《内地与澳门特别行政区关于相互认可和执行民商事判决的安排》(以下简称《内地与澳门认可和执行判决的安排》)。

（一）适用范围

《内地与澳门认可和执行判决的安排》第一条规定，“内地与澳门特别行政区民商事案件(在内地包括劳动争议案件，在澳门特别行政区包括劳动民事案件)判决的相互认

可和执行，适用本安排。本安排亦适用于刑事案件中有关民事损害赔偿的判决、裁定。本安排不适用于行政案件。”

《内地与澳门认可和执行判决的安排》第二条第一款规定，“本安排所称‘判决’，在内地包括：判决、裁定、决定、调解书、支付令；在澳门特别行政区包括：裁判、判决、确认和解的裁定、法官的决定或者批示。”

可见，可适用《内地与澳门认可和执行判决的安排》的判决包括民事判决和刑事案件中有关民事损害赔偿的判决，但不包括行政判决。此外，内地与澳门之前可得到认可的判决不仅包括具有给付内容的判决，也包括没有给付内容或不需要执行的判决。

（二）管辖法院

《内地与澳门认可和执行判决的安排》第四条规定，“内地有权受理认可和执行判决申请的法院为被申请人住所地、经常居住地或者财产所在地的中级人民法院。两个或者两个以上中级人民法院均有管辖权的，申请人应当选择向其中一个中级人民法院提出申请。澳门特别行政区有权受理认可判决申请的法院为中级法院，有权执行的法院为初级法院。”

《内地与澳门认可和执行判决的安排》第五条规定，“被申请人在内地和澳门特别行政区均有可供执行财产的，申请人可以向一地法院提出执行申请。申请人向一地法院提出执行申请的同时，可以向另一地法院申请查封、扣押或者冻结被执行人的财产。待一地法院执行完毕后，可以根据该地法院出具的执行情况证明，就不足部分向另一地法院申请采取处分财产的执行措施。两地法院执行财产的总额，不得超过依据判决和法律规定所确定的数额。”

【总结】内地与澳门认可和执行判决的管辖法院，内地：被申请人住所地、经常居住地或者财产所在地的中级人民法院；澳门：中级法院认可，初级法院执行；只能向内地一个中级法院申请，可向一地法院申请执行另一地法院申请财产保全措施。

（三）提交的文件

申请人应提交申请书（中文制作或附上中文译本）、生效判决书副本或证明书、传唤属依法作出的证明（判决书已证明的除外）、无诉讼行为能力人依法得到代理的证明（判决书已证明的除外）、判决已送达并生效的证明、法人应当提交营业执照副本或登记证明书、判决作出地法院发出的执行情况证明。

《内地与澳门认可和执行判决的安排》第八条规定，申请书应当用中文制作。所附司法文书及其相关文件未用中文制作的，应当提供中文译本。其中法院判决书未用中文制作的，应当提供由法院出具的中文译本。

（四）程序法律适用

《内地与澳门认可和执行判决的安排》第二十条规定，“对民商事判决的认可和执行，除本安排有规定的以外，适用被请求方的法律规定。”

（五）费用

《内地与澳门认可和执行判决的安排》第十九条规定，“申请人依据本安排申请认可和执行判决，应当根据被请求方法律规定，交纳诉讼费用、执行费用。申请人在生效判决作出地获准缓交、减交、免交诉讼费用的，在被请求方法院申请认可和执行判决时，应当享有同等待遇。”

（六）不予认可和执行的情形

《内地与澳门认可和执行判决的安排》第十一条规定，被请求方法院经审查核实存在下列情形之一的，裁定不予认可：

(1)根据被请求方的法律，判决所确认的事项属被请求方法院专属管辖；

(2)在被请求方法院已存在相同诉讼，该诉讼先于待认可判决的诉讼提起，且被请求方法院具有管辖权；

(3)被请求方法院已认可或者执行被请求方法院以外的法院或仲裁机构就相同诉讼作出的判决或仲裁裁决；

(4)根据判决作出地的法律规定，败诉的当事人未得到合法传唤，或者无诉讼行为能力人未依法得到代理；

(5)根据判决作出地的法律规定，申请认可和执行的判决尚未发生法律效力，或者因再审被裁定中止执行；

(6)在内地认可和执行判决将违反内地法律的基本原则或者社会公共利益；在澳门特别行政区认可和执行判决将违反澳门特别行政区法律的基本原则或者公共秩序。

【总结】内地与澳门不予认可与执行的判决的情形：①专属管辖；②存在在先平行诉讼或在先判决；③被申请人程序权利未得到保障；④判决未生效；⑤违反公共秩序。

（七）对不予认可与执行的救济途径

《内地与澳门认可和执行判决的安排》第十二条第二款规定，“当事人对认可与否的裁定不服的，在内地可以向上一级人民法院提请复议，在澳门特别行政区可以根据其法律规定提起上诉；对执行中作出的裁定不服的，可以根据被请求方法律的规定，向上级法院寻求救济。”

▶ 典型真题

李某在内地某法院取得一项涉及王某的具有给付内容的生效民事判决。王某的主要财产在澳门，在内地也有少量可供执行的财产。根据《最高人民法院关于内地与澳门特别行政区相互认可和执行民商事判决的安排》，下列哪一选项是正确的？(2007-01-36)[①]

A. 李某有权同时向内地与澳门有管辖权的法院申请执行

B. 李某向澳门法院提出执行申请的同时，可以向内地法院申请查封、扣押或者冻

---

①答案：B。

结王某的财产

C. 如澳门法院受理执行申请，它不能仅执行该判决中的部分请求

D. 该判决的执行应适用内地法律

三、内地与台湾地区之间判决的承认与执行

2015年《最高人民法院关于认可和执行台湾地区法院民事判决的规定》(以下简称《关于台湾判决的规定》)，是内地认可和执行台湾地区民事判决的主要依据。

（一）适用范围

《关于台湾判决的规定》第二条规定，“本规定所称台湾地区法院民事判决，包括台湾地区法院作出的生效民事判决、裁定、和解笔录、调解笔录、支付命令等。申请认可台湾地区法院在刑事案件中作出的有关民事损害赔偿的生效判决、裁定、和解笔录的，适用本规定。申请认可由台湾地区乡镇市调解委员会等出具并经台湾地区法院核定，与台湾地区法院生效民事判决具有同等效力的调解文书的，参照适用本规定。”

以上规定将和台湾民事判决效力相当的文书都纳入了可申请认可和执行的范围。

（二）管辖法院

《关于台湾判决的规定》第四条规定，“申请认可台湾地区法院民事判决的案件，由申请人住所地、经常居住地或者被申请人住所地、经常居住地、财产所在地中级人民法院或者专门人民法院受理。申请人向两个以上有管辖权的人民法院申请认可的，由最先立案的人民法院管辖。申请人向被申请人财产所在地人民法院申请认可的，应当提供财产存在的相关证据。”

（三）提交的文件

根据《关于台湾判决的规定》第六条、第七条、第九条的规定，申请人应提交以下材料：

(1)申请书；

(2)委托他人代理需提交授权委托书(台湾、香港、澳门或者外国当事人签名或者盖章的授权委托书应当履行相关的公证、认证或者其他证明手续，但授权委托书在内地法院法官的见证下签署或者经内地公证机关公证证明是在内地签署的除外)；

(3)台湾有关法院民事判决文书和民事判决确定证明书的正本或者经证明无误的副本；

(4)缺席判决的，申请人应当同时提交台湾法院已经合法传唤当事人的证明文件；

(5)拟申请认可和执行的判决真实并且已生效的证明(申请人可以申请人民法院通过海峡两岸调查取证司法互助途径查明台湾法院民事判决的真实性和是否生效以及当事人得到合法传唤的证明文件)。

可见，当事人可以自行提供相关证明材料及其相应的公证认证文件，也可以向大陆法院申请调查取证。2015年《关于台湾判决的规定》的一个亮点就是不再强制要求申

请人提交作出判决的法院出具的证明文件以证明有关民事判决已经生效，同时，规定申请人可以申请人民法院或者人民法院在必要时依职权通过两岸司法互助途径查明有关民事判决的真实性、是否生效及当事人是否得到合法传唤，进一步体现了人民法院司法为民、便民之精神。

（四）申请期间和审理期间

《关于台湾判决的规定》第二十条规定，"申请人申请认可和执行台湾地区法院民事判决的期间，适用民事诉讼法第二百三十九条的规定，但申请认可台湾地区法院有关身份关系的判决除外。"《民事诉讼法》第二百三十九条规定的申请执行的期间为二年。

《关于台湾判决的规定》第十四条规定，"人民法院受理认可台湾地区法院民事判决的申请后，应当在立案之日起六个月内审结。有特殊情况需要延长的，报请上一级人民法院批准。通过海峡两岸司法互助途径送达文书和调查取证的期间，不计入审查期限。"

可见，申请认可和执行台湾地区法院民事判决的期间为二年，法院审理的期间为六个月。

（五）申请的撤回

《关于台湾判决的规定》第十三条规定，"人民法院受理认可台湾地区法院民事判决的申请后，作出裁定前，申请人请求撤回申请的，可以裁定准许。"

（六）不予认可的情形

《关于台湾判决的规定》第十五条规定，台湾地区法院民事判决具有下列情形之一的，裁定不予认可：

（1）申请认可的民事判决，是在被申请人缺席又未经合法传唤或者在被申请人无诉讼行为能力又未得到适当代理的情况下作出的；

（2）案件系人民法院专属管辖的；

（3）案件双方当事人订有有效仲裁协议，且无放弃仲裁管辖情形的；

（4）案件系人民法院已作出判决或者中国大陆的仲裁庭已作出仲裁裁决的；

（5）香港特别行政区、澳门特别行政区或者外国的法院已就同一争议作出判决且已为人民法院所认可或者承认的；

（6）台湾地区、香港特别行政区、澳门特别行政区或者外国的仲裁庭已就同一争议作出仲裁裁决且已为人民法院所认可或者承认的；

（7）认可该民事判决将违反一个中国原则等国家法律的基本原则或者损害社会公共利益的，人民法院应当裁定不予认可。

【总结】不予认可台湾判决的情形：①被申请人程序权利未得到保障；②专属管辖；③有仲裁协议；④已作出或承认在先判决或仲裁裁决；⑤违反一个中国原则等公共秩序。

（七）驳回申请

《关于台湾判决的规定》第十六条规定，“人民法院经审查能够确认台湾地区法院民事判决真实并且已经生效，而且不具有本规定第十五条所列情形的，裁定认可其效力；不能确认该民事判决的真实性或者已经生效的，裁定驳回申请人的申请。裁定驳回申请的案件，申请人再次申请并符合受理条件的，人民法院应予受理。”

据此，如果当事人提交的台湾民事判决真实性且已生效，大陆法院依法审查后发现具有不能被认可的情形的，裁定不予认可；但如果仅仅是因为不能确认台湾判决的真实性或已经生效，法院只能裁定驳回申请。申请人此时可以对材料进行补正，并再次提出认可申请。

（八）对不予认可或驳回申请的救济途径

《关于台湾判决的规定》第十八条第二款规定，“当事人对上述裁定不服的，可以自裁定送达之日起十日内向上一级人民法院申请复议。”上述裁定包括不予认可的裁定和驳回申请的裁定。

《关于台湾判决的规定》第十九条规定，“对人民法院裁定不予认可的台湾地区法院民事判决，申请人再次提出申请的，人民法院不予受理，但申请人可以就同一争议向人民法院起诉。”

<table>
<tr><th colspan="4">区际法院判决的认可与执行知识点总结</th></tr>
<tr><th></th><th>涉港</th><th>涉澳</th><th>涉台</th></tr>
<tr><td>范围</td><td>①具有书面管辖协议的民商事判决
②婚姻家事判决</td><td>①民商事判决(含劳动案件)
②刑事附带民事</td><td>①民商事判决
②刑事附带民事
③和解笔录、调解笔录、调解文书、支付命令</td></tr>
<tr><td rowspan="2">机构</td><td>内地：
①协议管辖判决：被申请人住所地、经常居住地和财产所在地中院
②婚姻家事判决：申请人住所地、经常居住地或者被申请人住所地、经常居住地、财产所在地中院</td><td>内地：
被申请人住所地、经常居住地和财产所在地中院</td><td rowspan="2">内地：
申请人住所地、经常居住地或者被申请人住所地、经常居住地被执行财产所在地中院或专门法院</td></tr>
<tr><td>香港：
①协议管辖判决：高等法院
②婚姻家事判决：区域法院</td><td>澳门：
中级法院认可
初级法院执行</td></tr>
</table>

续表

<table>
<tr><th colspan="4">区际法院判决的认可与执行知识点总结</th></tr>
<tr><th></th><th>涉港</th><th>涉澳</th><th>涉台</th></tr>
<tr><td>能否同时向两地法院申请</td><td>能(分别执行的总额不能超过判决数额)</td><td>不能(但可向一地法院申请执行，另一地法院申请财产保全)</td><td></td></tr>
<tr><td rowspan="2">不予承认与执行的情形</td><td>协议管辖判决：①管辖协议无效；②判决已完全履行；③专属管辖权；④被申请人程序权利未得到保障；⑤欺诈；⑥已作出或承认在先判决或仲裁裁决；⑦公共秩序</td><td rowspan="2">①专属管辖；②有在先平行诉讼或在先判决；③被申请人程序权利未得到保障；④判决未生效；⑤违反公共秩序</td><td rowspan="2">①被申请人程序权利未得到保障；②专属管辖；③有仲裁协议；④已作出或承认在先判决或仲裁裁决；⑤违反一个中国原则等公共秩序</td></tr>
<tr><td>婚姻家事判决：①被申请人程序权利未得到保障；②欺诈；③有在先平行诉讼或在先判决；④违反公共利益原则或未成年子女最佳利益原则</td></tr>
<tr><td>相同点</td><td colspan="3">①申请期间均为判决生效或规定的履行期届满后两年内
②均应提供中文本或中文译本
③均不得同时向内地多个中院提出认可与执行申请
④均需要交纳执行费
⑤对法院认可与否裁定不服的，在内地可向上一级法院提请复议，在港澳可提出上诉</td></tr>
</table>

典型真题

秦某与洪某在台北因合同纠纷涉诉，被告洪某败诉。现秦某向洪某财产所在地的大陆某中级人民法院申请认可该台湾地区的民事判决。关于该判决的认可，下列哪些选项是正确的？(2015-01-79)[①]

A. 人民法院受理秦某申请后，应当在6个月内审结

B. 受理秦某的认可申请后，作出裁定前，秦某要求撤回申请的，人民法院应当允许

①答案：A，原答案：ABD。因2015年《最高人民法院关于认可和执行台湾地区法院民事判决的规定》出台时间相对较晚(6月29日公布，7月1日施行)，2015年司法考试仍然是按旧的司法解释出题并给出的答案。因此，司法部公布的答案为ABD，而根据考试时和现行有效的司法解释，正确的答案为A。

C. 如人民法院裁定不予认可该判决，秦某可以在裁定作出1年后再次提出申请

D. 人民法院受理申请后，如对该判决是否生效不能确定，应告知秦某提交作出判决的法院出具的证明文件

专题十七 内地与港澳台地区之间仲裁裁决的承认与执行

一、内地与香港仲裁裁决的承认与执行

2000年《最高人民法院关于内地与香港特别行政区相互执行仲裁裁决的安排》（以下简称《内地与香港仲裁裁决的安排》）是内地与香港相互执行仲裁裁决的主要依据。

（一）适用范围

香港特区法院同意执行内地仲裁机构（名单由国务院法制办公室经国务院港澳事务办公室提供）依据《中华人民共和国仲裁法》所作出的裁决，内地人民法院同意执行在香港特区按香港特区《仲裁条例》所作出的裁决。

（二）管辖法院

在内地或者香港作出的仲裁裁决，当事人可以向被申请人住所地或者财产所在地的有关法院申请执行。此处的有关法院，在内地指被申请人住所地或者其财产所在地的中级人民法院，在香港指高等法院。

被申请人住所地或者财产所在地在内地不同的中级人民法院辖区内的，申请人可以选择其中一个人民法院申请执行裁决，不得分别向两个或者两个以上人民法院提出申请。

被申请人的住所地或者财产所在地，既在内地又在香港特区的，申请人不得同时分别向两地有关法院提出申请。只有一地法院执行不足以偿还其债务时，才可就不足部分向另一地法院申请执行。两地法院先后执行仲裁裁决的总额，不得超过裁决数额。

【总结】内地与香港仲裁裁决承认与执行的管辖法院为被申请人住所地或者其财产所在地的中级法院或香港高等法院。不得向两个内地法院申请，可以先后向两地法院申请。

（三）应提交的文件

申请人向有关法院申请执行在内地或者香港特区作出的仲裁裁决的，应当提交执行申请书、仲裁裁决书和仲裁协议。执行申请书应当以中文文本提出，裁决书或者仲裁协议没有中文文本的，申请人应当提交正式证明的中文译本。

（四）申请期限和处理程序

申请人向有关法院申请执行内地或者香港仲裁裁决的期限依据执行地法律有关时

限的规定。有关法院接到申请人申请后，应当按执行地法律程序处理及执行。申请人向有关法院申请执行内地或者香港仲裁裁决，应当根据执行地法院有关诉讼收费的办法交纳执行费用。

（五）不予执行的情形

《内地与香港仲裁裁决的安排》第七条规定了七种不予认可的情形，其中前五种情形必须由当事人提出证据证明，后两种则由法院依职权审查。

(1)仲裁协议当事人依对其适用的法律属于某种无行为能力的情形；或者该项仲裁协议依约定的准据法无效；或者未指明以何种法律为准时，依仲裁裁决地的法律是无效的。

(2)被申请人未接到指派仲裁员的适当通知，或者因他故未能陈述意见的。

(3)裁决所处理的争议不是交付仲裁的标的或者不在仲裁协议条款之内，或者裁决载有关于交付仲裁范围以外事项的决定的；但交付仲裁事项的决定可与未交付仲裁的事项划分时，裁决中关于交付仲裁事项的决定部分应当予以执行。

(4)仲裁庭的组成或者仲裁庭程序与当事人之间的协议不符，或者在有关当事人没有这种协议时与仲裁地的法律不符的。

(5)裁决对当事人尚无约束力，或者业经仲裁地的法院或者按仲裁地的法律撤销或者停止执行的。

(6)依执行地法律，争议事项不能以仲裁解决的，则可不予执行该裁决。

(7)在内地执行该仲裁裁决违反内地社会公共利益，或者在香港特区执行该仲裁裁决违反香港特区的公共政策，则可不予执行该裁决。

二、内地与澳门仲裁裁决的承认与执行

2007年《最高人民法院关于内地与澳门特别行政区相互认可和执行仲裁裁决的安排》(以下简称《内地与澳门仲裁裁决的安排》)是内地与澳门仲裁裁决的承认与执行的主要依据。

（一）适用范围

《内地与澳门仲裁裁决的安排》第一条规定，内地人民法院认可和执行澳门仲裁机构及仲裁员按照澳门仲裁法规在澳门作出的民商事仲裁裁决，澳门法院认可和执行内地仲裁机构依据《中华人民共和国仲裁法》在内地作出的民商事仲裁裁决，适用本安排。

【比较】在《内地与香港仲裁裁决的安排》中，香港法院同意执行内地仲裁机构(名单由国务院法制办公室经国务院港澳事务办公室提供)所作出的裁决，《内地与澳门仲裁裁决的安排》对内地仲裁机构没有名单要求。

（二）管辖法院

《内地与澳门仲裁裁决的安排》第二条规定，“在内地或者澳门特别行政区作出的仲裁裁决，一方当事人不履行的，另一方当事人可以向被申请人住所地、经常居住地或

者财产所在地的有关法院申请认可和执行。内地有权受理认可和执行仲裁裁决申请的法院为中级人民法院。两个或者两个以上中级人民法院均有管辖权的，当事人应当选择向其中一个中级人民法院提出申请。澳门特别行政区有权受理认可仲裁裁决申请的法院为中级法院，有权执行的法院为初级法院。”

《内地与澳门仲裁裁决的安排》第三条规定，“被申请人的住所地、经常居住地或者财产所在地分别在内地和澳门特别行政区的，申请人可以向一地法院提出认可和执行申请，也可以分别向两地法院提出申请。当事人分别向两地法院提出申请的，两地法院都应当依法进行审查。予以认可的，采取查封、扣押或者冻结被执行人财产等执行措施。仲裁地法院应当先进行执行清偿；另一地法院在收到仲裁地法院关于经执行债权未获清偿情况的证明后，可以对申请人未获清偿的部分进行执行清偿。两地法院执行财产的总额，不得超过依据裁决和法律规定所确定的数额。”

根据以上规定，内地与澳门之间仲裁裁决承认与执行的管辖法院为：内地指被申请人住所地、经常居住地或财产所在地的中级法院，在澳门由中级法院认可，初级法院执行。当事人不能向内地多个法院申请，但可分别向两地法院申请，由仲裁地法院先执行，另一地法院收到仲裁地法院关于未获清偿的证明后再补充执行清偿。

（三）应提交的文件

申请人向有关法院申请认可和执行仲裁裁决的，应当提交申请书、申请人身份证明、仲裁协议、仲裁裁决书或者仲裁调解书。上述文件应为正本或经公正的副本，没有中文文本的，还应当提交经正式证明的中文译本。

（四）申请期限和处理程序

申请人向有关法院申请认可和执行内地或者澳门仲裁裁决的期限，依据认可和执行地的法律确定。申请人应当根据执行地法律的规定，交纳诉讼费用。

（五）不予执行的情形

《内地与澳门仲裁裁决的安排》第七条规定了七种不予认可的情形，其中前五种情形必须由当事人提出证据证明，后两种则由法院依职权审查。

(1)仲裁协议一方当事人依对其适用的法律在订立仲裁协议时属于无行为能力，或者依据当事人约定的准据法，仲裁协议无效的，或者在当事人没有约定准据法时，依据仲裁地法律，仲裁协议是无效的。

(2)被申请人未接到选任仲裁员或者进行仲裁程序的适当通知，或者其他原因未能陈述意见的。

(3)裁决所处理的争议不是提交仲裁的争议，或者不在仲裁协议范围之内；或者裁决载有超出当事人提交仲裁范围的事项的决定的。但是，如果裁决中超出提交仲裁范围的事项的决定与提交仲裁事项的决定是可以分开的，裁决中关于提交仲裁事项的决定部分则可予以认可。

(4)仲裁庭的组成或者仲裁程序违反了当事人的约定，或者在当事人没有约定时与仲裁地的法律不符的。

(5)裁决对当事人尚无约束力，或者已经仲裁地的法院撤销或者拒绝执行的。

(6)执行地法院认定，依执行地法律，争议事项不能以仲裁解决的。

(7)内地法院认定在内地认可和执行该仲裁裁决违反内地法律的基本原则或者社会公共利益，澳门特别行政区法院认定在澳门特别行政区认可和执行该仲裁裁决违反澳门特别行政区法律的基本原则或者公共秩序，不予认可和执行该裁决的。

（六）一方申请撤销一方申请执行的处理

《内地与澳门仲裁裁决的安排》第九条规定，“一方当事人向一地法院申请执行仲裁裁决，另一方当事人向另一地法院申请撤销该仲裁裁决，被执行人申请中止执行且提供充分担保的，执行法院应当中止执行。根据经认可的撤销仲裁裁决的判决、裁定，执行法院应当终结执行程序；撤销仲裁裁决申请被驳回的，执行法院应当恢复执行。当事人申请中止执行的，应当向执行法院提供其他法院已经受理申请撤销仲裁裁决案件的法律文书。”

▶ 典型真题

澳门甲公司与内地乙公司的合同争议由内地一仲裁机构审理，甲公司最终胜诉。乙公司在广东、上海和澳门均有财产。基于这些事实，下列哪些选项是正确的？(2010-01-82)①

A. 甲公司可分别向广东和上海有管辖权的法院申请执行

B. 只有国务院港澳办提供的名单内的仲裁机构作出的裁决才能被澳门法院认可与执行

C. 甲公司分别向内地和澳门法院申请执行的，内地法院应先行执行清偿

D. 两地法院执行财产总额不得超过依裁决和法律规定所确定的数额

三、内地与台湾仲裁裁决的承认与执行

2015 年《最高人民法院关于认可和执行台湾地区仲裁裁决的规定》(以下简称《关于台湾地区仲裁裁决的规定》)，是内地认可与执行台湾地区仲裁裁决的主要依据。

（一）适用范围

《关于台湾地区仲裁裁决的规定》第二条规定，“本规定所称台湾地区仲裁裁决是指，有关常设仲裁机构及临时仲裁庭在台湾地区按照台湾地区仲裁规定就有关民商事争议作出的仲裁裁决，包括仲裁判断、仲裁和解和仲裁调解。”

《关于台湾地区仲裁裁决的规定》明确将台湾地区临时仲裁裁决纳入认可与执行的

①答案：CD。

范围，只是采用了我国(内地)对外国(港澳)临时仲裁裁决的一贯做法。同时，由于台湾地区“仲裁法”实际赋予仲裁调解与法院之确定判决同一效力，将台湾地区仲裁调解纳入适用范围，作为大陆人民法院可以认可和执行的对象，有利于减少两岸当事人的诉累，保障当事人的合法权益。

（二）管辖法院

《关于台湾地区仲裁裁决的规定》第四条规定，“申请认可台湾地区仲裁裁决的案件，由申请人住所地、经常居住地或者被申请人住所地、经常居住地、财产所在地中级人民法院或者专门人民法院受理。申请人向两个以上有管辖权的人民法院申请认可的，由最先立案的人民法院管辖。申请人向被申请人财产所在地人民法院申请认可的，应当提供财产存在的相关证据。”

（三）先认可后执行

《关于台湾地区仲裁裁决的规定》第十四条规定了七种不予认可的情形，其中前五种情形必须由当事人提出证据证明，后两种则由法院依职权审查。

对申请认可和执行的仲裁裁决，被申请人提出证据证明有下列情形之一的，经审查核实，人民法院裁定不予认可：

(1)仲裁协议一方当事人依对其适用的法律在订立仲裁协议时属于无行为能力的；或者依当事人约定的准据法，或当事人没有约定适用的准据法而依台湾地区仲裁规定，该仲裁协议无效的；或者当事人之间没有达成书面仲裁协议的，但申请认可台湾地区仲裁调解的除外。

(2)被申请人未接到选任仲裁员或进行仲裁程序的适当通知，或者由于其他不可归责于被申请人的原因而未能陈述意见的。

(3)裁决所处理的争议不是提交仲裁的争议，或者不在仲裁协议范围之内；或者裁决载有超出当事人提交仲裁范围的事项的决定，但裁决中超出提交仲裁范围的事项的决定与提交仲裁事项的决定可以分开的，裁决中关于提交仲裁事项的决定部分可以予以认可。

(4)仲裁庭的组成或者仲裁程序违反当事人的约定，或者在当事人没有约定时与台湾地区仲裁规定不符的。

(5)裁决对当事人尚无约束力，或者业经台湾地区法院撤销或者驳回执行申请的。

(6)依据国家法律，该争议事项不能以仲裁解决的。

(7)认可该仲裁裁决将违反一个中国原则等国家法律的基本原则或损害社会公共利益的。

区际仲裁裁决承认与执行知识点总结			
	香港	澳门	台湾
机构	内地：被申请人住所地或财产所在地中院 香港：高等法院	内地：被申请人住所地、经常居住地和财产所在地中院 澳门：中级法院认可，初级法院执行	内地：申请人住所地、经常居住地或者被申请人住所地、经常居住地、被执行财产所在地中院或专门法院
能否同时向两地法院申请	不能	能（仲裁地法院先执行清偿）	

第三编

国际经济法

第十六章　国际货物买卖

考情分析

本章考点重复率很高，内容较多，主要有国际贸易术语和《联合国国际货物销售合同公约》，国际贸易术语中重要的是 FOB、CIF 和 CFR 术语，而《联合国国际货物销售合同公约》中的重要考点主要有买卖双方的义务、国际货物买卖的风险转移和违反合同的补救办法。2018 年考了 DAT 和 FCA 贸易术语。

考试要点

国际贸易术语、《联合国国际货物销售合同公约》、买卖双方的义务、国际货物买卖的风险转移、违反合同的补救办法。

主要法规

1.《国际贸易术语解释通则》

2.《联合国国际货物销售合同公约》

专题一　国际贸易术语

一、《国际贸易术语解释通则》概述

国际贸易术语是在国际贸易中逐渐形成的，表明在不同的交货条件下，买卖双方在交易中的费用、责任及风险划分等以英文缩写表示的专门用语。贸易术语是国际惯例的一种，由当事人选择适用，《国际贸易术语解释通则》在经过七次修改之后，2010 年国际商会修订的《国际贸易术语解释通则® 2010》（英文简称 Incoterms ® 2010）（以下简称 2010 年通则）成为目前广泛使用的通则。

2010年通则与以往版本不是替代与被替代的关系，即以往版本的国际贸易术语解释通则并不失效，合同当事人仍可以选用以往版本中的术语。但是由于不同版本术语的具体权利义务不同，当事人在选择使用通则应注意注明具体的修订年份。另外，国际商会已将2010年版的《国际贸易术语解释通则》注册为商标，所以在选用时要注意加上®符号。当然没有注明®，只写了2010年通则，也是可以适用2010年通则的。

二、《国际贸易术语解释通则® 2010》的主要内容

（一）术语概述

2010年通则分为两类术语：第一类是适用于所有运输方式的贸易术语，包括EXW、FCA、CPT、CIP、DAT、DAP、DDP术语；第二类是仅适用于海运和内河水运的术语，包括FAS、FOB、CFR、CIF术语，四个术语都属于"装运合同"，即应在卖方所在地完成交货。

【注意】与2000年通则相比，2010年通则中的FOB、CIF和CFR术语最大的改变就是风险不再是在船舷，而是卖方将"货物置于船上"时风险转移。

（二）FOB术语

FOB，全称Free on Board，意为"船上交货(指定装运港)"，指卖方以在指定装运港将货物装上买方指定的船舶或通过取得已交付至船上货物的方式交货。该术语属于"装运合同"，主要运费应是由买方来承担，对于卖方来说则是"主要运费未付"。

(1)交货：卖方必须在买方指定的装运港将货物置于买方指定的船舶上交货。

(2)双方义务：①卖方义务：提供符合合同规定的货物及单证；办理出口手续；在装运港将货物装上买方指定的船舶并通知买方；承担货物在装运港船上交货前的风险和费用。

②买方义务：支付货款并接受卖方提供的单证；办理进口手续；租船或订舱并将船名和装货地点即时给予卖方充分通知；承担货物在装运港交货后的风险和费用。

在风险转移上，卖方承担装运港船上完成交货前灭失或损坏的一切风险。

▶ 典型真题

某国甲公司向中国乙公司出售一批设备，约定贸易术语为"FOB(Incoterms ® 2010)"，后设备运至中国。依《国际贸易术语解释通则》和《联合国国际货物销售合同公约》，下列哪一选项是正确的？(2013-01-40)①

A. 甲公司负责签订货物运输合同并支付运费

B. 甲、乙公司的风险承担以货物在装运港越过船舷为界

C. 如该批设备因未按照同类货物通用方式包装造成损失，应由甲公司承担责任

D. 如该批设备侵犯了第三方在中国的专利权，甲公司对乙公司不承担责任

①答案：C。

（三）CIF 术语

CIF，全称 Cost Insurance and Freight，意为“成本加运费加保险费(指定目的港)”，指在装运港船上交货。但卖方须支付将货物运至指定目的港所需的运费，并办理运输中的保险，卖方仅需投保最低险别。此贸易术语适用于海运及内河运输，CIF 术语后标明的是卸货港的名称，如 CIF 上海，表明该批货物的卸货港是上海。

(1)交货：卖方必须在装运港、在约定日期或期限内将货物交至船上。

(2)风险转移：货物的风险在卖方于装运港完成交货时，由卖方转移给买方。

(3)双方义务：①卖方义务：提供符合合同规定的货物和单证；办理出口许可证及其他货物出口手续；订立运输合同，支付将货物运至指定目的港所需的运费；办理货物的保险并缴纳保险费；承担在装运港船上交货前的风险和费用。

②买方义务：支付货款并接受卖方提供的单证；取得进口许可证并办理进口手续；承担在装运港船上交货后的风险和除运费和保险费以外的费用。

▶ 典型真题

甲国 A 公司向乙国 B 公司出口一批货物，双方约定适用 2010 年《国际贸易术语解释通则》中 CIF 术语。该批货物由丙国 C 公司“乐安”号商船承运，运输途中船舶搁浅，为起浮抛弃了部分货物。船舶起浮后继续航行中又因恶劣天气，部分货物被海浪打入海中。到目的港后发现还有部分货物因固有缺陷而损失。关于 CIF 贸易术语的适用，下列选项正确的是：(2012-01-99)①

A. 货物的风险在装运港完成交货时由 A 公司转移给 B 公司

B. 货物的风险在装运港越过船舷时由 A 公司转移给 B 公司

C. 应由 A 公司负责海运运输

D. 应由 A 公司购买货物海运保险

（四）CFR 术语

CFR，全称 Cost and Freight，意为“成本加运费(指定目的港)”，指在装运港船上交货，卖方须支付将货物运至指定目的港所需的运费，但货物的风险是在装运港船上交货时转移的。该术语适合于海运或内河运输。CFR 术语与 CIF 术语相比，在价格构成中少了保险费，因此，除了保险费是由买方办理外，其他的双方义务与 CIF 术语基本相同。但是，CFR 术语装船是卖方，投保却是买方，卖方在装船后应给买方充分的通知，否则因此而造成的买方漏保引起的货物损失应由卖方承担。

▶ 典型真题

中国甲公司向加拿大乙公司出口一批农产品，CFR 价格条件。货装船后，乙公司因始终未收到甲公司的通知，未办理保险。部分货物在途中因海上风暴毁损。根据相

①答案：CD。

关规则，下列哪一选项是正确的？（2014-01-41）①

A. 甲公司在装船后未给乙公司以充分的通知，造成乙公司漏保，因此损失应由甲公司承担

B. 该批农产品的风险在装港船舷转移给乙公司

C. 乙公司有办理保险的义务，因此损失应由乙公司承担

D. 海上风暴属不可抗力，乙公司只能自行承担损失

2010年货物贸易术语解释通则术语内容如下：

（1）适用于任何运输方式或多种运输方式的术语。

名称	交货地点	风险转移	办理运输	办理保险	出口手续	进口手续
EXW 工厂交货	卖方工厂	将货物交给买方处置时	买方	买方	买方	买方
FCA 货交承运人	交承运人	交承运人	买方	买方	卖方	买方
CPT 运费付至	交承运人	交承运人	卖方	买方	卖方	买方
CIP 运费保险费付至	交承运人	交承运人	卖方	卖方	卖方	买方
DAT 运输终端交货	指定港口或目的地运输终端	目的地卸货之后	卖方	卖方	卖方	买方
DAP 目的地交货	指定目的地	目的地卸货之前	卖方	卖方	卖方	买方
DDP 完税交货	指定目的地	进口清关之后	卖方	卖方	卖方	卖方

（2）适用于海运和内河水运的术语。

名称	交货地点	风险转移	办理运输	办理保险	出口手续	进口手续
FAS 船边交货	装运港船边	装运港吊钩所及之处	买方	买方	卖方	买方
FOB 船上交货	装运港船上	装运港货物置于船上	买方	买方	卖方	买方
CFR 成本加运费	装运港船上	装运港货物置于船上	卖方	买方	卖方	买方
CIF 成本加运费加保险	装运港船上	装运港货物置于船上	卖方	卖方	卖方	买方

①答案：A。

专题二　《联合国国际货物销售合同公约》

一、公约概述

《联合国国际货物销售合同公约》(以下简称《公约》)于1980年在维也纳的外交会议上通过，于1988年正式生效。中国于1986年批准加入了该公约。《公约》分为四个部分，第一部分是适用范围和总则；第二部分是关于合同订立的内容；第三部分是货物的销售，包括卖方义务、买方义务、违约的补救及风险转移的内容；第四部分为最后条款，是关于公约的批准、生效、保留和退出的内容。

二、适用公约的合同

《公约》第一条规定：本公约适用于营业地在不同国家的当事人订立的货物销售合同：(a)如果这些国家是缔约国；或(b)如果国际私法规则导致适用某一缔约国的法律。此条包括下列内容：

(1)《公约》只适用于国际货物销售合同，国际因素以当事人的营业地位于不同国家为标准，而不考虑当事人的国籍；

(2)依国际私法规则的扩大原则，依(a)项的规定，本来《公约》只适用于双方营业地所在国均为缔约国的情况，双方均不位于缔约国或只有一方位于缔约国的，均不适用《公约》。而依(b)项的规定，即使双方或一方的营业地不在缔约国，但只要依国际私法规则应适用缔约国的法律，则适用《公约》。

三、不适用公约的合同

(1)《公约》第二条规定以下合同不适用于该公约：

①购买供私人、家人或家庭使用的货物销售；

②以拍卖的方式进行的销售；

③依法律执行令状或其他令状的销售；

④公债、股票、投资证券、流通票据或货币的销售；

⑤船舶、船只、气垫船或飞机的销售；

⑥电力的销售。

(2)《公约》第三条还排除了对提供货物与提供服务相结合的合同的适用，依《公约》的规定，下列两种合同排除适用：

①通过劳务合作方式进行的购买，如补偿贸易；

②通过货物买卖方式进行的劳务合作，如技贸结合。

上述这两项不适用反映了《公约》只适用于货物的国际销售，而不适用于劳务或服务合同，但是，如果上述合同中提供的劳务或服务没有构成供货方的绝大部分义务的，则仍被《公约》视为是买卖合同，另外，如合同是由买卖和劳务两部分组成的，则《公约》只适用于买卖合同部分。

四、公约未涉及的法律问题

(1)《公约》不涉及有关销售合同的效力或惯例的效力问题；

(2)《公约》不涉及销售合同对所售出的货物的所有权转移问题；

(3)《公约》不涉及卖方对货物引起的人身伤亡的责任问题。

《公约》的规定仅限于因合同而产生的双方的权利义务问题，上述几个问题均由于各国法律的规定分歧较大，很难统一，因此没有涉及。

五、公约适用的任意性

根据《公约》第六条的规定，双方当事人可以不适用本《公约》，或者除第十二条的规定外，可以减损《公约》的任何规定或改变其效力。本条表明《公约》的适用并不是强制性的，主要表现为下列两点：

(1)当事人可以通过选择其他法律而排除《公约》的适用。即使买卖合同的双方当事人的营业地分处两个缔约国，本应适用《公约》，但如果他们在合同中约定适用其他的法律，则排除了《公约》的适用，前提是当事人明确适用该国的什么法律时，才能排除公约的适用，如果双方没有排除公约的适用，则《公约》自动适用于他们之间的买卖合同。

如果当事人在合同中选择适用某一国际惯例，如某一国际贸易术语，则不能认为排除了《公约》的适用，因为贸易术语主要是解决买卖双方在交货方面的责任、费用及风险划分等问题，而没有涉及违约及违约救济等方面的问题，贸易术语和《公约》在内容上市互相补充的，因此《公约》仍应对合同适用；

(2)当事人可以在买卖合同中约定部分地适用《公约》，或对《公约》的内容进行改变，但当事人的此项权利是受到一定限制的，即如果当事人营业地所在国在加入《公约》时已提出保留的内容，当事人必须遵守，而不得排除或改变。

【举例】若双方当事人在买卖合同中选择适用 CFR 贸易术语，则 CFR 术语所规定的买卖双方的权利义务规定即为买卖合同当事人双方的权利义务规定，术语的内容优先于《公约》适用，即使术语规定与《公约》规定相冲突，但对于术语中没有规定而《公约》有所规定的内容，依旧适用《公约》有关规定，不会因为当事人选择适用贸易术语而排除《公约》的适用。

六、我国对《公约》的保留

(1)合同形式的保留。合同形式的保留针对《公约》第十一条，该条规定，销售合同无须以书面订立或书面证明，在形式方面也不受任何其他条件的限制，销售合同可以包括人证在内的任何方法证明。我国在核准《公约》时对此进行了保留，但已经撤回。

(2)因国际私法规则扩大适用的保留。此项保留针对《公约》第一条第(1)款(b)项规定，该条允许通过国际私法的引用而使公约适用于非缔约国，我国在核准时提出了保留，我国仅同意对双方的营业地所在国均为缔约国的当事人之间订立的国际货物销售合同才适用《公约》。

专题三　买卖双方的义务

一、卖方的主要义务

（一）交付货物义务

交付货物既是卖方的主要义务，也是其行使收取货款权利的前提条件。

(1)交付货物的地点：关于交付货物的地点，双方当事人有约定的依约定，没有约定的依《公约》第三十一条的规定：

①当国际货物买卖合同涉及货物的运输，则交货地点即为货交第一承运人的地点；

②如果合同指的是特定货物从特定存货中提取的，或还在生产中未经特定化，而双方当事人在订立合同时已知道这些货物的特定地点，则卖方应在该地点交货；

③在其他情况下，卖方应在其订立合同时的营业地交货。

(2)交付货物的时间：依据《公约》第三十三条的规定：

①如果合同规定有交货的日期，或从合同可以确定交货的日期，应在该日期交货；

②如果合同规定有一段时间，或从合同可以确定一段时间，除非情况表明应由买方选定一个日期外，应在该段时间内任何时候交货；

③在其他情况下，应在订立合同后一段合理时间内交货。

（二）交付单据义务

依据《公约》第三十四条对卖方交付单据的义务进行了规定，该条规定，如果卖方有义务移交与货物有关的单据，他必须按照合同规定的时间、地点和方式移交这些单据。卖方交付单据的义务，通常是在买卖合同或信用证中加以规定。

如果卖方在约定的时间以前已移交这些单据，则可在时间届满前纠正单据中任何不符合合同规定的情形，但是，此项权利的行使不得使买方遭受不合理的不便或承担不合理的开支，而且，买方可以保留公约规定的要求损害赔偿的权利。

（三）质量担保义务

货物的质量担保义务指卖方必须保证其交付的货物与合同的规定相符。依《公约》第三十五条第(1)款的规定，卖方交付的货物必须与合同规定的数量、质量、规格和包装作出明确规定的情况下，则应依《公约》第三十五条第(2)款的规定：

(1)货物适用于统一规格货物通常使用的目的；

(2)货物适用于订立合同时明示或默示地通知卖方的任何特定目的；

(3)货物的质量与卖方向买方提供的货物样品或样式相同；

(4)货物应按照同类货物通用的方式装箱或包装，如果没有此种通用方式，则按照足以保全和保护货物的方式装箱或包装。

《公约》还规定了卖方对质量责任的例外，依据第三十五条第(3)款的规定：如果买方在订立合同时知道或者不可能不知道货物不符合同，卖方就无须按上述四项负不符合合同的责任。

（四）权利担保义务

(1)所有权担保：指卖方保证对其出售的货物享有完全的所有权，必须是第三方不能提出任何权利或要求的货物，如不存在任何未向买方透露的担保物权等，由于《公约》并不调整国际货物买卖中的所有权转移问题，但如果卖方对其出售的货物不享有完全的所有权会对合同的履行产生影响，因此《公约》要求卖方必须对其出售的货物享有完全的所有权。

(2)知识产权担保：指卖方所交付的货物，必须是第三方不能依工业产权或其他知识产权主张任何权利或要求的货物，如果在买方接受货物后，任何第三人通过司法程序指控买方所购的货物侵犯了其知识产权，卖方应承担代替买方辩驳第三人的指控。

(3)知识产权担保义务的免除：《公约》虽然规定了卖方的知识产权担保义务，但并未要求其出售的货物不得侵犯全世界任何一个知识产权人的权利，对此《公约》第四十二条规定了限制标准：

①货物使用地或转售地国家的法律，即第三人的请求必须是以货物使用地或转售地国家的法律提出的。如果双方在订立合同时，没有规定货物的最终使用地或转卖地，则卖方对买方不承担向不知明的转卖地转卖的知识产权的担保义务；

②依买方营业地所在国法律，即第三人的请求必须是依买方营业地所在国的法律提出的。也就是说，如果双方没有确定货物的最终使用地或转卖地，则卖方只对那些依买方营业地所在国的法律提出的请求向买方负责。如果买方有一个以上的营业地，则依《公约》的规定，以与合同及合同的履行关系最密切的营业地为其营业地，如果没有营业地，则以其惯常居住地为准。

【注意】卖方只担保不侵犯三个地方的知识产权：买方营业地、签订合同时卖方知道的货物使用地和货物转售地。

(4)买方的及时通知义务：《公约》第四十三条规定，当买方已知道或理应知道第三方的权利或要求后一段合理时间内，应将此项权利或要求的性质通知卖方，否则就丧失了买方依《公约》本来可以得到的权利，即要求卖方承担辩驳第三方的权利，至于“合理时间”的界定要结合个案确定，不同案件合理时间的长短不同。

二、买方的主要义务

（一）支付货款义务

(1)交付货款的地点：依《公约》的规定，支付的地点首先应以当事人在合同中的约定为准，在合同对此没有规定的情况下，《公约》对支付地点进行了下列补充规定：

①卖方营业地为支付地，在卖方有一个以上营业地的情况下，买方的支付地点为卖方与合同及合同的履行关系最密切的营业地；

②如凭移交货物或单据支付货款，则移交货物或单据的地点为支付地。

(2)交付货款的时间：依《公约》的规定，如果双方当事人未在合同中具体约定付款的时间，则买方应依公约规定的下列时间支付货款：

①在卖方将货物或单据置于买方控制下时付款。依《公约》的规定，卖方可以买方支付货款作为移交货物或单据的条件，不付款则不交货或不交单据；

②在买卖合同涉及运输时，在收到银行的付款通知时付款。在涉及运输时，卖方一般会在合同中订明交货的条件，即在买方交付货款后，才能取得代表货物所有权的装运单据，即以付款交单为支付条件，在此种情况下，买方必须在接到银行的付款通知时支付货款；

③在买方没有机会检验货物前，无义务支付货款。《公约》第五十八条第(3)款的规定是将买方付款的义务与其检验货物的权利联系在一起的。但是，如果买方这种检验货物的机会与双方约定的交货或付款程序相抵触，则买方丧失其在付款前检验货物的权利。

（二）接收货物义务

依《公约》的规定，买方接收货物的义务由两部分组成，“采取一切理应采取的行动”和“提取货物”。

(1)采取一切理应采取的行动。在国际货物买卖中，一方当事人应当采取与另一方当事人相适应的步骤，即双方有相互合作的义务。为了使卖方能交付货物，买方应当采取的行为包括为卖方指定准确的发货地点、委托代理人接收货物、依贸易术语的要求作相应的运输安排等。为此，《公约》第六十条(a)款规定，买方应采取一切理应采取的行动，以期卖方能交付货物。

(2)提取货物。此部分要求买方将货物置于自己的实际控制下，买方应按时提取货物，如果买方在提取货物上不配合，即违反了接收货物的义务。依《公约》第七十七条的规定，声称另一方违约的一方，有义务采取合理的措施，减轻由于违约引起的损失，如不采取措施，则违约一方可要求从损害赔偿中扣除原可以减轻的损失数额。

【注意】接收不等于接受，接受表明买方认为货物的质量符合买卖合同的规定；而接收并不表明买方对货物的质量没有异议，如货物在目的港经检验与合同不符，买方也应接收货物，然后再进行索赔。

三、风险转移

货物发生损失的原因很多，因双方责任导致的损失，由责任方承担，因风险造成的损失则应由承担风险的一方当事人来承担。风险在国际货物买卖中一般指的是货物因自然原因或意外事故所致的损坏或灭失的危险，《公约》没有列出风险事件的范围，此类事件一般包括不可抗力、意外事故和第三方的不当行为造成的损失。依《公约》第六十六条的规定，货物在风险转移到买方承担后遗失或损坏的，买方支付货物的义务并不因此解除，除非这种损坏或遗失是由于卖方的行为或不行为造成的。

（一）有运输条款的货物买卖合同的风险转移

依据《公约》第六十七条的规定应以下列方式转移风险：

(1)如该运输条款规定卖方有义务在某一特定地点把货物交给承运人运输，则卖方履行义务以后，货物的风险就随之转移给了买方；

(2)如合同中没有指明交货地点，卖方只要按合同规定把货物交给第一承运人，货物的风险就转移给买方了。

（二）在运输中销售的货物买卖合同的风险转移

依《公约》第六十八条规定，运输中销售的货物从合同成立时其就转移风险，因为货物已在承运人的控制下了，不存在交付承运人的问题，但由于对运输中的货物出险时间不易确定，所以《公约》又规定，如情况表明有此需要，风险自交给签发运输单据的承运人时起转移给买方，这种情况须以卖方在订立合同时不知道货物已灭失或损坏的为限，若卖方在订立合同时已知道或理应知道货物已经灭失或损坏的，将不适用上述风险转移的原则。

（三）其他情况下货物的风险转移

依《公约》第六十九条的规定，其他情况下如在卖方营业地交货，或在卖方营业地以外的地点交货，此时的风险从买方接收货物时起或货物交由买方处置时起转移给买方。

▶ 典型真题

甲公司的营业所在甲国，乙公司的营业所在中国，甲国和中国均为《联合国国际货物销售合同公约》的当事国。甲公司将一批货物卖给乙公司，该批货物通过海运运输。货物运输途中，乙公司将货物转卖给了中国丙公司。根据该公约，下列哪些选项是正确的？(2012-01-80)[①]

A. 甲公司出售的货物，必须是第三方依中国知识产权不能主张任何权利的货物

B. 甲公司出售的货物，必须是第三方依中国或者甲国知识产权均不能主张任何权

①答案：AC。

利的货物

C. 乙公司转售的货物，自双方合同成立时风险转移

D. 乙公司转售的货物，自乙公司向丙公司交付时风险转移

四、违反合同的补救办法

（一）卖方违反合同时适用于买方的补救办法

1. 要求实际履行

《公约》第四十六条第(1)款规定了卖方违反合同时，买方可以采取要求实际履行的补救办法，除非买方已采取与此一要求相抵触的某种补救办法。另外，《公约》第四十七条还规定了一个合理的履约宽限期，即买方可以规定一个合理时间的额外时间，让卖方履行其义务。

2. 交付替代物

《公约》第四十六条第(2)款规定了此办法，交付替代物是在货物与合同不符时的一种补救办法，《公约》规定，买方还有在货物与合同不符构成根本违反合同时，才可以要求交付替代物，而且关于替代货物的要求，必须与说明货物与合同不符的通知同时提出，或者在该项通知发出后一段合理时间内提出。

3. 修理

《公约》第四十六条第(3)款规定，修理是卖方对所交付于合同不符的货物进行的修补、调整或替换有瑕疵部分等，买方请求修理的要求须与发出的货物不符的通知同时提出，或在该通知发出后一段合理时间内提出。

4. 减价

《公约》第五十条规定，如货物与合同不符，不论货款是否已付，买方都可以减低价格，减价按实际交付的货物在交货时的价值与符合的货物在当时的价值两者之间的比例计算。

5. 解除合同

(1)《公约》第四十九条规定，当卖方在完全不交付货物或不依合同规定交付货物构成根本违反合同时，买方可以直接解除合同。根本违反合同是指因一方当事人违反合同而使另一方当事人遭受损害，实际上剥夺了其依合同规定期待取得的东西。依《公约》第四十九条的规定，买方有权在下列情况下解除合同：

①卖方根本违反合同；

②卖方在买方规定的宽限时间内没有交货或声明不交货。

(2)买方解除合同的权利由于下列情况而丧失：

①对于迟延交货，买方没有在迟延交货后的一段合理的时间内解除合同；

②对于其他情况的违约，在其已经知道或应当知道后的一段合理时间内没有解除合同；或者，当买方给予额外交付货物期限时，在该额外期限届满后的一段合理时间内没有解除合同；或者，当卖方对自己的不履行义务向买方声明将在额外期限内进行

补救，而该期限已经超过或买方不接受卖方的补救的情况下，买方仍没有解除合同。

(3)《公约》第八十一条至八十四条规定了解除合同的效果：

①合同一经被解除，即解除了买卖双方在合同中的义务，但并不解除违约一方损害赔偿的责任，及合同中有关解决争议和合同中有关双方在合同解除后的权利义务的规定；

②解除合同要求买方必须按实际收到货物的原状归还货物；

③解除合同后买卖双方必须归还因接受履行所获得的收益。

（二）买方违反合同时适用于卖方的补救办法

1. 要求履行义务

依《公约》第六十一条至六十三条的规定，如果买方不履行其在合同中和公约中规定的任何义务，卖方可以要求其履行义务，卖方可以要求买方支付货款、收取货物以及其他应履行的义务，只要卖方没有采取与此要求相抵触的某种补救办法。卖方可以规定一段合理时限的额外时间，让买方履行义务。除非卖方收到买方的通知，声称其将不在所规定的时间内履行义务，卖方不得在这段时间内对违反合同采取任何补救办法。当然，卖方并不因此而丧失因买方迟延履行要求损害赔偿的权利。

2. 解除合同

依《公约》第六十四条的规定，卖方在下列情况下可以解除合同：

(1)当买方没有履行合同或公约规定的义务构成根本违反合同时；

(2)买方不在卖方规定的额外时间内履行支付价款的义务或收取货物，或如买方声明其将不在所规定的时限内履行，但如果买方支付了全部货款，卖方原则上就丧失了解除合同的权利。

（三）适用于买卖双方的一般规定

1. 预期违反合同

(1)预期违反合同是指在合同订立后，履行期到来前，一方明示拒绝履行合同，或通过其行为推断其将不履行。当一方出现预期违反合同的情况时，依《公约》的规定，另一方可以采取中止履行义务的措施。《公约》第七十一条对中止履行义务的内容进行了规定，中止履行义务的适用条件：

①必须是被中止方当事人在履行合同的能力或信用方面存在严重缺陷；

②被中止方当事人必须在准备履行或履行合同的行为方面表明他将不能履行合同中的大部分重要义务。

(2)依《公约》的规定，中止可因被中止方当事人提供了履行合同义务的充分保证而结束，《公约》规定中止履行的一方当事人不论是在货物发运前还是发运后，都必须通知另一方当事人，如经另一方当事人对履行义务提供充分保证，则中止履行的一方必须继续履行义务，当然，中止除了因继续履行而结束外，也可以因中止方当事人解除合同而结束。

(3)除了能够中止履行合同义务以外，《公约》还规定，如果在履行合同日期之前，明显看出一方当事人将根本违反合同，另一方当事人可以解除合同，在时间许可的情况下，准备解除合同的一方应向对方发出合理的通知，使其可以对履行义务提供充分保证。

2. 分批交付的货物无效的处理

(1)在一方当事人不履行任何一批货物的义务构成对该批货物的根本违约时，另一方当事人可以对该批货物解除合同；

(2)如有充分理由断定对今后各批货物将会发生根本违反合同，则可在一段合理时间内宣告合同今后无效，即解除合同对以后各批货物的效力；

(3)当买方宣告合同对任何一批货物的交付为无效，而各批货物又是相互依存的情况下，另一方当事人可以解除整个合同。

3. 保全货物

(1)保全货物是指在一方当事人违约时，另一方当事人仍持有货物或控制货物的处置权时，该当事人有义务对他所持有的或控制的货物进行保全，保全货物的目的是为了减少违约一方当事人因违约而给自己带来的损失。

(2)履行保全货物义务的条件：

①卖方保全货物的条件：买方没有支付货款或接收货物，而卖方仍拥有货物或控制着货物的处置权；

②买方保全货物的条件：买方已接收了货物，但打算退货。

(3)保全货物的方式：

①将货物寄放于仓库：有义务采取措施以保全货物的一方当事人，可以将货物寄放于第三方的仓库，由对方承担费用，但该费用应合理；

②将易坏货物出售：对易于迅速变坏的货物保全会发生不合理费用的，可以出售货物，并应将出售货物的打算在可能的范围内通知对方，出售货物的一方可从出售货物的价款中扣除保全货物和销售货物发生的合理费用。

第十七章　国际货物运输与保险

考情分析

本章考点为历年司考中的常考点，主要分为两个部分，国际货物运输和国际货物运输保险，其中国际货物运输中的重要考点有提单、无单放货、调整班轮运输的国际公约和其他方式的国际货物运输；国际货物运输保险中的重要考点有国际海洋运输保险。

考试要点

提单、无单放货、调整班轮运输的国际公约、其他方式的国际货物运输、国际海洋运输保险。

主要法规

1.《最高人民法院关于审理无正本提单交付货物案件适用法律若干问题的规定》
2.《海牙规则》
3.《维斯比规则》
4.《汉堡规则》

专题四　国际货物运输

一、班轮运输

（一）班轮运输的概念

班轮运输是由航运公司以固定的航线、固定的船期、固定的运费、固定的挂靠港口组织，将托运人的件杂货运往目的地的运输。由于班轮运输的书面内容多以提单的形式表现出来，所以此种运输方式又被称为提单运输。

（二）提单

提单是班轮运输中的重要法律文件。提单具有以下法律特征：

(1)提单是海上运输合同的证明。提单只是运输合同的证明而非运输合同本身，因为运输合同是以当事人双方一致为生效的主要条件，并且是在提单签发之前成立的，而提单只是由一方当事人签发的。

(2)提单是承运人出具的接收货物的收据。提单是在承运人收到所交运的货物后向托运人签发的，提单的正面记载了许多收据性的文字，如货物的标志、货物的包装、数量或重量及货物的表面状况等。提单的证明作用在托运人手中和托运人以外的第三方持有人手中的效力是不同的，提单在托运人手中时只是初步证据，指如承运人有确实的证据证明其收到的货物与提单上的记载不符，承运人可以向托运人提出异议，但在托运人将提单背书转让给第三人的情况下，对提单受让人来说，提单就成了终结性的证据。

(3)提单是承运人交付货物的凭证。不记名提单和指示提单具有流通性，承运人在目的港应向提单持有人或合法受让人交货，提单持有人对在途货物有处分权。

（三）提单的种类

(1)根据货物是否已装船可将提单分为已装船提单和收货待运提单。

已装船提单：指由船长或承运人的代理人在货物装上指定的船舶后签发的提单，银行一般也只接受已装船提单。

收货待运提单：指船方在收到货物后，在货物装船以前签发的提单，银行通常不愿意接受收货待运提单提单作为付款的担保。

(2)依收货人的抬头可将提单分为记名提单、不记名提单和指示提单。

记名提单：指提单正面载明收货人名称的提单，在这种情况下，承运人只能向该收货人交付货物，一般不能转让。托运人有权变更记名提单收货人。

不记名提单：指提单正面未载明收货人名称的提单，这种提单无须背书即可转让，只要将提单交给受让人即可。

指示提单：指提单正面载明“凭指示”字样交付货物的提单，提示提单的转让必须经过背书。

(3)根据提单有无批注可将提单分为清洁提单和不清洁提单。

清洁提单：指提单上未附加表明货物表明状况有缺陷的批注的提单，承运人如签发了清洁提单，就表明所接收的货物表明或包装完好，承运人不得事后以货物包装不良等为由推卸其运送责任，银行在结汇时一般只接受清洁提单。

不清洁提单：指在提单上批注有表明货物表明状况有缺陷的提单，银行除非在信用证规定可以接受该类提单的情况下，一般会拒绝接受不清洁提单办理结汇。

(4)根据承运人签发提单时装船情况的不同可分为倒签提单和预借提单。倒签提单和预借提单都未如实载明货物的实际装船日期，都构成对收货人的欺诈。

倒签提单：指货物装船之后，提单中注明的装船日期早于实际装船日期的就是倒签提单。

【举例】货物实际装船时间为2018年1月20日，但提单上载明的装船时间为2018年1月5日，提单上签的日期早于实际装船的日期，签发提单时货物已经装船，这就是倒签提单。

预借提单：是指货物尚未装船或尚未装船完毕的情况下，托运人为了使提单上的装船日期与信用证规定的日期相符，要求承运人提前签发的已装船提单。

【举例】在班轮运输中，承运人签发的提单明确载明装船时间为2018年1月20日，但实际上货物尚未装船，这就是预借提单。

（四）无单放货的法律责任

在目的港，承运人应当依正本提单向收货人交货，而在近港运输的情况下，往往货物比提单先到目的港，结果出现了副本提单加保函提货的情况，此外还有其他导致无正本提单提货的情况，从承运人一方来说就是无正本提单交付货物。2009年《最高人民法院关于审理无正本提单交付货物案件适用法律若干问题的规定》对无单放货的法律问题作了规定。

无单放货近年来都是司法考试的常考点。对于这一考点，大家掌握以下几点就能做对：(1)在无单放货案件中，承运人与无单提货人承担连带责任(因为两者都侵权)；(2)承运人承担的是违约责任或侵权责任(为什么是违约责任与侵权责任的竞合呢？因为提单在承运人与托运人之外的提单持有人之间就是运输合同，承运人无单放货，造成无法向正本提单持有人交货，当然就是违约。同时，提单也是物权凭证，承运人无单放货侵害了提单持有人的提单物权，因此也可要求承运人承担侵权责任)；(3)承运人将丧失限制赔偿责任的权利(因为海事限制赔偿责任限制的立法目的是由于海上风险大，促进航运发展，而无单放货是到岸后才放货，已经没有了海上风险，而且是承运人故意的行为)；(4)承运人赔偿的数额为货物装船时的价格加运费加保险费(CIF价，为什么按CIF价赔呢？因为提单持有人在目的港提货时，货物已经运输到目的港，货物这时的价值已经包含了成本加运费加保险费)；(5)根据当地法律无单放货或被当地海关、司法机关处理的，承运人免责(必须遵守当地法律)；(6)承运人按照“记名提单”托运人的要求无单放货的，承运人免责；(7)根据伪造的提单放货的当然也属于无单放货；(8)无正本提单交付货无民事责任，适用海商法规定；海商法没有规定的，适用其他法律规定。根据本条，无正本提单交付货物的民事责任应当适用我国法，而不是适用交货地法(有一年考题的选项为交货地法)；(9)诉讼时效为1年。

▶ 典型真题

中国甲公司从国外购货，取得了代表货物的单据，其中提单上记载“凭指示”字样，交货地点为某国远东港，承运人为中国乙公司。当甲公司凭正本提单到远东港提货时，被乙公司告知货物已不在其手中。后甲公司在中国法院对乙公司提起索赔诉讼。乙公

司在下列哪些情形下可免除交货责任？（2013-01-81）[①]

A. 在甲公司提货前，货物已被同样持有正本提单的某公司提走

B. 乙公司按照提单托运人的要求返还了货物

C. 根据某国法律要求，货物交给了远东港管理当局

D. 货物超过法定期限无人向某国海关申报，被海关提取并变卖

（五）海运单

海运单是证明海上运输货物由承运人接管或装船，且承运人保证将货物交给指定的收货人的一种不可流通的书面运输单证。海运单具有提单所具有的货物的收据和海上货物运输合同的书面证明的作用，但海运单不是货物的物权凭证，收货人提货时无须凭海运单，而只需证明其身份。

二、调整班轮运输的国际公约

目前调整班轮运输的国际公约主要有三个，即《海牙规则》《维斯比规则》和《汉堡规则》，中国未参加上述三个公约，但中国的《海商法》在有关班轮运输的法律规定上是以海牙——维斯比体系为基础的，同时还吸收了《汉堡规则》的内容。

（一）《海牙规则》

《海牙规则》全称为1924年《统一提单的若干法律规则的国际公约》，于1931年6月2日生效，该公约共有16条规定，主要内容有：

1. 承运人最低限度的义务

《海牙规则》规定了承运人的两项最低限度的义务，即适航与管货，这两项义务是强制性的，在提单中解除或降低承运人的这两项义务的条款均属无效。

(1)适航义务。第三条规定：承运人在开航前与开航时必须谨慎处理，以便：①使船舶具有适航性；②适当地配备船员、设备和船舶供应品；③使货舱、冷藏舱和该船其他运载货物的部位适宜并能安全地收受、运送和保管货物。

【注意】《海牙规则》并不要求船舶在任何时间都必须处于适航状态，仅要求在“开航前和开航时”适航。

(2)管货的义务。承运人应适当和谨慎地装载、操作、积载、运送、保管、照料和卸载所承运的货物。

2. 承运人的责任期间

承运人的货物运输责任期间为从货物装上船起至卸完船为止的期间。

3. 承运人的免责

依《海牙规则》第四条第二款的规定，对由于下列原因引起或造成的货物的灭失或损害，承运人不负责任：

①答案：ACD。

①船长、船员、引水员或承运人的雇佣人员，在航行或管理船舶中的行为、疏忽或不履行义务；

②火灾，但由于承运人的实际过失或私谋所引起的除外；

③海上或其他能航水域的灾难、危险和意外事故；

④天灾；

⑤战争行为；

⑥公敌行为；

⑦君主、当权者或人民的扣留或管制，或依法扣押；

⑧检疫限制；

⑨托运人或货主、其代理人或代表的行为或不行为；

⑩不论由于任何原因所引起的局部或全面罢工、关厂停止或限制工作；

⑪暴动和骚乱；

⑫救助或企图救助海上人命或财产；

⑬由于货物的固有缺点、性质或缺陷引起的体积或重量亏损，或任何其他灭失或损坏；

⑭包装不当；

⑮标志不清或不当；

⑯虽恪尽职责亦不能发现的潜在缺点；

⑰非由于承运人的实际过失或私谋，或者承运人的代理人，或雇佣人员的过失或疏忽所引起的其他任何原因。

【总结】 承运人的责任记住十个字就行：适航、管货，航行过失免责。

4. 赔偿责任限额

依《海牙规则》第四条第五款规定，承运人对货物的灭失或损失的赔偿责任，在任何情况下每件或每单位不得超过100英镑，但托运人于装货前已申明该货物的性质和价值，并在提单上注明者不在此限。

5. 诉讼时效

《海牙规则》第三条第六款规定，货方队承运人或船舶提起货物灭失或损害赔偿的诉讼时效为1年，自货物交付之日起算，在货物灭失的情况下，自货物应交付之日起算。

▶ 典型真题

中国某公司进口了一批仪器，采取海运方式并投保了水渍险，提单上的收货人一栏写明“凭指示”的字样。途中因船方过失致货轮与他船相撞，部分仪器受损。依《海牙规则》及相关保险条款，下列哪一选项是正确的？（2017-01-41）①

A. 该提单交付即可转让

①答案：C。

B. 因船舶碰撞是由船方过失导致，故承运人应对仪器受损承担赔偿责任

C. 保险人应向货主赔偿部分仪器受损的损失

D. 承运人的责任期间是从其接收货物时起至交付货物时止

（二）《维斯比规则》

《维斯比规则》全称为 1968 年《修改统一提单的若干法律规则的国际公约的议定书》，由于越来越多的参与到国际事务中的第三世界国家强烈要求修改《海牙规则》，以便使承运人与货方的利益达到平衡，因此产生了《维斯比规则》，于 1977 年生效，《维斯比规则》的内容主要是对《海牙规则》的补充和修改，该规则的主要内容有：

1. 明确规定提单对于善意受让人是最终证据

依《海牙规则》的规定，提单记载的内容为该提单所载货物的初步证据。初步证据是相对于最终证据而言的，提单的记载事项如仅仅是初步证据，承运人就有提出反证否定提单记载真实性的余地。《维斯比规则》第一条对《海牙规则》第三条第四款的内容进行了补充，规定提单对托运人来说是初步证据，而对善意的提单受让人来说则是最终的证据。

2. 承运人的责任限制

《维斯比规则》规定，承运人的责任限制金额为每件或每单位 666.67 特别提款权，或按货物毛重每公斤 2 特别提款权计算，两者之中以较高者为准。

3. 承运人的雇用人或代理人的责任限制

《维斯比规则》进行了明确规定：

（1）对承运人提起的货损索赔诉讼，无论是以合同为依据，还是以侵权行为为依据，均可以适用责任限制的规定；

（2）承运人的雇用人或代理人也可以享受责任限制的保护。

4. 诉讼时效

《维斯比规则》对《海牙规则》第六条做了两点修改：

（1）诉讼时效为 1 年，双方协商可以延长时效；

（2）对第三者的追偿诉讼，在 1 年的诉讼时效期满后，仍有 3 个月的宽限期。

（三）《汉堡规则》

《汉堡规则》全称为 1978 年《联合国海上货物运输公约》，于 1992 年生效，其主要内容有：

1. 承运人的责任基础

《汉堡规则》在承运人的责任基础上采用了完全的过失责任制，同时取消了承运人对航行过失的免责，因而是完全的过失责任制，《汉堡规则》还采用了推动过失责任制，即在货损发生后，先推定承运人有过失，如承运人主张自己无过失，则必须承担举证的责任。

2. 承运人的免责

《汉堡规则》取消了承运人对船长、船员等在驾驶船舶或管理船舶及火灾中的过失

免责。但在火灾致损的举证责任上，仍由货方承担，《汉堡规则》第四条第一款规定，承运人对火灾所引起的灭失、损坏或延迟交付负赔偿责任，但索赔人需证明承运人、其受雇人或代理人有过失。

3. 承运人延迟交货的责任

延迟交货指未在约定的时间内交付，或在无约定的情况下，未在合理的时间内交付。《汉堡规则》规定，承运人对延迟交货的赔偿责任限额为延迟交货应付运费的 2.5 倍，但不应超过应付运费的总额。

4. 承运人的责任期间

依《海牙规则》承运人对装船前和卸货后的货损不负责任，因此《汉堡规则》规定承运人的责任期间为货物在装货港、运送途中和卸货港在承运人掌管下的全部期间，延长了承运人的责任期间。

5. 承运人的责任限额

《汉堡规则》提高了承运人的最高赔偿限额，规定承运人对货物灭失或损坏的赔偿责任限额为每件或每单位 835 特别提款权，或每公斤 2.5 特别提款权，以高者为准。

6. 关于承运人与实际承运人的关系

《海牙规则》只有承运人的概念，没有关于实际承运人的规定，也没有对在转船、联运和租船进行班轮运输的情况下承运人的责任作出规定，以致订约承运人常常以自由转船等条款逃避在部分航程中或全部航程中的货损责任，受委托的实际承运人也可以非订约承运人为由拒绝货方的索赔。《汉堡规则》第十条规定，即使订约承运人将全程运输或部分运输委托给实际承运人，订约承运人仍应对运输全程负责，如承运人和实际承运人都有责任，则两者负连带责任。

7. 关于保函的效力

保函是托运人为了换取清洁提单而向承运人出具保证赔偿承运人因此而造成的损失的书面文书。由于保函常常带有欺诈的意图，以往的惯例通常判保函无效。《汉堡规则》第一次在一定范围内承认了保函的效力，规定托运人为了换取清洁提单可向承运人出具保函，但保函只在托运人与承运人之间有效，如保函有欺诈意图，则保函无效，承运人应赔偿第三者的损失，且不能享受责任限制。

8. 货物的适用范围

(1)舱面货：《汉堡规则》规定，承运人依协议、惯例、法律的要求，有权在舱面装货，否则承运人应对将货物装在舱面上造成的损失负赔偿责任；

(2)活牲畜：《汉堡规则》规定，活牲畜的受损如果是因其固有的特殊风险造成的，承运人可以免责，但承运人须证明已按托运人的特别指示办理了与货物有关的事宜。

9. 诉讼时效

《汉堡规则》规定诉讼时效为 2 年。

专题五 其他方式的国际货物运输

一、国际航空货物运输

涉及国际航空运输的国际公约被划分为芝加哥公约体系、华沙公约体系和航空刑法体系，其中涉及国际货物运输的是华沙公约体系，该体系以1929年《关于统一国际航空运输某些规则的公约》(以下简称《华沙公约》)为核心，还包括修改《华沙公约》的1955年《海牙议定书》，1961年《统一非缔约承运人所办国际航空运输某些规则以补充华沙公约的公约》(以下简称《瓜拉达哈拉公约》)，以及其后的修订或补充性文件，华沙体系主要规范私法行为，我国是《华沙公约》《海牙议定书》及1999年《蒙特利尔公约》的参加国。

（一）航空货运单

依《华沙公约》的规定，航空运货单是订立合同、接受货物和运输条件的初步证据，航空货运单的缺少、不合规定或灭失，不影响运输合同的存在和有效，货物承运人有权要求托运人填写航空货运单，托运人有权要求承运人接受这项凭证。

（二）承运人的责任

依《华沙公约》的规定，承运人应对货物在航空运输期间发生的因毁灭、遗失或损坏而产生的损失负责。航空运输期间包括货物在承运人保管下的整个期间，不论在航空站内、在航空器上或在航空站外降停的任何地点；航空运输期间不包括在航空站以外的任何陆运、海运或河运，但如果该项运输是为了履行航空运输合同而进行的装载、交货或转运空运货物的运输，如发生损失，也应视为是在航空运输期间发生的，除非有相反的证据，承运人也应对该损失负责，承运人还应对在航空运输中因延误而造成的货物的损失负责。

（三）承运人责任的免除与减轻

依《华沙公约》的规定，承运人在下列情况下可以免除或减轻其责任：

(1)如承运人能证明其和其代理人或雇用人为了避免损失，已经采取了一切必要的措施，或不可能采取这种措施时，承运人对货物的损失可不负责任；

(2)如承运人证明损失的发生是由于驾驶中、航空器的操作中或航行中的过失引起的，并证明其和其代理人已经在其他一切方面采取了必要的措施以避免损失时，承运人对货物的损失可不负责任；

(3)如承运人证明受害人自己的过失是造成损失的原因或原因之一，则法院可依法免除或减轻承运人的责任。

（四）承运人的责任限额

《华沙公约》规定的承运人对货物灭失、损害或延迟交货的责任，以每公斤250金法郎为限，但托运人特别声明货物价值并已缴付必要的附加费的不在此限。同时又规定如货物损失的发生是由于承运人或其代理人的故意的不当行为或过失引起的，则承运人无权免除或限制其责任。

《海牙议定书》将“故意的不当行为”改为“故意造成或明知可能造成而漠不关心的行为或不行为”。

二、国际铁路货物运输

国际铁路货物运输是指使用统一的国际铁路联运单据，由铁路部门经过两个或两个以上国家的铁路进行的运输。铁路运输比海上运输的风险小，时间短。但比航空运输时间长，我国同周边国家的进出口货物多数采用铁路货物运输方式。关于国际铁路货物运输的公约只有两个，即1961年《关于铁路货物运输的国际公约》（以下简称《国际货约》）和1951年《国际铁路货物联运协定》（以下简称《国际货协》），中国是《国际货协》的参加国。

（一）铁路运单

在进行国际铁路货物运输时，发货人应对每批货物按规定的格式填写运单，由发货人签字后向始发站提出，从始发站承运货物时起，运输合同即成立。在发货人提交全部货物和付清费用后，发站在运单上加盖发站日期戳记，加盖了戳记的运单就成了运输合同的证明，运单随货物从始发站附送至终点站，最后交给收货人。运单是铁路承运货物的凭证，也是铁路在终点向收货人核收有关费用和交付货物的依据。运单不具有物权凭证的作用，不能流通。

（二）承运人的责任及责任期间

承运人应依货物运输合同的规定将货物安全地送至目的地。《国际货协》规定，按运单承运货物的铁路部门应对货物负连带责任。承运人的责任期间为从签发运单时起至终点交付货物时至，在此期间，承运人对货物因全部或部分灭失、毁损或逾期造成的损失负赔偿责任。

（三）承运人的免责

《国际货协》第二十二条规定了承运人可以免责的情况，主要包括铁路不能预防和不能消除的情况、货物的自然性质引起的货损、货方的过失、铁路规章许可的敞车运送、承运时无法发现的包装缺点、发货人不正确地托运违禁品、规定标准内的涂耗等。

（四）承运人的赔偿责任

《国际货协》在货损的赔偿上基本采用了足额赔偿的方法，铁路对货物损失的赔偿金额在任何情况下，不得超过货物全部灭失时的金额。在货物受损时，铁路的赔偿应与货价减损金额相当；在逾期交付的情况下，铁路应按逾期长短，以运费为基础向收货人支付规定的逾期罚金。

典型真题

中国伟业公司与甲国利德公司签订了采取铁路运输方式由中国出口一批货物的合同。后甲国法律发生变化，利德公司在收货后又自行将该批货物转卖到乙国，现乙国一公司声称该批货物侵犯了其知识产权。中国和甲国均为《国际货物销售合同公约》和《国际铁路货物联运协定》缔约国。依相关规则，下列哪一选项是正确的？（2017-01-40）①

A. 伟业公司不承担该批货物在乙国的知识产权担保义务

B. 该批货物的风险应于订立合同时由伟业公司转移给利德公司

C. 铁路运输承运人的责任期间是从货物装上火车时起至卸下时止

D. 不同铁路运输区段的承运人应分别对在该区段发生的货损承担责任

三、国际货物多式联运

国际货物多式联运是指联运经营人以一张联运单据，通过两种以上的运输方式将货物从一个国家运至另一个国家的运输。这种运输以集装箱为媒介，将海上运输、铁路运输、公路运输、航空运输和内河运输等传统的运输方式结合在一起，形成了一体化的"门到门"运输，这种运输方式速度快、运费低、货物不易受损。为了促进国际多式联运的发展，在联合国贸发会的主持下，于1980年通过了《联合国国际货物多式联运公约》，公约目前尚未生效。

（一）多式联运单据

多式联运单据是多式联运合同的证明，是多式联运经营人收到货物的收据及凭其交货的凭证。发货人应保证其在多式联运单据中提供的有关货物资料的准确性。

多式联运单据应是该单据所载货物由多式联运经营人接管的初步证据，但当多式联运单据以可转让方式签发，而且转给正当地信赖该单据所载明的货物状况的包括收货人在内的第三方时，该单据就成了最终证据。

（二）多式联运经营人的责任期间

《联合国国际货物多式联运公约》规定多式联运经营人的责任期间为从其接管货物之时起至交付货物时止的期间。

具体来说，是自多式联运经营人从下列各方接管货物之时起：(1)发货人或其代表；(2)根据接管货物地点适用的法律或规章，货物必须交其运输的当局或其他第三方。

直到多式联运经营人以下列方式交付货物时为止：(1)将货物交给收货人；(2)如果收货人不提取货物，则按多式联运合同或交货地适用的法律或特定行业惯例，将货物置于收货人支配之下；(3)将货物交给根据交货地点适用的法律或规章必须向其交付的当局或其他第三方。

---

①答案：A。

货物在上述期间被视为是在多式联运经营人的掌管之下。

（三）多式联运经营人的赔偿责任原则

《联合国国际货物多式联运公约》在赔偿责任上采用了完全推定责任原则，即除非经营人证明其一方为避免事故的发生已采取了一切合理的措施，否则，即推定损坏是由经营人一方的过错所致，并由其承担赔偿责任。

专题六　国际货物运输保险

国际货物运输保险是国际贸易的重要组成部分，国际货物运输保险不但可以给运输中的货物提供保障，而且还能为国家提供无形贸易的外汇收入。国际货物运输保险主要包括海上货物运输保险、铁路货物运输保险、公路货物运输保险、航空货物运输保险和邮包运输保险等，其中历史最悠久、业务量最大、法律规定最全的是海上货物运输保险。

一、海上货物运输的损失

（一）全部损失

全部损失指保险标的发生保险事故后，使得保险标的全部毁损、灭失。全部损失包括有实际全损和推定全损两种。

实际全损指保险标的发生保险事故后灭失，或者受到严重损坏完全失去原有形体、效用，或者不能再归被保险人所拥有的损失状态。

推定全损指货物发生保险事故后，认为实际全损已经不可避免，或者为避免发生实际全损所需要支付的费用与继续将货物运抵目的地的费用之和超过保险价值的损失状态。

（二）部分损失

部分损失指保险标的发生保险事故后，使得保险标部分发生毁损、灭失。部分损失包括有共同海损和单独海损两种。

共同海损指在同一海上航程中，船舶、货物和其他财产遭遇共同危险，为了共同安全，有意地和合理地采取措施所直接造成的特殊牺牲，支付的特殊费用。

单独海损指货物由于意外造成的部分损失。

共同海损与单独海损的区别：

(1)共同海损所涉及的海上危险应该是共同的，必须涉及船舶及货物共同的安全；而单独海损中的危险只涉及船舶或货物中一方的利益；

(2)共同海损有人为的因素，是明知采取措施会导致标的的损失，但为共同的安全仍有意采取该措施而引起的损失；而单独海损则纯粹是意外事故造成的标的的损失，无人为因素；

(3)共同海损的损失由于是为大家的利益而牺牲的，所以应由受益的各方来分摊；而单独海损的损失则由单方来承担。

典型真题

甲国A公司向乙国B公司出口一批货物，双方约定适用2010年《国际贸易术语解释通则》中CIF术语。该批货物由丙国C公司“乐安”号商船承运，运输途中船舶搁浅，为起浮抛弃了部分货物。船舶起浮后继续航行中又因恶劣天气，部分货物被海浪打入海中。到目的港后发现还有部分货物因固有缺陷而损失。该批货物投保了平安险，关于运输中的相关损失的认定及赔偿，依《海牙规则》，下列选项正确的是：(2012-01-100)①

A. 为起浮抛弃货物造成的损失属于共同海损

B. 因恶劣天气部分货物被打入海中的损失属于单独海损

C. 保险人应赔偿共同海损和因恶劣天气造成的单独海损

D. 承运人对因固有缺陷损失的货物免责，保险人应承担赔偿责任

二、我国海上货物运输保险

（一）主要险别

主要险别指可以独立承保，不必附加在其他险别项下的险别。中国人民保险公司海洋货物运输保险的主要险别由三个，平安险、水渍险和一切险。

（二）平安险

平安险的英文为“Free from Particular Average”，意为“单独海损不赔”，其责任范围主要包括：

(1)被保险货物在运输途中由于恶劣气候、雷电、海啸、地震、洪水等自然灾害造成的整批货物的全部损失或推定全损；

(2)由于运输工具遭受搁浅、触礁、沉没、互撞、与流冰或其他物体碰撞以及失火、爆炸等意外事故造成货物的全部或部分损失；

(3)在运输工具已经发生搁浅、触礁、沉没、焚毁等意外事故的情况下，货物在此前后又在海上遭受恶劣气候、雷电、海啸等自然灾害所造成的部分损失；

(4)在装卸或转运时由于一件或数件整件货物落海造成的全部或部分损失；

(5)被保险人对遭受承保责任内危险的货物采取抢救、防止或减少货损的措施而支付的合理费用，但以不超过该批被救货物的保险金额为限；

(6)运输工具遭遇海难后，在避难港由于卸货所引起的损失以及在中途港、避难港由于卸货、存仓以及运送货物所产生的特别费用；

(7)共同海损的牺牲、分摊和救助费用；

①答案：AB。

(8)运输合同中订有“船舶互撞责任”条款，根据该条款规定应由货方偿还船方的损失。

▶ 典型真题

两批化妆品从韩国由大洋公司“清田”号货轮运到中国，适用《海牙规则》，货物投保了平安险。第一批货物因“清田”号过失与他船相碰致部分货物受损，第二批货物收货人在持正本提单提货时，发现已被他人提走。争议诉至中国某法院。根据相关规则及司法解释，下列哪些选项是正确的？(2014-01-81)①

A. 第一批货物受损虽由“清田”号过失碰撞所致，但承运人仍可免责

B. 碰撞导致第一批货物的损失属于保险公司赔偿的范围

C. 大洋公司应承担第二批货物无正本提单放货的责任，但可限制责任

D. 大洋公司对第二批货物的赔偿范围限于货物的价值加运费

（三）水渍险

该险的责任范围除平安险的各项责任外，还负责被保险货物由于恶劣气候、雷电、海啸、地震、洪水等自然灾害所造成的部分损失。

（四）一切险

该险除包括水渍险的责任范围外，还负责赔偿被保险货物在运输途中由于外来原因所导致的全部或部分损失。

一般外来原因指偷窃、提货不着、淡水雨淋、短量、混杂、玷污、渗漏、串味异味、受潮受热、包装破裂、钩损、碰损破碎、锈损等原因。

▶ 典型真题

青田轮承运一批啤酒花从中国运往欧洲某港，货物投保了一切险，提单上的收货人一栏写明“凭指示”，因生产过程中水分过大，啤酒花到目地港时已变质。依《海牙规则》及相关保险规则，下列哪一选项是正确的？(2015-01-41)②

A. 承运人没有尽到途中管货的义务，应承担货物途中变质的赔偿责任

B. 因货物投保了一切险，保险人应承担货物变质的赔偿责任

C. 本提单可通过交付进行转让

D. 承运人对啤酒花的变质可以免责

（五）附加险别

海洋货物运输保险的附加险别是投保人在投保主要险别时，为补偿因主要险别范围以外可能发生的某些危险造成的损失所附加的保险。附加险别不能单独承保，它必

①答案：AB。

②答案：D。

须附于主险项下。附加险又可分为一般附加险、特别附加险和特殊附加险。

1. 一般附加险

一般附加险承保各种外来原因造成的货物全损或部分损失。一般外来原因指不必与海水的因素或运输工具联系起来的原因。一般附加险在一切险的范围内，即已投保的一切险，就不必再加保一般附加险了。一般附加险包括：

①偷窃、提货不着险；②淡水雨淋险；③短量险；④混杂、玷污险；⑤渗漏险；⑥碰损、破碎险；⑦串味异味险；⑧受潮受热险；⑨钩损险；⑩包装破裂险；⑪锈损险。

2. 特别附加险

特别附加险指必须附属于主要险别项下，对因特殊风险造成的保险标的的损失负赔偿责任的附加险。特别附加险包括：

①交货不到险；②进口关税险；③舱面险；④拒收险；⑤黄曲霉素险；⑥出口货物到香港或澳门存仓火险。

特别附加险与一般附加险的区别在于：一般附加险属于一切险的范围，保了一切险，就不必再附加任何一般附加险；而特别附加险所承包的责任已超出了一切险的范围。

3. 特殊附加险

特殊附加险包括海洋运输货物战争险和货物运输罢工险。特殊附加险已超出了水险的范围，即也可以往陆上运输险或航空运输险上附加。

【总结】国际货物运输保险每年必考，但很难记住。总结如下：

(1)风险：海上风险(自然灾害与意外事故)与外来风险(一般、特别、特殊)。

①一般外来风险(一般附加险)指的是与海上运输没有必然联系的风险，陆运也可能发生的风险。包括：偷窃、提货不着、淡水雨淋、短量、混杂玷污、渗漏、串味异味、受潮受热、包装破裂、钩损、锈损、碰损破碎等；

②特别附加险：交货不到险、进口关税险、舱面险、拒收险、黄曲霉素险、出口货物到香港或澳门存仓火险(政治、行政原因)；

③特殊附加险：战争险、罢工险。

(2)平安险：有例外的所有海上风险(单纯由于自然灾害造成的单独海损不赔)。

①自然灾害造成的全损；②意外事故造成的全部或部分损失；③发生意外事故前后又遭受自然灾害造成的部分损失(判断“前合”的标准为是否脱险)。④装卸或转运时整件货物落海；⑤被保险人自救费用；⑥遇难后装卸费用；⑦共同海损。

(3)水渍险：所有海上风险(平安险+单纯自然灾害造成的部分损失)。

(4)一切险：水渍险+一般附加险。

(5)一般附加险(一般外来风险，能理解)。

(6)特别附加险(需记忆)。

(7)特殊附加险(需记忆)。

（六）保险期限

保险期限时保险人承担对海洋货物运输赔偿责任的期间，中国人民保险公司海洋货物保险条款主要以“仓至仓条款”，该条款规定保险人的责任自被保险货物运离保险单所载明的起运地仓库开始，到货物运达保险单载明的目的地收货人的最后仓库时为止。

（七）除外责任

除外责任是保险单中规定的保险人不负责赔偿的海洋货物运输损失，中华人民保险公司海洋货物运输保险的除外责任包括：

(1)被保险人的故意行为或过失所造成的损失；

(2)属于发货人责任引起的损失；

(3)在保险责任开始前，被保险货物已存在的品质不良或数量短差所造成的损失；

(4)被保险货物的自然损耗、本质缺陷、特性以及市价跌落、运输延迟引起的损失和费用；

(5)海洋货物运输战争险条款和货物运输罢工险条款规定的责任范围和除外责任。

▶ 典型真题

甲公司向乙公司出口一批货物，由丙公司承运，投保了中国人民保险公司的平安险。在装运港装卸时，一包货物落入海中。海运途中，因船长过失造成货物部分损失。货物最后延迟到达目的港。依《海牙规则》及国际海洋运输保险实践，关于相关损失的赔偿，下列哪些选项是正确的？(2013-01-82)①

A. 对装卸过程中的货物损失，保险人应承担赔偿责任

B. 对船长驾船过失导致的货物损失，保险人应承担赔偿责任

C. 对运输延迟造成的损失，保险人应承担赔偿责任

D. 对船长驾船过失导致的货物损失，承运人可以免责

（八）索赔时效

海洋货物运输保险的索赔时效为 2 年，从被保险货物在最后卸货港全部卸离运输工具后起算。

①答案：ABD。

第十八章　国际贸易支付

考情分析

本章考点虽然不多，但知识点却很多，司法考试中的重复率也非常高，学习起来较其他几章稍显复杂。本章分为两大考点，托收和信用证。2018 年考了信用证。

考试要点

托收、信用证。

主要法规

1.《国际商会托收统一规则》
2.《跟单信用证统一惯例(UCP600 号)》
3.《最高人民法院关于审理信用证纠纷案件若干问题的规定》

专题七　托　收

一、概念

托收是由银行依委托人的指示处理单据，向付款人收取货款或承兑、交付单据或按其他条件交付单据的结算方式。在托收付款下，付款人是否付款是依其商业信用，银行并不承担责任，银行所起的作用仅是一种代理收款作用，因而托收对卖方来说意味着一种风险。

1995 年国际商会公布了新修订的《托收统一规则》，又称 522 号出版物，该规则仅适用于银行托收，仅适用于托收指示中注明该规则的托收。在规则与一国的强制性法律规定抵触时，法律规定优先，即当事人的选择不得违背有关国家国内法中的强制性规定，如外汇管制的规定等，该规则并不涉及当事人的能力和有关效力问题。

二、当事人

(1)委托人，又称出票人，是开立汇票委托银行收款的债权人，也是贸易合同中的卖方；

(2)付款人，是贸易合同中的买方；

(3)托收行，托人行为接受出票人的委托向国外收取货款的银行，通常为卖方所在地银行；

(4)代收行，代收行为受托收行的委托，代理托收行直接向付款人收款的银行，通常为买方所在地银行。

三、程序

(1)委托人(卖方)向其所在地银行提出托收申请，填写托收指示书，卖方通常会开出买方为付款人的汇票。依《托收统一规则》的规定，送交托收的汇票和装运单据等单据，必须附有一份完整和明确的托收指示书；

(2)托收行(卖方所在地银行)接受申请后，委托其在买方的往来银行(代收行)代为办理收款事宜；

(3)代收行向买方作付款提示或承兑提示，在付款人付款后通知托收行，托收行即向卖方付款，如付款人拒付，则由代收行通知托收行，再由托收行通知卖方。

四、当事人之间的关系

(1)委托人与托收行之间是委托关系；

(2)委托人与付款人之间是货物买卖合同关系，也是债权人与债务人关系；

(3)委托人与代收行之间不存在直接的合同关系；

(4)托收行与代收行之间是业务代理关系，或属于同一银行的分支机构；

(5)代收行与付款人之间没有法律上的直接关系，付款人是否付款是依其对托收票据的付款责任。

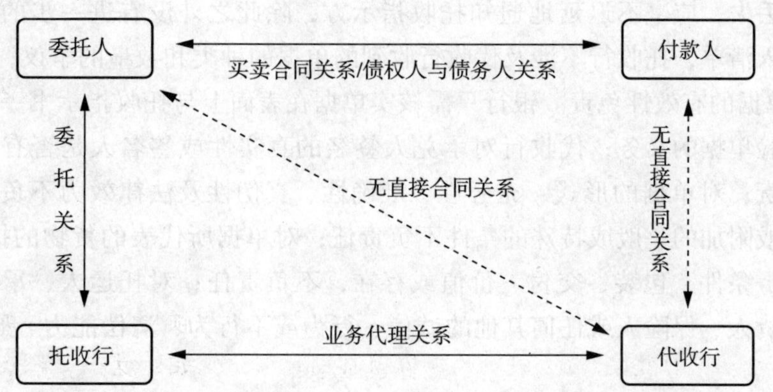

五、种类

依汇票是否附有单据可分为光票托收和跟单托收：

(1)光票托收：指委托人开立不附货运单据的汇票，仅凭汇票委托银行向付款人收款的托收方式。

光票托收的汇票依付款时间的不同，又可分为即期和远期两种，对于即期汇票，代收行应立即向付款人提示并要求付款；对于远期汇票，代收行则先要向付款人提示汇票要求承兑。光票托收的风险较大，因此一般只用于样品费、佣金、货款尾数等的结算。

(2)跟单托收：指委托人开立附商业单据的汇票，凭跟单汇票委托银行向付款人收款的托收方式，或不使用汇票的商业单据托收方式。

跟单托收又可分为付款交单和承兑交单，付款交单指代收行在买方付清货款后才将货运单据交给买方的付款方式；承兑交单指在开立远期汇票的情况下，代收行在接到跟单汇票后，要求买方对汇票承兑，在买方承兑后即将货运单据交付买方的托收方式，承兑交单的风险大于付款交单。

六、银行的义务及免责

（一）义务

(1)银行应严格按托收指示履行责任，一切托收单据必须附有托收指示书，托收指示必须完整明确，在接受托收后，银行严格按托收指示办理托收；

(2)保证汇票和装运单据与托收指示书的表面一致，如发生任何单据有遗漏，应立即通知发出指示书的一方；

(3)无延误地通知托收结果，包括付款、承兑、拒绝承兑或拒绝付款等。

（二）免责

《国际商会托收统一规则》规定了银行不承担责任的情况，主要包括：

(1)对收到单据的免责。银行只负责确定收到的单据和托收指示所列是否一致，如果发现单据丢失，应毫不迟延地通知托收指示方，除此之外没有进一步的义务，如果单据没有列入清单，托收行不涉及代收行收到的单据的种类和数量的争议；

(2)对单据的有效性免责。银行只需核实单据在表面上与托收指示书一致，此外没有进一步检验单据的义务；代收行对承兑人签名的真实性或签名人是否有签署承兑的权限概不负责；对单据的形式、充分性、准确性、真伪性及法律效力不负责任；对单据中规定的或附加的一般或特殊的条件不负责任；对单据所代表的货物的描述、数量、重量、质量、条件、包装、交付、价值或存在，不负责任；对托运人、承运人、货运代理人、收货人、保险人或任何其他的诚信、行为或不行为、清偿能力、履行或资信，不负责任；

(3)对寄送途中的延误、丢失及翻译的错误不承担责任。与托收有关的银行对由于任何通知、信件或单据在寄送途中发生延误或失落所造成的一切后果，或对电报、电传、电子传送系统在传送中发生延误、残缺和其他错误，或对专门性术语在翻译上和解释上的错误，概不负责；

(4)对受指示方的行为免责。为执行委托人的指示利用其他银行的服务，一切风险和费用由委托人承担，银行对于所转递的指示未被执行不承担责任，但指示另一方提供服务的一方，应受外国法律和惯例对受指示方施加的任何义务和责任的约束，并应对被指示方进行偿付；

(5)对不可抗力免责。与托收有关的银行对由于自然灾害、暴动、骚乱、叛乱、战争或银行本身无法控制的任何其他原因，或对由于罢工或停工致使银行营业间断所造成的一切后果，概不负责；

(6)在汇票被拒绝承兑或拒绝付款时，若托收指示书上无特别指示，银行没有作出拒绝证书的义务。

▶ 典型真题

修帕公司与维塞公司签订了出口200吨农产品的合同，付款采用托收方式。船长签发了清洁提单。货到目的港后经检验发现货物质量与合同规定不符，维塞公司拒绝付款提货，并要求减价。后该批农产品全部变质。根据国际商会《托收统一规则》，下列哪一选项是正确的？(2008-01-44)①

A. 如代收行未执行托收行的指示，托收行应对因此造成的损失对修帕公司承担责任

B. 当维塞公司拒付时，代收行应当主动制作拒绝证书，以便收款人追索

C. 代收行应无延误地向托收行通知维塞公司拒绝付款的情况

D. 当维塞公司拒绝提货时，代收行应当主动提货以减少损失

专题八 信用证

一、概念

信用证是银行依开证申请人的请求，开给受益人的一种保证银行在满足信用证要求的条件下承担付款责任的书面凭证。在信用证付款方式下，开证银行以自身的信誉为卖方提供付款的保证，因此，信用证付款方式是一种银行信用。

二、适用于信用证的国际惯例

适用于信用证的国际惯例是国际商会在1930年制定的《跟单信用证统一惯例》(U-

①答案：C。

niform Customs and Practice for Documentary Credits，UCP），该惯例曾进行过多次修改，最终在 2006 年召开的国际商会巴黎年会上通过了 UCP600 号，于 2007 年 7 月 1 日实施。

UCP600 号性质上属于国际商业惯例，其调整范围和效力不能取代国内法的强制性规定，UCP600 号没有包括与信用证有关的一切事项，例如信用证效力、信用证欺诈等，2005 年我国最高人民法院《关于审理信用证纠纷案件若干问题的规定》就与信用证纠纷相关的问题作出了规定。

三、种类

(1)保兑信用证和不保兑信用证：

保兑信用证：指开证行开出的信用证又经另一家银行保证兑付的信用证。保兑行对信用证进行保兑后，其承担的责任就相当于本身开证，不论开证行发生什么变化、是否承担兑付责任，保兑行都不得片面撤销其保兑。

不保兑信用证：指未经另一银行加以保证兑付的信用证。

(2)即期信用证和承兑信用证：

即期信用证：指受益人指示有关单据时开证行或指定行审核合格后即付款的信用证，可使用即期汇票，也可不用汇票。

承兑信用证：指受益人仅可开立远期汇票，开证行或指定行审核单据合格后对汇票予以承兑，在付款到期日支付货款的信用证。

(3)可转让的信用证和不可转让的信用证：

可转让的信用证：指受益人可将信用证的部分或全部权利转让给第三人的信用证，在通过中间商进行贸易时，常提出开立可转让信用证的要求，以便将信用证的权利转让给实际供货人。可转让的信用证必须在信用证上注明“可转让”的字样。

不可转让的信用证：指受益人不能将信用证的权利转让给他人的信用证。在国际贸易中，卖方为了保障收取货款的安全，以及在对第三方的资信不了解的情况下，一般不接受可转让信用证。

四、当事人

(1)开证行，指接受开证申请人的委托，为其开立信用证的银行，通常是买方所在地的银行；

(2)通知行，指接受开证行的委托，负责将信用证通知受益人的银行，通常为受益人所在地的银行，通知行一般与开证行有业务往来的关系；

(3)受益人，指信用证上制定的有权享有信用证权益的人，即国际货物买卖合同中的卖方；

(4)指定行，指信用证中指定的、信用证可在其处兑用的银行，一般为卖方所在地的银行。指定行可以是通知行，也可以是通知行外的另一家银行；

(5)议付行，指对相符交单通过向受益人预付或同意预付而购买汇票或单据的指定行；

(6)保兑行，指根据开证行的授权或要求对信用证加具保兑的银行。与开证行、通知行和指定行不同，议付行或保兑行只有在信用证规定使用议付信用证或保兑信用证时才存在。

相对于受益人，保兑行相当于开证行；相对于开证行，保兑行是保证人，开证行是被保证人。

五、流转程序

(1)国际货物买卖合同的双方在买卖合同中明确规定采用信用证方式付款；

(2)申请开证，买方向其所在地的银行提出开证申请，并缴纳一定的开证押金或提供其他保证，要求银行向卖方开出信用证；

(3)通知受益人，开证行依申请书的内容开立信用证并寄交卖方所在地银行；

(4)交单结汇，卖方对信用证审核无误后，即发运货物并取得信用证所要求的装运单据，再依信用证的规定凭单据向其所在地的指定银行结汇；

(5)索偿，指定行付款后将汇票和货运单据寄开证行要求索偿，开证行核对单据无误后偿付向受益人付款的指定行；

(6)付款赎单，开证行通知买方付款赎单。

图示：

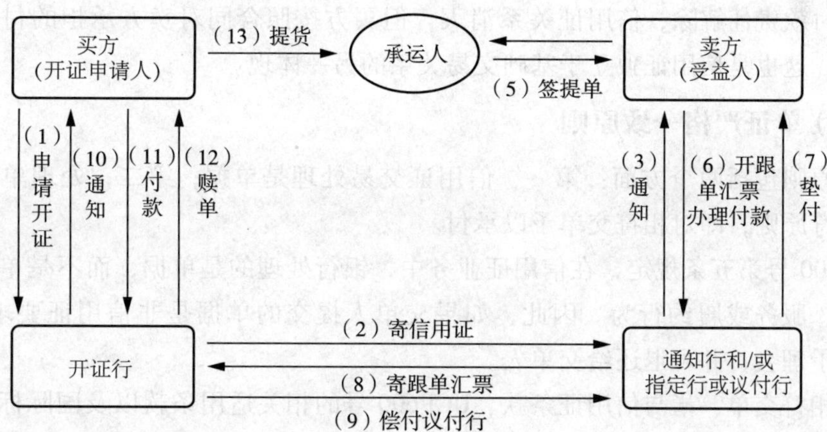

六、当事人之间的关系

(1)开证申请人与受益人之间是买卖合同关系；

(2)开证申请人与开证行之间是以开证申请书及其他文件确定的委托合同关系；

(3)受益人与开证行之间的关系受信用证的调整，在开立不可撤销的信用证的情况下，则当信用证送达受益人时，在开证行与受益人之间即形成了对双方有约束力的独立合同；

(4)通知行与开证行之间是委托代理关系，通知行接受开证行的委托，代理开证行将信用证通知受益人，并由开证行支付佣金给通知行；

(5)通知行与受益人之间不存在合同关系。

七、处理信用证关系的一般原则

（一）信用证独立原则

依UCP600号第四条第一款的规定，信用证在性质上与可能作为其依据的销售合同或其他合同是相互独立的交易，即使信用证中含有对此类合同的任何援引，银行也与该合同完全无关，并不受其约束。因此，银行关于承付、议付或履行信用证项下其他义务的承诺，不受申请人基于其与开证行或与受益人之间的关系而产生的索偿或抗辩的影响，受益人在任何情况下，不得利用银行之间或申请人与开证行之间的合同关系。

银行独立于买方进行付款，以银行信用代替买方的商业信用，是信用证产生的目的，信用证独立原则保障信用证交易(支付)的独立性，不允许银行以卖方与买方之间对有关基础合同履行的争议，作为不付款、减少付款或延期付款的理由，也不允许买方以其与卖方之间的合同履行方面的争议为理由，限制银行向受益人付款。

在受益人交单不合格被拒付或者受益人没有在有效期内按时交单时，开证行根据信用证的付款责任解除，信用证关系消灭，但买方按照合同对卖方承担的付款责任并没有消失，这也是信用证独立于基础交易关系的另一体现。

（二）单证严格一致原则

这一原则包括两个方面：第一，信用证交易处理是单据；第二，处理单据时应遵循单证相符原则，即对相符交单予以承付。

UCP600号第五条规定，在信用证业务中，银行处理的是单据，而不是单据可能涉及的货物、服务或履约行为。因此，如果交单人提交的单据是非信用证要求的单据，银行将不予理会，并可退还给交单人。

所谓相符交单，指与信用证条款、UCP600号的相关适用条款以及国际标准银行实务一致的交单。相符交单的标准是表面相符，根据《最高人民法院关于审理信用证纠纷案件若干问题的规定》，开证行在作出付款、承兑或者履行信用证项下其他义务的承诺后，只要单据与信用证条款、单据与单据之间在表面上相符，开证行应当履行在信用证规定的期限内付款的义务。

开证行有独立审查单据的权利和义务，有权自行作出单据与信用证条款、单据与单据之间是否在表面上相符的决定，并自行决定接受或者拒绝接受单据与信用证条款、单据与单据之间的不符点。开证行发现信用证项下存在不符点，可以自行决定是否联系开证申请人接受不符点。开证申请人决定是否接受不符点，并不影响开证行最终决定是否接受不符点。开证行和开证申请人另有规定的除外。

【注意】开证行在审查单据后若发现存在不符点，则其有权利决定是否联系开证申请人，但这并非其应尽义务。

▶ 典型真题

中国某公司进口了一批皮制品，信用证方式支付，以海运方式运输并投保了一切险。中国收货人持正本提单提货时发现货物已被他人提走。依相关司法解释和国际惯例，下列哪一选项是正确的？(2017-01-42)①

A. 承运人应赔偿收货人因其无单放货造成的货物成本加利润损失

B. 因该批货物已投保一切险，故保险人应对货主赔偿无单放货造成的损失

C. 因货物已放予他人，收货人不再需要向卖方支付信用证项下的货款

D. 如交单人提交的单证符合信用证的要求，银行即应付款

八、银行的免责

(1)关于单据有效性的免责。根据 UCP600 号第三十四条，银行对于任何单据的形式、完整性、准确性、真伪性或法律效力，或对于单据上规定或附加的一般性、特殊性条件，概不负责；对于单据中表明的货物描述、数量、重量、品质、状况、包装、交货、价值或其存在与否，对于货物的发货人、承运人、运输代理人、收货人、保险人或其他任何人的诚信与否、作为、不作为、清偿能力、履约或资信，概不负责；

(2)关于信息传递和翻译的免责。根据 UCP600 号第三十五条，对于任何文电、信函或单据按照信用证要求传递或发送时，或当信用证未作指示、银行自行选择传送服务时，银行对传输、传递过程中发生的延误、中途遗失、残缺或其他错误产生的后果，概不负责；对专门术语翻译、解释上的差错，概不负责；

(3)不可抗力的免责。根据 UCP600 号第三十六条，银行对由于天灾、暴动、骚乱、叛乱、战争、恐怖主义行为，或任何罢工或停工或其无法控制的其他任何援引导致的中断营业的后果，概不负责；

(4)关于被指示方行为的免责。根据 UCP600 号第三十七条，为了执行申请人的指示，银行利用其他银行的服务，其费用和风险由申请人承担，即使银行自行选择了其他银行，如果发出指示未被执行，开证行或通知行对此亦不负责。

▶ 典型真题

中国甲公司与德国乙公司签订了出口红枣的合同，约定品质为二级，信用证方式支付。后因库存二级红枣缺货，甲公司自行改装一级红枣，虽发票注明品质为一级，

①答案：D。

货价仍以二级计收。但在银行办理结汇时遭拒付。根据相关公约和惯例，下列哪些选项是正确的？(2014-01-80)[①]

A. 甲公司应承担交货不符的责任

B. 银行应在审查货物的真实等级后再决定是否收单付款

C. 银行可以发票与信用证不符为由拒绝收单付款

D. 银行应对单据记载的发货人甲公司的诚信负责

九、信用证欺诈及例外原则

(一)信用证欺诈的种类

(1)开立假信用证。

(2)“软条款”信用证。信用证中的“软条款”指信用证中规定一些限制性条款，或信用证的条款不清，责任不明，使信用证的不可撤销性大大降低，因而对受益人非常不利。这种“软条款”信用证可使开证申请人控制整笔交易，而受益人处于受制他人的被动地位。信用证中常见的“软条款”有：

①信用证中载有暂不生效条款。如信用证中注明“本证暂不生效，待进口许可证签发通知后生效”，或注明“等货物经开证人确认后再通知信用证方能生效”；

②限制性付款条款。如信用证规定，“信用证项下的付款要在货物清关后才支付”，“开证行须在货物经检验合格后方可支付”等；

③加列各种限制。信用证中对受益人的交货和提交的各种单据加列各种限制，如“出口货物须经开证申请人派员检验，合格后出具检验认可的证书”等；

④对装运的限制。信用证中对受益人的交货装运加以各种限制，如“货物装运日期、装运港、目的港须待开证人同意，由开证行以修改书的形式另行通知”等。

(3)伪造单据。

(4)以保函换取与信用证相符的提单。以保函换取与信用证相符的提单主要有倒签提单、预借提单及以保函换取清洁提单的情况。

(二)信用证欺诈例外原则

信用证欺诈例外原则主要针对的是信用证受益人(卖方)方面的欺诈行为。即卖方为了取得货款，通过假造与信用证相符的单据，取得指定行货议付行垫付的货款。我国《最高人民法院关于审理信用证纠纷案件若干问题的规定》(以下简称《规定》)中确定了信用证欺诈例外这一原则，开证申请人、开证行或者其他利害关系人发现有信用证欺诈情形，并认为将会给其造成难以弥补的损害时，可以向有管辖权的人民法院申请中止支付信用证项下的款项。

---

①答案：AC。

十、《最高人民法院关于审理信用证纠纷案件若干问题的规定》

（一）法律适用

《规定》第二条规定，法院审理信用证纠纷案件时，在法律适用上，当事人有约定的，从约定；没有约定的，适用国际商会《跟单信用证统一惯例》或其他相关国际惯例。

（二）单证审查标准

《规定》第六条第一款规定："人民法院在审理信用证纠纷案件中涉及单证审查的，应当根据当事人约定适用的相关国际惯例或者其他规定进行；当事人没有约定的，应当按照国际商会《跟单信用证统一惯例》以及国际商会确定的相关标准，认定单据与信用证条款、单据与单据之间是否在表面上相符。"

此条明确了信用证项下单证审查的"严格相符"标准，但在措辞上并未采用"严格相符"的表述，而是援用了UCP600号中"表面相符"的表述，允许单单之间、单证之间细微的、不会引起理解上歧义的"不完全一致"。

（三）信用证欺诈的构成

《规定》第八条列举了应当认定存在信用证欺诈的情形：

（1）受益人伪造单据或者提交记载内容虚假的单据；

（2）受益人恶意不交付货物或者交付的货物无价值；

（3）受益人和开证申请人或者其他第三方串通提交假单据，而没有真实的基础交易；

（4）其他进行信用证欺诈的情形。

（四）止付信用证项下款项的条件

《规定》第九条是关于止付信用证项下款项的条件，即开证申请人、开证行或其他利害关系人发现有上述第八条的情形，并认为将会给其造成难以弥补的损害时，可向有管辖权的法院申请中止支付信用证项下的款项。

《规定》第十条规定了排除"信用证欺诈例外的"情形，规定即使存在信用证欺诈，但由于特定情形，不能再遵循"信用证欺诈例外"的原则，不能再通过司法手段干预信用证项下的付款行为，这些例外情形包括：

（1）开证行的指定人、授权人已按照开证行的指令善意地进行了付款；

（2）开证行或者其指定人、授权人已对信用证项下票据善意地作出了承兑；

（3）保兑行善意地履行了付款义务；

（4）议付行善意地进行了议付。

（五）适用"信用证欺诈例外"的条件

《规定》第十一条规定的条件是为了提高适用"信用证欺诈例外"的门槛，以防止司法的不当干预阻碍信用证制度在我国的发展，这些条件是：

(1)受理申请的人民法院对该信用证纠纷案件享有管辖权;

(2)申请人提供的证据材料证明存在本规定第八条的情形;

(3)如不采取中止支付信用证项下款项的措施,将会使申请人的合法权益受到难以弥补的损害;

(4)申请人提供了可靠、充分的担保;

(5)不存在上述《规定》第十条的情形。

▶ 典型真题

依最高人民法院《关于审理信用证纠纷案件若干问题的规定》,出现下列哪一情况时,不能再通过司法手段干预信用证项下的付款行为?(2015-01-42)①

A. 开证行的授权人已对信用证项下票据善意地作出了承兑

B. 受益人交付的货物无价值

C. 受益人和开证申请人串通提交假单据

D. 受益人提交记载内容虚假的单据

①答案:A。

第十九章 对外贸易管理制度

考情分析

本章考点不多，掌握起来也较前几章更为容易，记忆性的知识点占多数，但考题所涉及的知识点较细，复习时应在理解的基础上记忆重点。本章分为两部分，《对外贸易法》和贸易救济措施，其中贸易救济措施中重要考点有反倾销措施、反补贴措施、保障措施。2018 年考了反倾销。

考试要点

《对外贸易法》、反倾销措施、反补贴措施、保障措施。

主要法规

1.《对外贸易法》
2.《反倾销条例》
3.《反补贴条例》
4.《保障措施条例》

专题九 反倾销措施

一、反倾销措施适用条件

《反倾销条例》将《对外贸易法》中有关反倾销的规定具体化、明确化，确立了反倾销调查和反倾销措施的要求和程序，根据该条例第二条规定，“进口产品以倾销方式进入中华人民共和国市场，并对已经建立的国内产业造成实质损害或者产生实质损害威胁，或者对建立国内产业造成实质阻碍的，依照本条例的规定进行调查，采取反倾销措施。”因此，采取反倾销措施的必要条件有：

(1)进口产品存在倾销；

(2)对国内产业造成损害；

(3)两者之间有因果关系。

(一)倾销

倾销是指在正常贸易过程中进口产品以低于其正常价值的出口价格进入中国市场。对倾销的调查和确定，由商务部负责。确定倾销的关键是比较正常价值和出口价格，出口价格低于其正常价值的幅度为倾销幅度。

根据《反倾销条例》第四条规定，正常价值按下列方法确定：

(1)进口产品的同类产品，在出口国(地区)国内市场的正常贸易过程中有可比价格的，以该可比价格为正常价值；

(2)进口产品的同类产品，在出口国(地区)国内市场的正常贸易过程中没有销售的，或者该同类产品的价格、数量不能据以进行公平比较的，以该同类产品出口到一个适当第三国(地区)的可比价格或者以该同类产品在原产国(地区)的生产成本加合理费用、利润，为正常价值。

(二)损害

损害是指倾销对已经建立的国内产业造成实质损害或者产生实质损害威胁，或者对建立国内产业造成实质阻碍。对损害的调查和确定，由商务部负责；其中，涉及农产品的反倾销国内产业损害调查，由商务部会同农业部进行。

国内产业，是指中国国内同类产品的全部生产者，或者其总产量占国内同类产品全部总产量的主要部分的生产者；但是，国内生产者与出口经营者或者进口经营者有关联的，或者其本身为倾销进口产品的进口经营者的，可以排除在国内产业之外。在特殊情形下，国内一个区域市场中的生产者，在该市场中销售其全部或者几乎全部的同类产品，并且该市场中同类产品的需求主要不是由国内其他地方的生产者供给的，可以视为一个单独产业(区域产业)。

(三)因果关系

倾销进口与国内产业损害间必须存在因果关系。倾销进口必须是造成国内产业损害的原因，在确定倾销对国内产业的损害时，应当依据肯定性证据，不得将造成损害的非倾销因素归因于倾销。

(四)累积评估

倾销进口产品来自两个以上国家(地区)，并且同时满足下列条件的，可以就倾销进口产品对国内产业造成的影响进行累积评估：

(1)来自每一国家(地区)的倾销进口产品的倾销幅度不小于2%，并且其进口量不属于可忽略不计的；

(2)根据倾销进口产品之间以及倾销进口产品与国内同类产品之间的竞争条件，进行累积评估是适当的。

二、反倾销调查

（一）发起

（1）发起反倾销调查有两种方式：

①主要是基于国内产业或者代表国内产业的自然人、法人或者有关组织向商务部提出反倾销调查的书面申请；

②特殊情况下，商务部可以自主决定立案调查。

（2）反倾销调查的申请应特别包括下述两个方面：

①申请调查的进口产品倾销、对国内产业造成的损害、两者之间存在因果关系的证据；

②有足够的国内生存者的支持，在支持申请和反对申请的生存者中，支持者的产量占二者总产量的50%以上，同时不得低于国内同类产品总产量的25%。

（二）裁定

商务部根据调查结果，就倾销、损害和二者之间的因果关系是否成立作出初裁决定，并予以公告。

初裁决定确定倾销、损害以及二者之间的因果关系成立的，商务部应当对倾销及倾销幅度、损害及损害程度继续进行调查，并根据调查结果作出终裁决定，予以公告。

下列情形下，终止反倾销调查：

①申请人撤销申请的；

②没有足够证据证明存在倾销、损害或者二者之间有因果关系的；

③倾销幅度低于2%的；

④倾销进口产品实际或者潜在的进口量或者损害属于可忽略不计的；

⑤商务部认为不适宜继续进行反倾销调查的。

三、反倾销措施

（一）临时反倾销措施

根据《反倾销条例》规定，初裁决定确定倾销成立，并由此对国内产业造成损害的，可以采取下列临时反倾销措施：

（1）征收临时反倾销税；

（2）要求提供保证金、保函或者其他形式的担保。

【注意】临时反倾销税税额或者提供的保证金、保函或者其他形式担保的金额，应当不超过初裁决定确定的倾销幅度。

临时反倾销措施实施的期限，自临时反倾销措施决定公告规定实施之日起，不超过4个月；在特殊情形下，可以延长至9个月。自反倾销立案调查决定公告之日起60

天内，不得采取临时反倾销措施。

（二）价格承诺

依《反倾销条例》规定：

(1)倾销进口产品的出口经营者在反倾销调查期间，可以向商务部作出改变价格或者停止以倾销价格出口的价格承诺。商务部可以向出口经营者提出价格承诺的建议，但不得强迫出口经营者作出价格承诺；

(2)出口经营者不作出价格承诺或者不接受价格承诺的建议的，不妨碍对反倾销案件的调查和确定。商务部认为出口经营者作出的价格承诺能够接受并符合公共利益的，可以决定中止或者终止反倾销调查，不采取临时反倾销措施或者征收反倾销税；

(3)商务部对倾销以及由倾销造成的损害作出肯定的初裁决定前，不得寻求或者接受价格承诺；

(4)应出口经营者请求，或者商务部认为有必要的，可以对倾销和损害继续进行调查并作出否定的倾销或损害的终局裁定，此时价格承诺自动失效；作出倾销和损害的肯定裁定的，价格承诺继续有效；

(5)出口经营者违反其价格承诺的，商务部可以立即决定恢复反倾销调查。

（三）反倾销税

依《反倾销条例》规定：

(1)终裁决定确定倾销成立，并由此对国内产业造成损害的，可以征收反倾销税。征收反倾销税应当符合公共利益。征收反倾销税，由商务部提出建议，国务院关税则由委员会根据商务部的建议作出决定，由商务部予以公告。海关自公告规定实施之日起执行；

(2)反倾销税的纳税人为倾销进口产品的进口经营者；

(3)反倾销税税额不超过终裁决定确定的倾销幅度。反倾销税应当根据不同出口经营者的倾销幅度，分别确定；

(4)终裁决定确定存在实质损害，并在此前已经采取临时反倾销措施的，反倾销税可以对已经实施临时反倾销措施的期间追溯征收；

(5)对实施临时反倾销税的期间追溯征收的，采取“多退少不补”原则，即终裁决定确定的反倾销税，高于已付或者应付的临时反倾销税或者为担保目的而估计的金额的，差额部分不予收取；低于已付或者应付的临时反倾销税或者为担保目的而估计的金额的，差额部分应当根据具体情况予以退还或者重新计算税额；

(6)下列两种情形并存的，可以对实施临时反倾销措施之日前90天内进口的产品追溯征收反倾销税，但立案调查前进口的产品除外：

①倾销进口产品有对国内产业造成损害的倾销历史，或者该产品的进口经营者知道或者应当知道出口经营者实施倾销并且倾销对国内产业将造成损害的；

②倾销进口产品在短期内大量进口，并且可能会严重破坏即将实施的反倾销税的补救效果的；

(7)终裁决定确定不征收反倾销税的，或者终裁决定未确定追溯征收反倾销税的，已征收的临时反倾销税、已收取的保证金应当予以退还，保函或者其他形式的担保应当予以解除。

【注意】(1)反倾销税原则上只对终局裁定公告之后进口的产品予以征收，但也存在着满足特定条件可以追溯征收的情形；(2)在终局裁定中，不可以同时并用征收反倾销税和价格承诺两种反倾销措施。

（四）期限

反倾销税的征收期限和价格承诺的履行期限不超过5年；但是，经复审确定终止征收反倾销税有可能导致倾销和损害的继续或者再度发生的，反倾销税的征收期限可以适当延长。

（五）复审

(1)反倾销税或价格承诺生效后，商务部可以在有正当理由的情况下，决定对继续征收反倾销税或继续履行价格承诺的必要性进行复审；也可以在经过一段合理时间，应利害关系方的请求并对利害关系方提供的相应证据进行审查后，决定对继续征收反倾销税或继续履行价格承诺的必要性进行复审；

(2)根据复审结果，由商务部依照本条例的规定，作出保留、修改或者取消价格承诺的决定并予以公告；

(3)在复审期间，复审程序不妨碍反倾销措施的实施。

▶ 典型真题

甲、乙、丙三国生产卷钢的企业以低于正常价值的价格向中国出口其产品，代表中国同类产业的8家企业拟向商务部申请反倾销调查。依我国《反倾销条例》，下列哪一选项是正确的？(2017-01-43)①

A. 如支持申请的国内生产者的产量不足国内同类产品总产量25%的，不得启动反倾销调查

B. 如甲、乙、丙三国的出口经营者不接受商务部建议的价格承诺，则会妨碍反倾销案件的调查和确定

C. 反倾销税的履行期限是5年，不得延长

D. 终裁决定确定的反倾销税高于已付的临时反倾销税的，差额部分应予补交

①答案：A。

专题十　反补贴措施

一、反补贴措施适用条件

《反补贴条例》第二条规定："进口产品存在补贴，并对已经建立的国内产业造成实质损害或者产生实质损害威胁，或者对建立国内产业造成实质阻碍的，依照本条例的规定进行调查，采取反补贴措施。"由此规定可知，采取反补贴措施的必要条件是：

①进口产品存在补贴；

②对已经建立的国内产业造成实质损害或者产生实质损害威胁，或者对建立国内产业造成实质阻碍；

③二者之间存在因果关系。

(1)补贴是指出口国(地区)政府或者其任何公共机构提供的并为接受者带来利益的财政资助以及任何形式的收入或者价格支持。

依照《反补贴条例》进行调查、采取反补贴措施的补贴，必须具有专向性。具有下列情形之一的补贴，具有专向性：

①由出口国(地区)政府明确确定的某些企业、产业获得的补贴；

②由出口国(地区)法律、法规明确规定的某些企业、产业获得的补贴；

③指定特定区域内的企业、产业获得的补贴；

④以出口实绩为条件获得的补贴，包括本条例所附出口补贴清单列举的各项补贴；

⑤以使用本国(地区)产品替代进口产品为条件获得的补贴。

在确定补贴专向性时，还应当考虑受补贴企业的数量和企业受补贴的数额、比例、时间以及给与补贴的方式等因素。

(2)财政资助包括：

①出口国(地区)政府以拨款、贷款、资本注入等形式直接提供资金，或者以贷款担保等形式潜在地直接转让资金或者债务；

②出口国(地区)政府放弃或者不收缴应收收入；

③出口国(地区)政府提供除一般基础设施以外的货物、服务，或者由出口国(地区)政府购买货物；

④出口国(地区)政府通过向筹资机构付款，或者委托、指令私营机构履行上述职能。

二、反补贴调查及反补贴措施

反补贴调查的程序与反倾销调查的程序基本相同。

反补贴措施与反倾销措施类似，包括临时反补贴措施、承诺及反补贴税，实施的条件也基本相同，例如，反补贴税税额不得超过终裁决定确定的补贴金额，反补贴税的纳税人为补贴进口产品的进口经营者。

但实施条件不同的是，出口国政府或出口经营者都可以作出承诺，分别承诺取消、限制补贴或其他有关措施，承诺修改价格。

▶ 典型真题

根据《中华人民共和国反补贴条例》，下列哪些选项属于补贴？（2014-01-82）①

A. 出口国政府出资兴建通向口岸的高速公路

B. 出口国政府给予企业的免税优惠

C. 出口国政府提供的贷款

D. 出口国政府通过向筹资机构付款，转而向企业提供资金

专题十一 保障措施

一、保障措施适用条件

如果根据《保障措施条例》进行的保障措施调查，确定进口产品数量增加，并对生产同类产品或者直接竞争产品的国内产业造成严重损害或者严重损害威胁，可以采取保障措施。由此可知，采取保障措施的三个基本条件是：

(1)进口产品数量增加；

(2)国内产业受到损害；

(3)二者之间存在因果关系。

进口产品数量增加指进口数量的绝对增加或者与国内生产相比的相对增加。

适用保障措施要求的产业损害程度重于反倾销或反补贴要求的损害程度，即严重损害而不是实质损害。

二、调查的发起

与国内产业有关的自然人、法人或者其他组织，可以依照《保障措施条例》的规定，向商务部提出采取保障措施的书面申请；必要时，商务部在没有收到此类申请时，也可以立案调查。《保障措施条例》对申请人，不存在《反倾销条例》或《反补贴条例》中的产业支持量的要求。

对进口产品数量增加及损害的调查和确定，由商务部负责；其中，涉及农产品的保障措施国内产业损害调查，由商务部会同农业部进行。

商务部根据调查结果，可以作出初裁决定，也可以直接作出终裁决定，并予以公告。

①答案：BCD。

三、保障措施的实施

(1)有明确证据表明进口产品数量增加，在不采取临时保障措施将对国内产业造成难以补救的损害的紧急情况下，可以作出初裁决定，并采取临时保障措施。临时保障措施采取提高关税的形式；

(2)终裁决定确定进口产品数量增加，并由此对国内产业造成损害的，可以采取保障措施。实施保障措施应当符合公共利益。保障措施可以采取提高关税、数量限制等形式；

(3)保障措施应当针对正在进口的产品实施，不区分产品来源国(地区)；

(4)终裁决定确定不采取保障措施的，已征收的临时关税应当予以退还；

(5)保障措施的实施期限不超过 4 年，符合法定条件的，保障措施的实施期限可以适当延长，但一项保障措施的实施期限及其延长期限，最长不超过 10 年；

(6)保障措施实施期限超过 1 年的，应当在实施期间内按固定时间间隔逐步放宽。

【注意】(1)临时保障措施采取提高关税的形式，而保障措施可以采取提高关税、数量限制等形式；(2)(4)、(5)项规定不同于反倾销措施或反补贴措施，应区别记忆。

	反倾销、反补贴	保障措施
损害确定	实质损害，实质损害威胁或实质阻碍	严重损害或者严重损害威胁
实施对象	针对特定来源的产品	针对正在进口的产品实施，不区分产品来源国(地区)
实施措施	临时措施：征收关税 反倾销/补贴措施：价格承诺、关税	临时保障措施：提高关税 保障措施：提高关税、数量限制
实施期限	5 年	4~10 年实施期限超过 1 年的，应当在实施期间内按固定时间间隔逐步放宽

▶ 典型真题

进口中国的某类化工产品 2015 年占中国的市场份额比 2014 年有较大增加，经查，两年进口总量虽持平，但仍给生产同类产品的中国产业造成了严重损害。依我国相关法律，下列哪一选项是正确的？(2015-01-43)①

A. 受损害的中国国内产业可向商务部申请反倾销调查

B. 受损害的中国国内产业可向商务部提出采取保障措施的书面申请

C. 因为该类化工产品的进口数量并没有绝对增加，故不能采取保障措施

D. 该类化工产品的出口商可通过价格承诺避免保障措施的实施

①答案：B。

第二十章　世界贸易组织

考情分析

本章考点较多，且较为繁杂，但记忆性的知识点仍占多数，复习时应当加强对重要考点的记忆。本章分为两大部分，世界贸易组织概述和世界贸易组织的主要法律制度，其中第二部分中重要考点有关税与贸易总协定、服务贸易总协定和世界贸易组织争端解决制度。2018 年考了 WTO 争端解决程序。

考试要点

世界贸易组织、关税与贸易总协定、服务贸易总协定、世界贸易组织争端解决制度。

专题十二　世界贸易组织概述

一、世界贸易组织

依乌拉圭回合谈判达成的《建立世界贸易组织的马拉喀什协定》(以下简称《WTO 协定》)，世界贸易组织于 1995 年 1 月 1 日正式成立并开始运作。世界贸易组织的前身是关税与贸易总协定(GATT)。

世界贸易组织是依各成员立法机关批准的世界贸易组织协定设立的永久性组织，是国际法上的国际组织，具有法律人格，可以自己的名义享有权利、履行义务、处分财产，其官员可以享有各国给予的外交豁免。

二、世界贸易组织的成员

世界贸易组织是根据世界贸易组织协定建立的多边性贸易组织，其成员是加入世界贸易组织的各国政府和单独关税区政府，任何个人、企业或其他非政府机构都不能成为世界贸易组织的成员，也不能向它主张权利。

单独关税区，指不具有独立的完整的国家主权，但却在处理对外贸易关系及世界贸易组织协定规定的其他事项方面拥有自主权的地区。中国香港、澳门和台湾地区都是这样的单独关税区。

三、世界贸易组织的法律框架

世界贸易组织的法律规则分为两部分：

(1)第一部分：多边贸易协议。包括《WTO 协定》及其附件 1、附件 2 和附件 3，这 3 个附件也合称为多边贸易协议，构成了世界贸易组织的整个法律制度，也构成了世界贸易组织成员"一揽子"的权利义务，对所有的成员都有约束力。

附件 1
- ①附件 1A：货物贸易多边协议；
- ②附件 1B：服务贸易总协定(简称 GATS)；
- ③附件 1C：与贸易有关的知识产权协议(简称 TRIPS)。

附件 2：关于争端解决规则和程序的谅解。

附件 3：贸易政策审查机制。

(2)第二部分：诸边贸易协议。主要由 4 个附件组成，包括《民用航空器贸易协议》《政府采购协议》《奶制品协议》和《牛肉协议》，后两个协议已于 1997 年失效。世界贸易组织成立后签订的《信息技术产品协议》也属于诸边贸易协议的范畴，诸边贸易协议只有极少数成员参加，也只对参加了诸边贸易协议的成员有约束力。

四、世界贸易组织的机构设置

(1)最高决策机构——部长会议。世界贸易组织所有成员的代表组成部长会议，是最高级会议，部长会议履行世界贸易组织的职能，并为此采取必需的措施，有权对所有多边贸易协议中的任何事项作出决定。

(2)常设权力机构——总理事会。在部长会议休会期间，部长会议的职能由总理事会行使。总理事会由各成员代表组成，根据情形召开会议，总理事会同时履行争端解决机构和贸易政策审议机构的职能，但这两个机构都有自己的主席，负责机构的运作。

(3)(部门贸易)理事会。根据 WTO 协定附件的不同调整范围，设立了货物贸易理事会、服务贸易理事会以及与贸易有关的知识产权理事会。

(4)世界贸易组织工作机构——秘书处和总干事。秘书处设在日内瓦，总干事由部长级会议任命，总干事任命秘书处职员，并依照部长会议通过的条例，确定他们的职责和服务条件。总干事和秘书处的职员纯属国际性质，在履行职责方面，不应寻求和接受任何政府或当局的指示，各成员不应对他们履行职责施加影响。

五、世界贸易组织的决策程序

世界贸易组织是由其成员共同管理的国际组织，它继承了 GATT 1947 所遵循的协商一致作出决定的做法，世界贸易组织在就有关事项作出决议时，如在场成员未正式提出异议，则视为一致作出决议。

尽管世界贸易组织协定中有投票表决的规定，但协商一致决策是世界贸易组织的惯例，世界贸易组织成立运作以来，还没有发生过投票表决决定重大事项的情况。

六、中国入世承担的特殊义务

中国在世界贸易组织中的权利义务，与其他成员一样，由两部分组成：一部分是各成员都承担的规范性义务，如各协议条款规定的义务；另一部分是中国加入世界贸易组织协定书中中国作出的承诺，这是中国承担的独特义务，中国加入世界贸易组织的条件规定在《中国加入世界贸易组织议定书》及作为其附件的《中国入世议定书工作组报告》中。

（一）贸易经营权

《中国加入世界贸易组织议定书》专门对贸易权作了规定，中国承诺逐步放开贸易经营权，在中国正式加入世界贸易组织后的3年内，除国家专营商品外，所有中国企业都有权进行所有货物的进出口。

《关税与贸易总协定》第十七条允许国家专营企业经营进出口。国家专营企业可以是国家设立或维持的企业，也可以是政府授予特权的私营企业，其特征是对某些商品实行专营。

（二）倾销与补贴中的非市场经济的规定

(1)对中国产品的出口，进口成员在据反倾销规范比较价格时，可以采取两种方法中的任何一种：

①使用中国受调查企业的价格或成本；

②使用不严格依据与中国的国内价格或成本的比较方法，实质上就是使用所谓的替代国价格或成本。

(2)上述方法的选择应寻找下述原则：

①如果受调查的生产商能够明确证明，生产同类产品的产业在该产品的制造、生产和销售方面具备市场经济条件，则进口成员应使用中国受调查产业的价格或成本，以此来确定价格可比性；

②如果受调查的生产商不能证明，生产同类产品的产业在该产品的制造、生产和销售方面具备市场经济条件，则进口成员可以使用不严格依据中国的国内价格或成本的方法(替代国方法)。

(3)在《中国加入世界贸易组织议定书》生效时，如果进口成员的国内法含有市场经济标准，一旦中国根据进口成员的国内法，确立中国在某一产业或部门方面是市场经济，上述倾销确定中有关方法的选择的规定应终止。无论中国能否证明市场经济这一点，上述“替代国”做法的规定在《中国加入世界贸易组织议定书》生效15年后中止，即应在2016年12月11日中止。如果中国确立某一具体产业或部门通过市场经济条件，上述非市场经济的规定对该产业或部门不再适用。

(4)根据世界贸易组织反补贴规则，非专向补贴不受世界贸易组织多边贸易体制的约束，但如果中国政府提供的补贴的主要接受者是国有企业，或者接受了补贴中不成比例的大量数额，该补贴视为专向补贴。

▶ 典型真题

关于中国与世界贸易组织的相关表述，下列哪一选项是不正确的？(2012-01-44)①

A. 世界贸易组织成员包括加入世界贸易组织的各国政府和单独关税区政府，中国香港、澳门和台湾是世界贸易组织的成员

B.《政府采购协议》属于世界贸易组织法律体系中诸边贸易协议，该协议对于中国在内的所有成员均有约束力

C.《中国加入世界贸易组织议定书》中特别规定了针对中国产品的特定产品的过渡性保障措施机制

D.《关于争端解决规则与程序的谅解》在世界贸易组织框架下建立了统一的多边贸易争端解决机制

专题十三　关税与贸易总协定

一、最惠国待遇制度

最惠国待遇是世界贸易组织多边贸易制度中最重要的基本原则和义务，是多边贸易制度的基石。根据世界贸易组织的规定，对最惠国待遇原则的修改，必须经全体成员同意才有效。

最惠国待遇原则表现出普遍性、相互性、自动性和同一性的特点。世界贸易组织的任何成员，都可以享有其他成员给予任何国家的待遇。每一成员既是施惠者，也是受惠者，由于最惠国待遇义务的立即性和无条件性，每一成员自动享有其他成员给予其他任何国家的最惠国待遇，该制度实施的结果是双边谈判、多边受益，因而可能存在“搭便车”的情况，但享有最惠国待遇仅限于相同情形、相同事项。

(1)关税与贸易总协定中的最惠国待遇适用于五个方面：

①与进出口有关(包括进出口产品的国际支付转移)的任何关税和费用；

②进出口关税和费用的征收方法；

③与进出口有关的规则、手续；

④国内税或其他国内费用；

---

①答案：B。

⑤影响产品的国内销售、许诺销售、购买、运输、经销和使用的法律规章和要求方面的待遇。

只有原产于其他成员的同类产品才能享有最惠国待遇，同类产品并没有确切的定义和标准，应在具体情况下作具体分析。最惠国待遇义务适用于进口产品和出口产品。

(2)关税与贸易总协定中最惠国待遇义务的例外：

①边境贸易；

②普遍优惠制度(对发展中国家的优惠待遇)；

③关税同盟和自由贸易区(区域经济安排)；

④允许以收支平衡理由偏离最惠国待遇义务；

⑤允许对造成国内产业损害的倾销进口货补贴进口征收反倾销税或反补贴税；

⑥允许因一般例外或国家安全例外偏离最惠国待遇义务；

⑦可对某一成员或某些成员豁免最惠国待遇义务。

典型真题

甲、乙、丙三国为世界贸易组织成员，丁国不是该组织成员。关于甲国对进口立式空调和中央空调的进口关税问题，根据《关税与贸易总协定》，下列违反最惠国待遇的做法是？(2014-01-100)①

A. 甲国给予来自乙国的立式空调和丙国的中央空调以不同的关税

B. 甲国给予来自乙国和丁国的立式空调以不同的进口关税

C. 因实施反倾销措施，导致从乙国进口的立式空调的关税高于从丙国进口的

D. 甲国给予来自乙丙两国的立式空调以不同的关税

二、国民待遇制度

世界贸易组织的三个主要协定《关税与贸易总协定》《服务贸易总协定》和《与贸易有关的知识产权协议》都有关于国民待遇的规定，国民待遇原则是世界贸易组织的基本原则，但每一协定中国民待遇义务的具体适用条件并不相同，特别是《服务贸易总协定》中的国民待遇在性质上不同于另外两个协定中的国民待遇义务。

关税与贸易总协定中的国民待遇，指外国进口产品所享受的待遇不低于本国同类产品、直接竞争或替代产品所享受的待遇。国民待遇义务适用于每一特定产品，各进口成员不能在不同产品、不同批次产品中进行国民待遇的平衡，不得以对某些产品提供优惠待遇为借口对其他产品拒绝国民待遇。

专题十四　服务贸易总协定

《服务贸易总协定》(英文简称 GATS)是第一个调整国际服务贸易的多边性、具有

①答案：D。

法律强制力的规则，它规定了服务贸易的一般原则和义务及各成员的具体承诺。服务贸易总协定明显地表现出了框架性协定的特点，目前还缺乏有关的具体义务和规则，这些具体义务和规则在以后签订的相关协议中将有所规定。服务贸易总协定不适用于为履行政府职能而提供的服务，即不是在商业基础上提供的、又不与任何一个或多个服务提供者相竞争的服务。

一、服务贸易方式

《服务贸易总协定》通过四种服务贸易方式来调整服务贸易：

(1)跨境供应，从一国境内直接向其他国境内提供服务——服务产品的流动(不需要提供者和消费者的实际流动)。

(2)境外消费，在一国境内向其他国的服务消费者提供服务——消费者的流动。

(3)商业存在，外国实体在另一国境内设立附属公司或分支机构，提供服务，即外国服务提供者通过在其他国境内设立的机构提供商业服务——设立当地机构，如银行、保险。

(4)自然人存在，一国的服务提供商通过自然人到其他国境内提供服务——自然人流动，如工程承包。

二、最惠国待遇义务

WTO各成员应立即和无条件地给予任何其他成员的服务和服务提供者不低于其给予任何其他国家相同的服务和服务提供者的待遇。该原则与《关税与贸易总协定》的规则基本一致，但服务贸易中的最惠国待遇适用于服务产品和服务提供者，而不适用于货物产品。

最惠国待遇义务的规定不妨碍毗邻国家优惠。《服务贸易总协定》不阻止服务贸易自由化的协议，不阻止劳动力市场一体化的协议。此外，该协定中规定的义务的一般例外、安全例外，对最惠国待遇都适用。最惠国待遇义务不延及政府的服务采购。

三、具体承诺

世界贸易组织成员在服务贸易市场开放方面的义务没有统一的规定，是否给予市场准入、是否给予国民待遇，依每一成员具体列出的承诺表来确定。

（一）市场准入

在服务提供方式的市场准入方面，每个成员给予其他任何成员的服务和服务提供者的待遇，不得低于其承诺表中同意和明确的规定、限制和条件。

（二）国民待遇

允许外国服务或服务提供者进入本国的贸易市场，并不等于赋予它们与本国同类服务和服务提供者一样的待遇。因此，《服务贸易总协定》中的国民待遇义务，仅限于列入承诺表的部门，并且要遵循其中所列的条件和资格，没有作出承诺的部门，不适用国民待遇义务，即使在作出的承诺中，也允许按所列的条件对国民待遇进行限制，这与货物贸易中的国民待遇形成鲜明对比。

依国民待遇的要求，一成员在所有影响服务提供的措施方面，给予任何其他成员的服务和服务提供者的待遇不得低于其给予本国相同服务和服务提供者的待遇，服务贸易中的国民待遇不要求形式上相同的待遇。国民待遇和最惠国待遇都要求适用于同类服务或服务提供者。

▶ 典型真题

根据世界贸易组织《服务贸易总协定》，下列哪一选项是正确的？（2013-01-42）①

A. 协定适用于成员方的政府服务采购

B. 中国公民接受国外某银行在中国分支机构的服务属于协定中的境外消费

C. 协定中的最惠国待遇只适用于服务产品而不适用于服务提供者

D. 协定中的国民待遇义务，仅限于列入承诺表的部门

专题十五　世界贸易组织争端解决制度

一、争端解决制度的特点

作为世界贸易组织多边贸易制度的一部分，《关于争端解决规则与程序的谅解》在世界贸易组织框架下，建立了统一的多边贸易争端解决制度。依规则解决争端，遵循正当法律程序，迅速、有效、满意地解决争端，是世界贸易组织的争端解决制度的基本原则。WTO成员国因任何协议产生的争端都可适用于该争端解决机制。

二、争端解决机构解决的争端类型

(1)违反性申诉。这是争端的主要类型，申诉方须证明被诉方违反了有关协议的条款，在确立了存在违反有关协议条款的措施后，推定申诉方据相关条款的利益受损或丧失。对这种争端的裁定，被诉方往往需要废除或修改有关措施。

(2)非违反性申诉。对这种申诉的审查，不追究被诉方是否违反了有关协议条款，而只处理被诉方的措施是否使申诉方根据有关协议享有的预期利益受损或丧失。申诉方需要证明其根据有关协议享有合理的预期利益，该合理预期利益因为被诉方的措施受损或丧失。被诉方没有取消有关措施的义务，只需作出补偿。

(3)其他情形。关于上述两种类型以外的其他争端类型及其所适用的程序和规则，并没有明确的规定，迄今为止也还没有出现过上述两种类型以外的案件。

①答案：D。

三、争端解决程序

（一）磋商

磋商是申请设立专家组的前提条件，但磋商事项以及磋商的充分性，与设立专家组的申请及专家组将作出的裁定没有关系。磋商仅仅是一种程序性要求，但很多争端通过磋商程序得以解决，磋商是争端解决程序的重要组成部分。

（二）设立专家组的申请——起诉

提出磋商请求日起60天内磋商没有解决争端时，申诉方才可以申请成立专家组。设立专家组的申请是启动专家组(以及上诉机构)案件审理程序的要件。

设立专家组的申请决定专家组的权限范围，同时它具有满足正当程序目标的价值，使被诉方和有利害关系的第三方有机会了解申诉方提出的问题并为自己辩护。提起申诉，并不以申诉方法律利益或经济利益受到损害为前提。

（三）专家组的审查、裁决或建议

专家组是争端解决机构的非常设性机构，协助争端解决机构履行有关职责，作出裁决或提出建议。专家组的权限范围仅限于申请设立专家组的申请中所指明的具体争议措施和申诉的法律依据概要。

专家组基于申诉方在设立专家组的申请中确立的权限范围审理案件。无论是申诉方还是被诉方，对其所提出的诉求或主张，都承担证明责任，即谁主张谁举证。在一方初步证明其诉求或主张的真实性后，由另一方进行反驳，此为初步证据责任。

一方是否初步证明其诉求或主张，专家组无须特意作出具体裁定，而是在争端双方提交的整个证据的基础上作出决定。对证据的采纳与评估，赋予证据的效力，是专家组认定事实程序的一部分，属于专家组的裁决范围。对争端方没有提出的主张，专家组不能作出裁决，即使相关专家提出了这样的主张，专家组可以向其视为适当的任何个人或机构寻求信息和技术建议。对未经专家组要求而由争端方和第三方之外的人或组织主动提供的信息，专家组有权决定是否接受或采纳。

专家组作出的争端解决报告应列明对事实的调查结果，有关世界贸易组织规则的适用性，以及裁决和建议的基本理由。对申诉方根据不同规则提起的数个申诉请求，专家组可根据有效解决争端的必要性，在认为已经有效解决了争端的情况下，对其中的某些诉求不进行审查，这称为司法经济原则。

（四）上诉机构的审查、裁决

上诉机构是争端解决机构中的常设机构，它负责对提起上诉的专家组报告中的法律问题和专家组进行的法律解释进行审查。

(1)在专家组报告发布后的60天内，任何争端方都可以向上诉机构提起上诉；

(2)上诉机构则只审查专家组报告涉及的法律问题和专家组作出的法律解释；

(3)上诉机构可以推翻、修改或撤销专家组的调查结果和结论;

(4)上诉机构没有将案件发回专家组重新审理的权力，在推翻有关裁决和结论时，为了使争端得到有效解决，如果专家组裁决的事实比较充分，上诉机构可以继续对双方间的争端进行审查，对争议问题作出裁决和结论。

(五)通过专家组、上诉机构的解决争端报告

争端解决机构通过专家组、上诉机构的解决争端报告，构成世界贸易组织争端解决机构的裁决和建议。除非争端解决机构一致不同意通过相关争端解决报告，该报告即得以通过。该通过方式实际上是一种一票通过制，是“反向一致”，通过的报告即构成了争端解决机构的裁决或建议。

▶ 典型真题

甲、乙、丙三国均为WTO成员国，甲国给予乙国进口丝束的配额，但没有给予丙国配额，而甲国又是国际上为数不多消费丝束产品的国家。为此，丙国诉诸WTO争端解决机制。依相关规则，下列哪些选项是正确的？(2017-01-80)①

A. 丙国生产丝束的企业可以甲国违反最惠国待遇为由起诉甲国

B. 甲、丙两国在成立专家组之前必须经过“充分性”的磋商

C. 除非争端解决机构一致不通过相关争端解决报告，该报告即可通过

D. 如甲国败诉且拒不执行裁决，丙国可向争端解决机构申请授权对甲国采取报复措施

①答案：CD。

第二十一章　国际经济法领域的其他法律制度

考情分析

本章考点是国际经济法中最多的一部分，记忆性考点为主，复习时可理解记忆来加深印象。本章分为四大块，知识产权的国际保护、国际投资法、国际融资法和国际税法部分。2018 年考了 Trips 协定、多边投资担保机构。

考试要点

《保护工业产权巴黎公约》《保护文学和艺术作品伯尔尼公约》《与贸易有关的知识产权协议》、国际技术转让、《多边投资担保机构公约》、国际投资争端的解决、国际贷款协议、国际融资担保、国际税收管辖权、国际双重征税、国际逃税与避税。

专题十六　知识产权的国际保护

知识产权的国际保护主要是通过互惠、双边条约和多边公约的途径进行。多边公约的保护是目前国际上保护知识产权的最有效、影响最大、也是最主要的途径。《保护工业产权巴黎公约》《保护文学和艺术作品伯尔尼公约》和《与贸易有关的知识产权协议》是目前影响最大的几个国际知识产权保护公约。

一、《保护工业产权巴黎公约》

《保护工业产权巴黎公约》(以下简称《巴黎公约》)于 1883 年签订，1884 年 7 月 7 日生效，中国于 1985 年 3 月 15 日正式成为《巴黎公约》的成员国。《巴黎公约》是知识产权领域第一个世界性多边公约，也是在知识产权领域影响最大的公约之一。

（一）基本原则

（1）国民待遇原则。公约要求缔约国在知识产权的保护方面给予缔约国的国民和在一个缔约国领域内设有住所或真实有效的工商营业所得非缔约国国民以国民待遇。一切不得损害公约特别规定的权利。

国民待遇的例外是各成员国在关于司法和行政程序、管辖以及选定送达地址或指定代理人的法律规定等方面，凡工业产权法有所要求的，可以保留。

（2）优先权原则。

①依《巴黎公约》第四条的规定，优先权原则只适用于发明专利、实用新型、外观设计和商品商标；

②发明专利和实用新型专利为12个月，外观设计和商标为6个月，在优先权期限内缔约国内每一个在后申请的申请日均为第一次申请的申请日；

③在优先权期限届满之前，后来在其他缔约国提出的申请，均不因在此期间内他人所作的任何行为而失效；

④在先申请的撤回、放弃或驳回不影响该申请的优先权地位；

⑤优先权的获得并不是自动的，需要申请人于在后申请中提出优先权申请并提供有关证明文件。

（3）临时性保护原则。依公约第十一条规定，临时性保护原则要求缔约国应对在任何成员国内举办的或经官方承认的国际展览会上展出的商品中可取得专利的发明、实用新型、外观设计和可注册的商标给予临时保护。

如展品所有人在临时保护期内申请了专利或商标注册，则申请案的优先权日是从展品公开展出之日起算，而非从第一次提交申请案时起算。

（4）独立性原则。依公约第四条及第六条的规定，关于外国人的专利申请或商标注册，应由各成员国依本国法决定，而不应受原属国或其他任何国家就该申请作出的决定的影响。

专利的申请和商标注册在成员国之间是相互独立的，在优先权期限内申请的专利，在后申请是否提供保护、申请的结果如何，与在先申请没有关系。

（二）《巴黎公约》对成员国工业产权保护的规定

1. 专利权保护

（1）不得因禁止或限制产品的销售而拒绝提供专利的保护。依《巴黎公约》第四条，成员国不得以专利产品或依专利方法制造的产品的销售受到本国法律禁止或限制为理由，拒绝授予专利或使专利无效；

（2）进口物品与专利维持。依《巴黎公约》第五条，专利权人将在任何成员国内制造的物品输入到对该物品授予专利权的国家，不应导致该专利的撤销；

（3）方法专利权人的权利。依《巴黎公约》第五条之四，当一种产品输入到对该产品的制造方法给予专利保护的成员国时，专利权人对该进口产品应享有进口国法律对该制造产品所给予的方法专利的一切权利；

(4)成员国有权在专利权人滥用权利时颁发强制许可证等。

2. 商标权保护

(1)商标独立性原则的例外。依《巴黎公约》第六条之五的规定，在本国正式注册的商标，除有下列情况之一，否则其他成员国应依在其本国的原样接受申请并给予保护：

①商标具有侵犯第三人在被请求给予保护的国家的既得权利的性质的；

②商标缺乏显著特征，或者完全是商品的说明或商品的通用名称的；

③商标违反道德或公共秩序的；

④商标构成不正当竞争行为的；

⑤申请注册的商标与其在本国注册的商标式样有实质性差别的。

(2)驰名商标的特殊保护。驰名商标的认定不以注册为前提，适用亦可成为认定的依据。对易与已在该国驰名的商标产生混淆的商标，成员国有义务拒绝或取消其注册并禁止使用。自注册之日起至少5年内，应允许提出取消这种商标的要求，允许提出禁止使用的期限可由各成员国规定。对用不诚实手段取得商标提出取消注册或禁止使用要求的，则不应规定时间限制。商标在成员国是否驰名由其行政主管机关或司法机关决定。未在一成员国使用，但如在该国已为人所知的商标，仍然可能在该国是驰名的。

(3)成员国有义务拒绝将成员国或政府间组织的徽章、旗帜、各国用以表明监督和保证的官方符号和检验印章，用作商标或商标的组成部分予以注册，并采取适当措施禁止使用等。

此外，《巴黎公约》还对注册商标的使用和转让、成员国对工业品外观设计、原产地名称、厂商名称等其他工业产权的最低立法保护水平作出了规定。

▶ 典型真题

2011年4月6日，张某在广交会上展示了其新发明的产品，4月15日，张某在中国就其产品申请发明专利(后获得批准)。6月8日，张某在向《巴黎公约》成员国甲国申请专利时，得知甲国公民已在6月6日向甲国就同样产品申请专利。下列哪一说法是正确的？(2013-01-41)①

A. 如张某提出优先权申请并加以证明，其在甲国的申请日至少可以提前至2011年4月15日

B. 2011年4月6日这一时间点对张某在甲国以及《巴黎公约》其他成员国申请专利没有任何影响

C. 张某在中国申请专利已获得批准，甲国也应当批准他的专利申请

D. 甲国不得要求张某必须委派甲国本地代理人代为申请专利

①答案：A。

二、《保护文学和艺术作品伯尔尼公约》

《保护文学和艺术作品伯尔尼公约》(以下简称《伯尔尼公约》)缔结于1886年，1887年生效，是版权领域第一个世界性多边公约，我国于1992年加入，依中国政府的声明，自1997年7月1日起，该文本也适用于中华人民共和国香港特别行政区。

(一)基本原则

(1)国民待遇原则。依该原则，有权享有国民待遇的国民包括“作者国籍”和“作品国籍”两类情况：

①“作者国籍”指公约成员国国民和在成员国有惯常居所的非成员国国民，其作品无论是否出版，均应在一切成员国中享有国民待遇；

②“作品国籍”针对非公约成员国国民，其作品只要是在任何一个成员国出版，或者在一个成员国和非成员国同时出版(30天之内)，也应在一切成员国中享有国民待遇。

(2)自动保护原则。依《伯尔尼公约》第五条第二款的规定，该原则要求享有及行使依国民待遇所提供的有关权利时，不需要履行任何手续，也不论作品在起源国是否受到保护，即应自动予以保护。

(3)版权独立性原则。依《伯尔尼公约》第五条第二款的规定，享有国民待遇的人在《伯尔尼公约》任何成员国所得到的著作权保护，不依赖于其作品在来源国受到的保护。例如，在保护水平上，不能因为作品来源国的保护水平低，其他成员国就降低对有关作品的保护水平。

(二)版权保护的规定

(1)客体范围：依《伯尔尼公约》第二条规定，成员国必须保护的作品包括文学艺术作品、演绎作品以及实用艺术作品和工业品外观设计。《伯尔尼公约》规定的可选择是否给予保护的作品包括官方文件、讲演、演说或其他同类性质的作品以及民间文学艺术作品。日常新闻或纯属报刊消息性质的社会新闻不在版权保护客体范围之内。

(2)权利内容：《伯尔尼公约》要求保护的精神权利有署名权和保护作品完整权两项；经济权利有复制权、翻译权、公演权、广播权、公开朗诵权、改编权、电影权和录制权八项。

(3)保护期限：经济权利的保护期限，一般文学艺术作品最低保护期为作者有生之年加死后50年。

(4)权利限制：《伯尔尼公约》允许的权利限制包括合理使用和法定许可。合理使用包括合理地引用作品，为教育目的利用作品，报刊、广播转载或转播其他报刊、广播上讨论经济、政治或宗教的时事性文章，以及报道时事时使用作品等。法定许可只适用于对广播权和录制权的限制。

▶ 典型真题

甲国人迈克在甲国出版著作《希望之路》后25天内，又在乙国出版了该作品，乙国是《保护文学和艺术作品伯尔尼公约》缔约国，甲国不是。依该公约，下列哪一选项是正确的？（2017-01-44）①

A. 因《希望之路》首先在非缔约国出版，不能在缔约国享受国民待遇

B. 迈克在甲国出版《希望之路》后25天内在乙国出版，仍然具有缔约国的作品国籍

C. 乙国依国民待遇为该作品提供的保护需要迈克履行相应的手续

D. 乙国对该作品的保护有赖于其在甲国是否受保护

三、《与贸易有关的知识产权协议》

《与贸易有关的知识产权协议》（以下简称TRIPs）是在世贸组织范围内缔结的知识产权公约，该协议订立于1994年，1995年生效，我国2001年加入世界贸易组织以后受协议约束。

与以前的知识产权国际公约相比，TRIPs是一个更高标准的公约。公约要求成员对知识产权提供更高水平的立法保护；要求成员采取更为严格的知识产权执法措施；并将成员之间知识产权争端纳入WTO争端解决机制。

TRIPs首先将《巴黎公约》《伯尔尼公约》（第六条之二关于精神权利的规定除外）、《罗马公约》以及《关于集成电路的知识产权条约》的实体性规定全部纳入到TRIPs中，成为世贸成员必须给予知识产权保护的最低标准。在此基础上，TRIPs又在下列方面进一步明确了成员保护知识产权的最低水平。

（一）版权及相关权利

在版权保护方面，TRIPs对《伯尔尼公约》的补充表现在两个方面：

（1）在保护客体方面，将计算机程序和由独创性的数据汇编列为版权保护的对象；

（2）在权利内容方面，增加了计算机程序和电影作品的出租权。

在版权相关权利方面，TRIPs在《罗马公约》的基础上延长了权利保护期限，规定了对表演者和录制者的保护期限为50年，广播组织的保护期限为20年，并将《伯尔尼公约》有关追溯力的规定比照适用于表演者权及录音制品制作者权。

（二）商标

与《巴黎公约》相比，TRIPs扩大了对驰名商标的特殊保护，一方面将相对保护扩大为绝对保护，即对驰名商标的特殊保护扩大至不相类似的商品或服务。另一方面将驰名商标的保护原则扩大适用于服务标记。

①答案：B。

（三）地理标志

依 TRIPs 第二十二条第一款，地理标志指表示一种商品的产地在某一成员领土内，或者在该领土内的某一地区或地方的标志，而某种商品的特定品质、名声或者其特色主要是与其地理来源有关。TRIPs 要求各成员有义务对地理标志提供法律保护：

(1)在权利内容方面，依第二十二条第二款，禁止将地理标志作任何足以使公众对该商品来源误认的使用，即禁止利用地理标志的任何不正当竞争行为，即禁止误导和不公平竞争行为；

(2)依第二十二条第三款，禁止利用商标作虚假的地理标志暗示的行为，即应拒绝商标注册或使注册无效；

(3)依第二十二条第四款，如果地理标志虽然逐字真实指明商品之来源地域、地区或地方，但仍误导公众以为该商品来源于另一地域，则成员亦应禁止；

【举例】美国德克萨斯州有一个城市也叫“巴黎”，若该巴黎市有人生产香水并在商品包装上注明“巴黎”字样出口，会使普通消费者联想到享有盛名的法国巴黎的香水，这就属于真实指明商品来源的地理标志却产生误导公众的后果。

(4)TRIPs 特别要求各成员采用法律手段，防止使用某一地理标志表示并非来源于该标志所指地方的葡萄酒或烈酒。

（四）工业品外观设计

(1)TRIPs 要求各成员对独立创作的、具有新颖性或原创性的工业品外观设计提供保护；

(2)成员可自行确定用工业产权法或通过版权法来保护工业品外观设计，但其保护期至少为 10 年；

(3)受保护设计的所有人应有权组织第三人未经其许可，为商业目的而制造、复制或进口载有或体现有受保护的外观设计的复制品或实质上是复制品的货物。

（五）专利

(1)在专利保护客体上，依 TRIPs 第二十七条，一切技术领域内具有新颖性和创造性，并能付诸工业应用的任何发明，不论是产品还是方法，均应提供专利保护，但各成员可拒绝对疾病的诊断方法、治疗方法和外科手术方法提供专利的保护；

(2)TRIPs 与《巴黎公约》相比，在专利权内容方面增加了专利进口权、许诺销售权，并要求成员将对方法专利的保护延及依该方法而直接获得的产品；

(3)在保护期方面，TRIPs 规定应不少于自提交专利申请之日起 20 年。

（六）集成电路布图设计

TRIPs 首先将 1989 年《关于集成电路的知识产权条约》的全部实体性规定纳入，并提高了保护水平：

(1)扩大了权利保护范围，将保护对象由只保护布图设计和含有受保护布图设计的集成电路，扩大到了含有受保护集成电路的物品；

(2)将保护期由8年延长为10年，并允许成员将布图设计的保护期限规定为自创作完成之日起15年；

(3)规定善意侵权人在收到该布图设计系非法复制的通知后，仍可就其现有存货或订单继续实施其行为，但应向权利持有人支付报酬。

（七）对未披露信息的保护

TRIPs第三十九条第一款规定了未披露的信息要得到保护必须符合三个条件：

(1)信息是秘密的，即信息整体或者其组成部分的确切组合不是通常从事该信息行业界的人所普遍知悉或容易获得的；

(2)该信息因为秘密而具有商业上的价值；

(3)合法控制信息的人为了保守该信息的秘密性，已经根据情况采取了适当的措施。

▶ 典型真题

香槟是法国地名，中国某企业为了推广其葡萄酒产品，拟为该产品注册“香槟”商标。依《与贸易有关的知识产权协议》，下列哪些选项是正确的？(2015-01-81)①

A. 只要该企业有关“香槟”的商标注册申请在先，商标局就可以为其注册

B. 如该注册足以使公众对该产品的来源误认，则应拒绝注册

C. 如该企业是在利用香槟这一地理标志进行暗示，则应拒绝注册

D. 如允许来自法国香槟的酒产品注册“香槟”的商标，而不允许中国企业注册该商标，则违反了国民待遇原则

四、中国对知识产权保护的边境措施

为了实施中国海关对知识产权保护的边境措施，我国通过了《知识产权海关保护条例》，该条例于2004年3月1日施行，并于2010年进行了修改。依该条例，海关对与进出口货物有关并受中国法律、行政法规保护的商标专用权、著作权和与著作权有关的权利、专利权(知识产权)实施保护。条例规定国家禁止侵犯知识产权的货物进出口，进口或者出口侵犯知识产权货物，构成犯罪的，依法追究刑事责任。条例的主要内容如下：

(1)申报：要求进口货物的收货人或其代理人、出口货物的发货人或其代理人、出口货物的发货人或其代理人按照国家规定，向海关如实申报与进出口货物有关的知识产权状况；

(2)备案：海关总署应自收到权利人备案申请文件之日起30个工作日内确定是否准予备案，并书面通知申请人；不予备案的，应当说明理由；

(3)扣留：权利人提交申请书及相关证明文件，和足以证明侵权事实明显存在的证据，并依条例第十四条提供担保的，海关应扣留侵权嫌疑货物。海关调查后认定被扣

①答案：BC。

留的侵权嫌疑货物侵犯知识产权的，由海关予以没收；

(4)申请海关措施：权利人发现侵权嫌疑货物即将进出口的，可以向货物进出境地海关提出扣留侵权嫌疑货物的申请。海关应将扣留侵权嫌疑货物情况书面通知权利人，并将海关扣留凭单送达收货人或发货人；

(5)申请放行：涉嫌侵犯专利权货物的收货人或者发货人在向海关提供与货物等值的担保金后，请求海关放行其货物的，海关应当放行被扣留的侵权嫌疑货物。

五、国际技术转让

（一）国际知识产权许可协议

国际技术贸易主要通过国际知识产权许可协议进行，国际知识产权许可协议又称国际许可证协议，指知识产权出让方将其知识产权的使用权在一定条件下跨越国境让渡给知识产权受让方，由受让方支付使用费的合同。

（二）国际知识产权许可协议种类

独占许可证协议：指在协议约定的时间及地域内，许可方授予被许可方技术的独占使用权，许可方不能在该时间及地域范围内再使用该项出让的技术，也不能将该技术使用权另行转让给第三方。独占许可证协议下，被许可方所获得的权利最大，其支付的使用费也最高。

排他许可证协议：指在协议约定的时间及地域内，被许可方拥有受让技术的使用权，许可方仍保留在该时间和地域内对该项技术的使用权，但不能将该项技术使用权另行转让给第三方。

普通许可证协议：指在协议约定的时间和地域范围内，被许可方拥有受让技术的使用权，许可方仍保留在该时间和地域内对该项技术的使用权，且能将该项技术使用权另行转让给第三方，即被许可方、许可方和第三方都可使用该项技术。此种协议下被许可方获得的权利最小，所支付的使用费最低。

（三）限制性商业条款

为了适应中国加入世贸组织后技术进出口的需要，我国于2002年颁布了《技术进出口管理条例》，并于2010年对其进行了修改。关于限制性商业条款，该条例第二十九条规定，技术进口合同中，不得含有下列限制性条款：

(1)要求受让人接受并非技术进口必不可少的附带条件，包括购买非必需的技术、原材料、产品、设备或者服务；

(2)要求受让人为专利权有效期限届满或者专利权被宣布无效的技术支付使用费或者承担相关义务；

(3)限制受让人改进让与人提供的技术或者限制受让人使用所改进的技术；

(4)限制受让人从其他来源获得与让与人提供的技术类似的技术或者与其竞争的技术；

（5）不合理地限制受让人购买原材料、零部件、产品或者设备的渠道或者来源；

（6）不合理地限制受让人产品的生产数量、品种或者销售价格；

（7）不合理地限制受让人利用进口的技术生产产品的出口渠道。

▶ 典型真题

中国甲公司与德国乙公司签订了一项新技术许可协议，规定在约定期间内，甲公司在亚太区独占使用乙公司的该项新技术。依相关规则，下列哪一选项是正确的？（2016-01-43）①

A. 在约定期间内，乙公司在亚太区不能再使用该项新技术

B. 乙公司在全球均不能再使用该项新技术

C. 乙公司不能再将该项新技术允许另一家公司在德国使用

D. 乙公司在德国也不能再使用该项新技术

专题十七 国际投资法

一、《多边投资担保机构公约》

为了缓解或消除外国投资者对政治风险的担心，世界银行于 1984 年制定了《多边投资担保机构公约》（以下简称《公约》）的草案，几经修订后于 1985 年在韩国汉城通过，依《公约》于 1988 年 4 月建立了多边投资担保机构（Multilateral Investment Guarantee Agency，MIGA），该机构是世界银行集团的第五个新成员，直接承保成员国私人投资者在向发展中国家成员投资时可能遭遇的政治风险。中国于 1988 年 4 月 30 日批准该公约，是其创始会员国。

（一）多边投资担保机构的宗旨

通过自身业务活动来推动成员国之间的投资，特别是向发展中国家会员国投资，以补充国际复兴开发银行、国际金融公司和其他国际性开发机构的活动，并对投资的非商业性的风险予以担保，以促进向发展中成员国的投资流动。

（二）多边投资担保机构担保的主要内容

1. 承保风险

（1）货币汇兑险，承保由于东道国的责任而采取的任何措施，使投资人无法自由将其投资所得、相关投资企业破产的清算收入及其他收益兑换成可自由使用的货币，或依东道国的法律，无法将相关收益汇出东道国的风险。导致货币汇兑风险的行为可是东道国采取的积极行为，如明确以法律等手段禁止货币的兑换和转移，也可以是消极

①答案：A。

地限制货币兑换或汇出，如负责业务的政府机构长期拖延协助投资人兑换或汇出货币。

(2)征收和类似措施险，承保由于东道国政府的责任而采取的任何立法或措施，使担保人对其投资的所有权或控制权被剥夺，或剥夺了其投资中产生的大量效益的风险。

(3)战争内乱险，承保影响投资项目的战争或内乱而导致的风险。战争和内乱险的发生并不以东道国是否为一方或是否发生在东道国领土内为前提，即如战争发生在投资东道国的邻国，但影响投资项目的正常运营或造成了某些破坏，则投资人仍可从多边投资担保机构取得赔偿。

(4)政府违约险，即东道国对担保权人的违约，且担保人无法求助于司法或仲裁部门对违约的索赔作出裁决，或司法或仲裁部门未能在合理期限内作出裁决，或有这样的裁决而不能实施。

此外，依《公约》规定，应投资者和东道国联合申请和经机构董事会特别多数票通过，承保范围还可扩大到上述险别以外的其他非商业风险。

2. 合格投资者

《公约》第十三条规定，符合下列条件的自然人和法人均有资格取得机构的担保：

(1)该自然人不是东道国的国民；

(2)该法人不具有东道国的法人资格或在该东道国设有主要营业地点；

(3)相关法人的经营以商业盈利为目的。

但如投资者和东道国的联合申请，且用于投资的资本来自东道国境外，经机构董事会特别多数票通过，可将合格投资者扩大到东道国的自然人、在东道国注册的法人以及其多数资本为东道国国民所有的法人。

3. 合格的投资

(1)投资形式：《公约》第十二条规定了投资的形式，包括股权投资、非股权投资，经机构董事会特别多数同意，可将担保投资的范围扩大到其他任何形式的中长期投资，但出口信贷不在MIGA的担保范围之内。

(2)风险的避免：为了尽可能避免承保的投资遭遇政治风险，合格投资必须是经济上合理的投资；能对东道国经济发展作出贡献的投资；符合东道国和投资者本国法律的合法投资；与东道国经济发展目标和重点相一致。

(3)投资开始的时间：为了最大限度地降低资本输入国对MIGA所承保的投资采取征收或国有化措施，MIGA要求有权取得担保的投资项目限于投保人提出申请注册之后才开始执行的投资项目。

4. 合格东道国

担保机构成立的目的是要促进生产性资金流向发展中国家，因此，《公约》第十二条和第十四条明确规定，机构只对向发展中国家成员领土内的投资予以担保，且要求外资必须能够在这些发展中国家得到公正平等的待遇和法律保护。

5. 代位权

《公约》规定，担保合同要求担保权人在向机构要求支付前，寻求在当时条件下合适的、按东道国法律可随时利用的行政补救方法。多边投资担保机构一经向投保人支付或同意支付赔偿，即代位取得投保人对东道国或其他债务人所拥有的有关承保投资的各种权利或索赔权，各成员国都应承认多边投资担保机构的此项权利。

典型真题

甲国T公司与乙国政府签约在乙国建设自来水厂，并向多边投资担保机构投保。依相关规则，下列哪一选项是正确的？（2016-01-44）①

A. 乙国货币大幅贬值造成T公司损失，属货币汇兑险的范畴

B. 工人罢工影响了自来水厂的正常营运，属战争内乱险的范畴

C. 乙国新所得税法致T公司所得税增加，属征收和类似措施险的范畴

D. 乙国政府不履行与T公司签订的合同，乙国法院又拒绝受理相关诉讼，属政府违约险的范畴

三、《与贸易有关的投资措施协议》

由于GATT(《关税及贸易总协定》)仅对贸易作出了规定，没有针对投资的规定，投资限制逐渐成为阻碍国际贸易主要壁垒措施之一。1933年12月乌拉圭回合所达成的《与贸易有关的投资措施协议》是GATT第一次就涉及国际投资的问题达成的贸易协议。

（一）适用范围

依协议第一条的规定，协议适用于与货物贸易有关的投资措施，而将与服务贸易和知识产权有关的投资措施排除在外。

【注意】并非全部与货物有关的投资措施都受TRIMs的约束，只有与GATT国民待遇和数量限制相违背的投资措施才受TRIMs的调整。

（二）禁止使用的措施

1. 违反国民待遇规定的投资措施

（1）“当地成分要求”或“国产化要求”，即要求企业，不论是本国投资企业，还是外商投资企业，在生产过程中必须购买或使用一定数量金额或最低比例的当地产品；

（2）贸易平衡要求，即要求外国投资企业购买或使用进口产品的数量或价值应与该企业出口当地产品的数量或价值相当。

2. 违反一般禁止数量限制原则的投资措施

（1）贸易平衡要求，即进口数量以出口数量为限。总体上限制企业用于当地生产或与当地生产相关的产品的进口，或者将其进口限制在与其出口当地产品的数量或价值挂钩；

（2）外汇平衡要求，即将企业可使用的外汇限制在与该企业外汇流入相关的水平，从而限制该企业对用于当地生产或与当地生产相关的产品的进口；

---

①答案：D。

（3）“出口限制”或“国内销售要求”，即限制企业产品出口的数量，有的国家要求外资企业以低于国际市场价格将本应出口的产品在当地销售，这也是扭曲贸易的。

▶ 典型真题

为了促进本国汽车产业，甲国出台规定，如生产的汽车使用了30%国产零部件，即可享受税收减免的优惠。依世界贸易组织的相关规则，关于该规定，下列哪一选项是正确的？（2015-01-44）①

A. 违反了国民待遇原则，属于禁止使用的与贸易有关的投资措施

B. 因含有国内销售的要求，是扭曲贸易的措施

C. 有贸易平衡的要求，属于禁止的数量限制措施

D. 有外汇平衡的要求，属于禁止的投资措施

四、国际投资争端的解决

（一）国际投资争端类型和解决途径

（1）依涉及国际投资争端的主体不同，国际投资争端可以划分为三个层面：

①外国投资者与资本输入国合作投资者之间的投资争议，此类争议属于民商事主体之间的争议，主要是合同纠纷或侵权纠纷，通常适用资本输入国的民事诉讼程序解决纠纷；

②外国投资者与资本输入国政府的争议；

③资本输出国政府与资本输入国政府之间的投资争议。

（2）解决国际投资争端的方式：

①非法律手段：又称为“外交手段”，主要包括协商、调解、斡旋、调停和外交保护等；

②法律手段：主要包括诉讼和仲裁。诉讼包括资本输入国国内诉讼和国际诉讼；仲裁包括资本输入国国内仲裁和国际仲裁。

（二）《关于解决各国和其他国家国民之间投资争端公约》

《关于解决各国和其他国家国民之间投资争端公约》（以下简称《公约》）1965年3月在华盛顿通过，1966年生效，我国于1993年加入《公约》。依该《公约》设立的“解决国际投资争端中心”（The International Center for Settlement of Investment Disputes，ICSID），作为世界银行下属的一个独立机构，为解决缔约国和其他缔约国国民之间的投资争端提供调解或仲裁的便利。

（1）中心的管辖权。中心的管辖权具有排他的效力，即一旦当事人同意在中心仲裁，有关争端不再属于作为争端一方的缔约国国内管辖的范围，而属于中心的专属管辖，这表明，双方实际上可以不用尽当地救济即在书面同意的基础上将争端提交仲裁。

①答案：A。

例外情况是，依《公约》第二十六条的规定，缔约国可以要求用尽当地各种行政或司法救济，作为其同意依《公约》交付仲裁的一个条件。

提交中心仲裁的投资争端必须符合《公约》规定的下列条件：

①主体：争议当事人一方必须是缔约国政府(东道国)或者其公共机构或实体；另一方是缔约国国民(外国投资者)，包括自然人、法人及其他经济实体；

②争端性质：依《公约》第二十五条第一款的规定，中心的管辖权适用于一缔约国和另一缔约国国民之间"直接因投资而产生的任何法律争端"；

③主观要求：中心仅对争端双方书面同意提交给 ICSID 裁决的争端有管辖权。

(2)解决投资争端适用的法律。依《公约》第四十二条的规定，中心仲裁庭应依争端双方同意的法律规则对争端作出裁决。如果争端双方没有对应适用的法律规则达成协议，则仲裁庭应适用作为争端一方的缔约国的国内法(包括其冲突法规则)以及可适用的国际法规则。仲裁庭不得借口没有明确的法律规定或者法律规定含义不清而暂不作出裁决。但该条第三款又规定，尽管有前面的这些规定，仲裁庭在争端双方同意时仍可根据公平和善意原则对争端作出裁决。

(3)裁决的承认与执行。依《公约》第五十三条规定，中心的裁决对争端各方均具有约束力，不得进行任何上诉或采取任何其他除本公约规定外的补救办法。除依《公约》规定予以停止执行的情形外，争端任何一方都应遵守和执行 ICSID 的裁决。

▶ 典型真题

甲国惊奇公司的创新科技产品经常参加各类国际展览会，该公司向乙国的投资包含了专利转让，甲、乙两国均为《巴黎公约》和《华盛顿公约》(公约设立的解决国际投资争端中心的英文简称为 ICSID)的成员。依相关规定，下列哪些选项是正确的？(2017-01-81)①

A. 惊奇公司的新产品参加在乙国举办的国际展览会，产品中可取得专利的发明应获得临时保护

B. 如惊奇公司与乙国书面协议将其争端提交给 ICSID 解决，ICSID 即对该争端有管辖权

C. 提交 ICSID 解决的争端可以是任何与投资有关的争端

D. 乙国如对 ICSID 裁决不服的，可寻求向乙国的最高法院上诉

专题十八　国际融资法

国际融资担保主要分为信用担保和物权担保两大类。信用担保指借款人或第三人以自己的资信向贷款人作出的还款保证，主要包括见索即付的保证、备用信用证和意愿书三种方式。物权担保指借款人或第三人以自己的资产向贷款人作出的偿还贷款的

①答案：AB。

保证，包括一般抵押权和质权、浮动抵押等。

一、独立保函

独立保函，又称见索即付保函，是指一旦主债务人违约，贷款人无须先向主债务人追索，即可无条件要求保证人承担第一偿付责任的保证。这里的担保人通常是银行，见索即付担保是担保人与收益人之间以保函为根据而形成的独立的债权债务关系。其特点是无条件性、单一性和独立性。

最高人民法院于2016年11月18日发布了《关于审理独立保函纠纷案件若干问题的规定》(以下简称《独立保函规定》)，《独立保函规定》于2016年12月1日实施，主要包括下列内容：

（一）明确了独立保函的定义

独立保函是开立人出具的附单据条件的付款承诺，在受益人提交符合独立保函要求的单据时，开立人即需独立承担付款义务，受益人无需证明债务人在基础交易中的违约事实，开立人不享有传统保证所具有的主债务人抗辩权以及先诉抗辩权。

（二）统一国际国内独立保函交易的效力规则

《独立保函规定》第二十三条规定，“当事人约定在国内交易中适用独立保函，一方当事人以独立保函不具有涉外因素为由，主张保函独立性的约定无效的，人民法院不予支持。”《独立保函规定》第五条规定，《见索即付保函统一规则》等独立保函交易示范规则为合同示范条款，国际或国内独立保函的当事人均可依自身情况，通过在独立保函文本中记载或诉讼程序中一致同意的方式加以适用，自主决定其民事权利和义务。

（三）明确独立保函的独立性和单据性特征，保证付款的快捷性和确定性

《独立保函规定》第六条规定独立保函独立于基础交易关系和开立申请关系，只要受益人提交的单据与独立保函条款、单据与单据之间在表面上相符，开立人就必须独立承担付款义务，开立人不得利用基础交易或开立申请关系对受益人行使抗辩。只有出现受益人欺诈情形时，才可以作为法定的唯一例外情形对待。第七、八条规定了单证审查的严格相符标准，规定了表面相符的认定标准和开证人审单的权利和义务。

（四）严格界定欺诈情形及证明标准，审慎确定独立性原则的例外

(1)第十二条将欺诈类型化为无真实交易、单据欺诈和明显滥用付款请求权三类情形，具体指：

①受益人与保函申请人或其他人串通，虚构基础交易的；

②受益人提交的第三方单据系伪造或内容虚假的；

③法院判决或仲裁裁决认定基础交易债务人没有付款或赔偿责任的；

④受益人确认基础交易债务已得到完全履行或者确认独立保函载明的付款到期事件并未发生的；

⑤受益人明知其没有付款请求权仍滥用该权利的其他情形。

(2)为保护善意第三人的利益，《独立保函规定》中包含“欺诈例外之例外”规定，即转开独立保函的情形下如开立人对独立保函已经善意付款的，即使受益人欺诈，人民法院仍不得裁定止付用于保障开立人追偿权的独立保函即反担保函。由于以往司法实践中随意止付独立保函的情况较为严重，已给我国金融机构开立的独立保函在各国之间的流通造成了不良影响，《独立保函规定》对止付程序增加了一些条件要求：

①止付申请人提交的证据材料证明保函欺诈情形的存在具有高度可能性；

②情况紧急，不立即采取止付措施，将给止付申请人的合法权益造成难以弥补的损害；

③止付申请人提供了足以弥补被申请人因止付可能遭受损失的担保；

④开立人在依指示开立的独立保函项下已经善意付款的，对保障该开立人追偿权的独立保函，人民法院不得裁定止付。

▶ 典型真题

中国甲公司在承担中东某建筑工程时涉及一系列分包合同和买卖合同，并使用了载明适用《见索即付保函统一规则》的保函。后涉及保函的争议诉至中国某法院。依相关司法解释，下列哪些选项是正确的？(2017-01-82)[①]

A. 保函内容中与《见索即付保函统一规则》不符的部分无效

B. 因该保函记载了某些对应的基础交易，故该保函争议应适用我国《担保法》有关保证的规定

C. 只要受益人提交的单据与独立保函条款、单据与单据之间表面相符，开立人就须独立承担付款义务

D. 单据与独立保函条款之间表面上不完全一致，但并不导致相互之间产生歧义的，仍应认定构成表面相符

二、备用信用证

备用信用证指担保人(开证银行)应借款人的要求，向贷款人开具备用信用证，当贷款人向担保人出示备用信用证及借款人违约证明时，担保人须按该信用证的规定支付款项的保证。

特点：

①备用信用证的保证人是银行；

②贷款人出具信用证要求的违约证明时，保证人即向贷款人付款，不需要对违约的事实进行审查；

③开证行作为保证人承担第一位付款责任；

---

①答案：CD。

④在贷款协议无效时，开证行仍须承担保证责任，即备用信用证独立于国际贷款协议。

三、意愿书

意愿书指一国政府为其下属机构或母公司为其子公司向贷款人出具的表示意愿帮助借款人偿还贷款的书面文件。意愿书又称安慰信，意愿书只具有道义上的约束力，而不具有法律上的执行力。尽管违反意愿书无须承担法律责任，但由于意愿书通常出自信誉良好的大型公司或政府组织，因此，意愿书出具人一般并不意愿违背其在意愿书中的承诺。

四、国际融资的物权担保

国际融资的物权担保是指借款人或第三人在其特定的财产或权利上设定有限受偿权，向贷款人提供还贷的保证的担保形式。

1. 动产担保

指在可移动的有体物或无体物权利上设置的物权担保。动产担保主要包括转移占有的动产质押和不转移占有的动产抵押等形式。在国际融资担保实践中，作为动产抵押的标的物通常是设施、机器设备、运输工具、原油等。

2. 不动产担保

指在不能移动的财产上设置的物权担保。不动产担保主要以不动产抵押的方式进行。抵押的标的主要包括房屋及其他建筑物、地产及地上定着物、林木等。

3. 浮动抵押

是借款人以现有的和将来取得的全部资产，为贷款人设定的一种担保物权，其法律特征是：

(1)担保物的价值和形式处于不确定状态；

(2)担保物不转移占有；

(3)担保物的范围是债务人的全部财产；

(4)浮动担保于约定事件发生时转化为固定担保。

专题十九　国际税法

一、税收管辖权

税收管辖权是指一国政府对一定的人或对象征税的权力。即一国政府行使的征税权力。税收管辖权中最重要的基本理论是居住国原则和来源国原则，由此引出居民税收管辖权和来源地税收管辖权。

（一）居民税收管辖权

居民税收管辖权指一国政府对于本国税法上的居民纳税人来自境内及境外的全部财产和收入实行征税的权力。居民税收管辖权的行使，是以纳税人与征税国之间存在税收居所的法律事实为前提的，纳税人承担的是无限纳税义务。

1. 自然人居民身份的认定

(1)住所标准，即一自然人在一国拥有住所，即认为其为该国的居民纳税人；

(2)居所标准，居所通常指非永久的居住场所，依该标准，一个人在一国拥有居所便是该国的居民纳税人；

(3)居留时间标准，即以自然人在征税国境内停留或居留的时间来划分是否为纳税居民，采取此标准的国家在居留的时间长短上规定不一；

(4)国籍标准，即以自然人的国籍来确定纳税居民的身份，只要具有该国国籍，无论是否在该国居住，均为该国的纳税居民。

我国采用住所兼居留时间标准，《个人所得税法》第一条规定，在中国境内有住所，或者无住所而在境内居住满一年的个人，从中国境内和境外取得的所得，依照本法规定缴纳个人所得税。

2. 法人居民身份的认定

(1)法人登记注册地标准，即依法人在何国注册成立来判断法人纳税居民的身份；

(2)实际控制与管理中心所在地标准，即法人的实际控制与管理中心所在地设在哪个国家，该法人即为哪个国家的纳税居民，董事会或股东大会所在地往往是判断实际管辖中心所在地的标志；

(3)总机构所在地标准，即法人的总机构设在哪个国家，该法人即为哪个国家的纳税居民，总机构通常指负责管理和控制企业日常营业活动的中心机构。

我国采用法人注册地和总机构所在地两个标准。

（二）所得来源地税收管辖权

来源国税收管辖权指一国政府针对非居民纳税人就其来源于该国境内的所得征税的权力。依来源国税收管辖权，纳税人承担的是有限的纳税义务。征税国对纳税人主张来源地税收管辖权的基础是认定纳税人有来源于该征税国境内的所得，各项所得或收益一般可划分为四类：营业所得、劳务所得、投资所得和财产所得。

1. 营业所得

营业所得又称营业利润或经营所得，即纳税人在某个固定场所从事经营活动取得的纯收益。目前各国对非居民营业所得的征税普遍使用常设机构原则。常设机构原则指仅对非居民纳税人通过在境内常设机构而获取的工商营业利润实行征税的原则。常设机构包括：管理场所、分支机构、办事处、工厂、车间、作业场所、矿场、油井、采石场等。

2. 劳务所得

个人非居民劳务所得包括个人独立劳务所得和非个人独立劳务所得。个人独立劳务所得指个人独立从事独立性的专业活动所取得的收入，如医生、律师、会计师等从事独立活动取得的所得，确定独立劳务所得来源地的方式一般采用“固定基地原则”和“183 天规则”。非个人独立劳务所得，即非居民受雇于他人的所得，一般由收入来源国一方从源征税。

3. 投资所得

包括股息、利息、特许权使用费等，对于此类投资所得，各国一般采用从源预提的方式征税，即征收预提税。

4. 财产所得

非居民的财产所得指非居民转让财产的所得，对于不动产的转让所得，一般由财产所在国征税，对于动产的转让所得，各国主张的标准不同，因此动产转让所得收入是由双边税收协定具体划分。

▶ 典型真题

为了完成会计师事务所交办的涉及中国某项目的财务会计报告，永居甲国的甲国人里德来到中国工作半年多，圆满完成报告并获得了相应的报酬。依相关法律规则，下列哪些选项是正确的？（2015-01-82）①

A. 里德是甲国人，中国不能对其征税

B. 因里德在中国停留超过了 183 天，中国对其可从源征税

C. 如中国已对里德征税，则甲国在任何情况下均不得对里德征税

D. 如里德被甲国认定为纳税居民，则应对甲国承担无限纳税义务

三、国际双重征税

（一）国际双重征税的概念和类型

国际双重征税现象的产生是各国税收管辖权发生冲突的结果，可分为国际重复征税和国际重叠征税：

（1）国际重复征税。国际重复征税指两个或两个以上国家各依自己的税收管辖权按同一税种对同一纳税人的同一征税对象在同一征税期限内同时征税。税收管辖权的冲突是产生国际重复征税的根本原因。

（2）国际重叠征税。国际重叠征税指两个或两个以上国家对同一笔所得在具有某种经济联系的不同纳税人手中各征一次税的现象。

【举例】公司和股东在法律上都具有独立的人格，公司获得的利润应依法缴纳所得税，税后利润以股息的形式分配给股东后，股东又应当缴纳个人所得税，这使得同一

①答案：BD。

所得在公司和股东手中各征一次税，此即属于国际重叠征税。

(3)国际重复征税与国际重叠征税区别。重复征税针对的是同一纳税人，不存在国内重复征税，重复征税涉及同一税种；重叠征税涉及的不是同一纳税人，存在国内重叠征税现象，重叠征税涉及不同税种。

（二）国际重复征税的解决

(1)免税法。免税法指居住国政府对本国居民来源于国外的所得和位于国外的财产免于征税。免税法使跨国纳税人在收入来源国已纳税的部分，就不必再向居住国政府纳税，从而避免重复征税。

(2)抵免法。抵免法指纳税人可将已在收入来源国实际缴纳的所得税税款在应当向居住国缴纳的所得税税额内扣除，也称外国税收抵免。这种避免重复征税的方式既承认了来源国税收管辖权的优先地位，又不放弃居民税收管辖权的行使。

(3)扣除法。扣除法指居住国在对跨国纳税人征税时，允许本国居民将国外已纳税款视为一般费用支出从本国应纳税总所得中扣除。

▶ 典型真题

甲国人李某长期居住在乙国，并在乙国经营一家公司，在甲国则只有房屋出租。在确定纳税居民的身份上，甲国以国籍为标准，乙国以住所和居留时间为标准。根据相关规则，下列哪一选项是正确的？(2014-01-44)①

A. 甲国只能对李某在甲国的房租收入行使征税权，而不能对其在乙国的收入行使征税权

B. 甲乙两国可通过双边税收协定协调居民税收管辖权的冲突

C. 如甲国和乙国对李某在乙国的收入同时征税，属于国际重叠征税

D. 甲国对李某在乙国经营公司的收入行使的是所得来源地税收管辖权

四、国际逃税与避税

（一）国际逃税

国际逃税指跨国纳税人采用非法手段或措施，逃避或减少就其跨国所得本应承担的纳税义务的行为，国际逃税是违反国际税法的行为，其主要方式有：隐匿应税所得和财产，不向税务机关报送纳税资料；谎报所得额；虚构扣除；伪造账册和收支凭证等。

（二）国际避税

国际避税指跨国纳税人利用各国税法的差异或国际税收协定的漏洞，以形式上不违法的方式，躲避或减少就其跨国所得本应承担的纳税义务的行为，主要有下列几种方式：

(1)纳税主体的跨国移动，即通过纳税主体的跨国移动达到避税的目的，如在自然

①答案：B。

人方面，对于以居留时间作为确定居民标准的情况，纳税主体则缩短居留时间，对于以住所作为居民标准的，纳税主体则长期住游艇上等。

(2)转移定价，即跨国联属企业间通过人为的不合理的交易价格，把利润从高税率国家转移到低税率国家，达到避税的目的。

(3)不合理分摊成本和费用，指跨国联属企业的总机构与分支机构之间，通过不合理地分摊成本和费用，人为地增加某一机构的成本和费用，减少盈利，达到避税的目的。

(4)利用避税港，指跨国纳税人通过在避税港设立基地公司，将在避税港境外的所得和财产汇集在基地公司的账户下，从而达到避税的目的，避税港指对财产和所得不征税或依很低的税率征税的国家和地区。

（三）国际逃税和避税的防止

国际逃税与国际避税，虽然在性质上不相同，但其危害却是相同的，都严重损害国家的税收利益，干扰了正常的国际资金流通秩序，违背了税收公平原则，因此，各国都努力通过国内立法和加强国际合作等方式防止国际逃避税。

1. 国内立法

国内法防止国际逃税和避税方面主要有一般国内法律措施和特别国内法律措施。一般国内法律措施主要包括加强国际税务申报制度，强化对跨国交易活动的税务审查，实行评估所得或核定利润方式征税等。

特别国内法律措施是除一般国内法律措施外，针对惯常的几类国际逃税与国际避税采取的特别国内法律措施，主要包括：

(1)规制自然人纳税主体的措施。为了防止自然人的避税性移居，运用自由流动原则的例外，规定禁止离境，如一些国家规定欠税者不得出境；

(2)规制法人纳税主体的措施。为防止法人向避税地实体转移营业和资产，许多国家采取限制措施，限制转移营业和资产，要求此种转移必须经财政部批准，否则将受处罚等；

(3)采取“正常交易原则”。针对跨国纳税人通过转移定价和不合理分摊成本和费用避税的行为，各国主要采取“正常交易原则”来处理，依该原则，关联企业各个经济实体之间的营业往来，均应依公平的市场交易价格来计算；

(4)防止利用避税港的措施。针对跨国纳税人利用国际避税港逃避税的行为，各国采取的法律管制措施有：通过法律禁止纳税人在避税港设立基地公司；禁止非正常的利润转移；取消境内股东在基地公司未分配股息所得的延期纳税待遇等。

2. 国际合作

单纯依靠各国国内法措施，很难有效地管制日益严重的国际逃税和避税行为，只有通过国际合作，综合运用国内法和国际法措施，才能有效地制止这种现象。各国主要通过建立国际税收情报交换制度、在税款征收方面相互协助、在国际税收协定中增设反滥用协定条款等国际合作方法来防止国际逃避税。

第四编

模拟题及解析

三国法模拟题 A

一、单选题

1. 国家主权豁免是指国家的行为及其财产不受或免受他国管辖。国家主权豁免的放弃可以分为明示放弃和默示放弃两种。关于国家主权豁免的放弃，下列说法正确的是哪一项？（　　）

A. 国家豁免的默示放弃包括国家作为原告在外国法院提起诉讼、对诉讼中的财产主张权利等

B. 国家对于管辖豁免的放弃并不意味着对执行豁免的放弃

C. 国家在外国领土范围内从事商业行为本身就意味着豁免的放弃

D. 联合国大会通过的《国家及其财产管辖豁免条款草案》采纳了限制豁免主义立场，由此可见，限制豁免原则已经发展成为一项有效的国际习惯法规则

2. 甲国某石油公司的一艘石油开采船在公海发生原油泄漏，使中国海域被污染，造成严重损害后果，中国应得到 8000 万美元的赔偿，但该石油公司的实际赔偿能力为 5000 万美元。甲、乙两国都是《国际防止海上油污公约》和《国际防止船舶污染公约》的缔约国，以下选项错误的是？（　　）

A. 对甲国某石油公司提起的请求损害赔偿的诉讼，管辖中国被污染海域的海事法院有管辖权

B. 在该石油公司赔付中国 5000 万美元后，对于该石油公司无力赔付的其余 3000 万美元，由甲国政府进行赔付

C. 由该石油公司赔付 5000 万美元，对于该石油公司无力赔付的 3000 万美元可不予赔付

D. 中国和甲国都有权进行调查与管辖

3. 经常居所地在上海的美国籍律师杰克通过美国亚马逊网站海淘了一套名牌西装，后双方因消费者合同纠纷，杰克将美国亚马逊诉诸中国某法院，下列哪一选项是错误的？（　　）

A. 杰克可以选择适用商品提供地美国法律

B. 由于美国不同州实施不同的法律，法院应根据美国区际冲突法确定准据法

C. 如当事人选择适用商品提供地美国法律，则应当提供美国法律

D. 如果外国法律的适用将损害中国社会公共利益的，则适用中国法律

4. 根据《涉外民事关系法律适用法》，下列选项错误的是（　　）

A. 父母子女人身关系适用共同经常居所地法律

B. 父母子女财产关系适用共同经常居所地法律

C. 父母子女之间的扶养关系适用共同经常居所地法律

D. 夫妻人身关系，适用共同经常居所地法律

5. 美国人特靠普在美国与美国律师杰克签订委托合同，委托杰克律师全权代理其在中国与合作伙伴签订合作合同，后因与中国合作伙伴之间的合同纠纷在中国法院起诉中国某公司。关于该民事诉讼，下列哪一选项是正确的？(　　)

A. 特靠普可以委托杰克或其他任意一位美国律师以非律师身份担任诉讼代理人

B. 对于杰克律师所签合同是否约束特靠普的问题，适用美国法

C. 特靠普与杰克律师可以协议选择委托合同适用的法律，如果没有选择则适用美国法

D. 如经法院调解双方当事人达成协议，人民法院已制发调解书，但当事人要求发给判决书，应予拒绝

6. 根据2015年《最高人民法院关于认可和执行台湾地区仲裁裁决的规定》，下列哪一选项是错误的？(　　)

A. 认可与执行的对象包括台湾地区有关常设仲裁机构及临时仲裁庭在台湾地区按照台湾地区仲裁规定就有关民商事争议作出的仲裁裁决，包括仲裁判断、仲裁和解和仲裁调解

B. 当事人要向内地人民法院申请认可和执行台湾地区仲裁裁决的，必须在裁决生效2年内提出

C. 当事人向内地人民法院申请认可和执行台湾地区仲裁裁决的，由申请人或被申请人住所地、经常居住地或者被申请人财产所在地中级人民法院或者专门人民法院受理

D. 当事人向内地人民法院申请认可和执行台湾地区仲裁裁决，内地人民法院决定不予认可或者驳回申请的，应当在作出决定前按有关规定自立案之日起3个月内上报最高人民法院

7. 甲国A公司向乙国B公司出口一批货物，双方约定适用2010年《国际贸易术语解释通则》中DAT术语。货到目的港卸货时，乙公司发现有两箱货物因包装不当途中受损，因此拒收，该货物在目的港码头又被雨淋受损。依1980年《联合国国际货物销售合同公约》及相关规则，下列哪一选项是正确的？(　　)

A. 因本合同已约定适用2010年《国际贸易术语解释通则》，则不再适用《联合国国际货物销售合同公约》

B. 在DAT贸易术语下应由乙国B公司承担运输途中的风险

C. A公司应承担货物在目的港码头雨淋造成的损失

D. A公司应承担因包装不当造成的货物损失

8. 中国甲公司(买方)与某国乙公司签订设备买卖合同，付款方式为信用证，中国丙银行为开证行，中国丁银行为甲公司申请开证的保证人，担保合同未约定法律适用。乙公司向信用证开证行的授权人提交单据后，该授权人对信用证项下票据善意地作出了承兑。后甲公司以乙公司伪造单据为由，向中国某法院申请禁止支付令。依我国相

关法律规定，下列哪一选项是正确的？（　　）

A. 法院接受中止支付信用证项下款项申请后，必须在二十四小时内作出裁定

B. 因指定行已善意支付了信用证项下的款项，中国法院不应裁定中止支付信用证项下款项

C. 如确有证据证明单据为乙公司伪造，中国法院经实体审理后可判决终止支付信用证项下款项

D. 丁银行与甲公司之间的担保关系应适用《跟单信用证统一惯例》规定

9. 根据我国《反倾销条例》《反补贴条例》和《保障措施条例》，下列有关贸易救济措施的说法正确的是哪一项？（　　）

A. 保障措施实施期限一般不超过 4 年，最长不超过 10 年；反倾销措施和反补贴措施的期限不超过 5 年，经复审可适当延长

B. 临时保障措施可以采取提高关税和数量限制等形式，保障措施只能采取提高关税的形式

C. 适用保障措施所要求的产业损害指的是实质损害、实质损害威胁或实质阻碍

D. 反倾销、反补贴措施和保障措施的实施应区分产品来源国(地区)

10. 关于世界贸易组织争端解决机制的表述，下列哪一选项是正确的？（　　）

A. 上诉机构应对专家组报告中的事实与法律问题进行全面审查

B. 上诉机构可将案件发回专家组重审

C. 如败诉方不遵守争端解决机构的裁决，申诉方可自行采取中止减让或中止其他义务的措施

D. 申诉方在实施报复时，中止减让或中止其他义务的程度和范围应与其所受到损害相等

二、多选题

1. 根据《维也纳外交关系公约》和《维也纳领事关系公约》及相关国际法规则和实践，关于外交关系和领事关系，下列哪些选项是错误的？（　　）

A. 领事官员人身不得侵犯，非经派遣国同意，在任何情况下不得予以逮捕或以其他方式拘束其人身自由

B. 对于外交人员，接受国可以随时不加解释地宣布其为“不受欢迎的人”，对于领事官员，接受国可以宣布其“不能接受”

C. 非经领馆馆长或其指定人员同意，接受国人员不得进入领馆馆舍中专供领馆工作之用的部分，但遇火灾或其他灾害须迅速采取保护行动时，可推定馆长已同意

D. 领事官员甲驾车执行职务时发生交通事故将接受国国民乙撞成重伤，乙在接受国法院提起损害赔偿诉讼，在该诉讼中，甲享有管辖豁免

2. 根据《涉外民事关系法律适用法》，有关婚姻家庭关系的法律适用，下列选项正确的有哪些？（　　）

A. 收养的条件和手续，适用被收养人经常居所地法律

B. 父母子女财产关系应适用双方选择的法律

C. 扶养，适用一方当事人经常居所地法律、国籍国法律或者主要财产所在地法律中有利于保护被扶养人权益的法律

D. 监护，适用一方当事人经常居所地法律或者国籍国法律中有利于保护被监护人权益的法律

3. 关于国际投资法相关条约，下列哪些表述是正确的？（　　）

A. 依《关于解决国家和他国国民之间投资争端公约》，投资争端应由双方书面同意提交给投资争端国际中心，当双方表示同意后，任何一方不得单方面撤销

B. 解决投资争端的国际中心对《关于解决国家和他国国民之间投资争端的公约》缔约国和另一缔约国国民因直接投资或间接投资而产生的法律争端有管辖权

C. 依《多边投资担保机构公约》，多边投资担保机构只对向发展中国家领土内的投资予以担保

D. 依《与贸易有关的投资措施协议》，限制外国投资者投资国内公司的投资比例属于协议禁止使用的措施

三、不定项

1. 根据《涉外民事关系法律适用法》，某一涉外案件应适用甲的国籍国法，下列哪些选项是错误的？（　　）

A. 如果甲无国籍或者国籍不明的，适用其经常居所地法律

B. 如果甲具有美国和德国的国籍，但经常居所地在法国，则应适用法国法律

C. 如果甲具有美国和德国的国籍，2014 年 1 月至 2016 年 12 月经常居所地在法国，2017 年 1 月至 2018 年 6 月因公务居住在英国，则甲在 2018 年 6 月时的经常居所地为英国

D. 如甲的国籍国不同区域实施不同法律的，则适用甲经常居住地的法律

2. 美国人霍姆斯经常居住地也在美国。2017 年 2 月，霍姆斯来到中国某大学从事英语教学工作，2017 年 10 月返回美国。霍姆斯在中国工作期间从某大学获得了相应的报酬。下列哪些选项是正确的？（　　）

A. 因霍姆斯在中国停留超过了 183 天，霍姆斯在中国工作期间是中国的居民纳税人

B. 因霍姆斯在中国停留超过了 183 天，中国可对其在中国某大学获得的报酬从源征税

C. 如霍姆斯被美国认定为纳税居民，则应对美国承担无限纳税义务

D. 如中国和美国对霍姆斯在中国工作期间的收入同时征税，属于国际重叠征税

三国法模拟题 B

一、单选题

1. 甲国公民梅洛被甲国刑事追诉，现在中国居留，甲国向中国请求引渡梅洛，中国和甲国间无引渡条约。关于引渡事项，下列哪个选项是错误的？（　　）。

A. 甲国的引渡请求应向中国外交部提出

B. 甲国的引渡请求所指的行为依照中国法律和甲国法律均构成犯罪，是中国准予引渡的条件之一

C. 最高人民法院应对甲国的引渡请求进行审查，并由审判员组成合议庭进行

D. 由于库克健康原因，根据人道主义原则不宜引渡，中国可以拒绝引渡

2. 甲、乙是联合国会员国。甲作出了接受联合国国际法院强制管辖的声明，乙未作出接受联合国国际法院强制管辖的声明。甲、乙也是《联合国海洋法公约》的当事国，甲国在签署《联合国海洋法公约》时以书面声明选择了海洋法法庭的管辖权，乙国在加入公约时没有此项选择管辖的声明，但希望争端通过多种途径解决。现甲、乙两国在海洋划界上产生争议。关于该争议的处理，下列哪一选项是正确的？（　　）

A. 甲可单方将争议提交联合国国际法院

B. 海洋法法庭的设立并不排除国际法院对海洋活动争端的管辖

C. 海洋法法庭因甲国单方选择管辖的声明而对该争端具有管辖权

D. 国际法院可就国际争端解决提出咨询意见，该意见具有法律拘束力

3. 俄罗斯人卡夫斯基与韩国人金某于 2014 年在韩国结婚，两人于 2015 年移居中国北京，根据《涉外民事关系法律适用法》，以下哪个选项是正确的？（　　）

A. 卡夫斯基的民事权利能力适用俄罗斯法，因为卡夫斯基是俄罗斯国籍

B. 两人的结婚手续必须符合婚姻缔结地韩国法律才有效

C. 卡夫斯基与金某的夫妻人身关系适用韩国法，因为韩国法是婚姻缔结地

D. 如卡夫斯基与金某协议离婚，则双方可协议选择适用俄罗斯法、韩国法或中国法

4. 韩国公民金某 2013 年起移居中国上海，2015 年在瑞士旅游期间留下遗嘱，2016 年 1 月金某离开中国移居日本，2018 年 6 月，金某在日本死亡。现其继承人因遗产分割纠纷诉至上海某法院。依中国法律规定，下列哪一选项是错误的？（　　）

A. 遗嘱方式符合韩国法、中国法、日本法或瑞士法之一的，遗嘱均成立

B. 遗嘱效力符合韩国法、中国法、日本法或瑞士法之一的，遗嘱均成立

C. 无人继承遗产的归属，适用被继承人死亡时遗产所在地法律

D. 遗产管理等事项，适用遗产所在地法律

5. 中国甲公司与巴基斯坦乙公司签订了一份合资协议，共同投资设立丙公司在巴基斯坦修建铁路。同时，中国甲公司与巴基斯坦政府签订了一份投资许可协议。这两份协议中都约定仲裁为争端解决方式，仲裁机构为位于法国巴黎的国际商会仲裁院，仲裁地为巴基斯坦伊斯兰堡，但对该仲裁条款应适用的法律未作规定。中国、法国、英国、巴基斯坦均为《承认与执行外国仲裁裁决公约》成员国。2018 年 7 月，乙公司欲向中国法院申请承认并执行国际商会仲裁院作出的仲裁裁决。关于该裁决的承认和执行，下列哪一选项是正确的？（　　）

A. A 公司与德国 B 公司之间的仲裁协议应适用仲裁地巴基斯坦法律

B. 如 B 公司仅申请承认而未同时申请执行该裁决，人民法院可以对是否执行一并作出裁定

C. 法院不能依职权主动审查该仲裁过程中是否存在仲裁程序与仲裁协议不符的情况

D. 国际商会仲裁院对中国 A 公司与巴基斯坦政府间的争议作出的仲裁裁决可以根据《承认与执行外国仲裁裁决公约》在我国得到承认与执行

6. 李某在内地法院取得一项涉及王某的具有给付内容的生效民事判决。王某的主要财产在澳门，在内地也有少量可供执行的财产。依《最高人民法院关于内地与澳门特别行政区相互认可和执行民商事判决的安排》，下列哪一选项是正确的？（　　）

A. 李某有权同时向内地与澳门有管辖权的法院申请执行

B. 李某向澳门法院提出执行申请的同时，可以向内地法院申请查封、扣押或者冻结王某的财产

C. 澳门执行的法院应为澳门中级法院

D. 该判决的执行应适用内地法律

7. 甲国 A 公司向乙国 B 公司出口一批货物，双方约定适用 2010 年《国际贸易术语解释通则》中 CFR 术语。该批货物由丙国 C 公司“马蜂”号商船承运，运输途中船舶搁浅，为起浮抛弃了部分货物，船舶起浮过程中又因恶劣天气，部分货物被海浪打入海中。货物最后延迟到达目的港。该批货物投保了平安险，关于运输中的相关损失的认定及赔偿，依《海牙规则》，下列哪个选项是正确的？（　　）

A. 为起浮抛弃货物造成的损失属于共同海损，因恶劣天气部分货物被打入海中的损失属于单独海损

B. 甲、乙公司的风险承担以货物在装运港越过船舷为界

C. 保险人应赔偿共同海损，但因恶劣天气造成的单独海损不赔

D. 对运输延迟造成的损失，保险人应承担赔偿责任

8. 关于世界贸易组织的《服务贸易总协定》，下列表述错误的是哪一项？（　　）

A. 渣打银行在中国设立分支机构属于《服务贸易总协定》所称的商业存在

B. 中国公民风姐赴韩国进行整容手术属于《服务贸易总协定》所称的自然人存在

C. 协定中的国民待遇义务，仅限于列入承诺表的部门

D. WTO 成员应当立即、无条件地给予任何其他成员的服务和服务提供者最惠国待遇，发展中国家在履行最惠国待遇义务上，享有最长为 10 年的过渡期

9. 根据国际商会《跟单信用证统一惯例》(UCP600)以及2005年《最高人民法院关于审理信用证纠纷案件若干问题的规定》，下列哪个选项是正确的？(　　)

A. 信用证项下只要单据与单据之间在表面上不完全一致，即应认定为不符点

B. 当开证行确定单证不符时，可以自行决定联系申请人放弃不符点。如果收到开证申请人放弃不符点的通知，则应当释放单据

C. 信用证项下的交单地点应在指定银行及开证行所在地

D. 开证申请人与开证行之间因开立信用证而产生的欠款纠纷适用UCP600

10. 根据2016年12月1日起实施的《最高人民法院关于审理独立保函纠纷案件若干问题的规定》，下列哪一选项是正确的？(　　)

A. 单据与独立保函条款之间、单据与单据之间表面上不完全一致的，人民法院应当认定不构成表面相符

B. 受益人与保函申请人或其他人串通，虚构基础交易的，构成独立保函欺诈

C. 如果独立保函记载了对应的基础，则该保函性质为一般保证或连带保证

D. 涉外独立保函止付保全程序，适用开立人经常居所地法律

二、多选题

1. “飞马”号是甲国的货轮、“麦克”号是乙国的军舰、“极光”号是丙国的科考船。依《联合国海洋法公约》及我国《领海及毗连区法》，下列哪些选项是错误的？(　　)

A. “麦克”在我国领海享有无害通过权

B. “极光”号在通过我国领海时可以进行测量活动

C. “飞马”号无须事先通知或征得丁国许可即可连续不断地通过丁国领海

D. “飞马”号在我国毗连区走私货物，我国海上执法机关可出动飞机行使紧追权，但在“飞马”号进入公海时立即终止

2. 经常居所地在中国的中国公民王某在美国短期旅游期间，租车驾驶时被该国某公司雇员驾驶的卡车撞翻，身受重伤。王某回国后，向该公司在中国的分支机构所在地法院起诉，要求该公司赔偿损失。以下选项正确的有哪些？(　　)

A. 中国法院受理本案后，应由涉外审判庭或专门合议庭审理

B. 双方可以选择适用英国法

C. 如双方没有选择法律，本案应适用美国法，由于美国不同地区侵权法不同，法院应适用美国调整国内法律冲突的规定，确定应适用的法律

D. 如果王某此前已在美国法院就相同争议提起诉讼且美国法院已作出判决，则我国法院应拒绝受理

3. 2016年，欧洲某国出现主权债务危机。该国是国际货币基金组织的成员国，2017年6月5日，该国向国际货币基金组织申请贷款。下列有关国际货币基金组织的说法哪些是正确的？(　　)

A. 国际货币基金组织的宗旨之一是通过发放贷款调整成员国国际收支的暂时失衡

B. 国际货币基金组织发放贷款的对象仅限于成员国政府或成员国的公私机构

C. 该国可以凭特别提款权向国际货币基金组织提用资金

D. 该国向国际货币基金组织的贷款为国际商业贷款

三、不定项

1. 经常居所地在上海的美国籍会计师露丝在日本旅游期间买了一个日本产电饭煲，后在上海住宅使用过程中，电饭煲爆炸致厨房设备损坏并致露丝受伤，露丝在上海法院起诉电饭煲生产商要求其承担产品责任。下列哪些选项是错误的？（　　）

A. 露丝可以选择适用电饭煲生产商主营业地日本法律

B. 如果电饭煲生产商在中国没有从事相关经营活动，则法院应当适用电饭煲生产商主营业地日本法律

C. 双方当事人可以选择适用美国法

D. 如本案法院确定适用外国法，但无法通过已对我国生效的国际条约规定的途径查明该外国法的，法院应认定为不能查明

2. 根据《最高人民法院关于审理无正本提单交付货物案件适用法律若干问题的规定》，下列哪些选项是正确的？（　　）

A. 承运人按照托运人的要求将货物交给其他收货人的，承运人免责

B. 承运到港的货物超过法律规定期限无人向海关申报，被海关提取并依法变卖处理，或者法院依法裁定拍卖承运人留置的货物，承运人免除交付货物的责任

C. 承运人因无正本提单交付货物承担民事责任的，适用海商法关于限制赔偿责任的规定

D. 正本提单持有人以承运人无正本提单交付货物为由提起的诉讼，时效期间为一年，自承运人应当交付货物之日起计算

三国法模拟题 C

一、单选题

1. 甲国某电力公司所属的核电站发生核泄漏，使乙国港口被污染。两国都是《关于核损害的民事责任的维也纳公约》的缔约国，依相关规则确定，乙国应得到赔偿，但电力公司实际赔偿能力不足。对此，依国际法上的国家责任制度，哪一选项是正确的？(　　)

A. 核泄漏不是甲国所为，故甲国无需对核泄漏事件承担任何义务

B. 甲国应承担对乙国的全部赔偿责任

C. 甲国有义务在保证电力公司赔偿乙国的同时，对电力公司无力赔偿的部分先行代为赔偿

D. 甲国应保证督促电力公司进行赔偿，但以电力公司能负担的实际赔偿能力为限

2. 萨克河起源于甲国西南部地区，先后流经甲、乙、丙三国入海，2018 年甲国西南部地区以及乙丙两国都发生百年不遇的严重干旱。萨克河在国际法律地位上属于多国河流，根据国际法的相关规则和实践，下列哪一选项是正确的？(　　)

A. 所有国家的商船原则上都可以在萨克河上无害航行

B. 甲国为解决西南地区的干旱问题，可以在萨克河上筑坝堵塞河流

C. 甲国对萨克河行使权利时应顾及其乙丙两国的利益

D. 由于萨克河是多国河流，甲、乙、丙三国不得再对其行使主权

3. 甲国 A 公司在中国设有代表机构，该公司和中国 B 公司签订了一份货物买卖合同，在履行合同过程中双方发生纠纷，B 公司欲对 A 公司提起诉讼，根据中国相关法律，下列哪一表述是错误的？(　　)

A. 中国法院对该纠纷具有管辖权

B. 如果甲国法院受理了该纠纷，则中国法院不能就同一诉讼行使管辖权

C. 当事人可在一审法庭辩论终结前协议选择适用的法律

D. 受案人民法院可直接向 A 公司在中国的代表机构送达

4. 中国某大学都教授发明了一项专利并在中国、德国、美国等很多国家申请获得了专利权，都教授与德国甲公司签订了许可使用合同，授权甲公司在德国使用都教授在德国获批的该项专利，后双方发生争议，都教授诉至中国法院。此外，都教授还发现该项专利被美国乙公司未经授权使用并生产出产品销售，都教授认为乙公司侵犯了自己的专利权，遂诉至中国法院。下列哪一选项是正确的？(　　)

A. 都教授和甲公司之间的纠纷双方可选择适用美国法

B. 都教授和乙公司之间的纠纷双方可选择适用英国法

C. 关于专利权的归属和内容的争议，应适用中国法

D. 都教授和乙公司之间的纠纷双方可以协议选择法律，不能达成协议的，应适用与纠纷有最密切联系的法律

5. 根据2017年《关于内地与香港特别行政区法院相互认可和执行婚姻家庭民事案件判决的安排》，下列哪一选项是错误的？（ ）

A. 本安排所指的判决，在内地包括法院就婚姻家庭民事案件作出的判决、裁定、调解书，但不包括内地民政部门所发的离婚证

B. 在内地向申请人住所地、经常居住地或者被申请人住所地、经常居住地、财产所在地的中级人民法院提出，在香港特别行政区向区域法院提出

C. 被申请人在内地和香港特别行政区均有可供执行财产的，申请人可以分别向两地法院申请执行，两地法院执行财产的总额不得超过判决确定的数额

D. 申请认可和执行的判决涉及未成年子女的，在审查决定是否认可和执行时，应当充分考虑未成年子女的最佳利益

6. 关于不方便法院原则，下列哪些选项是错误的？（ ）

A. 如果案件属于中国法院专属管辖，则我国法院不能根据不方便法院原则驳回原告的起诉

B. 如果案件涉及中华人民共和国国家、公民、法人或者其他组织的利益，我国法院不能根据不方便法院原则驳回原告的起诉

C. 如果案件适用中国法律，则我国法院不能根据不方便法院原则驳回原告的起诉

D. 我国法院可依职权主动适用不方便法院原则驳回原告的起诉

7. 甲公司的营业所在甲国，乙公司的营业所在中国，甲国和中国均为《联合国国际货物销售合同公约》的当事国。甲公司将一批货物卖给乙公司，双方约定适用2010年《国际贸易术语解释通则》，使用的贸易术语为CFR（上海），该批货物通过海运运输，货物投保了一切险。货物运输途中，乙公司将货物转卖给了中国丙公司。丙公司持正本提单提货时，发现已被他人提走。下列哪一选项是正确的？（ ）

A. 甲公司出售的货物，必须是第三方依中国或者甲国知识产权均不能主张任何权利的货物

B. 甲、乙公司的风险承担以货物在上海港装上船时为界

C. 乙公司转售的货物，自双方合同成立时风险转移

D. 因该批货物已投保一切险，故保险人应对货主赔偿无单放货造成的损失

8. 2016年8月8日，中国甲公司在中国国际工业博览会上展示了其新发明的产品，8月20日，甲公司在中国就其产品申请发明专利。2017年6月8日，甲公司在向《巴黎公约》成员国A国申请专利时，得知A国公民已在6月1日向A国就同样产品申请专利。下列哪一选项是错误的？（ ）

A. 如张某提出优先权申请并加以证明，其在甲国的申请日至少可以提前至2016年8月20日

B. A国可以要求甲公司必须委派A国本地代理人代为申请专利

C. 甲公司在中国国际工业博览会上展示的产品中可取得专利的发明应获得临时保护

D. 如甲公司在中国申请专利未获得批准，A 国也应当拒绝批准甲公司的专利申请

9. 中国甲公司与乙国政府签约在乙国修建高铁，并向多边投资担保机构投了保。根据相关规则，下列哪一选项是正确的？(　　)

A. 乙国货币大幅贬值造成甲公司损失，属货币汇兑险的范畴

B. 如发生在乙国邻国的战争影响了甲公司在乙国投资的正常营运，因战争不是发生在乙国境，因此不属于战争内乱险承保的范畴

C. 乙国新所得税法致甲公司所得税增加，属征收和类似措施险的范畴

D. 乙国政府不履行与甲公司签订的合同，乙国法院又拒绝受理相关诉讼，属政府违约险的范畴

10. 中国甲公司在承担中东某建筑工程时涉及一系列分包合同和买卖合同，并使用了载明适用《见索即付保函统一规则》的保函。后涉及保函的争议诉至中国某法院。根据《最高人民法院关于审理独立保函纠纷案件若干问题的规定》，下列哪一选项是正确的？(　　)

A. 即使保函未载明据以付款的单据和最高金额，法院也应认定为独立保函

B. 如保函申请人已接受不符点，则开立人必须承担付款责任

C. 涉外独立保函止付保全程序，适用开立人经常居所地法律

D. 承担付款责任的申请人以受益人在基础交易中违约为由请求止付的，人民法院不予支持

二、多选题

1. 甲国发生疑似化学武器攻击事件，乙国是联合国安理会常任理事国，乙国认为是甲国政府军使用化学武器，遂向联合国安理会提交了对甲国政府军实施武装打击的决议案，联合国安理会对这一决议案进行了表决。下列哪些选项是正确的？(　　)

A. 化学武器是国际法明确禁止使用的武器

B. 如安理会投票的结果是 10 个非常任理事国全部投票赞成，5 个常任理事国有 4 票赞成，1 票反对，决议即获通过

C. 安理会的决议对当事国和联合国所有成员国都有拘束力

D. 安理会的决议由国际法院执行

2. 当事人欲将某外国法院作出的离婚判决申请中国法院承认和执行。根据中国法律，下列哪些选项是错误的？(　　)

A. 申请人应提交申请书，并附该判决正本或者经证明无误的副本以及中文译本

B. 我国法院申请承认该离婚判决的前提条件是该外国与我国存在条约关系或互惠关系

C. 承认和执行该判决的请求须由该外国法院向中国法院提出，不能由当事人向中国法院提出

D. 如该判决违反我国法律的基本原则，或者危害我国国家主权、安全和社会公共利益，我国法院不予承认和执行

3. 根据1929年《关于统一国际航空运输某些规则的公约》，下列哪些选项是错误的？(　　)

A. 航空货运单是货物的物权凭证，可以转让

B. 航空运输承运人的责任期间是从货物装上飞机时起至卸下时止

C. 航空运输承运人应对在航空运输中因延误而造成的货物的损失负责

D. 承运人对货物灭失、损害或延迟交货的责任，以每公斤350金法郎为限

三、不定项

1. 中国A公司从澳大利亚进口一批红酒，由甲国货轮“川京”号承运，提单中写明有关运输争议适用英国法。A公司为这批红酒向中国人民财产保险公司投保了平安险。“川京”号在公海航行时与乙国货轮“胜利”号相撞，造成部分红酒落海。两轮先后到达中国天津港后，“川京”号船舶所有人在中国海事法院申请扣押了“胜利”号，并向法院起诉要求“胜利”号赔偿依其过失比例造成的撞碰损失。根据中国相关法律规定，下列选项正确的是(　　)。

A. 天津海事法院对本案有管辖权

B. 碰撞损害赔偿应适用中国法律

C. “川京”运输货物的合同应适用中国法

D. 红酒落海的损失由保险公司承担

2. 关于《与贸易有关的知识产权协议》(Trips)，下列哪些选项是正确的？(　　)

A. 将计算机程序和有独创性的数据汇编列为版权保护的对象

B. 无例外地实行国民待遇原则

C. 各成员有义务对地理标志提供法律保护

D. 如韩国有一个村叫“茅台”，若该茅台村有人生产白酒并在商品包装上注明“茅台”字样出口，WTO成员也应禁止

三国法模拟题 A 解析

一、单选题

1. 答案：B。解析：A 项错误，起诉、应诉、反诉和介入诉讼构成默示放弃，但对诉讼中的财产主张权利不得解释为默示放弃；B 项正确，放弃管辖豁免不意味着放弃执行豁免，执行豁免的放弃必须另行明示作出；C 项错误，目前有效的国家主权豁免规则是主权绝对豁免，因此商业行为本身并不意味着豁免的放弃，豁免的默示放弃只包括起诉、应诉、反诉和介入诉讼；D 项错误，前半句正确，后半句错误，因为主权绝对豁免原则仍然是有效的国际习惯法规则。

2. 答案：B。解析：A 项正确，对于发生在一国管辖区域内的外国船舶的违章行为，该国有权进行调查和管辖；同时，对于船舶违章污染，其船旗国应设法立即进行调查并在适当的情况下对此违章行为提起诉讼，因此 D 项也正确。B 项错误，C 项正确，因为油污损害为营运人责任，由营运人独立承担责任，对于营运人无力承担的部分，国家无须承担。

3. 答案：B。解析：A 项正确，本题案例属于涉外消费者合同纠纷。《涉外民事关系法律适用法》第四十二条规定，“消费者合同，适用消费者经常居所地法律；消费者选择适用商品、服务提供地法律或者经营者在消费者经常居所地没有从事相关经营活动的，适用商品、服务提供地法律。”消费者可以选择适用商品提供地美国法律。B 项错误，《涉外民事关系法律适用法》第六条规定，“涉外民事关系适用外国法律，该国不同区域实施不同法律的，适用与该涉外民事关系有最密切联系区域的法律。”法院应适用与该涉外民事关系有最密切联系区域的法律，而不是根据美国区际冲突法确定准据法。C 项正确，《涉外民事关系法律适用法》第十条规定，“涉外民事关系适用的外国法律，由人民法院、仲裁机构或者行政机关查明。当事人选择适用外国法律的，应当提供该国法律。”D 项正确，《涉外民事关系法律适用法》第五条规定，“外国法律的适用将损害中华人民共和国社会公共利益的，适用中华人民共和国法律。”

4. 答案：C。解析：《涉外民事关系法律适用法》第二十五条规定，“父母子女人身、财产关系，适用共同经常居所地法律；没有共同经常居所地的，适用一方当事人经常居所地法律或者国籍国法律中有利于保护弱者权益的法律。”因此 A 项、B 项正确。《涉外民事关系法律适用法》第二十九条规定，“扶养，适用一方当事人经常居所地法律、国籍国法律或者主要财产所在地法律中有利于保护被扶养人权益的法律。”因此 C 项错误。《涉外民事关系法律适用法》第二十三条规定，“夫妻人身关系，适用共同经常居所地法律；没有共同经常居所地的，适用共同国籍国法律。”因此 D 项正确。

5. 答案：C。解析：A 项错误，外籍当事人可以委托本国律师以非律师身份在中国法院担任诉讼代理人，但同样必须符合公民代理的条件，即是当事人的近亲属或者工作人员或者当事人所在社区、单位以及有关社会团体推荐的公民。B 项错误，《涉外民事关系法律适用法》第十六条规定，“代理适用代理行为地法律，但被代理人与代理人的民事关系，适用代理关系发生地法律。当事人可以协议选择委托代理适用的法律。”即代理外部关系适用代理行为地法，代理内部关系适用代理关系发生地法；委托代理可以选择法律。本案中，对于杰克律师所签合同是否约束特靠普的问题，是代理外部关系问题，应适用代理行为地法即中国法，而不是美国法。故 B 项错误。C 项正确，特靠普与杰克律师之间是委托代理关系，且是代理内部关系，因此适用代理关系发生地法即委托合同签订地法美国法。D 项错误，《民诉法解释》第五百三十条规定，“涉外民事诉讼中，经调解双方达成协议，应当制发调解书。当事人要求发给判决书的，可以依协议的内容制作判决书送达当事人。”

6. 答案：D。解析：A 项考查台湾地区仲裁裁决的范围。《最高人民法院关于认可和执行台湾地区仲裁裁决的规定》第二条规定，“本规定所称台湾地区仲裁裁决是指，有关常设仲裁机构及临时仲裁庭在台湾地区按照台湾地区仲裁规定就有关民商事争议作出的仲裁裁决，包括仲裁判断、仲裁和解和仲裁调解。”A 项正确。B 项考查申请认可和执行台湾地区仲裁裁决的时效。《最高人民法院关于认可和执行台湾地区仲裁裁决的规定》第十九条规定，“申请人申请认可和执行台湾地区仲裁裁决的期间，适用民事诉讼法第二百三十九条的规定。”而《民事诉讼法》第二百三十九条规定，申请执行的期间为二年。因此，申请认可和执行台湾地区仲裁裁决的期间也是二年，B 项正确。C 项考查申请认可和执行台湾地区仲裁裁决的管辖法院。《最高人民法院关于认可和执行台湾地区仲裁裁决的规定》第四条规定，“申请认可台湾地区仲裁裁决的案件，由申请人住所地、经常居住地或者被申请人住所地、经常居住地、财产所在地中级人民法院或者专门人民法院受理。”因此，C 项正确。D 项考查法院审查认可台湾地区仲裁裁决的申请的期限。《最高人民法院关于认可和执行台湾地区仲裁裁决的规定》第十三条规定，“人民法院应当尽快审查认可台湾地区仲裁裁决的申请，决定予以认可的，应当在立案之日起两个月内作出裁定；决定不予认可或者驳回申请的，应当在作出决定前按有关规定自立案之日起两个月内上报最高人民法院。”因此，法院审查认可台湾地区仲裁裁决的申请的期限为两个月(或认可或上报)，D 项错误。

7. 答案：D。解析：本题考查 DAT 术语和《国际货物销售合同公约》。国际贸易术语和《国际货物销售合同公约》在内容上是相互补充的，如果合同中已选择适用贸易术语，不能认为排除了《国际货物销售合同公约》的适用，A 项错误。DAT 贸易术语下，货物的风险在指定港口或目的地运输终端，将货物从抵达的运输工具上卸下，并交由买方处置，由卖方转移给买方，因此，运输途中的风险应由卖方甲国 A 公司承担，B 项错误。根据《国际货物销售合同公约》第六十条，买方有义务接收货物，即使货物在目的港经检验与合同不符，买方也应接收货物，而不得拒收；同时，根据《国际货物销售合同公约》第六十九条，如果买方不在适当时间内接收货物，则从货物交给其处置但其不收取货物从而违反合同时起，风险移转到买方承担，C 项错误。根据《国际货物销售合同公约》第三十五条，卖方应按合同所规定的方式装箱或包装；如合同未作规定，则应按照同类货物通用的方式装箱或包装，如果没有此种通用方式，则按照足以保全和保护货物的方式装箱或包装。对因包装不当造成的货损应由卖方承担，D项正确。

8. 答案：B。解析：A项错误，人民法院接受中止支付信用证项下款项申请后，必须在48小时内作出裁定；裁定中止支付的，应当立即开始执行。B项正确，根据最高人民法院《关于审理信用证纠纷案件若干问题的规定》第十条，人民法院认定存在信用证欺诈的，应当裁定中止支付或者判决终止支付信用证项下款项，但有下列情形之一的除外：(一)开证行的指定人、授权人已按照开证行的指令善意地进行了付款；(二)开证行或者其指定人、授权人已对信用证项下票据善意地作出了承兑；(三)保兑行善意地履行了付款义务；(四)议付行善意地进行了议付。可见，凡是有银行已善意承兑或付款或议付，法院则不能裁定止付。C项错误，根据最高人民法院《关于审理信用证纠纷案件若干问题的规定》第九条规定，开证申请人、开证行或者其他利害关系人发现有本规定第八条的情形的，并认为将会给其造成难以弥补的损害时，可以向有管辖权的人民法院申请中止支付信用证项下的款项。第十五条规定，人民法院通过实体审理，认定构成信用证欺诈并且不存在本规定第十条的情形的，应当判决中止支付信用证项下的款项。因此，如果有银行已善意承兑或付款或议付，法院就不能裁定止付，即使经实体审理也不能判决中止支付。D项错误，《跟单信用证统一惯例》没有规范担保问题。《关于审理信用证纠纷案件若干问题的规定》第四条规定，因申请开立信用证而产生的欠款纠纷、委托开立信用证纠纷和因此产生的担保纠纷以及信用证项下融资产生的纠纷应当适用中华人民共和国相关法律。涉外合同当事人对法律适用另有约定的除外。故，如果当事人没有约定准据法，丁银行与甲公司之间的担保关系则应适用中国法律，而不是《跟单信用证统一惯例》。

9. 答案：A。解析：A项正确，反倾销税和反补贴税的征收期限和承诺的履行期限不超过5年；但是经复审确定中止征收反倾销和反补贴税有可能导致损害的继续或者再度发生的，可以适当延长反倾销税和反补贴税的征收期限。保障措施的实施期限不超过4年，符合法律规定的条件的，保障措施的实施期限可以适当延长，但最长不超过10年。B项错误，临时保障措施只能采取提高关税的形式，不能采取数量限制的措施。保障措施可以采取提高关税和数量限制等措施。C项错误，采取保障措施的条件是进口产品数量增加，并对生产同类产品或直接竞争产品的国内产业造成严重损害或严重损害威胁。反倾销、反补贴中所要求的损害指的是对已经建立的国内产业造成实质损害或者产生实质损害威胁，或者对建立国内产业造成实质阻碍。适用保障措施要求的产业损害程度重于反倾销或反补贴要求的损害程度。保障措施所要求的产业损害不包括严重阻碍，因此C项错误。D项错误，保障措施的实施不区分产品来源国(地区)，反倾销、反补贴措施的实施区分产品来源国(地区)。

10. 答案：D。解析：选项A错误，上诉机构只审查专家组报告中涉及的法律问题，不审查事实问题。选项B错误，上诉机构可以推翻、修改或撤销专家组的调查结果和结论。但上诉机构没有将案件发回专家组重新审理的权力。选项C错误，如败诉方不遵守争端解决机构的裁决，申诉方可以向争端解决机构申请授权报复，对被诉方中止减让或其他义务，但是申诉方不可以自行采取中止减让或中止其他义务的措施。选项D说法正确，申诉方拟中止减让或其他义务的程度和范围，应与其所受到的损害相等。

二、多选题

1. 答案：ABCD。解析：A项错误，“接受国对领事官员不得予以逮捕候审或羁押候审，不得监禁或以其他方式拘束领事官员的人身自由，但对犯有严重罪行或司法机关已裁判执行的除外。”所以在领事官员犯有重罪或司法机关已裁判执行的情况下，领事官员可以被拘束人身自由。B项错误，外交人员可被不加解释地宣布为“不受欢迎的人”；使馆其他人员：“不能接受”。领事官员适用“不受欢迎的人”的制度，其他领馆馆员适用“不能接受”的制度。特别使团的外交人员和其他人员也适用“不受欢迎的人”和“不能接受”的制度。C项错误，正确的表述为“非经领馆馆长或其指定人员或派遣国使馆馆长同意，不得进入领馆馆舍中专供领馆工作之用的部分，但遇火灾或其他灾害须迅速采取保护行动时，可推定馆长已同意”。D项错误，领事官员因交通事故致第三人受损之诉，即使是职务行为，也不享有管辖豁免。

2. 答案：CD。解析：A项错误，《涉外民事关系法律适用法》第二十八条规定，“收养的条件和手续，适用收养人和被收养人经常居所地法律。收养的效力，适用收养时收养人经常居所地法律。收养关系的解除，适用收养时被收养人经常居所地法律或者法院地法律。”B项错误，《涉外民事关系法律适用法》第二十五条规定，“父母子女人身、财产关系，适用共同经常居所地法律；没有共同经常居所地的，适用一方当事人经常居所地法律或者国籍国法律中有利于保护弱者权益的法律。”法律之所以没有规定父母子女财产关系可以适用意思自治选择法律，是因为父母子女关系中，子女大多为无行为能力人或限制行为能力人，故没有选择法律的能力。C项正确，《涉外民事关系法律适用法》第二十九条规定，“扶养，适用一方当事人经常居所地法律、国籍国法律或者主要财产所在地法律中有利于保护被扶养人权益的法律。”D项正确，《涉外民事关系法律适用法》第三十条规定，“监护，适用一方当事人经常居所地法律或者国籍国法律中有利于保护被监护人权益的法律。”

3. 答案：AC。解析：A项正确，依《关于解决国家和他国国民之间投资争端公约》，投资争端国际中心的管辖权具有排他的效力，一旦当事人书面同意在中心仲裁，有关争端不再属于作为争端一方的缔约国国内法管辖的范围，而属于中心的专属管辖，且一方不得单方面撤销。B项错误，《关于解决国家和他国国民之间投资争端的公约》只解决因直接投资而产生的法律争端，不解决间接投资产生的法律争端。C项正确，依《多边投资担保机构公约》，担保机构成立的目的是要促进生产性资金流向发展中国家，机构只对向发展中国家成员领土内的投资予以担保。D项错误，依《与贸易有关的投资措施协议》，限制外国投资者投资国内公司的投资比例并不属于协议禁止使用的措施。

三、不定项

1. 答案：BCD。解析：A 项正确，《涉外民事关系法律适用法》第十九条规定，“依照本法适用国籍国法律，自然人具有两个以上国籍的，适用有经常居所的国籍国法律；在所有国籍国均无经常居所的，适用与其有最密切联系的国籍国法律。自然人无国籍或者国籍不明的，适用其经常居所地法律。”国籍消极冲突的，适用经常居所地法。B 项错误，国籍积极冲突的，适用有经常居所的国籍国法律，但本案甲经常居所地法国并非其国籍国，因此不应适用法国法律。C 项错误，《最高人民法院关于适用〈中华人民共和国涉外民事关系法律适用法〉若干问题的解释(一)》第十五条规定，“自然人在涉外民事关系产生或者变更、终止时已经连续居住一年以上且作为其生活中心的地方，人民法院可以认定为涉外民事关系法律适用法规定的自然人的经常居所地，但就医、劳务派遣、公务等情形除外。”本案甲 2017 年 1 月至 2018 年 6 月因公务居住在英国，虽然超过一年，但因为是公务，不构成经常居所地。D 项错误，《涉外民事关系法律适用法》第六条规定：“涉外民事关系适用外国法律，该国不同区域实施不同法律的，适用与该涉外民事关系有最密切联系区域的法律。”如甲的国籍国不同区域实施不同法律的，应适用与该涉外民事关系有最密切联系区域的法律，而不是甲经常居住地的法律。

2. 答案：BC。解析：本题考查国际税法。依我国《个人所得税法实施条例》第二条的规定，在中国境内有住所的人指因户籍、家庭、经济利益关系而在中国境内习惯性居住的个人。霍姆斯虽然在中国停留时间超过了 183 天，但并没有构成住所，因此霍姆斯在中国工作期间不构成中国的居民纳税人，A 项错误。劳务所得，包括独立个人劳务所得和非独立个人劳务所得。独立个人劳务所得，指个人独立从事独立性专业活动所取得的收入，本题中即属独立个人劳务所得。根据我国对外签订的税收协定，对于独立个人劳务所得，通常由居住国行使征税权，但如取得独立劳务所得的个人在来源国设有固定基地或者连续或累计停留超过 183 天，则应由来源国征税，B 项正确。在居民税收管辖权下，纳税人承担无限纳税义务，要就来自境内外的全部财产和收入缴税，C 项正确。国际重复征税指的是两个或两个以上国家各依自己的税收管辖权按同一税种对同一纳税人的同一征税对象在同一征税期限内同时征税，D 项所列情形属于国际重复征税，而不是国际重叠征税。国际重叠征税指两个或两个以上国家对同一笔所得在具有某种经济联系的不同纳税人手中各征一次税的现象，D 项错误。

三国法模拟题 B 解析

一、单选题

1. 答案：C。解析：A 项正确，《引渡法》第十条规定，请求国的引渡请求应当向中华人民共和国外交部提出。B 项正确，《引渡法》第七条第一款第（一）项规定，外国向中华人民共和国提出的引渡请求的条件之一是：引渡请求所指的行为，依照中华人民共和国法律和请求国法律均构成犯罪。C 项错误，《引渡法》第十六条第二款规定，“最高人民法院指定的高级人民法院对请求国提出的引渡请求是否符合本法和引渡条约、关于引渡条件等规定进行审查并作出裁定。最高人民法院对高级人民法院作出的裁定进行复核。”第二十二条规定，“高级人民法院根据本法和引渡条约关于引渡条件等有关规定，对请求国的引渡请求进行审查，由审判员三人组成合议庭进行。”D 项正确，《引渡法》第九条第（二）项规定，由于被请求引渡人的年龄、健康等原因，根据人道主义原则不宜引渡的，中国可以拒绝引渡。

2. 答案：B。解析：A 项错误，《国际法院规约》的当事国，可以通过发表声明，就具有下列性质之一的争端，对于接受同样义务的任何其他当事国，接受法院的管辖为当然具有强制性，而不需要再有特别的协定。这些争端是：对于条约的解释、违反国际义务的任何事实、违反国际义务而产生的赔偿的性质和范围等。这里“任择”是指当事国自愿选择是否作出声明；一旦作出声明，在声明接受的范围内，国际法院就具有了强制的管辖权，而不需其他协定。本题中，甲作出了接受联合国国际法院强制管辖的声明，乙未作出接受联合国国际法院强制管辖的声明。所以，甲可单方将争议提交联合国国际法院不符合国际法。B 项正确，国际海洋法法庭和国际法院都有权受理海洋纠纷。C 项错误，国际海洋法法庭受理案件，也以当事方双方都同意为前提。D 项错误，国际法院可就国际争端解决提出咨询意见，但该意见没有法律拘束力。

3. 答案：D。解析：A 项错误，《涉外民事关系法律适用法》第十一条规定，“自然人的民事权利能力，适用经常居所地法律。”卡夫斯基的民事权利能力应适用经常居所地中国法。B 项错误，《涉外民事关系法律适用法》第二十二条规定，“结婚手续，符合婚姻缔结地法律、一方当事人经常居所地法律或者国籍国法律的，均为有效。”C 项错误，《涉外民事关系法律适用法》第二十三条规定，“夫妻人身关系，适用共同经常居所地法律；没有共同经常居所地的，适用共同国籍国法律。”D 项正确，《涉外民事关系法律适用法》第十六条规定，“协议离婚，当事人可以协议选择适用一方当事人经常居所地法律或者国籍国法律。当事人没有选择的，适用共同经常居所地法律；没有共同经常居所地的，适用共同国籍国法律；没有共同国籍的，适用办理离婚手续机构所在地法律。”如卡夫斯基与金某协议离婚，双方可协议选择适用一方当事人经常居所地法律中国法和一方当事人国籍国法律日本法或韩国法。

4. 答案：B。解析：A 项正确，《涉外民事关系法律适用法》第三十二条规定，“遗嘱方式，符合遗嘱人立遗嘱时或者死亡时经常居所地法律、国籍国法律或者遗嘱行为地法律的，遗嘱均为成立。”B 项错误，《涉外民事关系法律适用法》第三十三条规定，“遗嘱效力，适用遗嘱人立遗嘱时或者死亡时经常居所地法律或者国籍国法律。”C 项正确，《涉外民事关系法律适用法》第三十五条规定，“无人继承遗产的归属，适用被继承人死亡时遗产所在地法律。”D 项正确，《涉外民事关系法律适用法》第三十四条规定，“遗产管理等事项，适用遗产所在地法律。”

5. 答案：C。解析：A 项错误，《涉外民事关系法律适用法》第十八条规定，“当事人可以协议选择仲裁协议适用的法律。当事人没有选择的，适用仲裁机构所在地法律或者仲裁地法律。”2017 年《最高人民法院关于审理仲裁司法审查案件若干问题的规定》第十四条规定，“人民法院根据《中华人民共和国涉外民事关系法律适用法》第十八条的规定，确定确认涉外仲裁协议效力适用的法律时，当事人没有选择适用的法律，适用仲裁机构所在地的法律与适用仲裁地的法律将对仲裁协议的效力作出不同认定的，人民法院应当适用确认仲裁协议有效的法律。”B 项错误，外国仲裁裁决的承认与执行可以分开申请也可以同时提出，当事人仅申请承认而未同时申请执行的，人民法院仅对应否承认进行审查并作出裁定。C 项正确，《纽约公约》第五条第一款需当事人证明的五项情形可归纳为：(1)仲裁协议无效；(2)被执行人未接到指定仲裁员或仲裁程序的通知或未能申辩；(3)超裁；(4)仲裁程序违约或违法；(5)仲裁裁决未生效或被撤销。《纽约公约》第五条第二款法院可主动审查的两项情形可归纳为：(1)争议不具可仲裁性；(2)违反公共利益。故，仲裁过程中是否存在仲裁程序与仲裁协议不符的情况需要当事人证明，法院不能依职权主动审查。D 项错误，我国加入《纽约公约》时提出了商事保留，即我国仅对那些按照我国法律属于契约性或非契约性商事法律关系所引起的争议所作的裁决适用公约的规定。《最高人民法院关于执行我国加入的〈承认及执行外国仲裁裁决公约〉的通知》明确将投资者与东道国政府间的争端排除在商事关系之外。因此 D 项错误。

6. 答案：B。解析：内地与澳门认可和执行判决的管辖法院，内地：被申请人住所地、经常居住地或者财产所在地的中级人民法院；澳门：中级法院认可，初级法院执行；只能向内地一个中级法院申请，可向一地法院申请执行另一地法院申请财产保全措施。因此，A 项和 C 项错误，B 项正确。D 项错误，内地与澳门认可和执行判决的程序适用被请求方的法律规定。

7. 答案：A。解析：A 项考查共同海损。共同海损是指在同一海上航程中，船舶、货物和其他财产遭遇共同危险，为了共同安全，有意地和合理地采取措施所直接造成的特殊牺牲，支付的特殊费用。本题中，运输途中船舶搁浅，为起浮抛弃了部分货物。该损失是为了共同安全，有意地和合理地采取措施所直接造成的特殊牺牲，因此属于共同海损。因恶劣天气部分货物被打入海中的损失属于单独海损当无疑义，A 项正确。B 项错误，根据 2010 年《国际贸易术语解释通则》，在 CFR 贸易术语下，货物的风险不再是在船舷转移，而是在货物装上船时转移，这一点是 2010 年《国际贸易术语解释通则》的一项重要修改。C 项错误，平安险的责任范围可总结为有例外的所有海上风险（单纯由于自然灾害造成的单独海损不赔）。本题中，共同海损毫无疑问属于平安险的责任范围，但在意外事故之后又因恶劣天气造成的单独海损是否属于平安险的责任范围容易引起混淆。本题中的事实是，运输途中船舶搁浅，起浮过程中又因恶劣天气，部分货物被海浪打入海中，这种情况是属于“发生意外事故前后又遭受自然灾害造成的部分损失”，因而属于平安险的责任范围。需要注意的是，此处的“前后”强调意外事故和自然灾害的连续性，如果船舶已完全脱险，在正常的海上运输过程中又遭受自然灾害所造成的部分损失，不属于平安险的责任范围。本题中，船舶搁浅是意外事故，起浮过程中表明船舶没有完全脱险，在此过程中因恶劣天气造成的单独海损不是单纯由于自然灾害造成的单独海损，因此属于平安险的承保范围。D 项错误，海洋货物运输保险的除外责任包括：(1)被保险人的故意行为或过失所造成的损失；(2)属于发货人责任引起的损失；(3)在保险责任开始前，被保险货物已存在的品质不良或数量短差所造成的损失；(4)被保险货物的自然损耗、本质缺陷、特性以及市价跌落、运输延迟引起的损失和费用；(5)海洋货物运输战争险条款和货物运输罢工险条款规定的责任范围和除外责任。运输延迟是海洋货物运输保险的除外责任，保险人不承担赔偿责任。

8. 答案：B。解析：A 项和 B 项考查《服务贸易总协定》规定的服务贸易方式。《服务贸易总协定》规定了跨境供应、境外消费、商业存在、自然人存在四种服务贸易方式。跨境供应是指从一国境内直接向其他国境内提供服务——服务产品的流动（不需要提供者和消费者的实际流动）。境外消费是指在一国境内向其他国的服务消费者提供服务——消费者的流动。商业存在是指外国实体在另一国境内设立附属公司或分支机构，提供服务。自然人存在即一国的服务提供商通过自然人到其他国境内提供服务——自然人流动。中国公民接受国外某银行在中国分支机构的服务属于商业存在而不是境外消费。因此，A 项正确。B 项错误，B 项应属于境外消费。C 项考查《服务贸易总协定》中的国民待遇原则。《服务贸易总协定》第十七条第一款规定，“对于列入减让表的部门，在遵守其中所列任何条件和资格的前提下，每一成员在影响服务提供的所有措施方面给予任何其他成员的服务和服务提供者的待遇，不得低于其给予本国同类服务和服务提供者的待遇。”可见，《服务贸易总协定》中的国民待遇义务仅限于列入减让表的部门。故 C 项正确。D 项考查《服务贸易总协定》中的最惠国待遇原则。《服务贸易总协定》第二条第一款规定，“关于本协定涵盖的任何措施，每一成员对于任何其他成员的服务和服务提供者，应立即和无条件地给予不低于其给予任何其他国家同类服务和服务提供者的待遇。”可见，《服务贸易总协定》中的最惠国待遇既适用于服务，也适用于服务提供者。而且，发展中国家在履行《服务贸易总协定》最惠国待遇义务上，享有最长为 10 年的过渡期。故 D 项正确。

9. 答案：C。解析：A 项错误，信用证项下单证之间、单单之间表面上不完全一致，但并不导致相互之间产生歧义的，不应认定为不符点。B 项错误，当开证行确定单证不符时，可以自行决定联系申请人放弃不符点。如果收到开证申请人放弃不符点的通知，则可以释放单据，也可以不释放单据。这是 UCP600 新修改的内容。C 项正确，UCP600 明确交单地点应在指定银行及开证行所在地，这是 UCP600 新增的内容。D 项错误，根据《最高人民法院关于审理信用证纠纷案件若干问题的规定》，信用证纠纷案件适用当事人选择的法律，当事人没有选择时适用 UCP600 或其他相关国际惯例。信用证纠纷案件指的是信用证开立、通知、修改、撤销、保兑、议付、偿付等环节产生的纠纷。开证申请人与开证人之间因申请开立信用证而产生的欠款纠纷、委托人与受托人之间因委托开立信用证产生的纠纷、担保人为申请开立信用证或者委托开立信用证提供担保而产生的纠纷以及信用证项下融资产生的纠纷在当事人没有选择法律时适用中国法。

10. 答案：B。解析：A 项考查独立保函下表面相符的认定。《最高人民法院关于审理独立保函纠纷案件若干问题的规定》第七条规定，“……单据与独立保函条款之间、单据与单据之间表面上不完全一致，但并不导致相互之间产生歧义的，人民法院应当认定构成表面相符。”A 项错误。B 项考查独立保函欺诈的情形。《最高人民法院关于审理独立保函纠纷案件若干问题的规定》第十二条将欺诈类型转化为无真实交易、单据欺诈和明显滥用付款请求权三类情形，具体指：(1)受益人与保函申请人或其他人串通，虚构基础交易的；(2)受益人提交的第三方单据系伪造或内容虚假的；(3)法院判决或仲裁裁决认定基础交易债务人没有付款或赔偿责任的；(4)受益人确认基础交易债务已得到完全履行或者确认独立保函载明的付款到期事件并未发生的；(5)受益人明知其没有付款请求权仍滥用该权利的其他情形。故 B 项正确。C 项错误，当事人以独立保函记载了对应的基础交易为由，主张该保函性质为一般保证或连带保证的，人民法院不予支持。D 项错误，独立保函纠纷的法律适用分为以下几种情形，一是开立人和受益人之间因涉外独立保函而产生的纠纷，法律适用规则为：意思自治>开立人经常居所地法律(包括分支机构登记地)；二是涉外独立保函欺诈纠纷，法律适用规则为：共同经常居所地法>意思自治>开立人经常居所地法律(包括分支机构登记地)；三是涉外独立保函止付保全程序，法律适用规则为：适用中华人民共和国法律。

二、多选题

1. 答案：ABD。解析：A 项考查无害通过权。无害通过是指外国船舶在不损害沿海国和平安宁和正常秩序的条件下，拥有无须事先通知或征得沿海国许可而连续不断地通过其领海的航行权利。我国加入《联合国海洋法公约时》提出了军舰在我国不享有无害通过权的声明。我国《领海及毗连区法》第六条规定，“外国非军用船舶，享有依法无害通过中华人民共和国领海的权利。外国军用船舶进入中华人民共和国领海，须经中华人民共和国政府批准。”因此，A 项错误。B 项考查无害通过中的有害的认定。有下列行为之一的即为有害：(1)对沿海国的主权、领土完整或政治独立进行任何武力威胁或使用武力，或以任何违反联合国宪章所体现的国际法原则的方式进行武力威胁或使用武力；(2)以任何种类的武器进行任何操练或演习；(3)任何目的在于搜集情报使沿海国的国防或安全受损害的行为；(4)任何目的在于影响沿海国防务或安全的宣传行为；(5)在船上起落或接载任何飞机；(6)在船上发射降落或接载任何军事装置；(7)违反沿海国海关卫生财政移民的法律和规章，以及上下任何商品、货币或人员；(8)任何故意和严重的污染行为；(9)任何捕鱼活动；(10)进行研究或测量活动；(11)任何目的在于干扰沿海国通讯系统或其他任何设施或设备的行为；(12)与通过没有关系的其他任何行动。其实，只要记住一点，所有与通过没有关系的任何行动都是有害的，都不属于无害通过。"极光"号在我国领海进行测量活动是与通过没有关系的，因此是违反无害通过的。故 B 项错误。C 项考查无害通过是否需要事先通知或征得沿海国许可。无害通过或无害通过权是指外国船舶在不损害沿海国和平安宁和正常秩序的条件下，拥有无须事先通知或征得沿海国许可而连续不断地通过其领海的航行权利。"飞马"号是货轮，在我国领海享有无害通过权。因此，C 项正确。D 项考查紧追权。紧追权是沿海国拥有对违反其法规并从该国管辖范围内的海域向公海行驶的外国船舶进行追逐的权利。沿海国行使紧追权应遵循以下规则：第一，紧追行为只能由军舰、军用飞机或得到正式授权且有清楚可识别标志的政府船舶或飞机从事。第二，紧追可以开始于一国内水、领海、毗连区或专属经济区。由毗连区开始的紧追限于外国船舶对该区所管制事项有关法律的违背；由专属经济区开始的紧追限于船舶对与该区域权利或大陆架权利有关的法规的违反。紧追必须依法进行，包括不得违背其他国际法规则和该国的条约义务。第三，紧追应在被紧追船舶的视听范围内发出视觉或听觉的停止信号后，才可开始。第四，紧追可以追入公海中继续进行，直至追上并依法采取措施，但必须是连续不断的。第五，紧追权在被紧追船舶进入其本国或第三国领海时立即终止。本题中，"飞马"号进入公海时紧追可继续进行。因此，D 项错误。

2. 答案：AB。解析：A 项正确，最高人民法院于 2017 年发布了《关于明确第一审涉外民商事案件级别管辖标准以及归口办理有关问题的通知》(2018 年 1 月 1 日起执行)，规定下列案件由涉外审判庭或专门合议庭审理：(1)当事人一方或者双方是外国人、无国籍人、外国企业或者组织，或者当事人一方或者双方的经常居所地在中华人民共和国领域外的民商事案件；(2)产生、变更或者消灭民事关系的法律事实发生在中华人民共和国领域外，或者标的物在中华人民共和国领域外的民商事案件；(3)外商投资企业设立、出资、确认股东资格、分配利润、合并、分立、解散等与该企业有关的民商事案件；(4)一方当事人为外商独资企业的民商事案件；(5)信用证、保函纠纷案件，包括申请止付保全案件；(6)对第一项至第五项案件的管辖权异议裁定提起上诉的案件；(7)对第一项至第五项案件的生效裁判申请再审的案件，但当事人依法向原审人民法院申请再审的除外；(8)跨境破产协助案件；(9)民商事司法协助案件；(10)最高人民法院《关于仲裁司法审查案件归口办理有关问题的通知》确定的仲裁司法审查案件。B 项正确，《涉外民事关系法律适用法》第四十四条规定，"侵权责任，适用侵权行为地法律，但当事人有共同经常居所地的，适用共同经常居所地法律。侵权行为发生后，当事人协议选择适用法律的，按照其协议。"《最高人民法院关于适用〈中华人民共和国涉外民事关系法律适用法〉若干问题的解释(一)》规定，“一方当事人以双方协议选择的法律与系争的涉外民事关系没有实际联系为由主张选择无效的，人民法院不予支持。”C项错误，《涉外民事关系法律适用法》第六条规定，“涉外民事关系适用外国法律，该国不同区域实施不同法律的，适用与该涉外民事关系有最密切联系区域的法律。”D项错误，《最高人民法院关于适用〈中华人民共和国民事诉讼法〉的解释》第五百三十三条规定，“中华人民共和国法院和外国法院都有管辖权的案件，一方当事人向外国法院起诉，而另一方当事人向中华人民共和国法院起诉的，人民法院可予受理。判决后，外国法院申请或者当事人请求人民法院承认和执行外国法院对本案作出的判决、裁定的，不予准许；但双方共同缔结或者参加的国际条约另有规定的除外。外国法院判决、裁定已经被人民法院承认，当事人就同一争议向人民法院起诉的，人民法院不予受理。”据此，即使美国法院受理了该纠纷，甚至已经作出判决，中国法院也能就同一诉讼行使管辖权。

3. 答案：AC。解析：A项正确。B项错误，国际货币基金组织发放贷款的对象仅限于成员国政府，不对私人企业组织贷款。C项正确，特别提款权是国际货币基金组织在原有的普通贷款权之外，按各国认缴份额的比例分配给会员国的一种使用资金的特别权利。各会员国可以凭特别提款权向国际货币基金组织提用资金。因此特别提款权可以与黄金、外汇一起作为国际储备。特别提款权可用于办理政府间结算，可偿付政府间结算逆差。还可以用以偿还基金组织的贷款，或作为偿还债务的担保。D项错误，该国向国际货币基金组织的贷款称为国际金融机构贷款，而不是国际商业贷款。国际商业贷款是指一国借款人在国际金融市场上向外国商业银行借款的跨国融资行为。

三、不定项

1. 答案：B。解析：A项正确，本题案例属于涉外消费者合同纠纷。《涉外民事关系法律适用法》第四十二条规定，“消费者合同，适用消费者经常居所地法律；消费者选择适用商品、服务提供地法律或者经营者在消费者经常居所地没有从事相关经营活动的，适用商品、服务提供地法律。”消费者可以选择适用商品提供地美国法律。B项错误，《涉外民事关系法律适用法》第六条规定，“涉外民事关系适用外国法律，该国不同区域实施不同法律的，适用与该涉外民事关系有最密切联系区域的法律。”法院应适用与该涉外民事关系有最密切联系区域的法律，而不是根据美国区际冲突法确定准据法。C项正确，《涉外民事关系法律适用法》第十条规定，“涉外民事关系适用的外国法律，由人民法院、仲裁机构或者行政机关查明。当事人选择适用外国法律的，应当提供该国法律。”D项正确，《涉外民事关系法律适用法》第五条规定，“外国法律的适用将损害中华人民共和国社会公共利益的，适用中华人民共和国法律。”

2. 答案：BD。解析：A项错误，承运人按照记名提单托运人的要求中止运输、返还货物、变更到达地或者将货物交给其他收货人，持有记名提单的收货人要求承运人承担无正本提单交付货物民事责任的，人民法院不予支持。B项正确，承运到港的货物超过法律规定期限无人向海关申报，被海关提取并依法变卖处理，或者法院依法裁定拍卖承运人留置的货物，承运人主张免除交付货物责任的，人民法院应予支持。C 错误，承运人因无正本提单交付货物承担民事责任的，不适用《海商法》第五十六条关于限制赔偿责任的规定。”D 正确，无单放货的诉讼时效期间为 1 年。

三国法模拟题 C 解析

一、单选题

1. 答案：C。解析：核污染致损适用双重责任制度，即国家与营运人共同承担对外国损害的赔偿责任，国家保证营运人的赔偿责任，并在营运人不足赔偿的情况下，对规定的限额进行赔偿。因此，C 正确，A 项、B 项、D 项错误。

2. 答案：C。解析：A 项错误，多国河流只对沿岸国开放，非沿岸国船舶未经许可不得航行。B 项错误，多国河流沿岸各国不得使河流改道或堵塞河流。C 项正确，多国河流的沿岸国行使权利应顾及其他沿岸国的利益。D 项错误，流经各国的河段分属各国领土，沿岸国对流经本国领土的河段享有主权。

3. 答案：B。解析：A 项考查涉外民事诉讼中的管辖。《民事诉讼法》第二百六十五条规定，"因合同纠纷或者其他财产权益纠纷，对在中华人民共和国领域内没有住所的被告提起的诉讼，如果合同在中华人民共和国领域内签订或者履行，或者诉讼标的物在中华人民共和国领域内，或者被告在中华人民共和国领域内有可供扣押的财产，或者被告在中华人民共和国领域内设有代表机构，可以由合同签订地、合同履行地、诉讼标的物所在地、可供扣押财产所在地、侵权行为地或者代表机构住所地人民法院管辖。"代表机构住所地是我国法院行使管辖权的一个连接点，因此 A 项正确。B 项考查平行诉讼。《最高人民法院关于适用〈中华人民共和国民事诉讼法〉的解释》第五百三十三条规定，"中华人民共和国法院和外国法院都有管辖权的案件，一方当事人向外国法院起诉，而另一方当事人向中华人民共和国法院起诉的，人民法院可予受理。判决后，外国法院申请或者当事人请求人民法院承认和执行外国法院对本案作出的判决、裁定的，不予准许；但双方共同缔结或者参加的国际条约另有规定的除外。外国法院判决、裁定已经被人民法院承认，当事人就同一争议向人民法院起诉的，人民法院不予受理。"据此，即使甲国法院受理了该纠纷，中国法院也能就同一诉讼行使管辖权。故 B 项错误。C 项考查当事人意思自治选择法律的时间。《最高人民法院关于适用〈中华人民共和国涉外民事关系法律适用法〉若干问题的解释(一)》第八条规定，"当事人在一审法庭辩论终结前协议选择或者变更选择适用的法律的，人民法院应予准许。"可见，当事人选择或变更选择法律的时间为一审法庭辩论终结前。故 C 项正确。D 项考查域外送达的方式。《民事诉讼法》第二百六十七条规定，"人民法院对在中华人民共和国领域内没有住所的当事人送达诉讼文书，可以采用下列方式：(一)依照受送达人所在国与中华人民共和国缔结或者共同参加的国际条约中规定的方式送达；(二)通过外交途径送达；(三)对具有中华人民共和国国籍的受送达人，可以委托中华人民共和国驻受送达人所在国的使领馆代为送达；(四)向受送达人委托的有权代其接受送达的诉讼代理人送达；(五)向受送达人在中华人民共和国领域内设立的代表机构或者有权接受送达的分支机构、业务代办人送达；(六)受送达人所在国的法律允许邮寄送达的，可以邮寄送达，自邮寄之日起满三个月，送达回证没有退回，但根据各种情况足以认定已经送达的，期间届满之日视为送达；(七)采用传真、电子邮件等能够确认受送达人收悉的方式送达；(八)不能用上述方式送达的，公告送达，自公告之日起满三个月，即视为送达。”据此，受案人民法院可直接向A公司在中国的代表机构送达，需要注意的是，代表机构不需要特别授权就可接受送达，但分支机构、业务代办人需要特别授权才能接受送达。

4. 答案：A。解析：A项正确，《涉外民事关系法律适用法》第四十九条规定，“当事人可以协议选择知识产权转让和许可使用适用的法律。当事人没有选择的，适用本法对合同的有关规定。”本案都教授和甲公司之间的纠纷为知识产权转让和许可纠纷，当事人可以选择法律，并且选择的法律没有范围限制。B项错误，《涉外民事关系法律适用法》第五十条规定，“知识产权的侵权责任，适用被请求保护地法律，当事人也可以在侵权行为发生后协议选择适用法院地法律。”本案都教授和乙公司之间的纠纷为知识产权的侵权纠纷，当事人只能选择法院地法，故B项错误。C项错误，《涉外民事关系法律适用法》第四十八条规定，“知识产权的归属和内容，适用被请求保护地法律。”很多考生不理解被请求保护地指的是什么地方，我们可以理解为被请求保护的知识产权登记地。本案中，如果被请求保护的是中国的知识产权则适用中国法，被请求保护的是德国的知识产权则适用德国法，被请求保护的是美国的知识产权则适用美国法。D项错误，都教授和乙公司之间的纠纷为知识产权的侵权纠纷，不能就法律适用达成协议的，应适用被请求保护地法律，而不是最密切联系地法律。

5. 答案：A。解析：本题为新增内容，考生应特别重视。A项错误，2017年《关于内地与香港特别行政区法院相互认可和执行婚姻家庭民事案件判决的安排》(《内地与香港婚姻家事安排》)适用于婚姻家庭民事案件，内地包括判决、裁定、调解书，香港包括判决、命令、判令、讼费评定证明书、定额讼费证明书，但不包括双方依据其法律承认的其他国家和地区法院作出的判决。内地民政部门离婚证；香港解除婚姻的协议书、备忘录参照适用本安排。B项、C项正确，《内地与香港婚姻家事安排》的管辖法院。内地：申请人住所地、经常居住地或者被申请人住所地、经常居住地、财产所在地的中级人民法院；申请人如在内地向两个以上有管辖权的法院提出申请，谁先立案谁管辖。香港：区域法院。被申请人在内地和香港特别行政区均有可供执行财产的，申请人可以分别向两地法院申请执行。两地法院执行财产的总额不得超过判决确定的数额。应对方法院要求，两地法院应当相互提供本院执行判决的情况。D项正确，《内地与香港婚姻家事安排》关于不予认可和执行的情形规定如下。需被申请人证明的：(1)根据原审法院地法律，被申请人未经合法传唤，或者虽经合法传唤但未获得合理的陈述、辩论机会的；(2)判决是以欺诈方法取得的；(3)被请求方法院受理相关诉讼后，请求方法院又受理就同一争议提起的诉讼并作出判决的；(4)被请求方法院已经就同一争议作出判决，或者已经认可和执行其他国家和地区法院就同一争议所作出的判决的。

法院依职权审查的除了传统的公共利益原则外，还需考虑未成年子女的最佳利益，体现了保护弱者利益原则。

6. 答案：D。解析：《民诉讼法解释》第五百三十二条规定，“涉外民事案件同时符合下列情形的，人民法院可以裁定驳回原告的起诉，告知其向更方便的外国法院提起诉讼：（一）被告提出案件应由更方便外国法院管辖的请求，或者提出管辖异议；（二）当事人之间不存在选择中华人民共和国法院管辖的协议；（三）案件不属于中华人民共和国法院专属管辖；（四）案件不涉及中华人民共和国国家、公民、法人或者其他组织的利益；（五）案件争议的主要事实不是发生在中华人民共和国境内，且案件不适用中华人民共和国法律，人民法院审理案件在认定事实和适用法律方面存在重大困难；（六）外国法院对案件享有管辖权，且审理该案件更加方便。”据此，A 项、B 项、C 项均为不能根据不方便法院原则驳回原告起诉的情形。D 项错误，因为我国法院根据不方便法院原则驳回原告起诉必须基于被告的请求或被告的管辖权异议，不能依职权主动适用不方便法院原则。

7. 答案：C。解析：A 项考查卖方的知识产权担保责任。《联合国国际货物销售合同公约》规定了卖方的知识产权担保义务，但并未要求其出售的货物不得侵犯全世界任何一个知识产权人的权利，而只要求其出售的货物不侵犯两类地方的知识产权：一是货物使用地或转售地国，二是买方营业地。卖方无需保证所售货物不侵犯卖方营业地法。本题中，甲国的甲公司将一批货物卖给中国的乙公司，并不确定货物的最终使用地或转卖地，所以，甲公司出售的货物必须是第三方依买方营业地中国的知识产权不能主张任何权利的货物。因此，A 项错误。根据 2010 年《国际贸易术语解释通则》，在 CFR 贸易术语下，货物的风险是在装运港货物装上船时转移。本题中，CFR（上海）表明上海是目的港，而不是装运港。因此 B 项错误。C 项考查在途货物销售的风险转移。《联合国国际货物销售合同公约》第六十八条规定，“对于在运输途中销售的货物，从订立合同时起，风险就移转到买方承担。但是，如果情况表明有此需要，从货物交付给签发载有运输合同单据的承运人时起，风险就由买方承担。尽管如此，如果卖方在订立合同时已知道或理应知道货物已经遗失或损坏，而他又不将这一事实告之买方，则这种遗失或损坏应由卖方负责。”故 C 项正确。D 项考查一切险。无单放货明显不属于一切险所承保的自然灾害和意外事故两种海上风险，但一切险还承保一般外来风险（一般附加险），无单放货是否属于一般附加险中的偷窃、提货不着险，在司法实践中曾经有着不同的观点，但最高人民法院以复函的形式确定了无单放货不属于偷窃、提货不着险的承保范围，同样也不属于一切险的理赔范围。《最高人民法院关于中国上海抽纱进出口公司与中国太平洋保险公司上海分公司海上货物运输保险合同纠纷请示的复函》（2001. 01. 03）指出，“关于无单放货是否属于保险理赔的责任范围问题。我们认为，根据保险条款，保险条款一切险中的‘提货不着’险并不是指所有的提货不着。无单放货是承运人违反凭单交货义务的行为，是其自愿承担的一种商业风险，而非货物在海运途中因外来原因所致的风险，不是保险合同约定由保险人应承保的风险；故无单放货不属于保险理赔的责任范围。”2004 年《最高人民法院民事审判第四庭涉外商事海事审判实务问题解答(一)》第一百六十六条问答也指出，“根据保险条款，保险条款中一切险中的“提货不着”险并不是指所有的提货不着。无单放货是承运人违反凭提单交付货物义务的行为，是其自愿承担的一种商业风险，而非货物在海上运输中因外来原因所致的风险，不是保险合同约定由保险人应承担的风险。海上货物运输无单放货不属于保险理赔的责任范围。”因此，无单放货不属于包括一切险保险理赔范围。

8. 答案：D。解析：A 项正确，A 项考查《巴黎公约》中的优先权原则。依《巴黎公约》第四条的规定，优先权原则只适用于发明专利、实用新型、外观设计和商品商标。发明专利和实用新型专利为 12 个月，外观设计和商标为 6 个月，在优先权期限内缔约国内每一个在后申请的申请日均为第一次申请的申请日。在优先权期限届满之前，后来在其他缔约国提出的申请均不因在此期间内他人所作的任何行为而失效。在先申请的撤回、放弃或驳回不影响该申请的优先权地位。优先权的获得并不是自动的，需要申请人于在后申请中提出优先权申请并提供有关证明文件。本题中，中国甲公司于 2016 年 8 月 20 日在中国就其产品申请发明专利，在 12 个月的优先权期限内在《巴黎公约》缔约国每一个在后申请的申请日均为第一次申请的申请日，即 2016 年 8 月 20 日。2017 年 6 月 8 日，中国甲公司在向《巴黎公约》成员国 A 国申请专利时还处于优先权期限内，故其在 A 国的申请日至少可以提前至 2016 年 8 月 20 日。B 项正确，B 项考查《巴黎公约》中的国民待遇原则及其例外。《巴黎公约》要求缔约国在知识产权的保护方面给予缔约国的国民和在一个缔约国领域内设有住所或真实有效的工商营业所的非缔约国国民以国民待遇。国民待遇的例外是各成员国在关于司法和行政程序、管辖以及选定送达地址或指定代理人的法律规定等方面，凡工业产权法有所要求的，可以保留。如有的国家的工业产权法要求外国专利申请人必须委派当地国家的代理人代理申请，并指定送达文件的地址，以利于程序的进行。因此，A 国可以要求中国甲公司必须委派 A 国本地代理人代为申请专利。C 项正确，C 项考查《巴黎公约》中的临时性保护原则。根据《巴黎公约》第十一条的规定，临时性保护原则要求缔约国应对在任何成员国内举办的或经官方承认的国际展览会上展出的商品中可取得专利的发明、实用新型、外观设计和可注册的商标给予临时保护。如展品所有人在临时保护期内申请了专利或商标注册，则申请案的优先权日是从展品公开展出之日起算，而非从第一次提交申请案时起算。本题中，2016 年 8 月 8 日中国甲公司在中国国际工业博览会上展示了其新发明的产品，根据临时性保护原则，这一时间点可以作为甲公司在 A 国以及《巴黎公约》其他成员国申请专利的优先权日。D 项考查《巴黎公约》中的独立性原则。根据《巴黎公约》第四条及第六条的规定，关于外国人的专利申请或商标注册，应由各成员国依本国法决定，而不应受原属国或其他任何国家就该申请作出的决定的影响。专利的申请和商标注册在成员国之间是相互独立的。在优先权期限内申请的专利，在后申请是否提供保护、申请的结果如何，与在先申请没有关系。本题中，甲公司在中国申请专利未获批准，并不当然导致其在 A 国的申请也被拒绝，因为专利的申请和商标注册在成员国之间是相互独立的。

9. 答案：D。解析：A 项错误，A 项考查货币汇兑险。货币汇兑险承保由于乐道国的责任而采取的任何措施，使投资人无法自由将其投资所得、相关投资企业破产的清算收入及其他收益兑换成可自由使用的货币，或依东道国的法律，无法将相关收益汇出东道国的风险。货币贬值属于商业风险，《多边投资担保机构公约》也特别规定，任何情况下发生的货币贬值或定值的降低，多边投资担保机构都可以免除其保险责任，B项错误，B项考查战争内乱险。战争内乱险承保影响投资项目的战争或内乱而导致的风险。战争和内乱险的发生并不以东道国是否为一方或是否发生在东道国领土内为前提，即如战争发生在投资东道国的邻国，但影响投资项目的正常营运或造成了某些破坏，则投资人仍可从多边投资担保机构取得赔偿。C项错误，C项考查征收和类似措施险。征收和类似措施险承保由于东道国政府的责任而采取的任何立法或措施，使担保人对其投资的所有权或控制权被剥夺，或剥夺了其投资中产生的大量效益的风险。东道国为了管辖境内的经济活动而采取的普遍适用的措施，不应被视为征收措施。本题中，乙国新所得税法属于普遍适用的措施，不应被视为征收和类似措施险的范畴。因此，C项错误。D项正确，D项考查政府违约险。政府违约险，指的是东道国对担保权人的违约，且担保权人无法求助于司法或仲裁部门对违约的索赔作出裁决，或司法或仲裁部门未能在合理期限内作出裁决，或有这样的裁决而不能实施。本题中，乙国政府违约，乙国法院又拒绝受理相关诉讼，属政府违约险的范畴。

10. 答案：D。解析：A项错误，《最高人民法院关于审理独立保函纠纷案件若干问题的规定》第三条规定，“保函具有下列情形之一，当事人主张保函性质为独立保函的，人民法院应予支持，但保函未载明据以付款的单据和最高金额的除外：(一)保函载明见索即付；(二)保函载明适用国际商会《见索即付保函统一规则》等独立保函交易示范规则；(三)根据保函文本内容，开立人的付款义务独立于基础交易关系及保函申请法律关系，其仅承担相符交单的付款责任。”B项错误，《最高人民法院关于审理独立保函纠纷案件若干问题的规定》第八条规定，“开立人有独立审查单据的权利与义务，有权自行决定单据与独立保函条款之间、单据与单据之间是否表面相符，并自行决定接受或拒绝接受不符点。开立人已向受益人明确表示接受不符点，受益人请求开立人承担付款责任的，人民法院应予支持。开立人拒绝接受不符点，受益人以保函申请人已接受不符点为由请求开立人承担付款责任的，人民法院不予支持。”C项错误，独立保函纠纷的法律适用分为以下几种情形，一是开立人和受益人之间因涉外独立保函而产生的纠纷，法律适用规则为：意思自治>开立人经常居所地法律(包括分支机构登记地)；二是涉外独立保函欺诈纠纷，法律适用规则为：共同经常居所地法>意思自治>开立人经常居所地法律(包括分支机构登记地)；三是涉外独立保函止付保全程序，法律适用规则为：适用中华人民共和国法律。本题中，涉外独立保函止付保全程序应适用中国法，而不是开立人经常居所地法律。D项正确，《最高人民法院关于审理独立保函纠纷案件若干问题的规定》第十四条规定，“人民法院裁定中止支付独立保函项下的款项，必须同时具备下列条件：(一)止付申请人提交的证据材料证明本规定第十二条情形的存在具有高度可能性；(二)情况紧急，不立即采取止付措施，将给止付申请人的合法权益造成难以弥补的损害；(三)止付申请人提供了足以弥补被申请人因止付可能遭受损失的担保。止付申请人以受益人在基础交易中违约为由请求止付的，人民法院不予支持。开立人在依指示开立的独立保函项下已经善意付款的，对保障该开立人追偿权的独立保函，人民法院不得裁定止付。”

二、多选题

1. 答案：AC。解析：A 项考查对作战手段和方法的限制。明确禁止使用的武器包括极度残酷的武器，有毒、化学和生物武器，杀伤人员的地雷。未明确禁止的武器包括核武器、针对车辆的地雷和可遥控的爆炸装置。因此，A 项正确。B 项考查安理会的表决程序。根据《联合国宪章》第二十七条的规定，联合国安理会对于程序事项决议的表决 9 个同意票即可通过。对于非程序事项或称实质性事项的决议表决，要求包括全体常任理事国在内的 9 个同意票，此又称为“大国一致原则”，即任何一个常任理事国都享有否决权。实践中，常任理事国的弃权或缺席不被视为否决，不影响决议的通过。当对于一个事项是否为程序性事项发生争议，同样按照上述“大国一致”表决方式决定。在本题中，联合国安理会表决的结果为 14 个理事国投票赞成，超过 9 票，但有 1 个常任理事国投反对票，未达到安理会对实质性问题表决通过的要求。因此，B 项错误。C 项考查安理会决议的拘束力。安理会的决定对当事国和联合国所有成员国都有拘束力，因此 C 项正确。D 项错误，因为国际法院不具有执行职能，而安理会是有权采取行动的机构。

2. 答案：BC。解析：A 项正确，《民诉法解释》第五百四十三条规定，“申请人向人民法院申请承认和执行外国法院作出的发生法律效力的判决、裁定，应当提交申请书，并附外国法院作出的发生法律效力的判决、裁定正本或者经证明无误的副本以及中文译本。外国法院判决、裁定为缺席判决、裁定的，申请人应当同时提交该外国法院已经合法传唤的证明文件，但判决、裁定已经对此予以明确说明的除外。中华人民共和国缔结或者参加的国际条约对提交文件有规定的，按照规定办理。”B 项错误，一般情况下，我国法院承认与执行我国法院判决以存在条约或互惠关系为基础。但外国离婚判决在我国的承认不需要条约或互惠关系。C 项错误，《民事诉讼法》第二百八十一条规定，“外国法院作出的发生法律效力的判决、裁定，需要中华人民共和国人民法院承认和执行的，可以由当事人直接向中华人民共和国有管辖权的中级人民法院申请承认和执行，也可以由外国法院依照该国与中华人民共和国缔结或者参加的国际条约的规定，或者按照互惠原则，请求人民法院承认和执行。”可见，承认和执行外国法院判决的请求可以由当事人直接提出。D 项正确，《民事诉讼法》第二百八十二条规定，“人民法院对申请或者请求承认和执行的外国法院作出的发生法律效力的判决、裁定，依照中华人民共和国缔结或者参加的国际条约，或者按照互惠原则进行审查后，认为不违反中华人民共和国法律的基本原则或者国家主权、安全、社会公共利益的，裁定承认其效力，需要执行的，发出执行令，依照本法的有关规定执行。违反中华人民共和国法律的基本原则或者国家主权、安全、社会公共利益的，不予承认和执行。”违反我国公共秩序是我国法院不予承认与执行外国判决的理由之一。

3. 答案：ABD。解析：A 项错误，航空货运单和海运单一样不是物权凭证，不能转让。B 项错误，依《关于统一国际航空运输某些规则的公约》的规定，承运人应对货物在航空运输期间发生的因毁灭、遗失或损坏而产生的损失负责。航空运输期间包括货物在承运人保管下的整个期间。可见，航空运输承运人的责任期间是接到交，而不是装到卸。C 项正确，航空运输承运人还应对在航空运输中因延误而造成的货物的损失负责。因为航空运输的重点特点就是“快”。D 项错误，《关于统一国际航空运输某些规则的公约》规定的承运人对货物灭失、损害或延迟交货的责任，以每公斤 250 金法郎为限。

三、不定项

1. 答案：ABD。解析：A 项正确，《最高人民法院关于审理发生在我国管辖海域相关案件若干问题的规定(一)》第五条规定，“因在我国管辖海域内发生海损事故，请求损害赔偿提起的诉讼，由管辖该海域的海事法院、事故船舶最先到达地的海事法院、船舶被扣押地或者被告住所地海事法院管辖。因在公海等我国管辖海域外发生海损事故，请求损害赔偿在我国法院提起的诉讼，由事故船舶最先到达地、船舶被扣押地或者被告住所地海事法院管辖。事故船舶为中华人民共和国船舶的，还可以由船籍港所在地海事法院管辖。”厦门是事故船舶最先到达地，也是船舶被扣押地，因此厦门海事法院对本案有管辖权。B 项正确，《海商法》第二百七十三条规定，“船舶碰撞的损害赔偿，适用侵权行为地法律。船舶在公海上发生碰撞的损害赔偿，适用受理案件的法院所在地法律。同一国籍的船舶，不论碰撞发生于何地，碰撞船舶之间的损害赔偿适用船旗国法律。”本案为船舶在公海上发生碰撞，因此应适用受理案件的法院所在地中国法律。C 项错误，“川京”运输货物的合同应适用提单中写明的英国法。D 项正确，平安险的英文意思为“单独海损不赔”，承保范围为意外事故造成的全部损失或部分损失，以及自然灾害造成的全部损失。应当注意，被保险货物在运输途中由于恶劣气候、雷电、海啸、地震、洪水等自然灾害造成的整批货物的全部损失或推定全损在平安险承保的责任范围内，但单纯由于自然灾害所造成的部分损失不属于其承保的责任范围。本题中，货物在海运途中因意外事故导致的部分损毁属于平安险的责任范围。

2. 答案：ACD。解析：A 项正确，TRIPs 对《伯尔尼公约》的补充表现在两个方面：①在保护客体方面，将计算机程序和由独创性的数据汇编列为版权保护的对象；②在权利内容方面，增加了计算机程序和电影作品的出租权。B 项错误，WTO 中的例外条款同样适用于《与贸易有关的知识产权协议》。C 项和 D 项考查《与贸易有关的知识产权协议》中的地理标志。根据《与贸易有关的知识产权协议》第二十二条第二款，在商品的设计和外观上，以在商品地理标志上误导公众的方式标志或暗示该商品原产于并非其真正原产地的某个地理区域，各成员方应通过法律手段以阻止；根据第二十二条第三款，若某种商品不产自于某个地理标志所指的地域，而其商标又包含了该地理标志或由其组成，如果该商品商标中的该标志具有在商品原产地方面误导公众的性质，则成员方在其法律许可的条件下或应利益方之请求应拒绝或注销该商标的注册。故 C 项和 D 项正确。